Magnus Hirschfeld

Von einst bis jetzt

Schriftenreihe
der
Magnus-Hirschfeld-Gesellschaft
Nr. 1

Magnus Hirschfeld

Von einst bis jetzt

Geschichte einer
homosexuellen Bewegung
1897 - 1922

Herausgegeben
und mit einem Nachwort versehen von
Manfred Herzer
und James Steakley

Verlag rosa Winkel

Dieser autobiographische Text Magnus Hirschfelds

erschien 1922/23 in der Berliner

Homosexuellen-Zeitschrift

"Die Freundschaft"

in 53 Folgen.

▼

Umschlaggestaltung: Manfred Semmelbauer
Satz: Verlag Konstanze Freihold, Berlin
Herstellung: Franz Spiegel Buch GmbH, Ulm

ISBN 3-921495-61-X

Inhalt

Einst und jetzt 7

Der Homosexuelle vor dem Strafrichter 14

Erpressung 23

Berliner Lokale 38

Die Gründung des Wissenschaftlich-humanitären Komitees
und seine ersten Mitglieder 47

Oscar Wilde 64

Bürgerliches Gesetzbuch und Code pénal 74

Adelskreise 87

August Bebel 104

Juristen und Prozesse 110

Christentum und Homosexualität 122

Römisches Intermezzo 137

Probleme der Berufswahl 141

Homosexuelle in der Armee 145

Kolberger Kindheit 153

Homosexuelle im Urteil der Schulmediziner 162

Kongreßbesuche und Auslandsreisen 181

Register 193

Nachwort 201

Einst und Jetzt

Ein Vierteljahrhundert im Kampf für die Rechte Entrechteter, gegen festgewurzelte Irrtümer, die dadurch, daß sie fast zwei Jahrtausende alt sind, zwar nicht zu Wahrheiten wurden, immerhin aber durch die lange Überlieferung den Anschein der Wahrheit, einer gewissermaßen unausrottbaren Selbstverständlichkeit angenommen haben — ein solcher Kampf ist keine Kleinigkeit. Wäre man in der Lage, im Beginn alle sich einer solchen Bewegung entgegenstellenden Widerstände und Widerwärtigkeiten überblicken zu können, es würde wohl niemand die Kühnheit und Kraft aufbringen, sich an eine so schwierige Aufgabe zu wagen. Nur eine optimistische Unterschätzung menschlicher Trägheit, Torheit und Bosheit, ein fanatischer, vielleicht sogar fatalistischer Glaube an die sieghafte Übermacht der Wahrheit als solcher, vor allem eine unendliche Geduld und Beharrlichkeit — alles Gaben, die man sich schwer geben kann, wenn man sie nicht besitzt, verleihen die Fähigkeit und Festigkeit, die erforderlich sind, einer jahrtausendlangen Tradition und Suggestion den Garaus zu machen. Es ist auch ganz gut, daß man sich anfangs nicht im klaren ist, daß solche Arbeit viel von der eines Sisyphus und Tantalus an sich hat, von der eines Sisyphus, dessen mühsam nach oben gewälzte Last unmittelbar vor der erreichten Höhe wieder und wieder in die Tiefe rollte, und von der eines Tantalus, dem das in greifbarer Nähe winkende Ziel noch unter den danach fassenden Händen entwich. Jedenfalls möchte ich für meine Person das Lob eines besonderen Mutes, welches mir meine Freunde wegen Begründung des Wissenschaftlich-humanitären Komitees als der ersten Kampforganisation zugunsten der Homosexuellen oft gespendet haben, nicht in Anspruch nehmen, sondern nur die Zuerkennung einer unerschütterlichen und zielstrebigen Überzeugungstreue, die nicht wanken und irre werden kann, weil sie in dem starken Bewußtsein verankert ist, einer der gerechtesten und lautersten Forderungen zu dienen, um die jemals Menschen für Menschen gerungen haben.

In der Mitte des Wortes »Bewegung« befindet sich das Wort »Weg«; das will besagen, daß das Wesentliche jeder Bewegung die räumlich-zeitliche Zurücklegung einer Wegstrecke ist, auf der in gewissen Abständen Zeichen angebracht sind: »Meilensteine«, die sich dazu eignen, Vergangenheits-Rückschau, Gegenwarts-Umschau, Zukunfts-Ausschau zu halten.

Der jetzt zurückgelegte »Zeit-Raum« trägt die seit alter Gewohnheit auf höhere Markzeichen gemeißelte Zahl 25. Überblicken wir von ihm aus das Vierteljahrhundert unserer Bewegung, so dürfen wir wohl sagen, es war wohl ein recht mühevoller Weg, reich an fehlgeschlagenen Hoffnungen und bitteren Enttäuschungen, oft gerade von Seiten, von denen man es am wenigsten erwarten konnte, und dennoch, vergleichen wir das Einst mit dem Jetzt, so wird kein Einsichtiger in Abrede stellen können, daß die Arbeit sich verlohnt hat, daß sie keine vergebliche war.

Wie war es denn damals und wie ist es heute? — Damals fühlte der einzelne gleichgeschlechtlich empfindende Mensch sich sehr viel unglücklicher als heutzutage. Sicherlich gibt es auch heute noch übergenug, die nicht die rechte Einstellung zu sich, das erlösende Gefühl ihrer Unschuld, gefunden haben; ihre Anzahl aber hat sich ungemein vermindert. Vor allem hielt sich der damalige Homosexuelle zumeist für fast einzig in seiner Art, seine Seltenheit bedrückte ihn fast nicht minder wie seine Einsamkeit. Noch *Ulrichs* schätzte ja die Ziffer der Homosexuellen nicht nach Prozenten, sondern nach Promillen. Erst die statistischen Untersuchungen des Wissenschaftlich-humanitären Komitees schufen hier die Unterlagen, aus denen hervorging, daß kein Homosexueller seine Last und sein Leid allein trägt, sondern gemeinsam mit Millionen gleichempfindender Männer und Frauen aus allen Lagern und allen Schichten der Bevölkerung, darunter vielen, die wohl jedermann als das gerade Gegenteil eines »Verbrechers« anmuten. Wie sehr mußte solche Quantitäts- und Qualitätsfeststellung gedrückten Seelen ein Trost, eine Beruhigung sein; wie vielen gab sie den Glauben an sich, ihr Selbstvertrauen wieder; wie viele standen nach schwersten Selbstvorwürfen und Selbstanklagen, auf Grund derer sie sich fast selbst zum Tode verurteilt hätten, nun gerechtfertigt da vor dem Richterstuhl ihres eigenen Gewissens, dessen Freispruch ihnen keine höhere Instanz strittig machen konnte.

Das homosexuelle Schrifttum war bis 1897, in welchem Jahre zum ersten Male die Petition des Wissenschaftlich-humanitären Komitees an die gesetzgebenden Körperschaften zwecks Beseitigung des § 175 in Umlauf gesetzt wurde, sehr spärlich. Die zwölf kleinen klugen Hefte von K. H. *Ulrichs*, die sich in den sechziger Jahren ganz bescheiden und heimlich an die Öffentlichkeit gewagt hatten, waren kaum noch aufzufinden, denn die meisten ihrer Leser — und ihre Zahl war ja nicht groß — hatten sie längst verbrannt oder anderweitig vernichtet, weil sie fürchteten, sie könnten sich durch ihren Besitz verdächtig machen. Hätte damals jemand geweissagt, daß man in fünfzig Jahren so weit sein würde, Woche für Woche eine Zeitschrift in vielen Tausenden von Exemplaren hinausgeben lassen zu können, bestimmt die Interessen der Homosexuellen nach außen und innen zu vertreten, eine unsichtbare Brücke von Stadt zu Stadt, von Land zu Land, wahrlich, der arme *Ulrichs* hätte nach seinen Erfahrungen annehmen müssen, daß der Phantast, der dieses prophezeite, das Land Uranien mit dem Lande Utopien verwechselte.

Wie kam es, daß so Unwahrscheinliches Ereignis wurde? Nicht von ungefähr, nicht durch die Wirksamkeit einer Person oder einer Ursache, sondern durch viele Menschen und Umstände, die zusammenwirkten, um in der Zeiten Schoß allmählich auch diese Saat zum Reifen zu bringen.

Noch als unser Komitee 1899 das erste »Jahrbuch für sexuelle Zwischenstufen unter besonderer Berücksichtigung der Homosexualität« herausgab, dem nun bereits bis zum Ende des Jahres 1921 — selbst vom Kriege nicht unterbrochen — zwanzig stattliche Geschwister nachgefolgt sind, war die Auffassung vor allem auch in den Kreisen der Gelehrten und Buchhändler, auf deren Mitarbeit es ja in erster Linie ankam, allgemein, daß sich eine periodische Veröffentlichung dieses Inhalts bald als nicht lebensfähig erweisen würde. Und größer noch wie der Zweifel war die Verwunderung. Ich erinnere mich, daß bald nach dem Erscheinen des ersten Bandes mir ein Studienkollege begegnete, mich halb erstaunt, halb mitleidig ansah und meinte: »Wie sind Sie nur auf eine so ausgefallene Sache gekommen? Ein Jahrbuch für sexuelle Zwischenstufen! Würden Sie eine Broschüre, ein Buch über diese Materie schreiben, nun gut, das könnte man verstehen, aber ein Jahrbuch! Wo wollen Sie denn jedes Jahr den Stoff hernehmen und dann wohin sollte es führen, wollte man über jede Krankheit oder Störung für sich ein Jahrbuch herausbringen, etwa ein Jahrbuch über Hühneraugen oder ein beliebiges anderes Leiden.« Ich suchte meinen Kollegen von der Bedeutung und dem Umfange des Gebiets zu überzeugen und ihm klar zu machen, daß abgesehen von der biologischen, physiologischen und soziologischen Seite des Problems allein seine historische Erfassung schon Bände füllen könnte, und hatte auch den Erfolg, daß er mir schließlich Recht gab, — allerdings erst zehn Jahre später, als ich ihn eines Tages in der Staatsbibiothek, zu deren eifrigsten Besuchern er zählte, in die Lektüre des zehnten Jahrgangs vertieft, wiedertraf.

Die Auffassung, der jener Arzt Ausdruck gab, war nicht vereinzelt, sondern entsprach der unter Medizinern damals fast allgemein verbreiteten Ansicht. Man hielt sich schon für sehr vorgeschritten — und zweifellos stellte es ja auch in praktischer Hinsicht bereits einen Fortschritt dar —, als man mit dem Berliner Psychiater *Westphal* und seinem ihm an Wissen ebenbürtigen, an Wissensverwertung weit überragenden Wiener Kollegen *Krafft-Ebing* dazu gelangte, die »konträre Sexualempfindung« nicht mehr als lasterhafte, sondern krankhafte Neigung anzusehen. Als ich dann aber 1896 darüber hinaus in »Sappho und Sokrates« als erster Mediziner ausführlich den Standpunkt begründete, dem sich einige Jahre später auch *Krafft-Ebing* (1901 im III. Jahrbuch) in Abänderung seiner früheren Meinung anschloß, daß die Homosexualität an sich durchaus den Charakter einer in sich harmonisch geschlossenen biologischen, sozusagen natürlichen Varietät, einer Übergangserscheinung trage, der gleichgeschlechtlich fühlende Mensch demnach als solcher durchaus gesund, und nicht als Kranker zu werten sei, fand ich zwar die rückhaltlose Zustimmung einiger der bedeutendsten Sexual- und Variantenforscher, von denen ich vor allem Hugo *de Vries* in Holland, Havelock *Ellis* in England, meinen unvergeßlichen Freund Franz *von Neugebauer* in Warschau und Professor *Freud* in Wien nennen möchte, die große Mehrzahl der Psychiater, Nerven- und Geschlechtsärzte aber verhielt sich dieser Anschauung gegenüber damals noch ablehnend, ja viele entrüsteten sich geradezu über eine so vermessene Meinungsäußerung, von der sie behaupteten, sie bedeute nichts Geringeres als eine Verherrlichung der Homosexualität. Als ich vollends einmal in einem viel besprochenen Gutachten — es war im *Moltke-Harden*prozeß — beiläufig bemerkte, es spräche vieles für die Annahme, daß die örtlich und zeitlich so allgemein verbreitete homosexuelle Liebesempfindung ebenso wie die heterosexuelle »im Plan der Natur« liege, überhäufte man mich in der Presse nicht nur mit Spott und Hohn, sondern erklärte eine solche Lehre geradezu für »gemeingefährlich«. Lebhaft wurde von einigen als Gegenthese der Satz aufgestellt und vertreten, es gäbe in dieser Frage nur zwei Möglichkeiten, entweder gehöre der Homosexuelle in ein Zuchthaus oder in ein Irrenhaus; etwas Drittes käme nicht in Betracht.

Trotz dieses heftigen Widerstreites hat aber unsere Behauptung, die Homosexualität trage zu Unrecht im Strafgesetzbuch die Bezeichnung »widernatürlich«, sie sei vielmehr ebenso natürlich wie alles andere, was die Natur hervorbringe; die Ansicht, das Leiden der Homosexuellen sei nicht die Homosexualität als solche, sondern ihre falsche Beurteilung; die homosexuelle Liebe sei wie jede andere Liebe nicht nur für den Liebenden, vielmehr auch für den Geliebten und die Allgemeinheit, ein positives Gut, dessen sittlicher Wert wie bei jeder Liebe so hoch sei, daß seine ethische und kulturelle Bedeutung selbst durch gewisse an sich bedauerliche Auswüchse kaum beeinträchtigt werden könnte — ein Schicksal, das ja im übrigen die homosexuelle Liebe gleichfalls mit der heterosexuellen teilt —, ich wiederhole: trotz aller Gegenströmungen und Mißdeutungen haben diese für die Gegenwart neuen Erkenntnisse im Laufe der letzten Jahrzehnte mehr und mehr an Boden gewonnen und sich für die Beurteilung des ganzen Problems als höchst bedeutungsvoll erwiesen.

Von verschiedenen Seiten wurde geltend gemacht, die Streitfrage, ob die Homosexualität in das Bereich der Gesundheit oder Krankheit fiele — deren Grenzen ja ohnehin keine scharfen seien —, wäre nebensächlich gegenüber der Hauptsache, daß sie weder ein Verbrechen noch ein Laster sei. Dem kann ich nicht völlig beipflichten. Trägt nämlich eine Erscheinung den Stempel des Krankhaften, so empfindet nicht nur ihr Träger, sondern auch seine Umgebung und die weitere Umwelt diesen Stempel meist auch als Makel. Wohl tritt bei dieser pathologischen Einschätzung an die Stelle eigener Schuld in gewissen Sinne die »Schuld der Väter«; dies entlastet, aber beseitigt nicht die innere Bedrückung — die oft fast noch schwerer erträglich ist, als die äußere Bedrückung, das Gefühl, eine Bürde mit sich herumzuschleppen, die man meint, ängstlich verbergen zu müssen, um nicht als »geistig minderwertig« zu gelten. Solange aber ein Mensch selbst die rein seelischen Auswirkungen seiner Empfindungen scheu verheimlicht, statt sich in schöner Freimütigkeit zu sich selbst und seiner Liebe zu bekennen, solange werden die anderen den naheliegenden, wenn auch falschen Schluß ziehen, es kann doch nichts Gutes, sondern müsse doch wohl im Grunde etwas Schlechtes sein, was man so geheimnisvoll hütet und nicht einmal denjenigen anzuvertrauen wagt, deren unwandelbare Treue sich ein Leben hindurch bewährt hat.

Erst durch die natürliche Auffassung der gleichgeschlechtlichen Liebe — statt widernatürlich wieder natürlich — hat sich hier in den letzten Jahrzehnten ein gründlicher Wandel vollzogen. Das Bedürfnis der Homosexuellen nach Wahrhaftigkeit, das in gleichem Maße von Ehrlichkeit und Ehrgefühl geleitete Streben, den Nächsten gegenüber nicht mehr als Larve, sondern ohne Maske gegenüberzutreten, der Wille und die Kraft zu sich hat ungemein zugenommen und sich in seiner Ausführung bestens bewährt. Daß, wie mir berichtet wird, im letzten Jahre einer homosexuellen Weihnachtsfeier in Berlin nicht weniger als zwölf Mütter mit ihren erwachsenen urnischen Söhnen beiwohnten, daß viele Homosexuelle mit ihren heterosexuellen Schwestern und Schwägern erschienen waren, wäre noch vor zwanzig Jahren undenkbar gewesen.

Früher verhielt es sich so, daß die Familie von der Homosexualität eines ihrer Mitglieder gewöhnlich erst durch einen »Skandal« erfuhr, beispielsweise durch die Verhaftung des aus Furcht jede Behausung meidenden Homosexuellen im Freien auf frischer Tat, oder — ein ebenfalls häufiges Vorkommnis — dadurch, daß ein Erpresser, nachdem bei dem eigentlichen Opfer nichts mehr zu holen war, sich an dessen Vater und Mutter wandte, um nun bei ihnen unter Drohung mit einem Familienskandal weitere »Daumenschrauben anzusetzen«. Die Entrüstung der ahnungslosen Angehörigen war dann meist grenzenlos und wurde nur von dem Erstaunen übertroffen, wie gerade dieser Anverwandte, dem sie solche »Gemeinheit« am allerwenigsten zugetraut hatten, die Familienehre in so niedriger Weise beflecken konnte. Wohl ließ man sich gnädigst herbei, die Sache in Ordnung zu bringen, und tat sich viel darauf zugute, aber meist war mit der Angelegenheit auch das Familienmitglied erledigt; es gab Väter, die ihrem Sohne den geladenen Revolver auf den Nachttisch legten; weniger robuste Naturen hielten eine Verschickung nach einem fernen Erdteil für den geeigneteren Ausweg — besonders beliebt war Südamerika —; nicht wenige verfielen auch darauf, den unbequemen Verwandten hinter den Mauern einer Irrenanstalt verschwinden zu lassen. Unvergeßlich bleibt mir der Anblick eines Urnings, den ich als sechzigjährigen Greis in einer bekannten Irrenanstalt sah, in die ihn sein Vater einst als zwanzigjährigen Jüngling verbracht hatte. Seine ganze Geisteskrankheit bestand in der Liebe zum gleichen Geschlecht. Eine Ausnahme gab es allerdings stets und gibt es noch heute, in der sich die Familie von homosexuellen Angehörigen nicht loszusagen pflegt, wenn sich der Urning nämlich dank seines Fleißes und seiner Bedürfnislosigkeit in guter Vermögenslage befindet. Ich habe es noch niemals erlebt, daß eine Familie einen homosexuellen Erbonkel fallen ließ. Im Falle aber ein Homosexueller seinen Freund oder die Bewegung zur Befreiung der Homosexuellen von gesetzlicher und gesellschaftlicher Ächtung in seinem letzten Willen bedenkt, kommt es nicht selten vor, daß die Verwandtschaft das Testament anfechtet, mit der Begründung, der Erblasser sei geistig nicht normal oder seine Beziehungen zu den als Vermächtnisnehmern bezeichneten Personen seien unlautere gewesen. Es wird die Verfolgung der Homosexuellen oft noch über das Grab hinaus fortgesetzt. Früher hatten die Verwandten mit diesen Beanstandungen nicht selten Erfolg, und auch jetzt noch ist den Urningen bei Abfassung letztwilliger Verfügungen größtmögliche Sicherung anzuraten.

In den Anfängen unserer Bewegung flüchteten sich viele Homosexuelle zu uns, die von ihren Familien verstoßen waren. Nur eines einzigen will ich hier gedenken, der nun auch schon lange — er starb als Fünfundvierzigjähriger 1911 in Neapel — in fremder Erde ruht: Deiner, Hermann von *Teschenberg*. Er war eine der Natur besonders gut gelungene Mischung bester männlicher und weiblicher Eigenschaften. Unter denkbar glänzenden Verhältnissen am Habsburger Hofe aufgewachsen, schien er so recht bestimmt, ein Sonnenkind des Glücks zu werden; gemeinsam mit dem späteren *König Alfons XII.* von Spanien erzogen, ein Liebling der anmutigen *Kaiserin Elisabeth* von Österreich, die in dem literarisch hochbefähigten Jüngling schon den zukünftigen Intendanten des Hofburgtheaters sah, Sohn einer abgöttisch geliebten Mutter und des Ministers von *Teschenberg*, der im politischen und gesellschaftlichen Leben Wiens tonangebend war — alles dies versank für ihn in Nacht und Nebel, ausgelöscht für immer, als er eines Abends auf einer Bank im Wiener Prater in höchst verdächtiger Umarmung mit einem Soldaten von einem Wachmann überrascht und festgestellt wurde. Dahin waren Heimat, Familie und Karriere; er floh ins Ausland, erst nach Italien, dann nach England, wo er Oscar *Wilde* nähertrat, dessen Werke er später ins Deutsche übertrug. Vergebens versuchte er in dem bald nach seiner Ankunft einsetzenden *Wilde*-Prozeß auf den Vater von Alfred *Douglas*, Oscar *Wildes* Freund, den *Marquis von Queensbury* aufklärend und versöhnend einzuwirken. Anfang 1898, kurz nach Gründung des Wissenschaftlich-humanitären Komitees, siedelte *Teschenberg* dann nach Berlin über und wurde einer unserer eifrigsten Mitarbeiter. Vom Frühjahr 1898 bis zum Mai 1905 verging kein Tag, an dem er nicht mit der ihm eigenen Pflichttreue und Gewissenhaftigkeit mit dem Glockenschlage zehn Uhr auf dem Bureau des Komitees erschien, um mehrere Stunden der Befreiungsarbeit zu widmen, Aufklärungsschriften absendend, viele Hunderte von Briefen schreibend, durch Wort und Schrift, und namentlich auch die Tat viele von der Gerechtigkeit und Notwendigkeit unseres Kampfes überzeugend. Denn eine Tat selbstloser Aufopferung war es und nicht aus Eitelkeit geschah es, daß er seinen Namen und sein Bild als Frau freiwillig den Jahrbüchern für sexuelle Zwischenstufen zur Veröffentlichung zur Verfügung stellte; eine Tat war es, als er gelegentlich eines in einer großen Volksversammlung von mir gehaltenen Vortrages nach einem heftigen Angriffe auf unsere Bestrebungen die Tribüne betrat, um in tiefster Erregung, dabei aber doch mit größter Schlichtheit und Sachlichkeit seine eigene Lebensgeschichte vorzutragen. Dieses Einsetzen seiner Person, das er in diesen und vielen anderen Fällen bewies, machte stets einen tiefen Eindruck und gewann viele. Ich bin sicher, daß, wenn wir vor einem Menschenalter bereits soweit wie heute gewesen wären, *Teschen-*

berg, dieser edle Dulder, die Wesenheit seiner Natur, die ja gerade den Zauber seiner Persönlichkeit ausmachte, schon vor dem Eklat denen, die ihn ebenso liebten wie er sie, geoffenbart haben würde; es wäre wahrlich nicht nur für ihn zum Vorteil gewesen.

In den letzten Jahren vergeht selten eine Woche, in der ich nicht Gelegenheit habe, mit Eltern über homosexuelle Kinder, vielfach auch Töchter, Rücksprache zu nehmen, denen diese sich anvertrauten. Namentlich wirkte auch hier der infolge Rankünen jetzt verbotene Film »Anders als die Andern« während der Monate seiner Vorführung in aufklärender Hinsicht unendlich segensreich.

Wieder und immer wieder konnte ich mich überzeugen, wie sehr sich nach dem ersten Entdeckungsschreck die Wahrheit für beide Teile bewährt hat; für die Eltern, die nun endlich den Schlüssel gefunden hatten für das, was ihnen im Wesen ihrer Söhne und Töchter bisher verschlossen war und was ihnen um so unheimlicher erschien, je heimlicher es gehalten wurde; für die Kinder, die durch die stille Mitwisserschaft einen Halt und einen Schutz gewannen, der ihnen an den schwierigsten Strecken ihres Dornenpfades von unschätzbarem Wert werden konnte. Betritt ein Urning die Anklagebank, so ruft nichts bei Richtern und Staatsanwälten einen so günstigen Eindruck hervor, als wenn Vater und Mutter sich hinter den Beschuldigten stellen. Leider gibt es ja immer noch mehr ungeratene Eltern als ungeratene Kinder.

Um so strahlender heben sich die Ausnahmen ab, von denen ich ein rührendes Beispiel, das ich vor kurzem in einem kleinen Städtchen der Provinz erlebte, anführen will. Ein siebenundzwanzigjähriger Beamter war angeklagt, mit einem anderen Beamten gleichen Alters in einer nach § 175 strafbaren Weise verkehrt zu haben. Dieser, ein Angehöriger der Sicherheitspolizei, hatte in eifersüchtiger Aufwallung selbst die Anzeige gegen sich und mehrere seiner früheren Bekannten und Freunde erstattet. Einige davon waren bereits verurteilt worden. Jetzt sollte gegen L. verhandelt werden. Ich fuhr mit ihm und seinem Anwalt gemeinsam nach A. Auf dem Bahnhof wurde der Angeklagte von seinem Vater und seinen Brüdern in liebevoller Weise empfangen. Alle waren preußische Staatsbeamte und hatten Urlaub genommen, um den angeschuldigten Bruder nach dem ziemlich weit entfernten Gerichtsgebäude das Geleit zu geben, so wie man wohl einen teuren Angehörigen auf einem schweren, aber ehrenvollen Gange zu geleiten pflegt. Auf dem Wege erzählte mir der Vater, wie seiner Frau und ihm die ersten Bedenken an der Männlichkeit ihres Sohnes aufgestiegen seien. »Als unser Fritz acht Jahre war, schenkten wir ihm einmal zu Weihnachten ein Schaukelpferd. Er war unser Jüngster und unser aller Liebling, und wir glaubten, ihm mit dem Geschenk eine besonders große Freude zu bereiten. Er beachtete aber das Schaukelpferd nicht im geringsten, weigerte sich sogar, es zu besteigen, lugte dafür aber um so mehr nach den Puppen und Handarbeiten seiner Schwester. Wir waren damals sehr böse auf Fritz, und es fehlte nicht viel, so hätte ich ihn geschlagen. So wenig kennen Eltern ihre Kinder.« Mittlerweile hatten wir uns dem Gerichtssaal genähert, woselbst sich der ehrwürdige Vater bei dem Vorsitzenden meldete, um für seinen Sohn Zeugnis abzulegen. Der alte Gerichtspräsident, hinter dessen Barschheit sich viel Güte zu verbergen schien — ich habe gefunden, daß je liebenswürdiger Richter bei der Vernehmung sind, um so strenger ihre Urteile auszufallen pflegen —, beschränkte die Beweisaufnahme lediglich auf die Aussage des Angeklagten und meine Vernehmung als Sachverständiger, um dann nach kurzer Beratung den Freispruch zu verkünden. Wie der Vater darauf noch im Gerichtssaal seinen Sohn stürmisch in die Arme schloß und unbekümmert um die Anwesenden ausrief: »Nun aber gleich an Muttern telefonieren«, erhellten sich für einen Augenblick selbst die ernsten Mienen der Gerichtsherren. Während die nächste Verhandlung schon aufgerufen wurde, warteten der Vater, der Verteidiger und ich im Korridor, bis der Überglückliche vom Fernsprecher zurückkam. »Na, Fritz, was hat Mutter gesagt?«, fragte der Vater, und Fritz antwortete: »Ach, Jung, das ist ja wundervoll«, hat sie gesagt. »Dann kommt aber alle schleunigst nach Hause, um Euch nach der Angst gemeinsam zu laben und zu erholen.« Diese Geschichte ist gewiß sehr einfach, und doch wie schön ist sie in ihrer schlichten Menschlichkeit. Es gibt blasierte Spötter, die in solchen Fällen von Rührseligkeit, Gefühlsduselei und Sentimentalität reden; mögen sie ihre Gefühllosigkeit, um nicht zu sagen Gefühlsrohheit, wenigstens nicht anderen aufzudrängen suchen.

Der Homosexuelle vor dem Strafrichter

Ich möchte in diesem Zusammenhang, bevor ich zu dem eigentlichen Ursprung unseres Wissenschaftlich-humanitären Komitees übergehe, der ja letzten Grundes in der Bekämpfung einer falschen Justiz wurzelt, noch einen weiteren Unterschied von einst und jetzt beleuchten, über den meist viel zu leicht hinweggegangen wird, obwohl er in Wirklichkeit sehr erheblich in die Waagschale fällt. Von Urningen, die sich von der Teilnahme am Befreiungskampfe fernhalten, wird nicht selten angegeben, richtiger vorgegeben, solange noch nicht einmal der § 175 im Reichsstrafgesetzbuch gestrichen sei, könne doch von einem Erfolge der Komiteearbeit überhaupt nicht die Rede sein; oft wird hinzugefügt, durch die wissenschaftliche Methode sei eben nichts zu erreichen, andere Wege wie »der Weg über Leichen« führten müheloser und rascher zu dem ersehnten Ziele. Die Vertreter dieser Anschauung, gegen deren Gründe auch sonst schwerwiegende Gegengründe anzuführen wären, übersehen meist, daß der Strafrahmen des § 175 ein sehr weiter ist, indem er von einem Tage bis zu fünf Jahren Gefängnis reicht. Wenn es auch in der Theorie zutrifft, daß, wie es in unserer Petition heißt, »das bestehende Gesetz, auch wenn nur ein Tag Gefängnis, im Deutschen Reich das niedrigste Strafmaß für diese Handlung, ausgesprochen oder auch nur eine Voruntersuchung eingeleitet wird, viele brave, nützliche Menschen, die von der Natur mehr als genug benachteiligt sind, ungerecht in Schande, Verzweiflung, ja Irrsinn und Tod jagt«, in der Praxis stellt es sich doch als recht belangvoll heraus, ob jemand zu einem Jahr oder zu einer Woche Gefängnis, noch dazu mit Bewährungsfrist, verurteilt wird. Ich gehe aber kaum fehl, wenn ich unter Zugrundelegung meiner Erfahrung als Sachverständiger an Land- und Amtsgerichten die Behauptung aufstelle, daß gegenwärtig die Gesamtstrafe, die im Verlaufe eines Jahres über den homosexuellen Teil der Bevölkerung aus § 175 verhängt wird, geringer ist, als das vor einem Vierteljahrhundert in einem einzigen Monat erkannte Strafmaß.

Im allgemeinen vollziehen sich ja Gesetzesänderungen nicht in Extremen, sondern allmählich — so wie ein Kind, dem ruhestörender Lärm verboten wird, diesem gewöhnlich nicht sofort ein Ende bereitet, sondern erst nach und nach aufhört, als ob es dies ohnehin beabsichtigt hätte. In der vielgestaltigen Geschichte der Urningsverfolgung ist es allerdings auch vorgekommen, daß in manchen Ländern, beispielsweise in Holland, das eine Gesetzbuch noch die Todesstrafe für homosexuelle Akte enthielt, während in dem nächstfolgenden Strafgesetzbuch bereits jedwede Bestimmung dagegen in Wegfall gekommen war. Gewöhnlich aber sind solche Gesetze, an denen ja die Justizgeschichte keinesfalls arm ist, viel leichter eingeführt als ausgemerzt. Kommt einmal ein Gesetz ins Wanken, so währt es meist sehr lange Zeit bis es völlig fällt. Erst pflegt die Todesstrafe in Zuchthausstrafe, diese in Gefängnisstrafe verwandelt zu werden und darauf werden im Strafmaß statt Jahren die gleiche Anzahl Monate, Wochen, Tage, schließlich sogar Mark ausgesprochen.

Der Wechsel der Gesetze vollzieht sich noch dazu in den verschiedenen Ländern nicht in gleichmäßigem, sondern sehr unregelmäßigem Tempo, je nach dem Stande der Aufklärungsarbeit, einer bald mehr lebensbejahenden, bald mehr lebensverneinenden Zeitströmung, stark beeinflußt auch von der allgemeinen politischen Konstellation. So wurden noch vor kurzer Zeit in den Vereinigten Staaten von Amerika zwei angesehene Bürger wegen gleichgeschlechtlicher Handlungen zu zwanzig Jahren Kerker verurteilt, welche für die gleiche Tat in Deutschland entweder freigesprochen wären oder einige Wochen Gefängnis erhalten hätten, während in Italien und Frankreich die Kriminal- und Justizbehörde ihr Verhalten als Privatangelegenheit überhaupt nicht beachtet haben würde. In England hinwiederum wäre vielleicht dieselbe Strafe gegen sie verhängt worden wie gegen Oscar *Wilde* und seinen Mitangeklagten *Taylor*, gegen die das Urteil am 25. Mai 1895 lautete: »to be imprisoned and kept at hard labour for two years« (zwei Jahre Arbeitshaus). Was das in einem »Kulturstaat« wie England bedeutet, kann man unter anderem aus einem Bericht von Robert *Ross* ersehen, der seinen Freund *Wilde* ein halbes Jahr nach seiner Einkerkerung im Zuchthaus zu Reading besuchte. Als ich Robert *Ross* kurz nach 1900 in London kennenlernte, erzählte er mir: »Oscar kam in Zuchthauskleidern in Begleitung des Gefängniswärters auf mich zu; sein Haupt war wie das der anderen Zuchthäusler kahl geschoren, die Hände aber, mit denen der einst so stolze Dichter Werke niedergeschrieben hatte, welche die Weltliteratur um einige ihrer kostbarsten Erzeugnisse bereicherten, schwärten und bluteten vom Wollezupfen.«

Würde mich jemand fragen, was mir in meinem arbeitsreichen Leben die meiste innere Genugtuung gegeben hat, die Antwort könnte mir nicht schwer fallen. Es gibt nichts, was mich auch nur annähernd mit solcher Befriedigung erfüllt als das Bewußtsein, daß durch meine unmittelbare Tätigkeit als Sachverständiger an Gerichten Menschen, die wegen ihrer sexuellen Eigenart zu Unrecht verfolgt wurden, viele Hunderte von Jahren Gefängnis weniger haben verbüßen müssen. Wir haben uns einmal berechnet, daß, unter Zugrundelegung der Anträge der Staatsanwälte, durchschnittlich im Verlauf eines Monats acht, im Jahre, wenig gerechnet achzig, in fünfundzwanzig Jahren also rund zweitausend Jahre Gefängnis herauskommen, die ich den Angeschuldigten und dem Staate dadurch ersparen konnte, daß ich dem Gerichtshof ein genaues Bild von der seelischen Verfassung der Angeklagten entwarf. Manchem mag dies nicht viel erscheinen, auch ich wünschte, es wäre mehr, aber wenig ist es nicht. Das kann nur der ermessen, dem das hohe Glücksgefühl der Erlösung zu beobachten vergönnt war, mit dem ein Mensch mit reinem Gewissen nach seinem Freispruch die Anklagebank verläßt, oder jemand der, wie ich, so oft in der Gefängniszelle einem um seiner Liebe willen der Freiheit beraubten Verzweifelten tröstend gegenüber gesessen hat. Da gelten, wenn je, die Worte: »Der Menschheit ganzer Jammer packt mich an.«

Nie werde ich den Anblick vergessen, der mir vor Jahren einmal in einem Untersuchungsgefängnis zuteil wurde. Ein Herr von etwa fünfzig Jahren, wovon er dreißig einem großen rheinischen Industrieunternehmen als sehr geschätzte Kraft angehört hatte, war während seines Sommerurlaubs in einem Berliner Hotel auf Veranlassung der badischen Staatsanwaltschaft verhaftet worden. Er war beschuldigt, mit Kavalleristen sträfliche Beziehungen gepflogen zu haben. Unmittelbar nach seiner Verhaftung hatte er an mich einen Eilbrief geschrieben mit der flehentlichen Bitte, ihn sofort aufzusuchen, ebenso an eine Schwester. Anstatt solche Briefe nach Kenntnisnahme des Inhalts auf beschleunigtem Wege dem Adressaten zugehen zu lassen, sandte die Verwaltung des Untersuchungsgefängnisses das Schreiben zunächst nach Mannheim, um die Erlaubnis des zuständigen Gerichts einzuholen, die nach erteilter Bewilligung den Brief wieder nach Berlin zurückbeförderte. Diesen Umweg erforderte der bürokratische Mechanismus. Als der Eilbrief schließlich in meine Hände gelangte, war seit seiner Absendung genau eine Woche vergangen. Ich begab mich sofort in das zehn Minuten von meiner Wohnung entfernte Gefängnis. Als ich mit dem Wärter in die Zelle des Angeklagten trat, hing dort an einem Pfosten die noch warme Leiche des unglücklichen Menschen. Er mußte sich ganz kurz zuvor erhängt haben. Auf dem Tisch lag ein Zettel mit den Worten: »Alle haben mich verlassen, darum Schluß.«

Es ist mir in bezug auf meine Gerichtstätigkeit früher einmal von einem meiner Gegner, der freilich am wenigsten dazu Anlaß gehabt hätte, als Widerspruch ausgelegt und zum Vorwurf gemacht worden, daß ich die Homosexuellen in meinen Schriften für geistig durchaus gesunde Menschen erklärte, während ich doch vor Gericht für sie oft die Voraussetzung des § 51 RStrGB in Anspruch nähme, wonach Personen nicht bestraft werden dürfen, bei denen infolge krankhafter Störung der Geistestätigkeit die freie Willensbestimmung ausgeschlossen ist. In Wirklichkeit verhält es sich so, daß ich mich für verpflichtet halte, in jedem Einzelfall genau zu prüfen und dem Gericht dann auseinanderzusetzen, ob bei dem Angeklagten von Hause aus eine homosexuelle Konstitution vorliegt, auf Grund derer der Trieb zum weiblichen Geschlecht nicht zur Entwicklung gelangte, dagegen der zum männlichen aus unterbewußten Traum- und Phantasievorstellungen mit der Reifezeit immer deutlicher in das Bewußtsein und zielstrebig in die Erscheinung trat.

Hierbei bleibt die theoretische Frage, ob die Homosexualität als solche krankhaft ist oder nicht, völlig unberührt. Von praktischer Bedeutung für die richterliche Urteilsfällung ist ja lediglich der Umstand, ob der Homosexuelle Geschlechtstrieb dauernd beherrschbar ist oder ob er es nicht ist. Ich pflege darzulegen, daß in bezug auf die Triebstärke sich der Homosexuelle von dem Heterosexuellen nicht unterscheidet. Bei beiden gibt es in großer Breite individuelle und zeitliche Schwankungen. Nur wer von einem unverehelichten heterosexuellen Menschen lebenslängliche geschlechtliche Enthaltsamkeit von Gesetzes wegen zu verlangen sich für berechtigt hält, könnte dies auch von dem homosexuellen beanspruchen. Bedeutende Kenner des Gebietes, vor allem *Krafft-Ebing* in »Der Konträrsexuelle vor dem Strafrichter« sind nach den von ihnen in gewissenhafter Prüfung gewonnenen Erfahrungen zu der Überzeugung gelangt, daß der homosexuelle Trieb auf die Dauer ununterdrückbar sei. Ich selbst halte dafür, daß, solange der Homosexualitätsparagraph besteht, in jedem gerichtlichen Sonderfall nicht nur der Grad der Triebkräfte, sondern auch die Menge der Widerstandskräfte einer sorgsamen Prüfung unterzogen werden muß. Da uns hierfür objektive Meßapparate, wie etwa das Thermometer beim Fieber, nicht zur Verfügung stehen, ist jeder Sachverständige mehr oder weniger auf Schlußfolgerungen angewiesen, die sich auf seine Spezialforschungen stützen. Die meinigen, gesammelt an dem größten Menschenmaterial, das ein Naturforscher bisher zu sehen und zu sichten in der Lage war, haben mich gelehrt, daß ganz ausnahmsweise wohl ein sehr stabiles Nervensystem mit einem Sexualtrieb von durchschnittlicher Stärke zeitlebens fertig werden kann, nicht aber ein überanstrengter, erschöpfter, durch narkotische Mittel (Alkohol, Nikotin, Kokain) oder Krankheitsgifte erheblich geschwächter, oder durch erbliche Belastung in labilem Gleichgewicht befindlicher nervöser Zentralapparat. Eine derartig verminderte Nervenkraft ist den inneren Antrieben und äußeren Anreizen wohl zeitweise, aber nicht für immer gewachsen.

Der äußere Anreiz ist neben den beiden anderen Faktoren als dritter von nicht zu unterschätzender Bedeutung. Seine Wirksamkeit hängt von dem Spannungsgrad ab, der sich aus der Stärke der Trieb- und der Schwäche der Widerstandskräfte ergibt. Je hochgradiger die innere psychoinkretorisch bedingte Spannung ist, eines um so geringeren adäquaten Reizes, und umgekehrt, je schwächer der Innendrang, eines um so stärkeren Außenreizes bedarf es, um die Hemmungen zu beseitigen und die Reflexe über die Reflexionen die Oberhand gewinnen zu lassen. Aus allem geht hervor, daß in allen Sexualprozessen der ärztliche Sachverständige vor Gericht eine dreifache Aufgabe hat, nämlich die, das konstitutionelle, direktive und okkasionelle Moment (d. i. Anlage, Beherrschungsvermögen und Anlaß) sorgfältig gegeneinander abzuwägen. Nimmt er diese Aufgabe so ernst, wie es seine Pflicht und Schuldigkeit erfordert, so wird er in sehr vielen Fällen zu dem Ergebnis kommen müssen, daß es ganz unmöglich ist, den Beweis der vom Gesetz erforderten Willensfreiheit und Zurechnungsfähigkeit zu erbringen; daß die beigebrachten Tatsachen aber zu begründeten Zweifeln führen, ob sich der Angeklagte bei Begehung der ihm zur Last gelegten Handlung im Besitz der freien Willensbestimmung befunden hat.

Nach der mit dem alten Rechtsgrundsatz »in dubio pro reo« (im Zweifelsfall für den Angeklagten) übereinstimmenden Entscheidung des Reichsgerichts reichen diese begründeten Zweifel vollkommen aus, die Voraussetzungen des § 51 zu erfüllen. Das Wesentliche bei der Begutachtung ist, wie mir meine jahrzehntelange Gerichtserfahrung mit immer steigender Deutlichkeit gezeigt hat, ein so einwandfreies und anschauliches Bild der vorhandenen Bedenken zu entwerfen, daß Berufsrichter, Geschworene und Schöffen unter Überwindung aller sachlichen und persönlichen Widerstände, die oft genug nicht nur gegenüber dem Täter, sondern auch gegen Verteidiger und Sachverständige bestehen, selbst die Überzeugung gewinnen: bei diesem Täter liegt kein verbrecherischer Wille vor.

Viel angenehmer als von den begründeten Zweifeln werden viele Richter und Staatsanwälte von dem Begriff der verminderten Zurechnungsfähigkeit berührt. Jenes bedeutet Straflosigkeit, dieser, weil zu den sogenannten mildernden Umständen gehörig, nur Strafminderung. Die verminderte Zurechnungsfähigkeit bildete das Steckenpferd eines der besten und beliebtesten Gerichtsärzte, die wir jemals in Berlin besessen haben, des im Frühjahr 1921 allzu früh verstorbenen Geheimen Medizinalrats Arthur *Leppmann*. Er gehörte mit dem ihm durch wissenschaftliche Kameradschaft eng verbundenen Geh. Justizrat Franz von *Liszt*, der damals noch Professor des Strafrechts in Halle war, mit dem Reichstagsabgeordneten August *Bebel*, dem Dichter Ernst von *Wildenbruch*, sowie den beiden Nervenärzten Freiherr von *Krafft-Ebing* in Wien und Professor Albert *Eulenburg* in Berlin, von denen allen nun kein einziger mehr unter den Lebenden weilt, zu den ersten sechs Unterzeichnern der 1897 vom Wissenschaftlich-humanitären Komitee verbreiteten Petition zur Beseitigung des § 175 RStrGB.

Trotzdem Arthur *Leppmann* nicht, wie der als Berliner Gerichtspsychiater gleichfalls hochgeschätzte Albert *Eulenburg*, dem Wissenschaftlich-humanitären Komitee unmittelbar als Obmann angehörte, sind ihm die Homosexuellen gleichwohl zu großem Dank verpflichtet. Unvergeßlich ist mir der durch ebensoviel Schärfe wie Menschlichkeit ausgezeichnete Vortrag geblieben, den *Leppmann* November 1910 in der »Gesellschaft für soziale Medizin, Hygiene und Medizinalstatistik« hielt, als wieder einmal, wie so oft vorher und nachher, eine Reform des deutschen Strafgesetzbuches geplant war. Damals sprach er die beherzigenswerten Worte aus: »Bezüglich des § 175 muß ich nicht nur vom psychiatrischen, sondern auch vom allgemeinen sozialen Standpunkt aus verlangen: 'Fort mit diesem Paragraphen!' Die Strafjustiz hat die Verpflichtung, Verbrechen gegen das keimende Leben und das Eigentum zu bestrafen und die öffentliche Sicherheit zu schützen, sie ist aber nicht der Hüter der privaten Moral. Wenn zwei Erwachsene, ohne den öffentlichen Anstand zu verletzen und ohne Jugendliche noch nicht geschlechtsreifen Alters zu gefährden, unter sich homosexuelle Handlungen begehen, so kümmert das keinen Dritten. Schließlich hat doch jeder Mensch über seinen Körper das Selbstbestimmungsrecht.« Deutlich sehe ich noch *Leppmann* vor mir, wie er, selbst schon mit dem Keim des Todes behaftet, am 5. Februar 1920 unserem lieben Dr. Ernst *Burchard* auf dem Luisenfriedhof, weit draußen in Westend die letzte Ehre erwies. So wie er *Burchard* als väterlicher Freund in den Wechselfällen seines sturmbewegten Lebens stets treu zur Seite stand, ist er vielen Urningen ein gütiger Helfer und Berater gewesen, namentlich während des Krieges, als viele Homosexuelle, besonders die femininen, die sich den Schrecknissen der Front nicht gewachsen fühlten, in der von ihm geleiteten »Nervenstation« des Berliner Garnisonlazaretts Zuflucht suchten und fanden. Die freundliche, verständnisvolle Art, mit der er der weiblichen Natur urnischer Soldaten gerecht wurde, »Lottchen« als nur dienstfähig für die Küche und »Lieschen« für die Schneiderstube bestimmte, legten von seiner Herzensgüte ebenso beredtes Zeugnis ab wie von der ihm eigenen Tiefenpsychologie. Und dennoch — vor Gericht konnte man sich des Eindrucks nicht erwehren, als ob dieser famose Mensch nach blendendem Anlauf vor dem letzten entscheidenden Sprung zurückwich, als ob er, wie man sich wohl ausdrückt, »Furcht vor der eigenen Courage« hatte.

Er trug alles zusammen, was nur irgendwie den Angeklagten zu entlasten geeignet war, seine erbliche Belastung, alle schädigenden Einflüsse in seiner Erziehung und Entwicklung, um schließlich doch immer wieder, statt mit begründeten Zweifeln, mit der verminderten Zurechnungsfähigkeit zu enden. Oft haben wir so durch zwanzig Jahre im Gerichtssaal die Klingen gekreuzt. Wenn wir aber dann nach der Verhandlung gemeinsam den Ruckweg vom Moabiter Kriminalgericht nach unseren nur wenige Häuser voneinander entfernten Wohnungen zurücklegten, waren aus den fachlichen Gegnern immer wieder persönliche Freunde geworden. Nun ist auch der gute *Leppmann* dahin, leider aber nicht die verminderte Zurechnungsfähigkeit, die ihren Schöpfer wohl noch lange überleben wird. Denn ihre Einführung in das zukünftige Strafgesetzbuch wird von vielen Juristen als eine Haupterrungenschaft der modernen Kriminalistik gebucht. In Wirklichkeit handelt es sich aber auch hier wieder um eine der beliebten Kompromißformeln, der halben Maßregeln, an der schließlich niemand rechte Freude haben wird, weil sie gar zu leicht neuer Willkür Tür und Tor öffnet.

Einen praktisch weit größeren Fortschritt bedeuten für die Homosexuellen zwei andere Einrichtungen, die neuerdings in die Gerichtspraxis Eingang gefunden haben: die Verwandlung kurzfristiger Freiheitsstrafen in Geldstrafen, die trotz der Kürze ihres Bestehens — seit 1. Januar 1922 — bereits wiederholt auch auf Verurteilte aus § 175 Anwendung gefunden hat, und die Einführung der Bewährungsfrist. Wir wollen uns zwar als ehrliche Menschen nicht darüber täuschen, daß gerade den Homosexuellen gegenüber letztere Maßnahme mehr von Wohlwollen als von Menschenkenntnis zeugt. Ganz besonders lehrreich war mir hierfür ein Vorfall, den ich vor einiger Zeit an einem westdeutschen Gerichtshof erlebte. Ein vierundzwanzigjähriger Homosexueller war wegen widernatürlicher Unzucht, die er mit einem Fabrikarbeiter begangen hatte, zu einem Monat Gefängnis mit dreijähriger Bewährungsfrist verurteilt. »Angeklagter«, so schloß der Vorsitzende die Urteilsbegründung, »haben Sie gehört, wenn Sie sich drei Jahre halten, brauchen Sie die Strafe nicht verbüßen. Nehmen Sie das Urteil unter dieser Bedingung an?« »Jawohl, Herr Präsident, ich werde mir die größte Mühe geben«, erwiderte der Angeklagte, fügte jedoch nach einer kleinen Weile leiser, aber verständlich hinzu, »mich wenigstens nicht noch einmal abfassen zu lassen.« Sofort sprang der Staatsanwalt auf und beantragte 100 Mark Geldstrafe wegen ungebührlichen Benehmens vor Gericht. Der Vorsitzende faßte die ungewohnte Offenherzigkeit jovialer auf, machte gute Miene zum bösen Spiel und nahm von der Bestrafung Abstand.

Mich erinnert die Bewährungsfrist ein wenig an eine Geschichte, die, als sie sich zutrug, viel bemerkt und belächelt, aber auch viel bemängelt wurde. Es mögen wohl zwanzig Jahre her sein, als bei einem der glänzenden Garde-Kavallerie-Regimenter früherer Zeit wieder einmal einige Offiziere mit sehr klangvollen Namen, von denen ihre Kameraden scherzhaft nicht als Prinzen, sondern als Prinzessinnen sprachen, ihren Abschied nehmen mußten, weil ihre homosexuelle Veranlagung unliebsam »ruchbar« geworden war. Einer der Gemaßregelten erbat bei einem damals noch sehr hohen Herrn, der zugleich sein Vetter war, eine Audienz, in der er in mutiger und vornehmer Weise für seine Standes- und Empfindungsgenossen eine Lanze brach. Diese Unterredung schloß der Fürst mit den Worten: »Was die Herren unter sich treiben, ist ihre Sache und geht mich nichts an, was aber unter allen Umständen vermieden werden muß, ist der Skandal. Skandal dulde ich nicht.«

Diese Äußerung stand in auffallendem Gegensatz zu einer anderen, die kurze Zeit darauf von England herüberkam. Auch hier drohte ein Hofskandal. Im Dubliner Schloß waren eines Morgens die Kronjuwelen verschwunden. Die mit Eifer aufgenommene Untersuchung lenkte den Verdacht auf einen »gemeinen« Soldaten, der nachts bei einem hohen Bewohner des Hauses unter seltsamen Umständen zu Gaste war. Als nun dem englischen Vetter des deutschen Fürsten von dieser Fährte Meldung gemacht wurde, befahl *Edward* die sofortige Einstellung des Ermittlungsverfahrens, wobei er die Worte gebraucht haben soll: »Der Ruf meines Landes ist mir mehr wert als meine Juwelen.«

Hätte man bei uns in Deutschland an derselben Stelle den gleichen Standpunkt vertreten, wieviele peinliche »Skandale« hätten im Keime erstickt und unserem Vaterlande erspart bleiben können, die sich in ihren Auswirkungen als höchst verhängnisvoll, ja unheilvoll erwiesen. Ich erinnere nur an die Folgen des »*Krupp* Skandals« auf dem Gebiete der inneren, an die des Falles *Eulenburg* auf dem der äußeren Politik. Zu mancherlei, was sich später beim Zusammenbruch der deutschen Monarchie bitter rächte, wurde damals in Überhebung und Verblendung die Saat gestreut.

Ist es denn so schwer zu begreifen, daß der Skandal viel weniger durch die Handlung an sich als durch das hervorgerufen wird, was aus ihr gemacht wird, daß die Eltern des Skandals der Klatsch und die Sensation sind, für die das verletzte Bettgeheimnis nur die Alimente zahlt?

Schon der alte Rechtsgelehrte *Cella* hat in seinem grundlegenden Werk über »Verbrechen und Strafe« gesagt: »Soweit überhaupt einzuschreiten ist gegen die verschiedenen Arten von Fleischesvergehen wider die Natur, muß dies mit doppelter Vorsicht geschehen, damit durch die Nachforschung nicht erst das Ärgernis veranlaßt wird, dem man steuern will«, und ganz ähnlich lautet eines der ausschlaggebenden Motive, auf die gestützt der Code Napoléon als erstes europäisches Gesetzbuch (im Jahre1810) den Urningsparagraphen strich: »Die Vermeidung der schmutzigen und skandalösen Untersuchungen, welche so häufig das Familienleben durchwühlen und erst recht Ärgernis geben.«

In Deutschland aber wird immer noch unter etwa einer Million homosexueller Handlungen durchschnittlich eine aus dem Dunkel der Nacht in die Helle des Tages, aus der Verschwiegenheit des Schlafzimmers an den Pranger des Gerichtssaals gezerrt, wo sich dann Staatsanwalt und Rechtsanwalt, Richter und Angeklagte lang und breit darüber streiten, ob die Berührung zweier Menschenkörper in einer noch nicht oder schon strafbaren Form stattgefunden hat. Auf der Anklagebank sitzt der Zufall oder richtiger der bereits genügend gekennzeichnete »Skandal«, hinter dem sich früher meist ein rachsüchtiger Erpresser, neuerdings häufiger ein eifersüchtiger Liebhaber verbirgt, die beide auch vor einer Selbstanzeige als Mitschuldige nicht zurückschrecken, um den Homosexuellen ihre Übermacht fühlen zu lassen.

In Deutschland saß ich im Dezember 1921 im Reichsjustizgebäude in der Voßstraße in genau demselben Klubsessel, in dem ich im Jahre 1898 gesessen hatte. Der Minister, der damals *Nieberding* hieß, hieß jetzt *Radbruch*. Dies war wenigstens äußerlich der wesentlichste Unterschied, denn Rede und Gegenrede vollzogen sich nahezu wörtlich so wie vor 23 Jahren. Nachdem meinerseits die Gründe, welche den §175 RStrGB als Justizirrtum, ja als Justizverbrechen erscheinen lassen, vorgebracht waren, erkannten beide Minister diese Auffasssung ihrerseits als berechtigt an und forderten uns zu weiterer Aufklärung auf. So äußerte sich der rechtsstehende kaiserliche Staatssekretär *Nieberding*, und genau so der linksstehende Minister der Deutschen Republik, Professor Gustav *Radbruch*, nach Weltkrieg, Revolution und jahrzehntelanger Aufklärungsarbeit. Wahrlich, dieser Kampf erfordert eine fast übermenschliche Geduld. Es genügt nicht, der Wahrheit eine Gasse zu bahnen, diese Gasse soll auch in jeder Beziehung gut geebnet sein; es genügt nicht, daß die maßgebenden Stellen selbst die Überzeugung eines Unrechts gewinnen, dessen sofortige Beseitigung doch wohl ihre Pflicht wäre; nein, sie wollen auch überzeugt sein, daß ihre Überzeugungstreue ihnen weder vom Volke noch den Parteien verübelt wird, als ob es nicht gerade das falsche Strafgesetz ist, daß im Volke die Meinung erhält: was strafbar ist, müsse doch auch strafwürdig sein. Ist es nicht zum mindesten eine Spiegelfechterei, wenn sich immer wieder das Gesetz auf die Gesellschaft und die Gesellschaft auf das Gesetz beruft.

Da in fast stereotyper Wiederholung, zuletzt noch in den Motiven zu dem vorgeschlagenen § 325 eines neuen deutschen Reichsstrafgesetzbuches das Volksbewußtsein für die Beibehaltung der Homosexuellenbestrafung ins Feld geführt wird, muß mit aller Deutlichkeit darauf hingewiesen werden, daß alle, die das Volk in dieser Hinsicht genauer kennen als die Herren vom grünen Tisch, in dieser Berufung eine leere, gänzlich unbewiesene Behauptung erblicken. Das Volk steht dieser Frage größtenteils gleichgültig gegenüber, ungefähr so, wie der homosexuellen Frauenfrage, teils hat es einen auf seinem eigenen Empfinden beruhenden Kontrainstinkt, teils eine etwas spöttische Einstellung.

Ein geistig so hochstehendes Volk wie das deutsche würde aber zweifellos in seiner übergroßen Mehrheit die sofortige Beseitigung der gesetzlichen Ächtung fordern, wenn es über die Verbreitung, die seelische Bedingtheit und körperliche Harmlosigkeit der Homosexualität in richtiger Weise unterrichtet wäre. Jedenfalls sollten sich die Homosexuellen darüber klar sein, daß die Regierung selbst, die frühere sowohl als die jetzige, eine weitere Bearbeitung der »öffentlichen Meinung« für notwendig hält, damit, wie *Nieberding* seinerseits wörtlich zu mir sagte, »das Volk weiß, daß es sich hier nicht um eine sexuelle oder wissenschaftliche Marotte, sonder um eine ethische Forderung handelt.« Sollte dieser vom Chef des Reichsjustizamts als der zuständigsten Stelle gegebene Rat nicht für alle Urninge ein Ansporn sein, ihre Verteidigungskräfte zu verdoppeln und zu verdreifachen und im

Befreiungskampfe nicht nachzulassen, bis sie endlich durch die Tore der Wahrheit einziehen in das Land der Gerechtigkeit?

Mag man nun aber auch verschiedener Ansicht sein, ob besser zuerst die gesetzliche oder die gesellschaftliche Ächtung fiele — am besten wäre, beide verschwänden zugleich —, eins steht fest, um den drei Schreckgespenstern, die das Leben der Homosexuellen bedrohen, Skandal, Freiheitsberaubung und Erpressung, den Garaus zu machen, gibt es nur ein Mittel: Ersatz der unrichtigen Vorstellungen über die Homosexualität durch richtige. Würde die Welt wissen, daß der Unterschied, ob jemand homosexuell oder heterosexuell ist, für den Einzelfall letzten Endes nicht mehr bedeutet, als ob jemand blond ist oder brünett, oder ob er Raucher oder Nichtraucher, Nordländer oder Südländer ist, würde die Allgemeinheit erkennen, daß der Umstand, ob ein Mensch das andere oder das eigene Geschlecht liebt, eine Privat- und Geschmacksache ist, nicht anders, wie etwa die, ob er schlanken oder korpulenten Personen den Vorzug gibt — sicherlich entfielen mit dieser den Tatsachen entsprechenden Umwertung alle Unterlagen sowohl für Skandale als für Erpressungen.

Erpressung

Auf keinem Gebiet ist der Abstand zwischen einst und jetzt wohl so groß wie auf demjenigen, dem ich jetzt noch einige Worte widmen möchte: den an Homosexuellen verübten Erpressungen. Was hier — von Einzelhilfen abgesehen — die fünfundzwanzigjährige Aufklärungsarbeit des Wissenschaftlich-humanitären Komitees geleistet hat, kann nur derjenige ermessen, der weiß, wie in dieser Hinsicht die Verhältnisse früher lagen und wie sie jetzt liegen. Wenn ich oben bemerkte, daß schätzungsweise gegenwärtig im Verlauf eines Jahres nicht so viel Strafen aus § 175 verhängt werden wie ehedem während eines einzigen Monats, so möchte ich hinzufügen, daß sicherlich in unserer Zeit in einem Jahr nicht so viele Homosexuelle erpreßt werden wie früher in einer Woche. Noch vor einem Menschenalter hatte nahezu jeder Urning seinen Erpresser. Er gehörte zu ihm wie der Parasit zu dem Lebewesen, in dem und von dem er lebt. Wie eine leibhaftige Drohung begleitete der Mitwisser einer schwachen Stunde den Urning durch sein Leben. Es gab wohlhabende Homosexuelle, die in ihrem Jahresetat von vornherein einen beträchtlichen Posten aufnahmen, der die Bezeichnung »Erpresserunkosten«, wenn auch meist unter irgendeinem Decknamen führte.

Noch viel bezeichnender ist die Tatsache, daß, als in Berlin die Kriminalpolizei in verschiedene Abteilungen geteilt wurde, das Erpresserdezernat mit dem der Homosexuellen zu einer Einheit verschmolzen wurde, eine Verbindung, die bis zum heutigen Tage fortdauert und sich als höchst praktisch bewährt hat. Besonders hat sich diese gemeinsame Bearbeitung beider Kategorien für die kriminalistische Beurteilung der Homosexualität als äußerst segensreich erwiesen. Indem nämlich die Leiter der Abteilungen und ihre Unterbeamten berufsmäßig die Erpresser und ihre homosexuellen Opfer kennenlernten und mit ihnen zugleich auch das Milieu und dic Kreise, aus denen sie stammten, mußte sich unwillkürlich allmählich auch dem voreingenommensten Mitglied der »Päderastenpatrouille« der Unterschied zwischen wahrem und eingebildetem Verbrechertum aufdrängen. Diese Tragödien redeten für jeden, der unmittelbar mit ihnen zu tun hatte, eine gar zu beredte Sprache. Ich habe daher auch stets, wo sich mir die Gelegenheit dazu bot, darauf gedrungen — leider oft ohne Erfolg —, daß, wenn die gesetzgeberische Beurteilung der Homosexuellen in Frage kam, in erster Linie erfahrene Kriminalisten als Sachverständige hinzugezogen werden sollten, die meines Erachtens in dieser Frage mehr Sachkenntnis besitzen als die meisten Juristen und Mediziner.

Nehmen wir einmal einen Fall wie den des Landesgerichtsdirektors *Hasse* aus Breslau, der im Beginn des Jahres 1905 weit über Berlin hinaus das größte Aufsehen erregte, bedauerlicherweise aber nur zu bald wieder in völlige Vergessenheit geraten ist. Dieser hohe Beamte hatte am Spätnachmittage des 29. Dezember 1904 an der Hedwigskirche auf seinen Erpresser geschossen und sich dann auf der nächstgelegenen Polizeiwache in der Behrenstraße selbst gestellt mit der Anzeige, er habe einen Mordversuch begangen. Direktor *Hasse*, der eine siebenunddreißigjährige Dienstzeit hinter sich hatte, während der er sich bei seinen Vorgesetzten, Kollegen und Untergebenen um seiner Schlichtheit und seines ausgeprägten Gerechtigkeitssinns willen größter Beliebtheit erfreute, war einer der reinsten und gütigsten Menschen, die ich jemals als Gutachter kennenlernte. Bei seinem Bruder, der als Breslauer Universitätsprofessor im Rufe eines großen Sonderlings stand, hatte ich 1887 den ersten anatomischen Unterricht genossen. (Dieser hatte die seltsame Angewohnheit, zusammengesetzte Worte im Vortrage durch eine »also« zu trennen, beispielsweise statt der Eierstock »der Eier also Stock« zu sagen.) *Hasses* Erpresser, der sich ihm gegenüber als der neunzehnjährige Kaufmann *Lindner* ausgegeben hatte, in Wirklichkeit aber der fünfunddreißigjährige Konditor *Lächel* war, war nicht, wie *Hasse* in der Erregung und Finsternis glaubte, durch den Revolverschuß in die Stirn getroffen, sondern in die vor das Gesicht gehaltene linke Hand, die durch den Schrotschuß wie eine Sieb durchlöchert war. Dieser Irrtum erschwerte, ebenso wie der unrichtige Name, die Nachforschungen, die in den Händen des Kriminalkommissars *von Tresckow* lagen, sehr und hätten sie vielleicht ergebnislos verlaufen lassen, wenn nicht der Erpresser, der nach seiner Verletzung sofort nach Hamburg abgereist war, von dort aus einen neuen Erpresserbrief an Landgerichtsdirektor *Hasse* nach Breslau gerichtet hätte, mit dem Ersuchen, ihm postlagernd Geld nach Hamburg zu senden. Daß *Hasse* sich inzwischen gestellt hatte, war dem Erpresser unbekannt geblieben, weil auf Veranlassung des sehr geschickt arbeitenden Herrn *von Tresckow* nichts davon in die Presse gedrungen war und *Lächel* alias *Lindner* sein äußerst verängstigtes Opfer einer solchen mutvollen Tat, die ja in Wirklichkeit mehr ein Akt der Verzweiflung war, nicht für fähig hielt. Als Kriminalkommissar *von Tresckow* und Kriminalwachtmeister *Tietze* — beide seit Jahren mit dem Erpresser- und Urningtum in gleicher Weise wohl vertraut — zur Festnahme des Gesuchten nach Hamburg fuhren, fanden sie diesen schon im Hamburger Stadthause vor, da man auf Grund der Berliner Verständigung ihn bereits am Tage zuvor auf dem Postamte ergriffen hatte, als er dort nach einer für ihn eingegangenen Postanweisung fragte. Recht bezeichnend war, daß etwa zwei Stunden nach seiner Verhaftung eine größere Geldsumme aus London postlagernd für ihn eintraf, die offenbar von einem anderen Opfer herrührte. *Lächel*, der bereits wegen räuberischer Erpressung an Homosexuellen mit sieben Jahren vorbestraft war, wurde seit längerer Zeit von der Breslauer Staatsanwaltschaft wieder wegen neuer schwerer Erpressungen gesucht, die er im Verein mit mehreren bereits abgeurteilten Komplicen »an dem siebzigjährigen Stadtmissionar Otto *Schiffer*, Vertrauten des Fürstbischofs *Kopp*, unter Beschuldigung an ihm vorgenommener sittlicher Verfehlungen begangnen hatte«. Es stellte sich heraus, daß *Hasse*, als er auf *Lächel* schoß, diesem nicht nur bereits sein gesamtes beträchtliches Vermögen geopfert hatte, sondern auch schon in die Hände eines Wucherers gefallen war, der ihm hohe Summen geliehen hatte, um den Erpresser zu befriedigen.

Bei der Anzeige gegen sich selbst hatte *Hasse* gebeten, daß seinem ältesten Sohne, einem Regierungsassessor in Breslau, von dem traurigen Vorfall Kenntnis gegeben werden sollte. Aus den zahllosen Zeitungsberichten damaliger Zeit sei ein kurzer Ausschnitt wiedergegeben: »Das Wiedersehen des Regierungsassessors *Hasse* mit seinem Vater im Untersuchungsgefängnis soll geradezu herzzerreißend gewesen sein; der Schmerz der Familie ist grenzenlos. Der Landgerichtsdirektor dagegen beharrt in einer geradezu staunenerregenden Ruhe, seitdem er seinen furchtbaren Qualen ein so jähes Ende bereitet hat.« *Lächel* wurde später schwer bestraft. Das Verfahren gegen den Landgerichtsdirektor wegen Mordversuchs wurde auf Grund ärztlicher Begutachtung (das entscheidende Gutachten rührte von Medizinalrat *Leppmann* her) eingestellt. Ein Vergehen aus § 175 RStrGB kam überhaupt nicht in Frage, da eine eigentlich strafbare Handlung im Sinne dieses Paragraphen gar nicht vorgekommen war, sondern nur eine von *Lächel* in einer öffentlichen Anstalt provozierte Betastung. Dieser kurze, unbedachte Augenblick hatte genügt, den Erpressungsfeldzug gegen *Hasse*, in dem er Vermögen, Stellung und Ehre verlor, in Szene zu setzen und durchzuführen.

Ich habe diesen Fall hier etwas ausführlicher wiedergegeben, weil er sowohl für das Unwesen der Erpresser als für das Wesen der Homosexuellen ganz besonders viel Typisches bietet und für die Wechselbeziehung zwischen beiden geradezu als Schulbeispiel dienen kann. Mit Vorkommnissen ähnlicher Art, die zum großen Teil noch sehr viel tragischer, nämlich mit dem

Selbstmord des Opfers endeten, könnte ich aus meiner Erinnerung Bände füllen.

Noch eines Seitenstückes zu dem geschilderten Fall, der bereits in die Zeit Dr. Heinrich *Kopps*, des Nachfolgers *von Tresckows*, fiel, sei hier kurz Erwähnung getan. Ende September 1909 erschoß sich in Elbing der Oberbürgermeister *Elditt*, ein überaus feiner und kluger Kopf, hochangesehen als einer der kenntnisreichsten Kommunalbeamten, ungewöhnlich beliebt in der gesamten Bürgerschaft seiner Stadt, um die er sich große Verdienste erworben hatte, Mitglied des preußischen Herrenhauses. Während er als solcher in Berlin weilte, hatte er einen jungen Menschen, der sich Rolf *Arminius* nannte, kennengelernt. Seine Personenbeschreibung lautete: siebenundzwanzig Jahre, groß, schlank, blasse Gesichtsfarbe, blaugraue Augen, dunkelblondes kurzgeschnittenes Haar, kleiner blonder Schnurrbart. Der Oberbürgermeister, eine sensitive, etwas ängstliche Natur, war unverheiratet, seine Schwester führte ihm den Haushalt. Diese lenkte, als man nach der Ursache des unerklärlichen Selbstmordes forschte, die Spur auf den angeblichen *Arminius*, der den Verstorbenen dauernd mit Droh- und Erpresserbriefen bestürmt hatte. Sie selbst erhielt, kurz nachdem die Zeitungen von dem Selbstmord berichtet hatten, folgenden Brief: »Der Oberbürgermeister hat mir 1000 M versprochen, die ich nach seinem Tode erhalten soll. Haben Sie die Güte, mir das Geld in einem Brief nach Berlin, postlagernd Postamt 7, unter Chiffre .... zu schicken.« Zur weiteren Untersuchung hatte sich Dr. *Kopp* nach Elbing begeben. Der Oberbürgermeister hatte vor seinem Tode sämtliche Erpresserbriefe verbrannt. Es gelang aber Dr. *Kopp*, aus den verkohlten Papierresten ihren Inhalt und Charakter nachzuweisen. Ähnlich wie im Fall *Hasse* ließ nun die Kriminalpolizei das Postamt bewachen, auf dem der Erpresser die Früchte seiner Untat einzuheimsen hoffte. Leider aber war der Erfolg nicht so günstig. Zwar fragte eines Abends ein junger Mann unter der angegebenen Chiffre nach dem postlagernden Brief. Der Polizeibeamte nahm den jungen Mann, als er die Straße betrat, fest. Es war aber, wie sich herausstellte, nur ein abgesandter Bote. Der Erpresser, der sich offenbar in der Nähe aufgehalten, hatte die Festnahme seines Beauftragten beobachtet und sich infolgedessen auf Nimmerwiedersehen davongemacht.

Auf das dauernd gute Einvernehmen zwischen unserem Wissenschaftlich-humanitären Komitee und dem Berliner Polizeipräsidium, das in fünfundzwanzig Jahren, trotz siebenmaligen Wechsels seiner Oberhäupter von der äußersten Rechten bis zur äußersten Linken, niemals auch nur die geringste Trübung erfuhr, hat die Personalunion zwischen Homosexuellen- und Erpresserdezernat jedenfalls den denkbar besten Einfluß gehabt. Der Kampf, den wir für die Homosexuellen und die Polizei gegen das Erpressertum führten, wurde für beide Teile dadurch in ersprießlichster Weise gefördert.

Eingeleitet wurden diese Beziehungen durch einen Vorfall, der ebenfalls von einer Erpressungsaffäre seinen Ausgang nahm, in seinen Nebenumständen aber so eigenartig war, daß es sich wohl verlohnt, ihn im Gedächtnis zu bewahren. Als unser Komitee gegründet wurde, befand sich an der Spitze des damals noch allgemein als »Päderastenabteilung« bezeichneten Dezernats der »Sittenpolizei« der hochbefähigte und hochangesehene langjährige Kriminalinspektor Leopold *von Meerscheidt-Hüllessem*. Bei Übernahme seines Amtes war er, wie er uns später oft berichtete und auch in seinen hinterlassenen, leider immer noch beschlagnahmten Aufzeichnungen betont hat, von denselben Vorurteilen erfüllt, wie sie damals in gebildeten Kreisen gang und gäbe waren und auch jetzt noch keineswegs erloschen sind, wenn auch nach der ausgedehnten wissenschaftlichen Forschungsarbeit auf diesem Gebiet diese in alter Befangenheit verharrenden Kreise auf das Beiwort »gebildet« keinen Anspruch mehr haben. *Meerscheidt-Hüllessem*, der frühere Offizier, selbst ein begeisterter Verehrer des weiblichen Geschlechts, der sich von seiner ersten Gattin scheiden ließ, um nach Überwindung unsagbarer Schwierigkeiten seine zweite, heißgeliebte Frau heimzuführen, sah zunächst in der »Päderastie« nichts anderes als ein verabscheuungswürdiges, unnatürliches, durch geschlechtliche Ausschweifung und Übersättigung erworbenes Laster. Nachdem er aber die angeschuldigten »Päderasten« selber kennenlernte und fand, daß die meisten von ihnen sich bis zu ihrer Verhaftung allgemeiner Achtung erfreuten, berufstätige, fleißige, oft in hohen sozialen Stellungen befindliche Menschen waren, als deren Ankläger sich gewöhnliche Leute aufwarfen, die »dem elenden Gezücht niedrigster Gelderpresser« angehörten, stutzte er. Er vertiefte sich in die damalige Literatur über den Gegenstand, in *Ulrichs'* zum Teil konfiszierte Schriften »Über die mann-männliche Liebe«, *Krafft-Ebings* »Psychopathia sexualis«, *Molls* »Conträre Sexualempfindung«, an deren Erscheinen er selbst einen gewissen Anteil hatte, sowie meine ersten Arbeiten. Er besuchte persönlich die dazumal verhältnismäßig noch seltenen und versteckten Veranstaltungen der Homosexuellen, vor allem ihre mehr enthüllenden als verhüllenden Kostümfeste, und studierte an einzelnen, die sich bedroht und hartbedrängt in ihrer Herzensangst an ihn wandten, das Seelenleben der »dem urnischen Dämon Verfallenen«. Da ließ es bald dem ebenso scharfsinnigen wie gewissenhaften Kriminalisten keine Ruhe mehr, seine geänderte Meinung den ihm über- und untergeordneten Stellen darzutun; ja, er scheute nicht davor zurück, sich überall, wo sich ihm die Gelegenheit bot, für die richtige Auffassung einer Sache einzusetzen, deren bloße Erwähnung in jener Zeit noch gleich einem Pesthauch gemieden wurde.

Mit einigen geistig hochstehenden Urningen trat *Meerscheidt-Hüllessem* in gesellschaftlichen Verkehr und führte sie in seine Familie ein. Vornehmlich ist hier einer zu erwähnen, den ich N. nennen möchte, ein im Beginn unserer Bewegung schon bejahrter Herr, von hervorragender Intelligenz, der sich als Herausgeber einer der führenden Zeitschriften Deutschlands allseitiger Anerkennung erfreute. Er gehörte zu den nicht gerade häufigen, aber sehr verdienstlichen Urningen, die, ohne jemals mit ihrem Namen herauszutreten, unablässig »hinter den Kulissen« arbeiten, alle anspornend und fördernd, die sich in Wort und Schrift um die Besserung der Lebenslage Homosexueller bemühten. So stand er schon mit *Ulrichs* in regem Briefverkehr, so setzte er sich kurz nach dem Erscheinen von »Sappho und Sokrates« mit mir in Verbindung. Aber immer tat er es nur persönlich. Das Komitee unterstütze er zwar nach Kräften, trat ihm aber selber nicht bei und nahm auch niemals an seinen Beratungen teil. Das lag seiner scheuen Natur nicht.

Das innigste Vertrauensverhältnis verknüpfte N. mit *Meerscheidt-Hüllessem*. Dies ging so weit, daß dieser sich mit dem Urning über seinen heterosexuellen Herzenskummer ebenso eingehend beriet, wie jener sich mit ihm über seine homosexuellen Nöte aussprach. Die selbstlose Freundschaft beider währte bis zu dem traurigen Ende *von Meerscheidt-Hüllessems*, der sich um Weihnachten 1900 erschoß, wenige Tage, nachdem die leidenschaftlich von ihm geliebte Gemahlin infolge einer Operation nach kurzer, überaus glücklicher Ehe jählings verschieden war und seine Beamtenehre in dem Sensationsprozeß gegen den Millionär August *Sternberg* wegen Verführung minderjähriger Mädchen ganz unberechtigterweise in Zweifel gezogen wurde. An den beiden empfindlichsten Stellen seiner Persönlichkeit, seiner Liebe und Ehre, aufs schwerste verletzt, griff er zur Waffe, nicht ohne vorher an N. geschrieben zu haben, er möchte mir seine Aufzeichnungen über die homosexuelle Frage sogleich nach seinem Tode zur Veröffentlichung überbringen. In diesem Briefe schreibt er: »Sie wissen, ich war mit Leib und Seele Kriminalist, aber im anständigen Sinne, keiner von denen, die ihre Freude daran finden, Menschen hineinzulegen; mir erschien es schöner, wo ich es mit dem Amte vereinigen konnte, zu helfen. Für meinen Beruf als solchen im guten Sinne habe ich gelebt, für ihn will ich sterben. Die Stimme des Lebenden wird nichts erreichen, die des Toten wie Donnerschlag einschlagen, und alles, vom Kaiser herab, wird zu dem Vorgetragenen, mit dem sich dann die öffentliche Meinung aller Kreise beschäftigen wird, Stellung nehmen und so die Regierung zum Vorgehen zwingen.« Der edle Mann, Edelmann in des Wortes ursprünglichem Sinne, hatte sich bitter getäuscht. Als N. das wertvolle Manuskript aus der Wohnung abholen wollte, erfuhr er, daß der Nachlaßpfleger es bereits dem Polizeipräsidenten übergeben hatte, der ungeachtet des letzten Willens des Verstorbenen die Herausgabe der Broschüre mit der Begründung verweigerte, sie enthielte amtliches Material.

Diese Vorenthaltung eines Vermächtnisses erscheint um so bedauerlicher, als die aus persönlichen Beziehungen gewonnenen Erfahrungen, Beobachtungen und Schlußfolgerungen, wie N., der in das erwähnte Manuskript schon zu Lebzeiten *Meerscheidt-Hüllessems* Einblick nehmen konnte, auf das zuverlässigste bekundete, das »amtliche Material« bei weitem überwogen. N. schreibt in bezug auf diese Aufzeichnungen: »Der polizeilich geschulten Einsicht *Meerscheidt-Hüllessems* war es besonders unerträglich, daß eine Anzahl verlotterter Subjekte sich den Gesetzesirrtum zunutze machen und ein Ausbeutungssystem gegen die Urninge anwenden, dem viele Unglückliche zu Opfern geworden sind und immer noch werden.« In dieser

Hinsicht stand *Meerscheidt-Hüllessem* bereits ganz und gar auf dem Boden seines ihm an Wissen und Weisheit ebenbürtigen Nachfolgers Dr. Heinrich *Kopp*. Der Unterschied zwischen einst und jetzt besteht hier nur darin, daß das, was damals die Stimme des Toten verkünden wollte und nicht konnte, jetzt die Stimme des Lebenden ausspricht, wenn Dr. *Kopp* die Eingabe für die Beseitigung des § 175 mit den Worten unterzeichnet: »Den § 175 schätzen nur diejenigen, die ihn in seiner praktischen Wirkung nicht kennen. Ich kann aus einer beinahe zwanzigjährigen kriminal-spezialistischen Tätigkeit auf dem Sexualgebiet nur sagen, daß die Strafbestimmung an Unverstand nicht ihresgleichen hat. Selbst wenn es richtig wäre, daß die Homosexualität ein Laster sei, das mit Stumpf und Stiel ausgerottet werden müsse, so kann das nimmermehr mit dem § 175 geschehen. Wenn sich von ihm nur sagen ließe, daß er zu Epressungen mißbraucht wird, so wäre das noch kein Grund zu seiner Aufhebung, denn das hat er mit anderen Strafbestimungen gemein, die deshalb doch nicht aufgehoben werden können. Was den Paragraphen von allen anderen unterscheidet, ist vielmehr das, daß er nur für die Erpresser Wert hat.« So *Kopp*.

Es dürften wenig mehr denn drei Jahre vor jenem trüben Dezembertage gewesen sein, an dem man auf dem Jerusalemer Kirchhof zu Berlin Polizeidirektor Leopold *von Meerscheidt-Hüllessem* zu Grabe trug, als einige Monate nach Gründung unseres Komitees der erwähnte N. in Charlottenburg in mein Sprechzimmer stürzte mit dem dringenden Ersuchen, ihn so rasch wie möglich in seinem Wagen — Autos gab es damals noch nicht — in die Wohnung *Meerscheidt-Hüllessems*, der mich dringend sprechen müsse, zu begleiten. Der Aufregung lag folgender Vorgang zugrunde: in der Petitionskommission des deutschen Reichstags hatte an diesem Tage die erste Beratung über unsere Eingabe stattgefunden, welche die sofortige Beseitigung des § 175 RStrGB forderte. Vorsitzender der Petitionskommission war der nationalliberale Abgeordnete *Kruse*, Arzt aus Norderney, den ich bereits aus meiner Kindheit kannte, wo er mit meinem Vater, der Arzt in Kolberg war, eine lebhafte literarische Auseinandersetzung über den Vorzug der Nordsee- vor den Ostseebädern hatte. *Kruse* stand unserer Forderung sehr wohlwollend gegenüber und dachte ihr wesentlich zu nützen, indem er das Berliner Polizeipräsidium aufforderte, einen sachkundigen Referenten in die Verhandlungen über den vielen Abgeordneten gänzlich unbekannten Gegenstand zu entsenden. Was hätte nun wohl näher gelegen, als den besten Kenner dieses Gebietes, *Meerscheidt-Hüllessem*, den Beratungen beiwohnen zu lassen, um so mehr, als dieser sich selbst darum bemühte. Statt dessen verfügte aber der Polizeipräsident *von Richthofen*, daß sich der Chef der Sittenpolizei selbst, ein gewisser Graf *Pückler*, zu der Sitzung begeben sollte. Dieser stand der ganzen Frage ebenso ahnungslos wie vorurteilsvoll gegenüber. Zwar bezeichnete er den § 175 auch als eine große Ungerechtigkeit, aber nur insofern, als er lediglich die gleichgeschlechtlichen Handlungen der Männer träfe, die der Frauen aber nicht berücksichtige. Er setzte sich daher für eine Ausdehnung des Paragraphen auf das weibliche Geschlecht ein.

In der Aussprache vertrat der Abgeordnete *Bebel* den Standpunkt, daß ein bestehendes Gesetz entweder gehandhabt, wenn dies aber nicht durchführbar sei, sobald als möglich aufgehoben werden müsse. Gleichsam als ob er den sich zehn Jahre später abspielenden *Eulenburg*-Skandal vorahnte, rief er (ich gebe die Worte nach dem stenographischen Protokoll): »Die Zahl dieser Personen ist so groß und greift so in alle Gesellschaftsbereiche, von den untersten bis zu den höchsten, ein, daß, wenn hier die Polizei pflichtmäßig ihre Schuldigkeit täte, der preußische Staat sofort gezwungen würde, allein um das Verbrechen gegen § 175, soweit es in Berlin begangen wird, zu sühnen, zwei neue Gefängnisanstalten zu bauen. (Bewegung, hört, hört!)... Das ist keine Übertreibung; es handelt sich, Herr *von Levetzow*, um Tausende von Personen aus allen Gesellschaftskreisen. Eins sage ich Ihnen, meine Herren, würde auf diesem Gebiet die Berliner Kriminalpolizei — ich will zunächst einmal von dieser reden — ihre volle Pflicht und Schuldigkeit tun, dann gäbe es einen Skandal, wie noch niemals ein Skandal in der Welt gewesen ist, einen Skandal, gegen den der Panama-Skandal, der *Dreyfus*-Skandal, der *Lützow-Leckert*- und der *Tausch-Normann-Schumann*-Skandal das reine Kinderspiel sind.«

Unter vielen Fällen, die er zum Erstaunen und steigenden Entsetzen des Chefs der Sittenpolizei anführte, war es namentlich einer, der den Grafen *Pückler* in die größte Rage versetzte. Er betraf den Erpressungsfeldzug gegen eine deutschen Bundesfürsten, den ein Erpresser namens *Rhode* unternommen hatte. Verschiedentlich hinter Schloß und Riegel gebracht, hatte dieser, sobald er aus dem Gefängnis entlassen war, mit großer Hartnäckigkeit immer wieder seine Versuche erneuert. Sie richteten sich nicht nur gegen den Fürsten, sondern auch gegen seine Umgebung, zu der in erster Linie seine Gemahlin, die Großfürstin *Anastasia* gehörte, die später in Berliner Hofkreisen scherzhaft »Unaustehsia« genannt wurde (nachdem sie Schwiegermutter des letzten deutschen Kronprinzen geworden war). *Bebel* erwähnte, daß der Erpresser *Rhode* erst neuerdings wieder einen Vorstoß gegen den meist in Cannes lebenden Bundesfürsten unternommen habe und daß ein höherer Kriminalbeamter für seine Bemühungen in dieser Sache jüngst mit einer Ordensauszeichnung bedacht sei.

Wutschnaubend eilte Graf *Pückler* vom Königsplatz zum Alexanderplatz, ließ sich sofort Herrn *von Meerscheidt-Hüllessem* kommen und überhäufte diesen mit Vorwürfen. Es sei nicht anders denkbar, als daß durch einen Bruch des Dienstgeheimnisses, der nur von der Päderastenabteilung *Meerscheidt-Hüllessem* ausgehen könne, der Sozialistenführer *Bebel* in den Besitz seiner Kenntnisse gekommen sei. Empört wies dieser die Beschuldigung der Indiskretion für sich und seine Beamten zurück. Zu Hause angekommen, bat er zunächst Herrn N., dann mich zu sich. Er hätte gehört, daß ich mit *Bebel* gut bekannt sei; ob ich ihn nicht bewegen könne, seinen Gewährsmann namhaft zu machen. Ich erwiderte, daß ich *Bebels* Charakter genau genug kenne, um zu wissen, daß er dies niemals tun würde, daß er aber sicherlich bereit sei zu erklären, daß ihm seitens der Polizei weder direkt noch indirekt Mitteilungen in dieser Sache zugegangen seien. Meinerseits sprach ich die Vermutung aus, daß die Einzelheiten der Affäre sehr gut aus der unmittelbaren Umgebung des Fürsten stammen könnten, in der sich zahlreiche Urninge befänden.

Diese Vermutung sollte am nächsten Vormittag eine überraschende Bestätigung erfahren. Ich erhielt den Besuch des Barons F. v. R., der später seinen Onkel, den Feldmarschall Graf *Waldersee*, zum Sühnefeldzug nach China begleitete und bald darauf in Rom starb. Dieser feminin tänzelnde Jüngling von auffallender Schönheit und Frische ging am großherzoglichen Hofe ein und aus. Er machte nicht nur kein Hehl daraus, sondern war sogar nicht ganz mit Unrecht stolz darauf, daß er, um auch sein Scherflein zum Befreiungskampf beizutragen, die Untaten des Erpressers *Rhode* an den Führer der parlamentarischen Aktion gegen den § 175 — so bezeichnete er *Bebel* — weitergegeben hätte.

Wer war wohl froher als *Meerscheidt-Hüllessem*, als ich ihm noch an demselben Tage nicht nur ein Schriftstück *Bebels* brachte, in dem dieser versicherte, kein Material von der Polizei erhalten zu haben, sondern ihm bereits mit v. R.s. Einwilligung die Quelle namhaft machen konnte, aus der *Bebel* seine Detailkenntnisse bezogen hatte. Der Chef der Sittenpolizei soll ziemlich verblüfft gewesen sein, als ihm knappe 24 Stunden, nachdem er seinen Verdacht ausgesprochen hatte, bereits die Beweisstücke seiner Hinfälligkeit übergeben wurden. Mit *Meerscheidt-Hüllessem* verknüpften uns seit diesem Vorkommnis die freundlichsten Beziehungen, die ihren markantesten Ausdruck in seinem letzten Willen fanden und sich wie eine Art Vermächtnis auf seine beiden Nachfolger in der Leitung der Abteilung übertrugen, welche die Tradition, um nicht zu sagen Mission *Meerscheidt-Hüllessems* fortsetzten: Hans *von Tresckow* und Heinrich *Kopp*. Graf *Pückler* aber, der noch so ganz im ancien régime stand, wurde bald nach diesem Vorfall entlassen. An seiner Stelle befindet sich jetzt ein moderner Kriminalist, Oberregierungsrat *Hoppe*, der seines Amtes nicht nur nach, sondern mit bestem Wissen und Gewissen waltet.

Sollte ein Leser aus den Erpressungsfällen an dem Landgerichtsdirektor, Oberbürgermeister und Bundesfürsten, deren ich hier Erwähnung getan habe, den Schluß ziehen, daß ausschließlich hochgestellte Personen Ziel und Beute der Erpresser sind, so wäre dies ein Trugschluß. Wohl ist die Erpressungsgefahr für einen Urning um so größer, je reicher er ist oder auftritt, und ist auch der Standpunkt begreiflich, den ich vor vielen Jahren einmal in Rom von einem durch Erpressungen gänzlich verarmten, der Hocharistokratie angehörigen Homosexuellen vertreten hörte, »er sei erst seines Lebens froh geworden, seitdem man ihm nichts mehr abnehmen könne«, so stimmen meine Erfahrungen in diesem Punkte doch nicht mir denen von *Ulrichs* überein, der in einer seiner Schriften meint: »Nur gut situierten Urningen ist der Rupfer gefährlich. Einem armen Teufel tut er nichts zuleide. Dieser darf ruhig sein in der Nähe der Gefährlichsten. 'Cantabit vacuus coram latrone viator' (Der Wanderer, der nichts besitzt, darf in der Nähe des Räubers seinen Gesang erschallen lassen).«

Ich habe viele Fälle erlebt, in denen kleinen Angestellten, Arbeitern, Handwerkern, Studenten und Gymnasiasten ihre geringe Barschaft von Berufs- und Gelegenheitserpressern genommen wurde. Wenn nicht selten unbemittelte Homosexuelle von wohlhabenden Geld erpressen mit der Begründung, sie befänden sich selbst in Erpresserhänden und wüßten sich keinen anderen Rat als besser situierte Gleichveranlagte in Anspruch zu nehmen, so ist dies zwar in der großen Mehrzahl der Fälle eine jener leeren Ausreden, mit denen Verbrecher Untaten, deren sie sich selber schämen, zu beschönigen suchen — lassen sich doch manche sogar zu diesem Zweck von ihren Komplicen fingierte Erpresserbriefe schreiben —; in Ausnahmefällen aber konnte ich mich doch auch von dem Vorhandensein solcher Erpresserketten überzeugen, in der ein Drangsalierter sich an einen zweiten, dieser in seiner Bedrängnis wieder an einen dritten und vierten wandte.

Von Erpreßten aus dem Arbeiterstande ist mir ein Freundespaar in Erinnerung geblieben, das in einer großen Maschinenfabrik im Norden Berlins beschäftigt war. Sie wohnten zusammen und arbeiteten Schraubstock an Schraubstock. Ihr Glück wäre vollkommen gewesen, wenn sie nicht an jedem Zahltag am Ausgang der Fabrik von einer Dirne und deren »Liebsten« abgefangen wären, denen sie den größten Teil ihres Wochenlohnes abliefern mußten. Die Dirne hatte aus ihrer benachbarten Stube durch einen Türspalt strafbare Vorgänge beobachtet und ihrem Bräutigam gezeigt, und nun drohten sie, die beiden »hochgehen« zu lassen, d. h. sie anzuzeigen, wenn, wie sie sich in ihrem Verbrecherjargon weiter ausdrückten, die beiden »Tölen« (bedeutet eigentlich weibliche Hunde) es nicht vorziehen sollten, ihren »Zaster« (= Geld) als freiwillige Buße bei ihnen »abzuladen«. Diese »Abkoche« zog sich durch mehrere Jahre hin, bis die »Rupfer« eines Tages selber in das »Kittchen« (Gefängnis) kamen, er wegen Zuhälterei, sie wegen Beischlafsdiebstahls. In einem anderen Falle zog ein junger Arbeiter einen andern im wörtlichen Sinne vollkommen aus, indem er ihn unter der Androhung, Lärm zu schlagen — sie hatten sich in einem Verschlage abgeriegelt —, zwang, seine besseren Kleidungsstücke, Anzug, Wäsche, Schuhe, Hut, gegen seine eigenen abgetragenen zu vertauschen. In seiner Angst ging der Verschüchterte auf alles ein.

In einem Aufsatz, den ich im 13. Jahrgang des »Jahrbuches für sexuelle Zwischenstufen« (April 1913) unter dem Titel: »Aus der Erpresserpraxis« veröffentlichte, habe ich mich in eingehender Weise über die Erfahrungen geäußert, die ich als Vorsitzender des Wissenschaftlich-humanitären Komitees an zahlreichen Homosexuellen aller Stände sowohl über das Erpressertum als auch über die ihr nahestehende Chantage gesammelt habe. Der Unterschied zwischen beiden ist der, daß, während der Erpresser die Leistung vom Opfer unter offener Drohung oder gar unter Anwendung von Gewalt fordert, der Chanteur sich der verkappten Drohung und Einschüchterung bedient, um unter oft nicht minder starkem Druck wie der Erpresser sein Opfer selbst zum Angebot zu veranlassen. Wir verdanken einem Schüler von *Liszt*, Dr. Josef *Reinhold*, ein ganz ausgezeichnetes, leider wenig bekanntes Buch, »Die Chantage«, das sich zum großen Teil auf Materialien, namentlich Briefe von Chanteuren stützt, die wir dem Verfasser seinerzeit auf seinen Wunsch zur Verfügung stellten (erschienen 1909 mit dem Untertitel »Ein Beitrag zur Reform des Strafgesetzbuchs« bei Guttentag in Berlin).

Eine der schlimmsten Formen der Chantage ist der Revolverjournalismus, auf den ich noch zurückkommen werde, wenn ich eines seiner »bedeutendsten« Vertreter gedenken werde, des »Reichsglöckners« Joachim *Gehlsen*, dessen persönliche Bekanntschaft uns in unserem Befreiungskampf auch nicht erspart geblieben ist. Erst kürzlich ist es ja Dr. *Kopp* gelungen, ein gefährliches Exemplar dieser bösartigen Gattung in dem Herausgeber der »Neuesten Nachrichten«, Arthur *Keil*, zur Strecke zu bringen.

Ich habe in dem erwähnten Jahrbuchartikel auch statistische Unterlagen über Beruf und Alter der Urningserpresser beigebracht. So befanden sich unter zweihundert wegen Erpressungen an Homosexuellen Bestraften einhundertvier im Alter von einundzwanzig Jahren und darunter; fünf waren fünfzehn, zwei sechzehn, elf siebzehn, achtzehn achtzehn, sechsundzwanzig neunzehn, siebenundzwanzig zwanzig, fünfzehn einundzwanzig Jahre alt. Aus dieser Statistik geht hervor, daß durch Beseitigung des Urningsparagraphen bei Beibehaltung eines hohen Schutzalters, wie es vielfach vorgeschlagen wurde, den Erpressungen kein wesentlicher Einhalt geboten werden würde. Sollte etwa gar die im Vorentwurf von 1919 vorgeschlagene, jeder Sachkenntnis entbehrende Fassung Gesetz werden, nach der beischlafähnliche Handlungen unter Männern wie bisher mit Gefängnis bestraft werden sollen, außerdem aber als Schärfungstatbestände mit Zuchthaus bis zu fünf Jahren geahndet werden soll, wenn diese Handlung unter Verführung einer noch nicht achtzehn Jahre alten Person oder unter Mißbrauch eines durch Amts- oder Dienstgewalt begründeten Abhängigkeitsverhältnisses begangen wird, so fürchte ich, daß die in den letzten Jahren glücklicherweise verminderten Erpressungsfälle wieder eine starke Vermehrung erfahren werden.

Schon jetzt kommt es häufig genug vor, daß Jungen in dem kritischen Sturm- und Drangalter von fünfzehn bis siebzehn Jahren von Hause fortlaufen, um für kürzere oder längere Zeit auf dem Asphalt der Großstadt ein Abenteurerleben zu führen, bei dem sie schließlich in ihrer Not mittel- und wohnungslos an Homosexuelle geraten. Letztere werden dann später von den Fürsorgedamen und -herren in Übereinstimmung mit den Eltern des Jungen zu Unrecht als diejenigen bezeichnet, die ihre Söhne auf dem Gewissen haben, während in Wirklichkeit oft sie es gerade waren, die sich bemühten, die Jungen zu einem geordneten Leben und zu ihren Familien zurückzuführen. Würde das für junge Männer um vier Jahre höher als für junge

Mädchen geplante Schutzalter durchgehen, so unterliegt es unter Berücksichtigung des Milieus, aus dem diese Jugendlichen stammen — denn nicht die häusliche Strenge, sondern das häusliche Elend treibt sie meist auf die Straße —, kaum einem Zweifel, daß bei drohender Zuchthausstrafe die jetzigen Verdächtigungen nur zu oft zu Erpressungen ausarten werden.

Nicht leicht sollte für einen Gesetzgeber, der ein wahrer Freund der Jugend ist, auch der Umstand wiegen, daß ein hohes Schutzalter insonderheit die sokratisch-pädagogische Form der gleichgeschlechtlichen Liebe trifft, jene geistige, ursprünglich als Paiderasteia bezeichnete Form der Liebe, der in unseren Tagen Gustav *Wyneken* seinen »Eros« widmete, wie ihr *Plato* bereits sein »Gastmahl« weihte, die einst *Phidias* und *Michelangelo* zu ihren Bildwerken begeisterte, wie sie noch heute Stefan *George*, *Sagitta* und Albert H. *Rausch* zu ihren Dichtungen begeistert, jene Liebe von der Friedrich *Nietzsche* (in »Jenseits von Gut und Böse«, Aphorismus 168) sagt: »Das Christentum gab dem Eros Gift zu trinken«, er sei zwar nicht daran gestorben, aber entartet.

Wahrlich, es ist schwer, sich den für einen Kämpfenden so notwendigen Optimismus zu bewahren, wenn man diesen Strafgesetzentwurf vom Jahre 1919 samt seinen oberflächlichen Motiven liest oder von einem jungen Staatsanwalt, wie ich es noch im Februar 1922 erlebte, in einer Verhandlung gegen einen unglücklichen Urning den Satz hört: »Das Eintreten für die Homosexuellen ist ein fluchwürdiges Verbrechen am deutschen Volke, ein Kampf gegen das eigene Vaterland.« Gläubige Menschen können sich da vielleicht an Bibelworte halten, wie: »Herr, vergib ihnen, denn sie wissen nicht, was sie tun« oder »Unrecht leiden ist besser als Unrecht tun«, aber ein Freidenker müßte verzweifeln, wenn er nicht unerschütterlich in dem Bewußtsein wäre, daß Wahrheiten wohl lange unterdrückt, aber nie getötet werden können — trotz Schule, Kirche und Gericht.

Wie recht hatte doch jener einfache Putzmacher aus Glarus in der Schweiz, einer jener tüchtigen Männer aus dem Volke, die man als »Laien« zu bezeichnen pflegt und die sich doch so oft zum Ärger zünftiger Gelehrter als eigentliche Bahnbrecher auf dem Wege der Erkenntnis erwiesen haben, Heinrich *Hößli*, der in dem umfangreichen Werke, das er in den dreißiger Jahren des vorigen Jahrhunderts »Über die Männerliebe der Griechen, ihre Würdigung und Entwürdigung« herausgab, ausruft: »Man wähnte ein Übel, das nicht war, auszurotten, und zog eine Pest über die halbe Welt; man brüstete sich, Laster auszutilgen, die nie gewesen sind, und beging die grauenvollen Verbrechen an der Gesellschaft, an Mensch und Natur: man gab Menschenrettung vor und versenkte Millionen in den Abgrund inneren Widerspruchs und äußerlicher Schmach und rettete keinen.«

In meinem unter Hans *Ostwalds* »Großstadtdokumenten« 1904 veröffentlichten Bande »Berlins drittes Geschlecht« gebe ich eine Schätzung, nach der von fünfzigtausend Homosexuellen durchschnittlich im Jahre zwanzig in die Arme der »Gerechtigkeit«, dagegen mindestens die hundertfache Ziffer, nämlich zweitausend während des gleichen Zeitraumes den Erpressern in die Arme fallen. Hat sich auch in den fünfzehn Jahren, die seit dem Erscheinen jener Schrift verflossen sind, die Anzahl der Erpressungsversuche und mehr noch die der vollendeten Erpressungen nicht unerheblich verringert, so ist damit noch keineswegs zum Ausdruck gebracht, daß sich das Ausbeutungssystem, gegen das *Meerscheidt-Hüllessem* sich mit solcher Entschiedenheit wandte, als ganzes in dem entsprechenden Umfange vermindert hat. Es hat nur mildere Formen angenommen und sich mehr den Zuständen angenähert, wie sie sich auch in dem Geschlechtsleben Heterosexueller vielfach vorfinden.

An die Stelle der Erpressung ist der Diebstahl, an Stelle der »Krampftour« die »Schmustour« (»schmusen« bedeutet in der Verbrechersprache etwa soviel wie beschwatzen) getreten. Diebe sind im allgemeinen sehr freundliche Menschen, und bei der Schmustour merkt der Geprellte meist gar nicht, daß er geprellt wird, im Gegenteil, er fühlt sich oft noch durch die liebenswürdige Art geschmeichelt, mit der ein geschickter »Schmuser« ihn zu »neppen« versteht. Fast stets bedient sich diese Art »Nepper« eines recht hochtrabend klingenden adligen, womöglich gar prinzlichen oder gräflichen Namens. Mindestens muß es aber ein Doppelname mit phantastisch lautendem Vornamen sein.

Das Gegenstück zu den leichtgläubigen, in ihrer Ahnungslosigkeit verhältnismäßig glücklichen Urningen bilden jene unglücklichen Schwermütigen, die in übergroßer Verängstigung hinter jeder harmlosen Annäherung eine Erpressungsgefahr wittern. Seit vielen Jahren legt mir ein in diese Gruppe gehöriger Kaufmann von Zeit zu Zeit Briefe höchst unschuldigen Inhalts vor, die er von einem früheren Angestellten erhält, zu dem er vor vielen Jahren einmal in freundschaftliche Beziehung getreten war. Bei jedem Feldpostbrief, jeder Geburtstags- oder Neujahrsgratulation, jeder naiven Schilderung seiner Lebensschicksale, ja sogar als sein ehemaliger Schützling ihm seine Vermählung und die Geburt eines nach seinem Gönner benannten Knaben anzeigte, beunruhigte sich der Ärmste und quält sich in schlaflosen Nächten mit Befürchtungen ab, ob es sich nicht etwa bei den Briefen um geschickt eingefädelte Erpressungen handelt. Er kargt nicht mit Zuwendungen, aber immer unter einem gewissen Zwang, und kommt nicht zur Ruhe, bis man ihm nicht ausführlich auseinandergelegt hat, daß seine Vermutungen jeglicher Grundlage entbehren. Da die Skrupel des Herrn kein Ende nehmen wollten, mußte ich mir schließlich den jungen Menschen, der inzwischen Beamter, Gatte und Vater geworden war, kommen lassen, um ihn zu bitten, selbst in wohlmeinender Absicht, keine Briefe mehr an seinen früheren Chef zu richten. Er verstand diese Bitte zwar nicht, befolgte sie aber prompt. Ich erzähle diesen Fall, weil er in leichteren, aber auch noch schwereren Graden, die sich bis zum Selbstmord steigern können, unter Urningen keine Seltenheit darstellt und ein lehrreiches Beispiel dafür bietet, wie ein Mensch mit schwachen Nerven, dessen schuldlose Gefühle für schuldhaft angesehen werden, schließlich an allem irre wird und infolge ständiger Bedrängung und Erregung selbst da, wo ihm eine freundliche Gesinnung entgegengebracht wird, Gespenster sieht. Wie sagt doch *Wildgans* in seinem Drama »Liebe«: »Und die gedrosselte Lust wird ihnen zur Furie.«

Bei Eigentumsverbrechen, die so zahlreich an Homosexuellen verübt werden, tritt oft die Frage auf, ob es für die Geschädigten ratsamer ist, eine Strafanzeige zu erstatten oder zu unterlassen. In der Theorie kann die Antwort nicht zweifelhaft sein, sie lautet: anzeigen, denn der Angriff ist die beste Abwehr. In der Praxis freilich wird man, wenn man das Für und Wider abwägt, oft zu einer entgegengesetzten Entscheidung gelangen. Solange noch im Gegensatz zu den im heterosexuellen Verkehr vorkommenden Eigentumsdelikten bei Homosexuellen die Möglichkeit besteht — und sie besteht leider immer noch —, daß derjenige, der den Diebstahl oder die Erpressung begangen hat, gemeinsam mit dem, an dem sie begangen ist, Seite an Seite auf der Anklagebank sitzt, kann man dem Homosexuellen, der vor allen Dingen die Gewißheit haben möchte, daß er selber keine Gefahr läuft, mit gutem Gewissen nicht zum festen Zugreifen raten. Ist es doch noch vor ganz kurzem wieder in der Provinz vorgekommen, daß ein ehrsamer Handwerksmeister, der einen Gesellen anzeigte, der ihm einen recht erheblichen Betrag gestohlen hatte, wenige Tag darauf selbst verhaftet wurde, weil der Dieb behauptete, der Meister habe sich an ihm in sträflicher Weise vergangen.

Bei einer der Zensur-Vorführungen des Lichtspiels »Anders als die Andern« meinte der Vorsitzende der Filmoberprüfstelle, Schriftsteller Karl *Bulke*, der selbst früher Staatsanwalt gewesen war, der dort dargestellte Vorgang, daß ein Homosexueller zusammen mit einem Einbrecher vor dem Richter stehe, entspräche nicht der Wirklichkeit und erwecke unrichtige Vorstellungen über das Schicksal der Homosexuellen. Ich erwiderte, daß dieser Vorgang dem Leben entnommen sei; tatsächlich schwebte mir eine Verhandlung vor, in der ich einmal als Sachverständiger zugegen war; ein höchst ehrenwerter Mann wurde auf die Gegenanzeige und Zeugenaussage eines von ihm der Polizei übergebenen Diebes aus § 175 zu einem Jahr Gefängnis verurteilt. Es ist mir unvergeßlich geblieben, wie der Angeklagte, den dieser Urteilsspruch völlig unerwartet traf, sich aufbäumte und mit gellendem Aufschrei den Richtern das furchtbare Wort »Justizmörder!« entgegenschleuderte.

Vernünftige Polizeiorgane wissen nun zwar schon seit langem, daß auf die Angaben der ganzen Zunft der Eigentumsverbrecher — gleichviel, ob es Räuber, Erpresser, Diebe oder Einbrecher sind — nichts zu geben ist, und versehen ihre Protokolle auch oft mit dementsprechenden Bemerkungen. Die Staatsanwälte aber sehen selten so weit. Ihnen steckt noch das alte System der »Kronzeugen« im Blut. Zum mindesten glauben sie, daß es kaum einen untrüglicheren Schuldbeweis gibt, als wenn jemand jemanden einer Straftat bezichtigt, bei der er selbst strafbar mitgewirkt hat. Der Einwand, daß es dem Denunzianten auf eine Zusatzstrafe meist sehr wenig ankommt, nützt ebenso wenig wie der Hinweis, daß die Kriminalgeschichte reich an solschen Selbstbezichtigungen auf hysterisch-phantastischer oder masochistischer Grundlage ist.

Die Tatsache, daß unter den geschilderten Umständen Homosexuelle ihre Erpresser nur in höchster Not, Diebe aber fast niemals anzeigen, ist um so bedauerlicher, als die Kriminalpolizei, namentlich die Berliner, vermöge ihrer Sach- und Personenkenntnis hinsichtlich der Herbeischaffung von Gütern, die Urningen entwendet werden, ganz hervorragende Erfolge aufzuweisen hat. Einige Berliner Kriminalbeamte, wie der Kriminalwachtmeister *Gerstenberger*, der bis vor einigen Monaten 22 Jahre lang dem Berliner Homosexuellen-Dezernat angehörte und sich in urnischen Kreisen einer ebenso großen wie wohlbegründeten Beliebtheit erfreute, leisteten in dieser Hinsicht geradezu Wunder. Vielfach ist ja der affektive Wert dieser Gegenstände bedeutend größer als ihr effektiver. Oft sind es alte Familienschmuckstücke mit Inschriften oder Monogrammen, alte Ringe oder Uhren, teure Andenken, ererbt von Vater oder Mutter, oder Geschenke von einem Freunde oder Fürsten, die man von dem Stehler oder Hehler gern für eine hohe Summe zurückkaufen möchte, wenn dieser es über sich gewinnen könnte, die Tat und den Verbleib der Sachen zu gestehen. Es hat sich öfter ereignet, daß homosexuelle Herren und Damen uns mit Personen aufsuchten, die wir unter Zusicherung von Vergebung und Belohnung zu einem offenen Bekenntnis nach dieser Richtung bewegen sollten. Man muß das ehrliche Gesicht, diese Mischung von Treuherzigkeit und Empörung gesehen haben, mit dem solche Handlungen selbst von denen abgeleugnet werden, welche die gestohlenen Gegenstände — Pelze, Uhrenarmbänder — am eigenen Körper an sich tragen, um allmählich innezuwerden, wie sehr Lüge und Heuchelei sich in ein Gewand hüllen können, das dem der Wahrheit zum Verwechseln ähnlich sieht. Der berühmte Ausspruch *Talleyrands*: »Die Sprache ist dazu da, um die Gedanken zu verbergen«, gilt nicht nur für die Diplomaten seiner Zeit. Ein gutes Beispiel der Findigkeit unserer Kriminalbeamten erlebte ich jüngst wieder, als ein urnischer Ausländer Gegenstände von hohem Pietätswert zu seiner größten Überraschung bereits wenige Stunden nach geschehener Meldung wiedererhielt. Der Beamte hatte sie im Steckkissen eines Neugeborenen aufgefunden, dessen Vater, ein ebenso elegant auftretender wie gefährlicher Gentleman-Chanteur, in einer westlichen Diele Stammgast war.

Berliner Lokale

Sehr zustatten kommt der Berliner Kriminalpolizei in dem planvollen Bestreben, dem Ausbeutungssystem, dessen einträgliche Quelle die Homosexualität ist, ein organisiertes Überwachungssystem entgegenzusetzen, die Taktik und Toleranz, die sie gegenüber den homosexuellen Lokalen übt. Ich habe über diesen Punkt oft mit *Meerscheidt-Hüllessem* gesprochen und darf wohl sagen, daß, wenn den Homosexuellen in Berlin jetzt ein so einzigartiges Restaurationsleben vergönnt ist, dies vor allem unserer aufklärenden Bewegung zu verdanken ist, ohne daß wir freilich für gewisse Auswüchse, die auch hier mit der Zeit Platz gegriffen haben, verantwortlich gemacht werden möchten. Oberflächliche Kenner oder richtiger Nichtkenner der Sachlage haben gelegentlich zwischen der Strafverfolgung der Homosexuellen und der Duldung dieser Sammelstätten einen Widerspruch erblicken wollen. Diese Auffassung zeugt von sehr geringer Urteilsfähigkeit. Denn wenn wir auch rühmend das Verständnis hervorgehoben haben, mit dem die Berliner Polizei der urnischen Welt gegenübersteht, von Menschenfreundlichkeit allein, oder gar von Mitleid mit dem Vereinsamungsgefühl Homosexueller läßt sie sich in der Lokalfrage nicht leiten. Es verhält sich vielmehr so, daß, nachdem sich *Meerscheidt-Hüllessem* von der Unausrottbarkeit der Homosexualität überzeugt hatte, er mit natürlichem Instinkt bald einsah, daß die Abkapselung Homosexueller in besonderen Lokalitäten viel mehr für als gegen sich hat. Einmal wurde die Straße damit zu einem nicht geringen Teil von einem Einschlag befreit, der bei der andersgearteten Mehrheit vielfach Anstoß erregt. Vor allem aber verschaffte sich die Polizei dadurch den besten Überblick und Einblick in das eigentliche Wesen und die gewaltige Ausdehnung sowohl der männlichen wie auch der weiblichen Homosexualität, welch letztere, weil in Deutschland straflos, *Meerscheidt-Hüllessem* zunächst fast völlig ignorierte, *von Tresckow* schon etwas mehr beachtete, die in ihrer vollen Bedeutung aber erst von Dr. *Kopp* erkannt und gewürdigt wurde. Vor allem aber war es der Behörde in ständiger Verbindung mit den Lokalinhabern und Lokalbesuchern möglich, unlautere Elemente ausfindig zu machen, die für die Sicherheit und das Leben der Homosexuellen, oft genug aber nicht nur für diese selbst, eine große Gefahr bedeuteten.

Sehr lehrreich war in dieser Hinsicht ein Fall, der sich am 21. Juli 1908 in Berlin zutrug. An diesem Tage war wieder einmal ein urnischer Junggeselle, der allein in seiner Wohnung hauste, ermordet worden: der Butter- und Käsehändler Julius *Engel* aus der Genthinerstraße. Er war mit einer um seinen Hals gelegten Fenstergardinenschnur erdrosselt worden. Für Morde an Homosexuellen ist es charakteristisch, daß die Täter fast nie ermittelt werden. Es hängt dies offenbar damit zusammen, daß der Verbrecher und sein Opfer in gleicher Weise bestrebt sind, ihr Zusammensein zeugenlos und möglichst diskret zu gestalten. Auch dieses Mal fehlte jede Spur. Da erinnerte sich der

Wirt des »Mikado«, eines jener homosexuellen Lokale in denen die Kriminalpolizei nach Bekannten des Getöteten fahndete, daß in der Mordnacht ein junger serbischer Student, Spaso *Kragujevics*, seine ziemlich beträchtliche Zeche mit Geldstücken bezahlt hatte, die einen auffallenden Käsegeruch ausströmten. Nähere Nachforschungen ergaben, daß *Kragujevics* und *Engel* befreundet waren. Die Verhaftung des *Kragujevics* erfolgte erst sechs Wochen später in Wien, als er einen anderen intimen Freund, Eduard *Reiz*, der ihn in seine Wohnung mitgenommen hatte, ebenfalls mit einer Gardinenschnur zu erwürgen suchte. Dieser, dem es gelang, sich der mörderischen Schlinge zu entziehen, erstattete Anzeige. Einige Monate vor diesen Vorgängen hatte mich ein Budapester Arzt mit *Kragujevics*, der übrigens, wie die spätere Verhandlung ergab, Epileptiker war, besucht. Dieser Arzt, ein Psychiater von Ruf, verfiel aus Schreck und nachträglicher Furcht über diese Untaten seines ehemaligen Freundes in tiefe Melancholie, er mußte einer Nervenheilanstalt überführt werden, in der er nicht lange darauf verstarb.

Wie in dem eben erwähnten Fall haben sich noch in vielen anderen die Lokale als wichtige Stätten und Stützen krimineller Aufklärung erwiesen; aber nicht nur krimineller, sondern auch einer allgemeinen natur- und volkswissenschaftlichen Aufklärung über das homosexuelle Problem dienen die Lokale in hohem Grade. Besonders in den ersten anderthalb Jahrzehnten unserer Bewegung habe ich fast jeden Monat mehrmals mit Persönlichkeiten von Bedeutung »Informationstouren« durch die homosexuellen Sammelstätten unternommen, mit vielen hervorragenden Schriftstellern, die sich an uns wandten — ich nenne nur Frank *Wedekind*, dessen hochbefähigter Bruder Donald, Mitglied unseres Komitees, in der Schweiz ein frühes, jähes Ende nahm — mit Politikern, Medizinern, Juristen, Kriminalisten, auch mit Geistlichen, wie dem vortrefflichen Pastor Ernst *Baars* aus Vegesack bei Bremen, der seither Obmann unseres Wissenschaftlich-humanitären Komitees wurde, ein gütiger Berater vieler Homosexueller, die sich in religiöser und sozialer Bedrängnis an ihn wandten, und mir zugleich ein treuer Freund.

Wie schön sind die Worte, die er mir in der Zeitschrift gewidmet hat, welche Georg *Plock* anläßlich meines 50. Geburtstages als Sonderheft des Jahrbuches für sexuelle Zwischenstufen herausgab, wie ehrend für mich, aber auch wie ehrenvoll für Pastor *Baars* selbst, wenn er dort sagt: »Ich weiß aus eigener Erfahrung, daß alle Bücher und Abhandlungen doch nicht zum Ziele führen, sondern nur die Liebe zu den Menschen. Die Menschen lieben, heißt, sie ganz verstehen. So erst habe ich die so ganz anders wie ich Gearteten um ihrer Natur und und ihres Leides willen mit Anteilnahme anzuschauen und nach und nach lieben gelernt, weil ich fühlte, instinktiv fühlte, daß nur verstehen könnende Liebe und ein ehrlicher Wille zu helfen oder doch zu schützen ihre Seele vom Druck des Schuldbewußtseins und der zermürbenden Qual befreit. Ist das erst einmal gelungen, dann wächst in der Seele die Kraft des Vertrauens zu sich selbst und der Mut, aufrecht zu schreiten.

Dr. *Hirschfeld* mit seinen Schützlingen war mir durch sein Vorbild der Lehrmeister. Er hat mir neue Wege gezeigt, die ich als Seelsorger gehen konnte. Und ich habe zu meiner Freude manchem schon Lebensmut wiedergeben oder doch ein Halt werden können.«

Mit ebensoviel Erstaunen wie Ergriffenheit haben viele einflußreiche Menschen in meiner Begleitung in diese ihnen bisher unbekannte Welt Einblick genommen, und so mancher ist unter dem unmittelbaren Eindruck des Geschauten aus einem Saulus zum Paulus geworden.

Aus Raumgründen sei unter vielen nur einer dieser Pauli hervorgehoben: Paul *Näcke*, seines Zeichens Obermedizinalrat und Leiter der großen Heil- und Pflegeanstalt zu Hubertusburg, unweit Leipzig, woselbst ich einmal in seiner und seiner Familie Gesellschaft einen unvergeßlichen Tag hoher geistiger Anregung verbrachte, später Direktor der sächsischen Landesirrenanstalt Colditz; dort entriß ihn ein Jahr vor dem Kriege ein allzu früher Tod der Wissenschaft. Eine besondere Bedeutung Professor *Näckes* lag darin, daß er ein Hauptmitarbeiter des von dem Professor des Strafrechts Hans *Groß* in Graz herausgegebenen, ebenso hochangesehenen wie weitverbreiteten Archivs für Kriminalanthropologie und Kriminalistik war. Als solcher bearbeitete er auch die sexuelle und im speziellen die homosexuelle Frage, deren von Scheuklappen freie Erörterung in medizinischen wie juristischen Fachkreisen damals ungleich verpönter war als jetzt. Wie lange war es denn her, als der durch ebensoviel Gelehrsamkeit als Gewissenhaftigkeit ausgezeichnete Karl Heinrich *Ulrichs*, der doch selbst Jurist war, durch den Vorsitzenden des Juristentages, Geh. Justizrat *von Wächter*, von der Rednertribüne entfernt wurde, als er gegen das Unrecht des § 175 seine Stimme erheben wollte. Der Ort, wo diese Gewalttat geschah, war — München. Es berührte mich fast wie ein Zeichen der antiken Nemesis, als ich später den Enkel dieses Präsidenten in Rom kennenlernte, Theodor *von Wächter*, den Verfasser von »Ein Problem der Ethik« mit dem Untertitel »Die Liebe als körperlich-seelische Kraftübertragung«, einen »Edeluranier« in des Wortes bestem Sinn.

Als *Näcke* im Archiv für Kriminalanthropologie über die Petition des Wissenschaftlich-humanitären Komitees Bericht erstattete und von der umfangreichen Literatur Kenntnis gab, die sich an sie anschloß, erkannte er bald, daß es die Pflicht jedes Menschen sei, der in der Öffentlichkeit zu dieser Frage Stellung nehmen wollte, gleichviel ob Arzt, Jurist oder »Laie«, sich aus eigener Anschauung ein Urteil zu bilden. Denn nicht kommt es hier auf theoretische Spekulation über die Begriffe unnatürlich und widernatürlich an, die im letzten Grunde doch nur Beweise mangelnder Naturerkenntnis sind, nicht kann hier die Kenntnis toter Buchstaben genügen, die für und wider die Verfemung Verfemter sprechen, auch reichen zur Urteilsgewinnung nicht ein oder mehrere Dutzend Homosexueller aus, die ein beschäftigter Nervenarzt in seiner Sprechstunde beobachtet hat oder die sich an ihn wandten, nicht weil sie sich gesund, sondern krank fühlten oder »vom

Schicksal ereilt« tief niedergeschlagen ein Gutachten benötigten.

Nein, sagte sich *Näcke*, dieses alles kann nur ein schiefes, einseitiges Bild geben; will ich wissen, ob *Hirschfeld* und das Komitee im Rechte sind, darf ich mich nicht scheuen, selbst wie ein Forschungsreisender auszuziehen,muß diese terra incognita — mundus in mundo — selbst betreten und für mich entdecken, um dann erst die Existenzberechtigung ihrer Bewohner zu bejahen oder zu verneinen. *Näcke* stand mit dieser Auffassung unter den deutschen Psychiatern völlig allein da. So wie die Gegner *Galileis* verschmähten, in sein Teleskop zu sehen, um sich von der Wahrheit seiner Behauptungen zu überzeugen, so lehnten es die Lehrer der Psychiatrie an den deutschen Universitäten ab — von ganz wenigen Ausnahmen abgesehen — das »Material« dort aufzusuchen, wo es sich ihnen unbefangen und unbeeinflußt darbot. Sie verhielten sich ähnlich wie die Anatomen vor *Vesalius*, welche die Studenten über den Bau des menschlichen Körpers unterrichteten, ohne ihn jemals zergliedert und geöffnet zu haben, weil die Kirche es verbot.

Über die Beobachtungen, die *Näcke* bei seiner Entdeckungsreise in Berlin im Oktober 1903 anstellte, hat er später einen ausführlichen Artikel unter dem Titel: »Ein Besuch bei den Homosexuellen in Berlin« veröffentlicht (Archiv für Kriminalanthropologie und Kriminalistik Bd. XV, Heft 1 und 2). Wir hatten anläßlich seines Aufenthalts zunächst nach dem Altstädter Hof eine Komiteeversammlung einberufen, auf der ein früherer katholischer Geistlicher einen gelehrten und geistreichen Vortrag: »Über das Verhältnis von Christentum zum Urningtum« hielt. In den nächsten Tagen besuchten wir dann verschiedene homosexuelle Wirtschaften, auch den Privatzirkel des homosexuellen Liedersängers *von Ruf*. In seinem Bericht — wir folgen hier der großen Bibliographie, die den ganzen II. Band des VII. Jahrgang unseres Jahrbuchs umfaßt (Kapitel I: Homosexualität und Angeborensein von Dr. jur. *Numa Praetorius*) — erzählt *Näcke*, er habe auf diese Weise mehrere Hunderte von Homosexuellen gesehen und sich mit vielen näher unterhalten. Er habe nichts Ekelerregendes gesehen, müsse vielmehr betonen, daß in allen Lokalen, auch den niedrigsten, die Anwesenden sich durchaus ruhig und anständig verhalten hätten. Die sittliche Atmosphäre der Urningskneipen sei ihm bedeutend besser erschienen, als die in den gemeinen heterosexuellen Wirtschaften mit weiblicher Bedienung. Sodann sei ihm die geringe Zahl alter Männer aufgefallen, was er für einen Beweis dafür ansehe, daß die Ansicht, verlebte Wüstlinge hausten dort, eine Mär sei. Bei dem Gespräch mit ihnen und dem Ausfragen habe *Näcke* bald gemerkt, daß es lauter echte, eingeborene Homosexuelle gewesen, keine Verführten. Durch Verführung, fährt er fort, dürften wohl auch kaum jemals Hetero- zu Homosexuellen werden. Mitleid habe ihn ergriffen bei der Erzählung ihrer Lebens- und Leidensgeschichten. Sei man einmal zur Überzeugung gelangt, daß es von der Natur neben der gewöhnlichen Liebe noch eine andere, die gleichgeschlechtliche gäbe, ja, daß diese sogar anscheinend eine normale Varietät darstelle, so müsse man auch die Konsequenz ziehen, den Invertierten ihre Art von geschlechtlicher Befriedigung zu gestatten, und dürfe nur fordern, daß sie auch die den Heterosexuellen gezogenen Schranken respektieren. Von ihnen aber Abstinenz zu verlangen, die man den Heterosexuellen nicht zumute, sei einfach Ungerechtigkeit.

Es sei für Homosexuelle nur wünschenswert, folgert *Näcke* aus seinen Eindrücken, daß sie baldmöglichst über ihre wahre Natur aufgeklärt würden, damit sie ihr Leben danach einrichteten und vor allem nicht heirateten, was meist unglücklich ablaufe. Deshalb seien wissenschaftliche Schriften über Homosexualität nur willkommen zu heißen. Alles in allem genommen, betont *Näcke*, habe er die Überzeugung gewonnen, daß es sich bei den Homosexuellen um keine die Gesellschaft schädigenden Elemente handle, im Gegenteil, daß, wenn diese vielen, infolge ihrer unrichtigen Beurteilung niedergetretenen und gescheiterten Existenzen der Gesellschaft erhalten blieben, dies nicht nur für die Urninge selbst, sondern auch für die Gesamtheit ein entschiedener Vorteil wäre. Zum Schluß betont *Näcke*, daß Psychiater, Neurologen und Gerichtsärzte — und dies fällt, da er selbst Vertreter dieser Berufe ist, doppelt schwer ins Gewicht — in Sachen der Homosexualität mehr oder weniger inkompetent seien, da sie die Tausende von freilebenden Urningen nicht kennen.

Sollen wir es einen Zufall nennen, daß bald nach Erscheinen dieses bemerkenswerten Aufsatzes ein naher Verwandter zu *Näcke* kam und sich ihm als Homosexueller anvertraute, eine im Berufsleben ungemein tüchtige Persönlichkeit von besten Charaktereigenschaften, in deren Wesen er seine soeben gewonnenen Anschauungen vollauf bestätigt fand. Ich möchte hierin mitnichten einen Zufall, sondern vielmehr einen Beweis für die Ansicht erblicken, die mir im Laufe der Jahre immer mehr zur Gewißheit geworden ist, daß es nämlich kaum einen größeren Familienkreis gibt, in dem sich nicht mindestens ein urnischer Mann oder eine urnische Frau, oft genug beides, vorfinden.

Meine Erlebnisse mit *Näcke* führte ich darum ausführlicher hier an, weil aus ihnen hervorgeht, daß der lebendige Anschauungsunterricht immer noch eines der wirksamsten Lehrmittel ist.

Sahen wir doch dasselbe wie hier bei *Näcke*, oben im Falle *von Wächter*, nur mit dem Unterschiede, daß hier ein Freund, dort ein Feind des Urningtums ahnungslos einen homosexuellen Verwandten hatte. So ist es mir im Laufe der Zeit noch oft begegnet, daß heftige Verfolger der Homosexuellen sich, wie sich später herausstellte, in ihr »eigenes Fleisch und Blut« geschnitten hatten. Überaus bezeichnend ist ja die Zuschrift, die wir in der vielgelesenen Volksschrift »Was soll das Volk vom dritten Geschlecht wissen« abgedruckt haben. Ein Gymnasialoberlehrer, dessen homosexueller Sohn seinem Leben freiwillig ein Ende bereitet hatte, begleitete seine Unterschrift unter unsere Petition mit folgenden Worten: »Noch bei der Erörterung des Falles *Krupp* gehörte ich, völlig unbekannt mit der hier in Rede stehenden Materie, zu denen, die an die Notwendigkeit des § 175 glaubten. Erst nach dem Tode eines edlen, für das Schöne, Wahre und Gute begeisterten Jünglings, dem die Entdeckung konträr-sexueller Neigungen den Revolver in die Hand drückte, sind mir die Augen übergegangen und aufgegangen. Ein schwergebeugter Vater dankt dem Wissenschaftlich-humanitären Komitee für sein menschenfreundliches Wirken.«

In den Jahren, in denen ich mit Frank *Wedekind* und Paul *Näcke* die Berliner Sammelstätten Homosexueller durchstreifte, auch mit manchem ausländischen »Forschungsreisenden«, wie Oscar *Méténier*, dem Verfasser der »Vertus et vices allemands, les Berlinois chez eux« (Paris 1904) und Hermann *Bang*, dem sensitiven Dichter des »Michael« und der »Vaterlandslosen«, ließ eine solche Tour sich gut in ein bis zwei Abenden erledigen. Jetzt würde eine vollständige Streife wohl ebenso viel Wochen wie damals Tage in Anspruch nehmen. Als ich 1896 zu dauerndem Aufenthalt von Magdeburg nach Berlin übersiedelte, betrug die Zahl der hiesigen Lokale sicherlich nicht mehr als ein halbes Dutzend, in den Jahren 1900 bis 1910 verdoppelte sich ihre Anzahl, stieg also auf etwa zwölf , um sich in dem folgenden Jahrzehnt bis 1920 allmählich zu verachtfachen, so daß es gegenwärtig wohl neunzig bis hundert homosexuelle Lokale in der Reichshauptstadt geben dürfte. Wenn kürzlich in einem Artikel des »Vorwärts« (vom 2. März 1922) geschrieben wird, daß »sich in etwa 150 Berliner Lokalen ein offenes Treiben von Homosexuellen entwickelt hat«, so scheint mir diese Angabe um mindestens ein Drittel zu hoch gegriffen.

Die starke Vermehrung der Lokale in den letzten Jahren hängt meines Erachtens weder mit dem Krieg noch mit der Revolution noch auch, wie gelegentlich behauptet wird, mit einer stärkeren Verwilderung der Sitten zusammen, sondern lediglich mit der größeren Toleranz und Einsicht der Behörden in das Wesen der Homosexualität. Auch schon vor 1890 wurden in Berlin verschiedentlich Versuche von urnischen Wirten gemacht, Gaststätten ausschließlich für Homosexuelle ins Leben zu rufen, doch konnten sich diese Stätten immer nur ganz im Geheimen und für kurze Zeit halten, so etwa wie jetzt die Spielklubs. Die Wirte schwebten dauernd in Gefahr, wegen Kuppelei, und ihre Gäste, wegen Erregung öffentlichen Ärgernisses festgenommen zu werden, auch wenn sie sich nichts weiter als »weibliches Gebahren« zuschulden kommen ließen.

Ein recht bezeichnendes Beispiel dafür, das, als ich nach Berlin kam, noch in frischer Erinnerung stand — man könnte es wegen verschiedener Begleitumstände fast historisch nennen — trug sich im Februar 1885 in dem Lokal von *Seger* in der Jägerstraße 10 zu. Hier erschien an einem Sonntagabend, als alle Räumlichkeiten dicht besetzt waren und fröhlichste Heiterkeit herrschte, plötzlich der Kriminalkommissar *Wolff*, der bekannte spätere Polizeirat in Frankfurt a.M., mit sieben Beamten. Vor dem Lokal auf der Straße war eine große Zahl uniformierter Schutzleute aufgestellt. Kriminalkommissar *Wolff* forderte die Anwesenden auf, sich zu legitimieren. Diejenigen, welche nicht dazu in der Lage waren, mußten zur nächsten Polizeiwache mitkommen. Der Wirt *Seger* und sein »Verhältnis«, die »schöne Paula«, wurden wegen Kuppelei verhaftet. Im November 1885 hatten sich sechs Personen vor der dritten Strafkammer des Landgerichts Berlin I wegen Erregung öffentlichen Ärgernisses, *Seger* und sein Freund auch wegen Kuppelei zu verantworten. Diese beiden wurden zu längeren Gefängnisstrafen, die vier anderen Angeklagten zu je drei Monaten Gefängnis verurteilt. Zu den letzteren gehörte auch der Damenschneider *Engel*, unter den urnischen Erscheinungen im früheren Berlin wohl einer der populärsten. Er war der Sohn des königlichen Oberkammerdieners *Engel*, der zu den Vertrauten des alten Kaisers *Wilhelm I.* gehörte, und zwar zu den ganz wenigen Personen, die von ihm mit Du angeredet wurden. Namentlich, seit er seinen Herrn am 2. Juni 1878 vor dem Tode bewahrt haben sollte, stand er bei ihm in so hohem Ansehen, daß er sich sogar erlauben durfte, für die Homosexuellen eine Lanze zu brechen. Die Lebensrettung bestand darin, daß er an jenem Tage, einem Sonntag, den Kaiser drängte, statt der Mütze, wie dieser es durchaus wollte, den Helm aufzusetzen. Als der alte Kaiser nun im offenen Wagen die Linden entlang fuhr, wurde aus einem Fenster im 2. Stock des Hauses unter den Linden 18 von einem Dr. Carl *Nobiling*, der sich später selbst entleibte, nach ihm mit einem Jagdgewehr geschossen. Die Schrotkörner blieben zumeist im Helm sitzen. Die Ärzte erklärten: wäre der Kaiser, wie er wollte, in der weichen Mütze ausgefahren, hätten die Schrotschüsse ihn sicherlich getötet.

Als Oberkammerdiener *Engel* von der Verurteilung seines Sohnes, über dessen weibliche Eigenart und homosexuelle Natur er genau unterrichtet war, erfuhr, war er tief unglücklich und bat den Kaiser, seinen Sohn zu begnadigen, der, wie er sich ausdrückte, durch seine unverschuldete Anlage doch schon gerade genug benachteiligt sei. *Wilhelm I.* antwortete: »Ich kann deinen Sohn nicht allein begnadigen, das würde parteilich erscheinen und könnte böses Blut machen. Ich werde die dreimonatliche Gefängnisstrafe bezüglich aller vier Angeklagten in eine Geldstrafe von je dreihundert Mark umwandeln.« So geschah es denn auch.

Ich lernte *Engel* junior bei *Hannemann* in der Alexandrinenstraße kennen, wo er allabendlich Klavier spielte und seine urkomischen Lieder mit so grotesker Grazie vortrug, daß selbst die finstersten Urningsmienen sich unter der Wirkung dieses unübertrefflichen Humors alsbald erhellten und aufheiterten. *Hannemanns* Lokal war das erste, das sich in Berlin unbeanstandet durch mehrere Jahrzehnte hielt und wohl noch heute bestehen würde, wenn es nicht sein Inhaber, jetzt wieder Besitzer eines Lokals in der Inselstraße, nach einer schweren persönlichen Enttäuschung selbst aufgegeben hätte. Es war auch das erste homosexuelle Lokal, das ich selber besuchte; ich befand mich in Gesellschaft von Otto *de Joux*, der kurz vorher seine »Enterbten des Liebesglücks« und seine »Hellenische Liebe« veröffentlicht hatte; auch meine Schrift »Sappho und Sokrates« war gerade erschienen, alle drei Bücher bei Max *Spohr* in Leipzig, der uns aneinander empfohlen hatte. Trotzdem seither bereits über ein Vierteljahrhundert verflossen ist, lebt der starke Eindruck noch in mir fort, den es auf mich ausübte, als ich hier zum erstenmal eine größere Anzahl jener Menschen in natürlicher Offenherzigkeit zusammen fand, die ich zuvor nur ganz vereinzelt gesehen hatte. Rudolf *Presber*, mit dem ich später gemeinsam die Autobiographie N.O. *Bodys* herausgab, die unter dem Titel »Aus eines Mannes Mädchenjahren« weite Verbreitung fand, hat einmal in einem schönen Aufsatz »Weltstadttypen« die Gefühle trefflich geschildert, die ihn in einer solchen »Urningskneipe« — ich nehme an, daß es auch die von *Hannemann* war — übermannten. Er schreibt dort: »Keine Übeltäter hier, keine Verbrecher an der Person, keine Verbrecher am Eigentum. Unglückliche Entrechtete, die den Fluch eines geheimnisvollen Rätsels der Natur durch ihr einsames Leben schleppen; Menschen, die sich im Kampfe des Tages ihre geachtete Stellung erobert haben; redlich arbeitende, deren Ehrenhaftigkeit niemand anzweifelt, deren Wort und Name seine gute Geltung hat, und die sich doch unter dem Druck eines mittelalterlich grausamen Gesetzesparagraphen scheu und heimlich zusammenfinden müssen, um fern von den normalen Glücklichen ihre stets vom Gesetz, von der Verachtung, von der Erpressertücke gefährdeten unbesiegbaren Triebe den Gleichfühlenden einzugestehen.«

Die Lokale damaliger Zeit wurden nur nach dem Namen des Wirtes oder nach der Straße genannt, in der sie lagen. Zu ihrer Bezeichnung als Dielen oder gar als Paläste hatte man sich noch nicht aufgeschwungen. Dafür ging es in ihnen allerdings bedeutend bescheidener und schlichter zu als in der Mehrzahl der jetzigen Gaststätten. Man trank sein Glas Bier für zwanzig oder seine große Tasse Kaffee für fünfundzwanzig Pfennig und labte sich an dem Anblick oder an dem Genuß der auf dem Schanktisch malerisch gruppierten Gänsekeulen und Gänsebrüste, die sich — die Portion zu 1 Mark oder 1,50 Mark — bis weit über urnische Kreise hinaus größter Beliebtheit erfreuten. Likör hieß damals noch Schnaps und kostete ebensoviel in Pfennigen wie jetzt in Mark. Es gab in urnischen Lokalen auch noch keine Orchester, sondern höchstens Orchestrions, auch keine Jazzbanden, sondern nur Klavierspieler, von denen neben der »Engeln« die »Kosima« besonders berühmt war. Die Tanzpaare bahnten sich auch nicht wie in den Dielen und Palästen zwischen Kellnertabletts und enggestellten Sesseln eine schmale Gasse, sondern holten im großen Hinterzimmer, in dem sich nur an den Wänden Bänke oder Stühle befanden, tüchtig zum Tanz aus. Man verrenkte auch noch nicht taktmäßig die Schultern und Arme, sondern begnügte sich damit, den ganzen Körper, eng an die Musik geschmiegt, im Walzer oder Polkaschritt zu drehen; die Höhepunkte melodientrunkener Tonseligkeit bildeten Kreuzpolka oder Rheinländer.

Auf den von den Wirten veranstalteten Bällen, wie ich sie in »Berlins drittes Geschlecht« (S. 54 ff.) ausführlich geschildert habe, ging es ebenso anspruchs- und harmlos zu. Würden der alte *Engel* und sein töchterlicher Sohn aus ihren Gräbern auferstehen und das heutige Treiben sehen, sie würden sicherlich glauben, Deutschland sei nicht verarmt, sondern unermeßlich reich geworden. Denn daß, wie man uns mitteilte, der Veranstalter eines homosexuellen Balles im Westen von Berlin kürzlich in einer einzigen Nacht einen hauptsächlich an Getränken erzielten Reingewinn von über 100 000 Mark verzeichnete, hätte sich wohl damals die kühnste Phantasie nicht träumen lassen. Freilich ist ja dieser Unterschied von einst und jetzt nicht nur eine homosexuelle Besonderheit.

Von den vor 1900 gegründeten Lokalen besteht nun keines mehr, nachdem, wie ich höre, vor Jahresfrist auch »die schöne Müllerin« aus der Brandenburgstraße ihre gastlichen Pforten geschlossen hat; auch von den kurz nach 1900 entstandenen ist wohl nur noch das *Nostersche* in der Zossener Straße in Betrieb. Um 1905 wurde auch das erste homosexuelle Weinlokal unter dem Namen »Como« von Frau Alma *Dalbelli* eröffnet. Frau *Dalbelli* war die deutsche Gattin eines italienischen Restaurateurs, der in der Nähe der Potsdamer Brücke eine äußerst gemütliche Trattoria besaß, die »al Vesuvio« hieß. Hier verkehrte viel Literatur, namentlich jene allzeit rebellische Bohème, die später in das kleine Café des Westens übersiedelte, dort, wo der flinke *Rocco* mit seinem Freunde und späteren Schwager und als dritten im Bunde mit dem Zeitungskellner Richard, einer Quasimodofigur, der jedem am Gesicht ansah, welche Zeitung er wünschte, mit ebensoviel Liebenswürdigkeit wie Verständnis für die Wünsche und Sorgen jedes ihrer meist mehr originellen als genialen Gäste ihres Amtes walteten.

Bei *Dalbelli* und *Rocco* lernte ich damals die tiefgründige Dichterin Else *Lasker-Schüler* kennen, mit der mich seitdem eine fünfundzwanzigjährige Freundschaft verbindet, ferner ihre beiden Freunde, die zartbesaiteten, früh dahingeschiedenen Poeten Peter *Hille* und Peter *Baum*, die Maler *Begas* und *Meidner*, den Bildhauer *Metzner*, die Edelanarchisten Erich *Mühsam*, John Henry *Mackay* und Gustav *Landauer* — auch Stephan *Przybyscewskys* und August *Strindbergs* Charakterköpfe tauchten gelegentlich auf —, ferner Hans Heinz *Ewers*, Richard *Dehmel*, Hans *Ostwald*, Heinrich und Julius *Hart* und viele andere, die sich später zu der Neuen Gemeinschaft vereinten. Wie wohl zu allen Zeiten, war auch in jener das Künstlertum stark von femininen Männer- und virilen Frauentypen jedweder Schattierung durchsetzt, so daß Frau *Dalbelli*, als sie wie *Titania* vom Vesuvio herniederstieg, um sich im Como niederzulassen, nicht nur von ihrer Freundin Jenny, sondern auch von einer nicht geringen Anhängerschaft begleitet wurde, die sich dann von Monat zu Monat beträchtlich vergrößerte. Mit dieser gastlichen Stätte am Schöneberger Ufer und der kurz darauf ebenfalls von zwei Freundinnen ins Leben gerufenen »Konkurrenz« in der Bülowstraße war der Zug nach dem Westen eröffnet, und bald gab es vom äußersten Osten bis zum entlegensten Westen Berlins, vom hohen Norden bis in die südlichsten Vorstädte kaum einen Bezirk, in dem sich nicht homosexuelle Lokale befanden, die nach Einrichtung und Publikum jedem Geschmack Rechnung trugen.

Alles dies waren aber nur lose Treffpunkte. Von einer organisierten Vereinsbewegung der Homosexuellen mit Satzungen und Sitzungen wie sie seit 1918 in den Freundschaftsbünden zutage getreten ist, war noch keine Rede. Hierzu bedurfte es noch der Beseitigung vieler Hemmungen und Hindernisse, die sich einem festeren Zusammenschluß der um ihre Menschenwürde, um die höchsfen Lebensgüter Ringenden von innen und außen in den Weg stellten.

Die Gründung des WHK und seine ersten Mitglieder

Höher als die Freiheit steht das Recht, am höchsten die Wahrheit. Diese Lebensgüter, zu denen sich noch die Ehre und Liebe gesellen, wurden den Homosexuellen vorenthalten. Um sie ihnen mit geistigen Waffen wiederzugewinnen, bildete sich in Charlottenburg am 15. Mai 1897 das Wissenschaftlich-humanitäre Komitee. Seine Aufgabe sollte sein, »auf Grund sichergestellter Forschungsergebnisse und der Selbsterfahrung vieler Tausender endlich Klarheit darüber zu schaffen, daß es sich bei der Liebe zu Personen des gleichen Geschlechts, der sogenannten Homosexualität, um kein Laster oder Verbrechen, sondern um eine von Natur tief in einer Anzahl von Menschen wurzelnde Gefühlsrichtung handelt«; sein Zweck war die Befreiung einer beträchtlichen Menschengruppe von unverdienter Schmach.

Von Beginn an legte das Komitee Wert darauf, nicht nur Homosexuelle oder Angehörige von diesen, sondern auch Heterosexuelle zu seinen Mitgliedern zu zählen, namentlich auch in seinem Vorstand und Obmännerkollegium vor allem Vertreter der juristischen und medizinischen Fachwelt. Denn so selbstverständlich es erscheinen muß, so sehr es, wie der berühmte Rechtslehrer *Jhering* sagt, nicht nur das gute Recht, sondern die Pflicht Entrechteter ist, für sich selbst einzustehen und einzutreten, so wertvoll ist es, wenn ein Kulturkampf, wie es der in Rede stehende ist, von Persönlichkeiten Unterstützung und Förderung erfährt, die sich für seine Berechtigung und Notwendigkeit aus objektiver Überzeugung einsetzen. Wir sind in der glücklichen Lage feststellen zu können, daß es unserem Komitee niemals an solchen rein sachlichen Anhängern und Anhängerinnen gefehlt hat, daß ihre Zahl während der ganzen Dauer seines Bestehens nie abgenommen, sondern stetig zugenommen hat. Für die Homosexuellen selbst hatte diese Mitwirkung objektiv Interessierter noch den Vorteil, daß ihre Zugehörigkeit zum Komitee kein Aushängeschild, kein Zugeständnis ihrer Homosexualität zu bedeuten brauchte. So hoch wir den freiwilligen Bekennermut achten, so wenig können wir es gutheißen, ja so verwerflich muß es erscheinen, wenn jemand ohne oder gar wider seinen Willen zum Bekenner gestempelt wird; nicht ohne innere Genugtuung hebe ich hervor, daß ich trotz meines Eintretens für die Homosexuellen in fünfundzwanzigjähriger Tätigkeit niemanden gefragt habe, ob er homosexuell ist oder nicht. Ich habe das Sexualleben eines Menschen stets für seine privateste Angelegenheit gehalten, an der zu rühren die elementarste Rücksicht verbietet, es sei denn, es liegt ein ausdrückliches Einverständnis oder eine äußere Notwendigkeit vor, wie sie sich beispielsweise in einem Gerichtsverfahren oder in der ärztlichen Sprechstunde unter dem Schutz des Berufsgeheimnisses ergeben kann.

Aus den gleichen Gründen des Taktes und der Taktik wurde für das Komitee auch ein möglichst unverfänglicher Name gewählt. Es, wie jetzt den Aktions-Ausschuß, einfach Komitee zur Beseitigung des § 175 zu nennen, wäre damals ebenso unklug wie unvorsichtig gewesen. Seinen Namen führt das Komitee nach einer Stelle im Schlußkapitel meiner im Juli 1896 veröffentlichten Erstlingsarbeit »Sappho und Sokrates« mit dem Untertitel »Wie erklärt sich die Liebe der Männer und Frauen zu Personen des eigenen Geschlechts?« Hier heißt es, daß wir nicht anstehen, aus den angeführten Gründen im Namen der Wissenschaft und Humanität die drakonischen Bestimmungen gegen die Homosexuellen in Deutschland, Österreich und England als ein Justizverbrechen zu bezeichnen.

Diese kleine, unscheinbare Schrift bildete recht eigentlich den Anstoß, der die von Jahr zu Jahr anschwellende Lawine in Bewegung setzte, die hoffentlich recht bald die immer noch aufrechtstehenden Mauern des Götzentempels, in dem die Homosexuellen einem Irrwahn geopfert werden, zertrümmern wird. Den äußeren Anlaß zu dieser Broschüre gab mir der Brief eines Selbstmörders, den ich kurz nach seinem Tode, der unmittelbar nach seiner Hochzeit erfolgte, erhielt. Wie viele ähnliche »Abschiedsbriefe« habe ich seither empfangen! Der Schreiber, ein junger Leutnant, war von mir in Magdeburg an einer tiefen seelischen Depression behandelt worden. In seinen nachgelassenen Papieren äußert sich der Unglückliche wie folgt: »Ich hatte nicht die Kraft, meinen Eltern, die mich, ihr einziges Kind, seit Jahren zur Ehe mit einer Jugendfreundin drängten, gegen die an sich nicht das mindeste einzuwenden war, die Wahrheit zu gestehen. Sie würden mich ja doch nimmer verstanden haben. Mögen die braven Leute es nie erfahren, was mir fast das Herz abdrücken wollte. Nehmen Sie diesen Aufschrei eines Elenden entgegen, die Rechtfertigung meiner Tat und zugleich die Ehrenrettung zahlloser Menschen, die gleich mir unter einem doppelten Fluch, dem der Natur und dem des Gesetzes, ihr Leben dahinschleppen. Möglich, daß meine Stimme, wie die besserer Sachwalter, ungehört verhallen wird. Der Gedanke, daß sie dazu beitragen könnte, daß auch das deutsche Vaterland über uns gerechter denkt, verschönt meine Sterbestunde.«

Es waren im wesentlichen drei wissenschaftliche Thesen, die ich in »Sappho und Sokrates« verfocht. Einmal wandte ich mich mit Entschiedenheit gegen die bis dahin allgemein gültige, vor allem von *Krafft-Ebing*, diesem ebenso hochverdienten wie einflußreichen Gelehrten, angenommene Einteilung der Homosexualität in angeborene und erworbene Fälle. Echte Homosexualität — so legte ich dar — ist stets angeboren. Das Bewußtwerden eines Triebes darf nicht mit seinem Auftreten verwechselt werden. Wohl gibt es Heterosexuelle, die imstande sind, sich homosexuell zu betätigen und es auch aus irgendeinem Grunde gelegentlich tun, ebenso wie nicht selten Homosexuelle vorkommen, die mit mehr oder weniger Genuß mit dem anderen Geschlecht verkehren können und auch zeitweise verkehren, auch gibt es Fälle von Bisexualität, namentlich vorübergehende vom Beginn bis zum Ende der Reifezeit und seltenere Fälle von dauernder bisexuelle Veranlagung. Alles dies ist aber nicht die eigentliche Homosexualität, die einen Dauerzustand darstellt, der vom Erwachen bis zum Erlöschen des Geschlechtstriebes dem Menschen anhaftet, weder durch Strafen unterdrückt noch durch Straflosigkeit erzeugt werden kann und sich niemals auf Grund von Verführung oder anderen äußeren Ursachen wie Wort und Schrift, Beispiel oder durch Onanie bildet.

Die zweite These, die ich in »Sappho und Sokrates« zu begründen suchte, war, daß der homosexuelle Zustand mit der zwitterhaften Uranlage aller Lebewesen in Verbindung steht. Beide Geschlechter vereint, wer beiden Geschlechtern entstammt. Alle scheinbaren Qualitätsunterschiede in der sexuellen Wesenheit der Einzelindividuen sind quantitativer Natur, verschieden starke Entwicklungsstufen einer einheitlichen Grundlage, nicht willkürliche oder zufällige Gradstufen, nicht abhängig von außen, sondern in der Embryonallage präformiert: »Nach dem Gesetz, nach dem du angetreten, so mußt du sein, du kannst dir nicht entfliehen.«

Daß der Entwicklungsgrad unter dem Einfluß der inneren Sekretion steht, wußte man damals noch nicht. Mit anderen Worten: Alle Menschen sind intersexuelle Varianten, die Homosexuellen in der lückenlosen Reihe dieser ungezählten Variationen nur eine in ihren Eigenschaften und dementsprechend in ihrer Triebrichtung besonders bestimmte und abgestimmte Gruppe.

Hieraus leitete sich folgerichtig und zwanglos die dritte These ab. Homosexualität ist keine Krankheit. Sie trägt, wie Edward *Carpenter* in seiner geistvollen Schrift über die homogene Liebe und ihre Bedeutung in der freien Gesellschaft (S. 27) sagt, in der ungeheuren Mehrzahl der Fälle den Charakter der Normalität und Gesundheit, und zwar in so ausreichendem Maße, daß dadurch eine bestimmt unterschiedene Abart der Geschlechtsleidenschaft begründet wird. Die Nervenschwäche ist nicht die Ursache, sondern eine Folge der Homosexualität. Die Homosexuellen leiden nicht an der Homosexualität, sondern an ihrer unrichtigen Beurteilung durch sich und andere. Die dauernde ängstliche Geheimhaltung eines angeborenen Zustandes, dessen Existenz man fälschlich als Sünde, Verirrung, Laster, Sittlichkeitsverbrechen oder Geisteskrankheit auffaßt, die drückenden Gewissensqualen, der ewige Kampf des willigen Geistes gegen das schwache Fleisch, die stete Furcht vor Entdeckung, vor Erpressern, vor Verhaftung, gerichtlicher Bestrafung, Verlust der sozialen Stellung und der Achtung seitens der

Familie und der Mitmenschen müssen auch die stärksten Nerven ruinieren. »Im Gegenteil, es ist erstaunlich, daß demgegenüber nicht noch mehr Menschen den Verstand verlieren.«

Ich hatte meiner Druckschrift nicht weniger als drei Leitworte vorangelegt: zunächst das *Goethe*wort: »Das eigentliche Studium der Menschheit ist der Mensch«, *Nietzsches* Ausspruch: »Was natürlich ist, kann nicht unmoralisch sein« und einen Satz, den ich kurz zuvor in einer Arbeit des Strafrechtslehrers *Vargha* über »Abschaffung der Strafknechtschaft« gelesen hatte: »Das Weltbild, welches bei Juristen und Politikern und dasjenige, welches in den Köpfen aufgeklärter Naturforscher vorherrscht, stellt sich so grundverschieden dar, als ob sie nicht Zeitgenossen, sondern durch eine Kluft von Jahrhunderten voneinander getrennt wären.«

Trotz Berufung auf so hervorragende »Schutzpatrone« nahm ich dennoch Anstand und daher Abstand, die Schrift unter eigenem Namen erscheinen zu lassen. Ein älterer Kollege — der ausgezeichnete Gefängnisarzt Geheimer Sanitätsrat Dr. *Baer*, ein grundgütiger Mensch, zu dem ich durch gemeinsame Arbeit in der Alkoholfrage in ein herzliches Vertrauensverhältnis gelangt war — und vor allem der Verleger Max *Spohr* selbst rieten mir davon ab. Sie meinten, trotz seines wissenschaftlichen Charakters sei ein Verbot der Schrift keineswegs ausgeschlossen, jedenfalls könne mir aus ihrer Veröffentlichung leicht ein beruflicher Schaden erwachsen — ich war damals eben erst 28 Jahre alt, frisch in Charlottenburg niedergelassen und festangestellter Arzt an einer staatlichen Manufaktur. So nannte ich mich denn — aus welchem Grunde ich gerade dieses Pseudonym wählte, ist mir nicht mehr erinnerlich — Th. *Ramien*, allerdings nur auf dem Titelblatt der ersten Auflage, in keiner späteren Veröffentlichung und mit dem ausdrücklichen Ersuchen an *Spohr*, daß er jedem, der sich mündlich oder schriftlich mit mir in Verbindung setzten wolle, meinen wahren Namen mit Anschrift ohne vorherige Anfrage mitteilen solle.

Der erste, der von dieser Erlaubnis Gebrauch machte, war Eduard *Oberg* aus Hamm, ein echter Sohn des Westfalenstammes, ein wenig schroff und mürrisch von außen, in seinem Innern aber überaus bieder und gesinnungstüchtig. Früher Jurist, dann Verwaltungsbeamter, festigte er durch die erste Schilderung seiner Lebensschicksale und seine von ausgeprägtestem Gerechtigkeitssinn erfüllten Darlegungen in hohem Maße in mir die Überzeugung, daß energische Schritte unternommen werden müßten, um der so höchst unwürdigen Lage der Homosexuellen ein Ende zu bereiten. Am 1. Oktober 1896 suchte er mich, mit *Spohrs* Empfehlung aus Leipzig kommend, in Charlottenburg auf. Am 1. Oktober 1917 legte er im Alter von 59 Jahren Hand an sich. In der Zwischenzeit — 21 Jahre lang — förderte er die Bestrebungen des Komitees, soviel er vermochte, durch Wort, Schrift und Tat.

Den Schrecknissen und Entbehrungen des Krieges war er nicht gewachsen. Als der furchtbare Kohlrübenwinter über Berlin hereinbrach, als er seinen Freunden draußen im Schützengraben nichts mehr schicken konnte, als er sich mit Hunderten von Notleidenden, um ein wenig Milch oder Brot zu erhalten, stundenlang anstellen mußte, verzagte er. Unfähig seinen urnischen Schicksalsgenossen, noch unfähiger seinen Volksgenossen Frieden zu verschaffen, wollte der auf Erden Friedlose wenigstens selber Frieden haben. Am 8. Oktober 1917 gaben wir ihm das letzte Geleit. Der Sekretär unseres Komitees Georg *Plock* sagte zu seiner Gedächtnisrede auf dem Zentralfriedhof in Friedrichsfelde: »Den Frieden und die Ruhe, die er nun gefunden hat, wollen wir ihm von ganzem Herzen gönnen und hoffen, daß die Zeit einst kommt, wo so veranlagte Naturen, wie die seinige, von Jugend auf volles Verständnis bei ihrer Umgebung finden und nicht mehr bedrückt von solchen Anschauungen und unverständigen Gesetzen, sich froh und frei entfalten können.« Dieser offene Hinweis auf das homosexuelle Schicksal des Dahingeschiedenen, so ganz in seinem Sinne verkündet, an solcher Stätte, aber wohl zum ersten Mal klar ausgesprochen, nicht wie sonst, als müsse der Geopferte sich seines Lebensinhalts noch im Tode um der »lieben« Verwandten willen schämen, scheu umgangen, machte auf alle Anwesenden einen tiefen Eindruck.

Immer deutlicher wird mir, während ich diese Erinnerungen niederschreibe, wie sehr diese Rückschau eine Totenschau ist. Es ist mir, als ob ich über ein weites Leichenfeld schaute; wie viele einst mutige Kämpfer sanken entmutigt nieder, wie vielen Duldern riß die Geduld; wie viele starben vor der Zeit! Wie von den ersten Unterzeichnenden unserer Petition, wie von denen, die sich ihrer zuerst im Reichstage annahmen — *Kruse* und *Bebel* — sind auch von den Mitbegründern des Komitees nun schon alle dahin. Immer wieder gilt es, neue Menschen heranzuziehen, zu gewinnen, zu überzeugen. Es ist nicht richtig, wie man oft vernimmt, daß jeder Mensch zu ersetzen ist. Durch Platzhalter gewiß, aber viele füllen die entstandene Lücke doch nur körperlich, nicht geistig aus. Damit soll nicht die alte Zeit auf Kosten der neuen gerühmt werden. Im Gegenteil, lasse ich von den älteren auf die jüngeren, von den Bannerträgern der Vergangenheit zu den voraussichtlichen der Zukunft die Blicke gleiten, so sehe ich viele frische Kräfte am Werk, von denen ich hoffe und glaube, daß sie den Tag herbeiführen und erleben werden, an dem der antihomosexuelle Irrtum und Irrwahn zerstiebt. Viele aber, die noch unter uns sein könnten, vermissen wir schmerzlich. Zu diesen Unersetzlichen und Unersetzten gehört der Mitbegründer unseres Komitees Max *Spohr*.

Im Juli 1896 hatte er »Sappho und Sokrates«, nachdem ich die Schrift von einigen Verlegern, denen ich sie vorher angeboten hatte, »mit Entrüstung über solche Zumutung« zurückerhalten hatte, in Verlag und seinen Schutz genommen. Vier Wochen später erschien sie bereits. Von da ab bis zu seinem frühen Tode nahm er alles, was ich verfaßte, »unbesehen« an. Stets trug er die sämtlichen, nicht unbeträchtlichen Verlagskosten selbst. Was das für einen Schriftsteller, was es für eine junge Bewegung zu bedeuten hat, kann nur der ermessen, der sich sein Bestes abgerungen und niedergelegt hat, um es der Allgemeinheit zugänglich zu machen und von einer Zeitschrift nach der andern, von einem Verleger nach dem andern sein Manuskript als »zur Veröffentlichung ungeeignet« zurückerhält. Habe ich doch mein erstes nach *Spohrs* Tode geschriebenes, jetzt längst vergriffenes Buch »Die Transvestiten« von nicht weniger als neunzehn Verlegern zurückbekommen — man muß schon ziemlich zähe sein, es stets aufs neue auszusenden —, bis sich der zwanzigste zur Herausgabe entschloß.

Von geschäftlichen Gesichtspunkten ließ sich *Spohr* dabei nicht leiten. So wurden von einer Auflage von 2000 Exemplaren des Jahrbuchs im dritten Jahr kaum 100 abgesetzt, dazu noch an die Komiteemitglieder mit 50 Prozent Ermäßigung. Noch weniger waren für ihn persönliche Gründe maßgebend. Mit seiner ausgezeichneten Gattin und drei blühenden Söhnen führte er, von anderweitigen Empfindungen ungetrübt, das glücklichste Familienleben. Was ihn veranlaßte, an unserem Kampfe mit solcher Begeisterung teilzunehmen, vor allem auch die nichts einbringenden Jahrbücher, deren Herausgabe ihn mit berechtigtem Stolz erfüllte, immer weiter zu führen, war die starke Überzeugung, im Dienste einer großen Idee zu wirken.

Allzu früh befiel ihn, bald nachdem der Tod ihm seine Frau genommen, ein Krebsleiden, dessen äußerste Schmerzhaftigkeit er nur durch Morphium zu lindern vermochte. Am 17. November 1850 in Braunschweig geboren, wo er den größten Teil seiner Jugend verlebte und sich seinem mit besonderer Vorliebe gewählten Beruf in der Buchhandlung von *Grüneberg* widmete — sein Chef gedachte, ihm das Geschäft später zu übertragen —, siedelte er später nach Leipzig über. Hier gründete er am 1. März 1881 die eigene Verlagsbuchhandlung. Am 15. November 1905 starb er und am 18. November, einen Tag nach seinem 55. Geburtstage, bestatteten wir ihn auf dem großen Friedhof, der sich zu Füßen des damals noch im Bau befindlichen Völkerschlachtdenkmals befindet. Dem Wunsche der Familie, an Stelle eines Geistlichen ihm am Grabe Worte des Gedächtnisses zu sagen, habe ich mit wehem, dankbaren Herzen gern entsprochen. Mein Abschiedsgruß lautete: »An diesem Grabe bedarf es nicht vieler Worte. Wer Max *Spohr* kannte, weiß, was wir an ihm verloren. Im Hinblick auf die schwere, vorausgegangene Erkrankung könnte mancher den Heimgang unseres Freundes als eine Erlösung betrachten. Doch was gilt dieser Trost gegenüber dem furchtbaren Schmerz, daß dieser edle Mensch in der Blüte seiner Jahre erkranken und von uns scheiden mußte, zu einer Zeit, wo er sich nach einem Leben der Mühe, in der Mitte der Seinen der Früchte seiner Arbeit hätte erfreuen dürfen! In das Gefühl tiefer Trauer und wehmutsvoller Erinnerung mischt sich die Empfindung innigster Dankbarkeit und herzlichster Verehrung; denn weit über den Kreis seiner Angehörigen hinaus hat, der hier ruht, Gutes gewirkt und Segen gespendet. In selbstloser Hingabe, geleitet von der Liebe zur Wahrheit, geführt von der Liebe zur Menschheit, hat Max *Spohr* vielen, die im Dunkel der Verkennung schmachteten, das Licht der Erkenntnis in eine bessere Zukunft vorangetragen. Wie seine Familie, seine Kinder und Brüder, so kann unser Komitee, so können heute viele Tausende in deutschen Landen sagen: 'Ach, sie haben einen guten Mann begraben, und uns war er mehr!'«

Aus zahlreichen mündlichen und schriftlichen Äußerungen nach dem Hinscheiden *Spohrs* ging hervor, wie sehr sich der Verstorbene auch der einzelnen, für deren Gesamtheit er kämpfte, angenommen hat. Er gehörte zu denen, die dem Glauben mancher Homosexueller, das nur ein ähnlich Empfindender ihnen Gerechtigkeit widerfahren lassen könne, Lügen strafte. Ein Leipziger Urning, der Arbeiter Franz S., der sich später auch das Leben nahm — seine Frau fand ihn eines Morgens, als sie das Frühstück hereinholen wollte, entseelt vor der Korridortür liegen —, schrieb damals: »Wie oft, wenn ich mich in dem düsteren Labyrinth meiner zerklüfteten Seele selbst nicht mehr zurecht fand, wenn in diesem Kampfe gegen das Hohngelächter der 'Normalen' meine physischen Kräfte schier erlahmen wollten, wenn man bei diesen unsäglichen Wirrnissen an sich selbst irre werden wollte, trieb es mich zu diesem Manne; dort wußte ich, konnte man, und wars oft auch nur eine Stunde, wieder Mensch werden. Seinen schlichten, aufmunternden Worten, seinen freundschaftlichen Ratschlägen, seiner tatkräftigen Unterstützung in allem, was zu tun notwendig war, und nicht zuletzt seinem oft eindringlichen und bestimmten Appell an die Notwendigkeit unserer Selbstachtung im Kampfe für unsere Menschwerdung, allen diesen seinen Bemühungen gelang es immer wieder, den Schwachen, den Verzagenden aufzurichten, ihm die Fröhlichkeit der Kampfbereitschaft für unser Recht wiederzuschenken.«

Seit *Obergs* Besuch im Oktober 1896 hatte sich zwischen ihm, *Spohr* und mir ein reger Briefwechsel entwickelt, in dem wir uns berieten, was wohl geschehen könne und müsse, um das Los der Homosexuellen zu bessern. Am 15. Februar 1897 fuhr ich nach Leipzig, um *Spohr* persönlich kennenzulernen. Auf der Eisenbahnfahrt dorthin kam mir der Gedanke, eine kurze Zusammenfassung der Gründe niederzuschreiben, aus denen sich meines Erachtens sowohl für die öffentliche Meinung als auch für die gesetzgebenden Körperschaften die Unhaltbarkeit des § 175 ergeben müßte. Es war unsere alte, neuerdings wieder im gleichen Wortlaut in Umlauf gesetzte Petition. Ich legte dieses Schriftstück *Spohr* vor, der, wie man zu sagen pflegt, Feuer und Flamme war. Er erbot sich, um die für den Vertrieb der Petition notwendigen Mittel zusammenzubringen, sogleich an einige Herren heranzutreten, bei denen er eine lebhafte Anteilnahme an unseren Ideen voraussetzen zu können glaubte. Ich wollte mich inzwischen bemühen, einige Namen von Bedeutung als erste Unterzeichner zu gewinnen. Beides geschah.

Am 15. Mai 1897 trafen *Spohr* und *Oberg* sich in meiner Wohnung in Charlottenburg. Um unseren Anschriften mehr Nachdruck zu geben, die Grundlagen unseres Vorgehens zu kennzeichnen, Interessenten, vor allem die Homosexuellen selbst, zur ideellen und materiellen Unterstützung wachzurufen, beschlossen wir, uns als Wissenschaftlich-humanitäres Komitee zu konstituieren. Die Ausarbeitung und der Vertrieb der Drucksachen wurde mir, die Drucklegung und die Verwaltung der Mittel *Spohr* übertragen. *Oberg* konnte als Regierungsbeamter vorläufig nur »hinter den Kulissen« tätig sein.

Noch ein vierter Herr wohnte unserer Zusammenkunft bei, der kurz vorher auf Veranlassung *von Meerscheidt-Hüllessems* zu mir gekommen war: Franz Josef *von Bülow*. Dieser hatte nicht lange vorher durch einen Kopfschuß, der ihn in den Kämpfen mit den Hereros in Afrika getroffen hatte, sein Seh- und Geruchsvermögen völlig eingebüßt. Es war sexualpsychologisch lehrreich zu beobachten — und er selbst machte in dieser Hinsicht aus sich ein Studium —, wie seine Blindheit weder seine starke Freude an der Natur und Kunst beeinträchtigte, noch seine erotischen Neigungen umgestaltete. Das Gehör und Gefühl ersetzten ihm gänzlich die entschwundenen Sinnesorgane, ohne daß sich seine Geschmacksrichtung auch nur im geringsten veränderte. Über seine Erlebnisse, namentlich auf afrikanischem Boden, hat Franz Josef *von Bülow* eine Reihe höchst packender Schriften verfaßt, von denen wir das Buch »Im Felde gegen die Hereros« nennen.

Zu unserer Bewegung hielt er fast zwanzig Jahre unentwegt, fest davon durchdrungen, daß durch die wissenschaftliche Erforschung des Uranismus, wenn auch langsam, so doch sicher, die falschen Anschauungen weichen müßten, unter denen er mit so vielen seiner Schicksalsgenossen litt. Um dem bestehenden Strafgesetz aus dem Wege zu gehen, war er nach Venedig gezogen, wo sich seine schöne Wohnstätte in dem altberühmten Palazzo Tiepolo vielen unserer Mitglieder gastlich öffnete. Als der Weltkrieg ausbrach, verließ er schmerzerfüllt dies langbewohnte Haus am Canale grande, um es niemals wiederzusehen. Am 18. Oktober 1915 starb er in Dresden.

Bei unserer ersten Zusammenkunft beschränkten wir vier uns, Form und Inhalt meines Petitionsentwurfes zu beraten, der allseitig Billigung fand. Dann besprachen wir die Wege ihrer Verbreitung. Schon damals beschäftigte uns die Frage, ob Qualitäts- oder Quantitätsunterschriften vorzuziehen seien. Wir entschieden uns für die Qualität und beschlossen, die Versendung an Hand von Kürschners Literaturlexikon vorzunehmen. Zur Bestreitung der ersten Unkosten legte *von Bülow* zweihundert, jeder von uns anderen je einhundert Mark auf den Tisch, natürlich in soliden Goldstücken, die damals noch keine Sehenswürdigkeit bildeten. Dann gelobten wir uns, solange die gesetzliche und gesellschaftliche Ächtung Homosexueller währt, gegen diese Kulturschmach mit allen geistigen Kräften zu kämpfen. Die drei toten Freunde haben ihr Gelöbnis gehalten. Ich auch.

Wenn ich mir jetzt noch einmal jene ersten Arbeitsjahre in unserer Bewegung vergegenwärtige, so habe ich die Empfindung, als ob die damalige Zeit einen meiner glücklichsten Lebensabschnitte bildet. Wir waren nur ein ganz kleiner Kreis gleichstrebender Menschen, aber wir waren so fest verbunden in der Treue an unser gemeinsames Rettungswerk, so durchdrungen von der sieghaften Unwiderstehlichkeit und Durchschlagskraft unserer Beweise und Beispiele, daß in der Mühseligkeit jener Tage bei weitem die Seligkeit die Mühe überwog. Wir wußten noch nicht aus eigenster Erfahrung, wie stark der Zweibund von Trägheit und Torheit im Kampfe gegen Wahrheit und Freiheit ist, wir dachten nicht daran, daß Dünkel und Dunkel eines Stammes sind, und kannten noch nicht jene Klopffechternaturen, die das Sprichwort »Wer im Glashaus sitzt, soll nicht mit Steinen werfen« durch Intoleranz überkompensieren und meinen, man würde ihr Sitzen im Glashause um so weniger merken, je mehr sie Steine um sich würfen. Vor allem fehlten noch alle jene oft so kleinlichen Richtungsstreitigkeiten im eigenen Lager, jene Anwürfe aus eigenen Reihen, die unsern Weg später so oft erschweren und verbittern sollten, selbst wenn man uns mit dem Hinweis zu trösten suchte, daß auch die Sklavenbefreier mehr von den Sklaven als von den Sklavenhaltern zu erdulden hatten.

Im lebhaften Gedankenaustausch mit *Spohr* in Leipzig und *Oberg*, der nicht lange nach der Gründungssitzung von Hamm nach Hannover versetzt war, besorgte ich während der ersten fünf Jahre des Komitees neben den redaktionellen auch alle technischen Büroarbeiten allein, adressierte und verpackte viele Tausende von Petitionen, erledigte ihren Versand sowie die zahlreichen damit im Zusammenhang stehenden An- und Antwortschreiben selbst.

Allmählich wurde mir etwas Unterstützung von einigen heterosexuellen Charlottenburgern zuteil, denen ich bald nach meiner Niederlassung zunächst ärztlich, dann freundschaftlich näher getreten war, namentlich von dem Stadtsekretär Karl *Pabst* und seiner Gattin Helene, geb. *Tarun*, einem kinderlosen Ehepaar, auf deren Gräbern ich hiermit durch Nennung ihres Namens ein kleines Zeichen der Dankbarkeit niederlege. Ein anderer Helfer war Theodor *Hoppe*, damals schon im Altersschmuck wallend weißer Haare, eine kernig prächtige Idealgestalt aus dem Volke, genau so wie er es heute noch ist. Als ich Dich kennenlernte, lieber Theodor, hattest Du gerade Dein silbernes Hochzeitsfest begangen, und heute, am 6. April 1922, wo ich dieses niederschreibe, ist Dein goldener Hochzeitstag. Deiner Bitte, Eurer heutigen Einsegnung als goldenes Hochzeitspaar in der alten Luisenkirche in Charlottenburg beizuwohnen, will ich gern Folge geben. Ich werde dann noch einmal, wenn sie nicht inzwischen zu Kanonen eingeschmolzen sind, jene Glocken läuten hören, deren dröhnende Klänge mich so oft begleiteten, als ich in der Maienblüte die Erfüllung meiner Lebensaufgabe als etwas besonders Hohes und Heiliges empfand.

War es nicht fast wie ein feierlicher Akt, wenn wir abends spät, meist längst nach Mitternacht, die Stöße unserer postfertig gemachten Petitionen eigenhändig zum Hauptpostamt trugen und sie dem Briefkasten wie Kleinodien anvertrauten. Mit welcher Spannung erwarteten wir die Unterschriften und Antworten, mit welcher Genugtuung erfüllte es uns, als Max *Halbe*, der allverehrte Dichter der »Jugend«, seinem Namen die Worte zufügte:

»Ich freue mich, dank Ihres Vertrauens auch meinen Teil zur Förderung einer Kulturtat mithelfen zu können«, als Björnstjerne *Björnson*, der erste Dramatiker jener Tage, mir aus Norwegen schrieb: »Seit mehr als zwanzig Jahren sehe ich die Sache wie Sie, und wäre ich ein Deutscher, ich unterzeichnete.« Wie erschütterte es uns, als wir eine unserer Eingaben ohne Unterschrift mit der Bemerkung zurückerhielten: »Sie widmen Ihre Kräfte einem der humansten Zwecke, und mit Freuden sehe ich, wie viele Männer der einschlägigen Wissenschaften und andere hervorragende und einflußreiche Leute beitragen wollen, daß dies grausame Gesetz beseitigt werde, allein, ich kann Ihnen meine Unterschrift nicht geben — weil ich selbst konträrsexual veranlagt bin«, ein überobjektiver Standpunkt, der, wenn auch begreiflich, schwerlich berechtigt ist. Und wie stärkte es uns in unserm Kampfe, als uns einer der berühmtesten deutschen Gelehrten damaliger Zeit, Professor Max *Müller* aus Oxford, antwortete: »Ich bewundere Ihren Mut, und wahrlich Mut gehört dazu für alle die vielen, welche, sei es draußen im Leben, sei es drinnen in der Studierstube, die Überzeugung gewonnen haben, daß es hier gilt, ein Unrecht gut zu machen, damit die Nachwelt von einem Paragraphen verschont bleibe, an dem mehr Leid, mehr Drangsal und zerschossene Gehirnmasse klebt, wie an irgendeinem anderen des Strafgesetzbuches.«

Nicht ohne Wehmut gedachte ich jener Stunden optimistischer Zuversicht und hoffnungsvollen Überschwangs, als wir neuerdings (1920 und 1921) auf Dr. Kurt *Hillers* Antrag einen Neuversand der alten Petition unternahmen. Verschwunden war der Jugendglaube von ehemals, daß Namen von so hohem Klang und Rang uns einen raschen Sieg verbürgen, dahin der Glaube an das Recht der Wahrheit, an die Gültigkeit pomphaft verkündeter »Rechtsgrundsätze«, wie »in dubio pro reo« (im Zweifelsfalle für den Angeschuldigten) oder »volenti non fit iniuria« (dem Wollenden geschieht nicht Unrecht); nur der Glaube an das Rechte unseres Kampfes war unerschüttert geblieben, wenn auch mit dem resignierenden Unterton, daß Recht haben und Recht erhalten zwei grundverschiedene Dinge sind. Schwächer geworden ist der Widerhall, den zustimmende Äußerungen finden, die einstmals uns die Herzen höher schlagen ließen, in gleichem Maße hat freilich auch die Verstimmung abgenommen, die in uns einst so oft und tief durch Spott und Hohn, Ablehnungen und Anfeindungen hervorgerufen wurde. Es gibt auch eine seelische Durchmaserung, bedingt wie die körperliche Immunität durch Überstehen. Haßflammen, die uns nichts stehlen, stählen uns.

Indem wir mit den spärlichen, uns zur Verfügung stehenden Mitteln äußerst sparsam umgingen, gelang es, die Petition bereits im Anfange unserer Bewegung, binnen weniger Jahre sämtlichen deutschen Ärzten, Richtern, Staatsanwälten, Bürgermeistern, höheren Behörden, Ministerien, sowie dem größten Teil der Geistlichen, ferner fast allen Oberlehrern und bekannten Schriftstellern zugänglich zu machen. Zur Steuer der Wahrheit sei hier verbucht, daß meine Komiteetätigkeit während der abgelaufenen fünfundzwanzig Jahre stets eine ehrenamtliche war, daß ich für den Aufwand an Arbeitszeit und Arbeitskraft weder damals noch jemals einen Heller Entschädigung beanspruchte oder erhielt. 1901, als mit zunehmender Ausdehnung des Komitees und damit stetig wachsender Wirksamkeit das Zeitmaß, welches für meinen ärztlichen Beruf und meinen Schlaf verblieb, gar zu sehr verkürzt wurde, schlug *Spohr* vor, daß mir »zu persönlicher Entlastung« ein vom Komitee besoldeter Sekretär beigegeben werden sollte. Wiederum fünf Jahre später, im Januar 1906, wurde aus gleichem Grunde ein Bürogehilfe hinzugefügt. Bei diesen beiden Hilfskräften ist es bis heute verblieben. Es muß hervorgehoben werden, daß auch unsere Sekretäre stets Wert darauf legten, sich in selbstlosester Weise in den Dienst der guten Sache zu stellen. Die bescheidenen Gehälter, die sie vom Komitee empfingen, waren für ihre Leistungen stets nur ein geringes Äquivalent. Der erste Sekretär des Komitees war Richard *Grunowski* aus Tilsit in Ostpreußen, ein wackerer Mann, dessen von Selbstmordversuchen herrührende Narben Zeugnis ablegen von den Qualen seiner Seele. Es folgten ihm die drei Schriftsteller Hermann *Michaëlis*, Hans *Freimark* und Richard *Meienreis,* bis am 21. Januar 1909 Georg *Plock* den seither von ihm in Krieg und Frieden mit ganzer Hingabe gehüteten Posten übernahm.

Michaëlis ist der Verfasser einer wenig bekannten, aber ausgezeichneten Schrift, »Die Homosexualität in Sitte und Recht«, welche er »dem Wissenschaftlich-humanitären Komitee zu Charlottenburg zum Beginn des II. Dezenniums seiner verdienstvollen Tätigkeit« gewidmet hat (1907 im Verlag von Hermann *Dames*, Berlin, erschienen). Auch in den Jahrbüchern finden wir seinen Namen mit vielen wertvollen Arbeiten vertreten, besonders den sorgfältigen Auszügen aus den Briefen der Herzogin *Elisabeth Charlotte von Orléans* (1652 bis 1722), die einen lehrreichen »Beitrag zur Bisexualität im 17. und 18. Jahrhundert« liefern (Vierteljahrsberichte Oktober 1917, Januar 1918, Januar, April 1920). Von Hans *Freimark*, einem gebürtigen Berliner, war, kurz bevor er zu uns kam, eine Arbeit erschienen (bei Rudolf *Uhlig* in Leipzig), die den Titel führt: »Der Sinn des Uranismus«. *Freimark*, ein Autodidakt im bestem Sinne von hoher Befähigung und fast mediumistischer Intuition, auch einer der vielen, die den überheblichen Dünkel der Akademiker durch ihre Leistung schlagend widerlegen, stellt in seiner sensitiven Persönlichkeit eine ganz eigenartige Mischung physischer und metaphysischer Welt- und Lebensauffassung dar. Worin *Freimark* den Sinn des Uranismus erblickt, drückt er am prägnantesten in folgenden Worten aus (auf Seite 44 seiner Schrift): »Wer zur Höherpflanzung der Menschenformen bestimmt ist, den schickt das Leben in den Kampf der differenzierten Geschlechter, daß er sich seines Daseins Gefährtin erringe, um mit ihr vereint edleren, vollkommeneren Wesen als sie beide sind, ein liebendes Elternpaar zu sein. Wer aber zur Höherzeugung des Menschengeistes ersehen, der eint Mann und Weib in sich, damit er Gestalt gebe dem Wissen vom Geiste in den Schmerzen und Freuden der Seele, auf daß es vor die Menschen trete, eine zwingende Kunde ewiger Wahrheit.« Lebensbilder, die *Freimark* in den

Jahrbüchern für sexuelle Zwischenstufen (VIII. Jahrgang, S. 525) über die große Theosophin Helena Petrovna *Blavatzky*, die er den weiblichen Ahasver nennt, und über den Dichtermusiker Peter *Cornelius* (XIX. Jahrgang, S. 144) entworfen hat, sind ganz unter diesem Gesichtspunkt gesehen. Ähnlich wie *Michaëlis* sich in die Briefe der *Herzogin von Orléans* vertiefte, versenkte sich *Freimark* in die Memoiren der *Markgräfin von Bayreuth* und veröffentlichte als Ergebnis dieser Studien (1909 bei Barsdorf-Berlin) das Werk »Die anormalen Männer- und Frauengestalten in den Memoiren der Markgräfin von Bayreuth. Ein Beitrag zur Sittengeschichte des 18. Jahrhunderts.«

Die Auffassung *Freimarks* von der Homosexualität zeigt viel Verwandtschaft mit der meines vortrefflichen englischen Freundes Edward *Carpenter*, den vor seinem und meinem Lebensabend noch einmal wiederzusehen ich als besonderes Glück empfinden würde. *Carpenter*, einer der Begründer der »British Society for the Study of Sex Psychology«, spricht sich in seiner Jahrbucharbeit »Über die Beziehungen zwischen Homosexualität und Prophetentum und die Bedeutung der sexuellen Zwischenstufen in früheren Kulturepochen« dahin aus, daß in ganz primitiven Gesellschaftszuständen die »ganz normalen« Männer Krieger und Jäger waren, während sich die Frauen der Haus- und Landwirtschaft widmeten, vielleicht wäre das wilde Leben niemals über diese primitiven Phasen hinausgegangen, wenn nicht Zwischenstufen aufgetaucht wären, die mehr oder weniger femininen Männer und dementsprechend mehr oder weniger maskulinen Weiber. Es sei ganz natürlich, daß die unkriegerischen Männer und die unhäuslichen Frauen neue Ablenkungen für ihre Energien suchen mußten. »Sie suchten andere Beschäftigungen als die des gewöhnlichen Mannes und Weibes und tun es heute noch. Sie wurden Träumer, Denker, Entdecker und Lehrer und schufen so die ersten Grundlagen des Priestertums, der Wissenschaft, Literatur und Kunst.« So *Carpenter*, dessen Meinung in dieser Hinsicht auch die meinige ist.

Während die erwähnte Broschüre von *Michaëlis* unter dem Unstern der bald nach ihrem Erscheinen einsetzenden *Eulenburg*krise und dem Konkurs seines Verlegers litt, während *Freimarks* hoher Flug in die Philosophie des sexuellen Zwischenreichs nur wenig Verständnis und noch weniger Gegenliebe fand, wurde die Preisschrift von Richard *Meienreis*, die er unter dem Titel »Uranismus oder sogenannte gleichgeschlechtliche Liebe, ein Beitrag zur Aufklärung, von Dr. J. E. *Meisner*« veröffentlichte (1906 bei *Spohr*), unter einem glücklicheren Stern geboren. Einige anonyme, uns selbst unbekannte Spender, die wir nach dem Poststempel ihrer Briefe als die »Erfurter Herren« zu bezeichnen pflegten, hatten einen für damalige Zeiten nicht unbeträchtlichen Preis für die beste Aufklärungsschrift über das homosexuelle Problem gestiftet und, nachdem der Arbeit von *Meienreis*, die in Geheimrat *Näcke* einen begeisterten Fürsprecher fand, dieser Preis zugesprochen war, sich ihre Verbreitung in weite Kreise zur Aufgabe gemacht.

Hinsichtlich seiner Auffassung der Homosexualität konnte sich *Meienreis* auf den Ausspruch seines Studienfreundes und Verbindungsbruders Robert *Sommer* berufen, des gescheiten und später sehr geschätzten Gießener Psychiaters, den ich auch selbst zu meinen Lehrern zählen darf. Dieser hatte in seinem Werk »Kriminalpsychologie und strafrechtliche Psychopathologie auf naturwissenschaftlicher Grundlage« gesagt: »An sich ist angeborene Homosexualität lediglich ein Spiel im Gebiet der psychophysiologischen Organisationen. Als solche wird sie auch von den Vertretern dieser Gruppe von Menschen in der Regel dargestellt, durchaus nicht als Geisteskrankheit.«

Von den Berliner Mitgliedern unserer Bewegung im ersten Komiteejahr ist *Meienreis* jetzt der älteste und einzig Überlebende. Als die Petition zur Beseitigung des § 175 unmittelbar nach ihrer Versendung auf Synoden und Generalsynoden zu lebhaften Klagen über die große Verderbtheit dieser sündigen Welt Veranlassung gab, als Licentiaten alsbald eine Gegenpetition in die Wege leiteten und Pastor *Schall* am 19. Januar 1898 im Reichstage (laut Stenogramm) ausrief: »Ich gestehe, daß ich durch die Mitteilungen des Herrn *Bebel* geradezu erschreckt, in gewissem Sinne kann ich sagen, konsterniert und aufs tiefste deprimiert worden bin. Ich habe auch die von Herrn *Bebel* mit angezogene Petition, die ja von Männern mit berühmten Namen aus allen Berufsschichten unterschrieben ist, und von der Herr *Bebel* sagt, er habe sie selbst mit unterschrieben, bekommen, die ein Aufhebung dieses Paragraphen verlangt, und ich habe wie vor einem Rätsel gestanden, wie es überhaupt möglich ist, daß Männer von öffentlicher Stellung und sittlichem Urteil eine solche Petition einreichen können; denn, meine Herren, es handelt sich doch hier um ein Verbrechen, welches bereits der Apostel *Paulus* als eine der schlimmsten Versündigungen und Laster des alten Heidentums im Briefe an die Römer im ersten Kapitel hingestellt hat, dessentwegen das alte Heidentum dem verdienten Untergange verfallen ist« —: kurzum als von kirchlicher Seite gegen unser Komitee und unsere Petition heftig Sturm gelaufen wurde, begab sich *Meienreis* zu dem in jener Zeit äußerst einflußreichen Hofprediger Adolf *Stöcker* — sein »Scheiterhaufenbrief« an den Kreuzzeitungsredakteur *Hammerstein*, mit dem er *Bismarcks* Entlassung vorbereitete, war noch in frischer Erinnerung —, dem streitbaren Führer der strenggläubigen evangelischen Orthodoxie, der anfangs so hoch in Gnaden bei *Wilhelm II.* und mehr noch bei der Kaiserin stand, dem Begründer und Leiter der nach den Attentaten auf *Wilhelm I.* gegen die Sozialdemokratie ins Leben gerufenen Christlich-Sozialen Partei, dem Abgott des »Reichsboten«, der in ihm einen zweiten *Luther* sah, dem ungemein rührigen Stifter der Berliner Stadtmission und der von der »Creme der Berliner Gesellschaft« begünstigten und vielbesuchten Stadtmissionskirche am Halleschen Tore, dem Schwiegervater des ihm zwar nicht geistig ebenbürtigen, an Fanatismus aber weit überlegenen Licentiaten *Mumm*, der gegenwärtig eine Hauptstütze der Deutschnationalen Partei ist und den ich als einen der Zensoren von »Anders als die Andern« im Jahre 1920 persönlich kennenzulernen die Gelegenheit hatte.

Es begab sich also besagter Dr. *Meienreis* zu dem besagten Hofprediger *Stöcker* und widerlegte ihm in mehrstündiger Unterredung Punkt für Punkt die Einwände, die der geistig zweifellos sehr hervorragende Geistliche von seinem christlichen Standpunkt gegen unser heidnisches Beginnen vorzubringen hatte. Namentlich setzte er ihm auseinander, daß *Paulus* in der von theologischer Seite immer wieder (erst ganz kürzlich hat sich die »Kölnische Volkszeitung«, in ihrer Nummer vom 9.4.1922, zur Entkräftung der dem Reichstag im März dieses Jahres neu eingereichten Petition auf Römer 1 berufen) herangezogenen Stelle seiner Epistel an die Römer (Kap. 1, Vers 26, 27, 32) unmöglich die Homosexuellen gemeint haben könne, oder aber, daß ihm die Wesenheit ihrer Individualität mangels naturwissenschaftlicher Kenntnis vollkommen fremd gewesen sein müsse, denn *St. Paulus* verwerfe ausdrücklich nur die Männer, welche den natürlichen Gebrauch des Weibes verlassen hätten, während doch die Homosexuellen in Wirklichkeit nicht das Weib verlassen haben, sondern überhaupt niemals in der glücklichen Lage waren, seelisch oder körperlich zu ihm zu gelangen. *Stöcker* nahm seit dieser Unterredung eine viel mildere Haltung in der homosexuellen Frage ein und äußerte wiederholt, daß diese Sache denn doch wohl tiefer liege, als oberflächliche Eiferer meinten.

Er gab auch zu, ähnlich wie Bischof Paul Leopold *Haffner* von Mainz in einem fast zu derselben Zeit an mich gerichteten Schreiben, daß der § 175 eine Inkonsequenz darstelle, indem eine Menge geschlechtlicher Handlungen, die vom Christentum als ebenso verwerflich bezeichnet würden, vor dem Gesetz nicht strafbar seien: wendet sich doch der Apostel im Römerbriefe, unmittelbar bevor er von den Männern spricht, die den Gebrauch der Weiber verlassen hätten, gegen die Weiber, »die den natürlichen Brauch in den unnatürlichen verwandelt hätten«. Dementsprechend wurde auch in den meisten europäischen Ländern bis zum Ende des 18. Jahrhunderts nicht nur der mannmännliche Geschlechtsverkehr, sondern auch der zwischen Weib und Weib mit dem Feuertode bestraft (wie es oft in den Gesetzbüchern geschrieben steht, »nach vorgängiger Enthauptung«). Dieselbe Strafe stand übrigens auch auf der »fleischlichen Vermischung« von Christen und Juden, sowie von Menschen mit Tieren oder toten Körpern; auch galt der anale Gebrauch des Weibes konsequenterweise als widernatürliche Unzucht (»quando vir cum femina venerem praeposteram exercet«). Es werden uns aus dem Mittelalter eine ganze Reihe von Fällen berichtet, in denen Männer enthauptet wurden, weil sie an ihren eigenen Gattinnen naturwidrige Akte ausgeführt hatten (»contra naturam carnaliter cognoverant«).

Bedenken wir, daß seit dem Erlöschen solcher Gesetze und Urteile kaum zwei Jahrhunderte verflossen sind, daß mir noch am Anfang unserer Bewegung, der damals neunzigjährige Botaniker Carl *Bolle*, der als Jüngling ein Liebling Alexander *von Humboldts* gewesen war, auf der früher ihm, jetzt der Stadt Berlin gehörigen Insel Scharfenberg im Tegeler See, erzählte, daß alte Uranier, mit denen er sich, als er zwanzig Jahre war, im Tiergarten unterhielt, geschildert hätten, wie in ihrer Jugendzeit urnische Bekannte von ihnen zum Feuertode verurteilt seien, wobei, damit von der »unnennbaren Sünde« auch nicht die mindeste Spur übrig bliebe, vielfach die Prozeßakten mitverbrannt wurden; denken wir daran, daß von solcher Ungeheuerlichkeit bis heute noch eine mündliche Berichtskette führt, so meine ich, können die Homosexuellen unserer Tage immerhin noch ganz zufrieden sein, daß sie die Welt, in der ein solcher Wahnsinn möglich war, in einem schon aufgeklärteren und ihnen günstigeren Zeitalter kennengelernt haben.

Ich muß noch einen Augenblick auf *Meienreis* zurückkommen. Seine Verdienste für unsere Bewegung lagen nicht nur auf sexualpolitischem und literarischem Gebiet; die »Bibliographie der Homosexualität« im ersten Jahrbuch, deren Verfasser seinen Namen damals bescheiden verschwieg, stammt aus seiner Feder, ebenso auch die deutsche Übersetzung von *Eekhouds* ergreifendem Roman »Escal Vigor« aus dem französischen Urtext sowie des urnischen Frauenromans »Wer kann dafür« von *Möller* aus dem Dänischen. Er gab auch während eines Vierteljahrhunderts dem Komitee das musikalisch-künstlerische Geleit. Wenn wir uns nach getaner Arbeit gesellig zusammenfanden, sei es nach einem wissenschaftlichen Vortrag zu einer Stunde der Erholung im Altstädter Hof, sei es zu einem Stiftungsfest, einer Weihnachts- oder Gedächtnisfeier, immer war es der schlichte, stille *Meienreis*, der in die Tasten griff, improvisierte, phantasierte, paraphrasierte und uns mit seiner Tonkunst in höhere Sphären hob. Die Worte des Programms: »Am Flügel Dr. *Meienreis*« waren fast schon zu »geflügelten« geworden. Wenn er unsern lieben Leo *Gollanin* zu seinen wundervollen Gesängen begleitete, oder Jules *Siber*, den wiederauferstandenen *Paganini* zur Geige, wenn er unsere inkretorisch bedingten Stimmphänomene, den Balten Willibald von *Sadler-Grün* (dessen Bildnis in verschiedenen Trachten sich in meinem Buch »der urnische Mensch« findet) oder den Hamburger Friedrich *Nitzsche* accompagnierte — ihre prachtvollen Baritonstimmen weisen Tenor-, ja nicht selten Sopranqualitäten auf —, wenn er die einschmeichelnden Rosenlieder des Fürsten Philipp *Eulenburg* vortrug oder die sehnsuchtsvollen Verse des Grafen August *von Platen*, von ihm selbst vertont, wie seine noch wenig bekannte und gewürdigte uranische Hymne, dann verbreitete sich über der Versammlung ein Gefühl der Weihe, wie es von den jetzt vielerorts selbst nach ernstesten Vorträgen einsetzenden »Schlagern« schwerlich ausgehen dürfte. Mich selbst ergriff von seinen Kompositionen am meisten die, welcher er den Text eines Gedichts zugrundelegte, das von seinem Landsmann, Freunde und entfernten Verwandten Ernst *Burchard* stammt. Die meines Wissens bisher unveröffentlichen Strophen lauten:

Wenn ich gestorben sein werde,
Und sie betten mich zur Ruh,
Dann sollst Du Blumen mir bringen,
In Freiheit erblüht, so wie Du.

Und leise sollst Du mir legen
Die blühenden Blumen aufs Herz;
Und sollst mit ihnen bedecken,
Den endlich schweigenden Schmerz.

Dann träumt mein Herz mit den Blumen,
Von Dir, Du helläugiges Kind,
Die beide mit leichten Sinnen
Von Dir gebrochen sind.

Möge es dem alten Kampfgefährten beschieden sein, sich noch einige Jahrzehnte eines Vaterlandes zu erfreuen, das auch seines Wesens Art Gerechtigkeit widerfahren läßt, in anderer Weise allerdings als es seinem Nachfolger in der Bibliographie unseres Jahrbuchs, Numa *Praetorius*, jetzt zuteil geworden ist. Dieser lebt zwar jetzt in einem Lande, in dem der Strafparagraph gegen Homosexuelle verschwunden ist, was jedoch nur dadurch geschah, daß sein Heimatland Elsaß durch den unglücklichen Krieg an Frankreich fiel. Dort besteht nun schon seit über ein Jahrhundert kein Urningsparagraph mehr, ohne daß je, auch nicht aus den Kreisen der katholischen Hierarchie, ein Wunsch nach seiner Wiedereinführung laut geworden ist. Als 1918 Elsaß-Lothringen nach unserer Niederlage französisch wurde, gab *Praetorius*, der dort noch vor 1870 unter französischer Herrschaft geboren war, seiner Genugtuung brieflichen Ausdruck, nun wieder in einem paragraphenfreien Lande leben zu dürfen. Ich gestehe, daß ich als guter Deutscher dies mit wehem Herzen las. Ich erinnerte mich, daß mit derselben Begründung auch einst Numa *Numantius* — unter welchem Pseudonym sich der mit Numa *Praetorius* berufs- und namensverwandte *Ulrichs* verbarg — seine hannoversche Heimat verließ, als sie 1866 an Preußen kam. Hannover hatte 1813 wie Bayern und Württemberg in Anlehnung an den Code pénal den Paragraphen abgeschafft und erhielt ihn erst durch seine Einverleibung in Preußen wieder. *Ulrichs* zog damals nach Stuttgart in das paragraphenfreie Württemberg. Als 1871 aber auch dort durch Übernahme des norddeutschen Strafgesetzbuchs für das gesamte deutsche Reich die gesetzliche Verfemung automatisch wiederkehrte, ergriff er aufs neue den Wanderstab, um sich jenseits der Alpen eine Stätte zu suchen, an der auch Urninge mit unbeschwertem Gewissen leben dürfen. Er dachte, lieber arm und geachtet in der Fremde, als reich und geächtet daheim. Wie zutreffend heißt es doch in Zusatz VII unserer Petition: »Der Paragraph treibt Hunderte in Länder, wo der Urningsparagraph nicht mehr besteht, raubt diesen das Vaterland und dem Vaterlande viele geistige und materielle Mittel.«

Numa *Praetorius* ist ebenfalls schon in dem ersten Komiteejahr 1897 mit uns in Verbindung getreten. Er kam zu uns über *Krafft-Ebing*, mit dem er in wissenschaftlichem Meinungsaustausch stand. Dieser hatte ihn, gleich nachdem er unsere Eingabe für Beseitigung des § 175 in Wien erhalten und unterzeichnet hatte, auf das neugegründete Komitee aufmerksam gemacht. Von jenem Zeitpunkt ab wurde *Praetorius* der weitaus produktivste Mitarbeiter der im Januar 1899 erstmalig erschienenen Jahrbücher für sexuelle Zwischenstufen.

Schon im ersten Jahrgang ist er mit einer ausführlichen Arbeit vertreten, die den Titel führt: »Die strafrechtlichen Bestimmungen gegen den gleichgeschlechtlichen Verkehr, historisch und kritisch dargestellt.« Er bespricht hier die Gesetze im Altertum, im Mittelalter bis zum Ende des 18. Jahrhunderts, geht dann auf das 19. Jahrhundert über, in dem sich die Auffassung *Feuerbachs* mehr und mehr durchsetzt, daß Strafvoraussetzung Rechtsverletzung sein müsse, die angebliche Unsittlichkeit einer Handlung allein daher eine Strafe nicht rechtfertigen könne, um in einem weiteren Kapitel die Länder zusammenzustellen, die den gleichgeschlechtlichen Verkehr freigegeben haben. Das letzte Kapitel behandelt dann die lex ferenda und die Strafgesetzentwürfe. Er gelangt zu dem Schlusse, daß mit der Beseitigung der Strafbestimmung nicht erst bis zur allgemeinen Revision des Strafgesetzbuchs gewartet werden dürfe, vielmehr sei ihre sofortige Beseitigung ein dringendes Erfordernis.

Für jemanden, der mit Sicherheit erkannt hat, daß ein Gesetz auf Justizirrtum beruht, der Staat sich demzufolge mit seiner Handhabung ungewollt ein schweres Justizverbrechen zuschulden kommen läßt, kann es wohl keinen anderen als diesen Dringlichkeitsstandpunkt geben. Auch ich habe ihn stets, zuletzt noch in meiner Rede vor den Abgeordneten sämtlicher Parteien im Reichstage am 15. März 1922, als den einzig pflichtgemäßen vertreten. Die Ansicht, daß, wenn ein falsches Gesetz Jahrhunderte gedauert hat, es nun auf ein paar Jahre mehr oder weniger nicht ankommt, erscheint leichtfertig und gewissenlos angesichts der Tatsache, daß an jedem Tage, an dem ein als Unrecht enthülltes Recht fortbesteht, die Zahl der Opfer und die Schuld der für die Gesetze Verantwortlichen sich häuft. Die Besorgnis, ein offenes, gerades Vorgehen könne die Gegner reizen und ihre Gegnerschaft vermehren, die Meinung, es sei besser, wenn der Paragraph bei der allgemeinen Gesetzesrevision im stillen verschwände, wie man sich wohl auszudrücken pflegt, »unbemerkt unter den Tisch falle«, scheint mir eines ehrlichen Menschen, der weiß, daß er im guten Recht ist und nichts mit List zu erschleichen braucht und will, unwürdig. Wenn der Verfasser des oben bereits beiläufig erwähnten Artikels in der Kölnischen Volkszeitung neuerdings die Frage aufwirft: »Woher nehmen denn diese Herrschaften das Recht, den Reichstag und das gesamte deutsche Volk in einer so harten und schicksalsschweren Zeitlage zu behelligen! Würde es sich um die Entdeckung neuer Zahlungsmöglichkeiten handeln,so könnte man es noch verstehen, aber was kümmert den deutschen Bauer, den deutschen Arbeiter, das ganze werktätige Volk die Abschaffung des § 175? Da haben wir doch ganz andere Sorgen!« —, so ist ihm folgendes zu antworten: Eure Sorgen in Ehren, wir teilen sie, sie hindern aber nicht, sittliche Forderungen zu erfüllen, die weder

Mittel, noch Zeit, noch neue Arbeitskräfte beanspruchen, sondern alles dies vielmehr ersparen. Handelt es sich doch nicht um den Erlaß neuer, sondern um die Löschung veralteter Strafbestimmungen, also nicht um neue Ausgaben, sondern um die Vermeidung überflüssiger.

Der zweite Jahrgang des Jahrbuchs enthält bereits drei größere Arbeiten von *Praetorius*; außer der bereits 100 Seiten (S. 345 — 445) umfassenden Bibliographie eine vortreffliche Studie über »*Michelangelos* Urningtum«, die mit den schönen Worten schließt: »Deine Liebe war nicht sündhafter als die Liebe des Normalmannes zum Weibe. Dein Ruhm wird nicht verdunkelt, die Lauterkeit deines Charakters und deiner Gesinnung nicht befleckt, weil du den Jüngling liebtest. Auf alle Zeiten wirst du das strahlende Beispiel eines Urnings bleiben, der mit der ihm eingeborenen Liebe Seelenadel, Künstlergröße und Genie vereinigte.«

Dieser Würdigung des Meisters der Renaissance folgt dann noch ein Essay über einen modernen Künstler, den 1854 in Antwerpen geborenen belgischen Dichter Georges *Eekhoud* — aus dem Namen geht seine flämische Herkunft hervor, sein Großvater mütterlicherseits war Hesse. *Praetorius* bezeichnet ihn auf Grund seiner formvollendeten und gedankentiefen Erzählungen als »Bahnbrecher in der künstlerischen Darstellung der Homosexualität, als einen Pfadweiser für die poetische Auffassung der Urningliebe«. *Eekhoud* hebt in seinen Romanen immer wieder die nivellierende Gewalt der urnischen Liebe hervor, ihre alle sozialen Gegensätze überbrückende Kraft, er gibt dem Gedanken Ausdruck, daß der oft gute und edle Charakter des sozial Geächteten nur durch die Gesellschaft verdorben sei; die Macht der homosexuellen Leidenschaft sei aber so groß, daß sie selbst den Verkommenen und Gesunkenen zu veredeln und über sein Niveau anzuheben vermag.

Oscar Wilde

Im dritten Jahrbuchband (1901) ist die von Numa *Praetorius* bearbeitete Bibliographie der Homosexualität auf fast zweihundert Seiten (S. 326 - 519) angeschwollen. Auch widmet Numa in diesem Bande dem kurz zuvor (am 1. Dezember 1900) im Alter von vierundvierzig Jahren zu Paris elendiglich verstorbenen Dichter Oscar *Wilde* einen tiefempfundenen Nachruf. *Wilde* hatte, nachdem er die ganze furchtbare Strafzeit verbüßt, England verlassen und sich in Paris angesiedelt, wo er unter dem angenommenen Namen *Malmoth* im stärksten Gegensatz zu dem Glanz früherer Tage sehr dürftig, angewiesen auf die Unterstützung einiger homo- und heterosexueller Freunde, lebte. Zeitweise reiste er nach Italien. Hier sah ihn *Praetorius* einige Monate vor seinem Tode, Ostern 1900, im Colosseum an einem Abend, als die gewaltigen Trümmer dieses Kolossalbaues im Schein bengalischer Feuer leuchteten. Wer diese römische Ruinenwelt wie die unseres Heidelberger Schlosses auch nur einmal in solchen Flammengluten sah, ist um ein dauerndes Erlebnis reicher.

Praetorius schildert den Eindruck *Wildes* wie folgt: »Schon äußerlich fiel er auf: groß, stark, von ansehnlicher Körperfülle; das glattrasierte Gesicht halb englischer Typus halb römischer Cäsar, ein Gemisch von Feinheit und Sinnlichkeit«. Numa hat von ihm die Empfindung eines selbstbewußten, überlegenen Geistes, dessen Innenleben keine Stürme zerstören können, zugleich aber doch den eines resignierten, vereinsamten Mannes, der auf immer in dem Grunde seiner Liebe erschüttert ist. Weiter fährt er fort: »*Wilde* war, wie ich bestimmt weiß, homosexuell, obwohl er verheiratet war; nach seinem Skandal ließ sich seine Frau von ihm scheiden. Diese Heirat, das war ein Verbrechen, weit eher als die Taten, wegen derer er verurteilt wurde; die Verbindung mit einer Frau zu dauerndem Bunde, obgleich er wußte, daß er ihr keine Liebe entgegenbringen konnte.«

Übrigens war *Wilde* nicht lange, bevor er starb, von der protestantischen Religion, in der er geboren war, zur katholischen übergetreten, ein in früheren Zeiten bei urnischen Männern und Frauen — ich erinnere nur an *Gustav Adolphs* Tochter *Christine von Schweden* (1626 — 1689) — keineswegs seltenes Vorkommnis. Vielfach mag dieser Übertritt lediglich in den eindrucksvollen Riten der katholischen Kirche seine Erklärung finden, der oft nicht nur mehr künstlichen, sondern auch mehr künstlerischen Sättigung urnischer Sinnesorgane, wobei neben Ohrenschmaus und Augenweide auch die Weihrauchdüfte ihre Wirkung tun. Oft liegen aber die Gründe wesentlich tiefer; man klammert sich an die Hoffnung, im katholischen Beichtstuhl mehr Verständnis, Verzeihung und Rat zu finden als beim evangelischen Pfarrer oder lebt der Erwartung, in klösterlicher Einsamkeit durch religiöse Inbrunst die sexuelle Brunst überwinden zu können. Ich könnte aus meiner langen Erfahrung zahlreiche Beispiele anführen, aus denen hervorgeht, wie trügerisch diese Hoffnungen sind. Vor einigen Jahren entleibte sich im Rheinland ein urnischer Student von etwa fünfundzwanzig Jahren, aus bester norddeutscher Familie, der als Konvertit in das Kloster Maria Laach eingetreten war. Er rühmte mir sehr die Güte des Abts, die es aber schließlich doch nicht vermocht hatte, den Jüngling, der mit körperlichen und geistigen Gaben von der Natur verschwenderisch bedacht schien, vorm Selbstmord zu bewahren. Es ist ebenfalls noch nicht lange her, da suchte mich ein älterer katholischer Priester auf — übrigens kein Konvertit —, der mit zwanzig Jahren, als er seine homosexuelle Anlage entdeckte, um ihrer Herr zu werden, in ein ausländisches Trappistenkloster getreten war. Dreißig Jahre hatte er die strengen Regeln dieses Ordens auf das Peinlichste befolgt, mit niemandem ein Wort gesprochen, sich fast nur von Wasser und Brot genährt und keine Kasteiung gescheut. Trotz dieser gewissenhaften »Abtötung des Fleisches« hatte er sich zeitweiser Selbstbefriedigung mit ihm adäquaten Vorstellungen — er liebte »alt« — nicht enthalten können, und als er das

Kloster verließ, um im Felde Verwundete zu pflegen, war seine homosexuelle Leidenschaft stärker denn je und ist es bis heute geblieben. Welcher Grund bei *Wildes* Glaubenswechsel den Ausschlag gab, entzieht sich meiner Beurteilung; vielleicht war es jene weltflüchtige Asketen-Stimmung, die sein letztes, angeblich immer noch nicht vollständig veröffentlichtes Werk »De profundis« durchzittert.

Als ich selbst einige Jahre nach *Wildes* Tod in England war und mehrere seiner Freunde kennenlernte, die ihm im Leben nahe standen, vor allem Robert *Ross*, zeigte man mir in Cambridge auch einen Sohn Oscar *Wildes*, der den Namen *Holland* angenommen hatte; er schämte sich des väterlichen Namens, dessen bloße Erwähnung in England damals tatsächlich fast noch unmöglich war. Der Name »*Wilde*« klang geradezu wie ein unanständiges Wort, bei dessen Aussprache Homosexuelle schamhaft erröteten, Frauen die Augen niederschlugen und normale Männer sich empörten. Hatten doch englische Bibliotheken die Werke des Dichters in den Katalogen gestrichen und aus ihren Bücherständern entfernt, ebenso wie es in jener Zeit kein Theaterdirektor gewagt hätte, »Den idealen Gatten«, »Die Frau ohne Bedeutung«, die später von Richard *Strauß* so kongenial vertonte »Salome« oder irgendein anderes der *Wilde*schen an sich so bühnenwirksamen Stücke aufzuführen.

Ähnlich war es auch in Amerika, wo George Sylvester *Viereck*, der mutige Herausgeber des »Deutschen Vorkämpfers« in New York, fast der einzige war, der sich in Wort und Schrift des geschmähten Dichters annahm, genau so wie dieser prächtige Sohn eines nicht minder prächtigen Elternpaares sich im Kriege für die beschimpften Deutschen einsetzte, allen Widersachern und Gefahren zum Trotz. In Deutschland waren es hauptsächlich Schriftsteller, die unserm Komitee angehörten, wie Hermann *von Teschenberg*, Leo *Pavia* und Johannes *Gaulke*, derselbe, von dem in der Festschrift von 1918 die »Jugenderinnerungen« an unsere gemeinsame Schulzeit auf dem Kolberger Domgymnasium stammen, die nicht lange nach *Wildes* Prozeß die Übersetzung seiner Schriften in Angriff nahmen und für ihre Verbreitung sorgten. Robert *Ross* erzählte mir später, daß er in der Rede, die er in London auf einem Meeting hielt, zu dem sich *Wildes* Freunde an seinem zehnten Todestage zusammenfanden, gesagt habe, auch von Oscar *Wildes* wieder erwachendem Ruhm könne man freilich mit ganz anderen Gesinnungen, als es gewöhnlich zu geschehen pflegt, sagen: »Made in Germany«.

Natürlich gab es auch in England selbst stets kleinere Zirkel, in denen das Andenken an *Wildes* Person und Werk in Ehren gehalten wurde, auch dann, als die große Menge beide in Acht und Bann tat. Namentlich innerhalb der studierenden Jugend war dies der Fall und unter ihr besonders in Cambridge, weniger in Oxford, deren Student einst *Wilde* selber war und das ohnehin sich immer hochmütiger, also heuchlerischer benahm als das freimütigere und bescheidenere Cambridge. In der Wohnung eines Cambridger Professors nahm ich einmal an solcher Zusammenkunft teil, an die ich noch jetzt mit stiller Freude und Ergriffenheit zurückdenke. Man sprach und las von *Wilde*, und ein Student trug den Urtext seiner unter der Gefangenennummer J. 3.3. veröffentlichten Zuchthausballade von Reading vor, wohl den markerschütterndsten Aufschrei, den jemals eine geknechtete Seele über ihre und der Menschheit Qual ausgestoßen hat. Die Stunden im Kreise dieser ebenso edlen wie schönen Jünglinge haben sich mir tief in das Gedächtnis eingeprägt, und oft dachte ich im Kriege, wie unendlich traurig ist es doch, daß diese jungen Leute jetzt die unsrigen und unsere jene vernichten sollen, weil die Führer der Völker es nicht zu Wege brachten, zwischen überbrückbaren Gegensätze — denn alle Gegensätze sind überbrückbar — Brücken zu schlagen.

Übrigens fanden sich auch wervolle Männer und Jünglinge in Deutschland, die über *Wilde*, sei es aus Verehrung seines Genies, sei es aus Empörung über seinen Prozeß, zu uns und unserer Bewegung gelangten, wie ähnliches auch später anläßlich anderer homosexueller Sensationen und Skandale, etwa bei der *Krupp*- und *Eulenburg*-Affäre, geschah. Von solchen Männern seien zwei genannt: Eduard *Bernstein* und Leo *Berg*.

Bernstein hatte in London den *Wilde*-Prozeß unmittelbar miterlebt und unter seinem frischen Eindruck einige vortreffliche Aufsätze (datiert vom 26. April und 6. Mai 1895) in der Stuttgarter »Neuen Zeit« (Verlag Dietz) erscheinen lassen. In dem ersten, der die Überschrift trägt: »Aus Anlaß eines Sensationsprozesses«, schreibt er: »Die abstoßendste Rolle in dem Prozeß spielen die Quasi-Belastungszeugen und das Pharisäertum in Presse und Publikum. Kaum hatten die jungen Burschen, die sich nach eigenem Zeugnis erst verkauft hatten, um später ihren Käufer zu verkaufen, gegen *Wilde* ausgesagt, so brach über diesen ein wahres Scherbengericht herein. Seine 'Oscarismen', seine Bonmots, hatte man beklatscht, zwei Stücke von ihm wurden gerade in jenem Monat als Kassenstücke gegeben. Aber, daß er nach seiner 'Moral' gehandelt, und daß er sich dabei gar hatte abfassen lassen, erschien unverzeihlich. Alles fuhr über ihn her, und die Direktoren der Theater, die jene Stücke erworben, setzten — was bekommt die beleidigte Moral nicht fertig? — nicht seine Stücke, aber seinen Namen von dem Theaterzettel ab.« In dem zweiten Artikel, den er »Die Beurteilung des widernormalen Geschlechtsverkehrs« nennt, wendet sich *Bernstein* gegen die auch zurzeit noch oft gehörte Meinung, daß Hellas und Rom am antiken Eros zu Grunde gegangen seien. »Die Athener«, schreibt er, »haben schon lange vor *Perikles* Knabenliebe ausgeübt, sie hat ihren nationalen Aufschwung nicht verhindert, und ebenso standen diese und ähnliche Gewohnheiten bei anderen Völkern in Epochen wirklichen Aufschwungs in Gebrauch.« Er legt klar, daß die spätere Straflosigkeit sich gleichgeschlechtlich betätigender Frauen nicht auf einer Bevorzugung, sondern einer Nichtachtung des weiblichen Geschlechts beruht, und ruft aus: »Mit keinem Argument läßt sich eine kriminelle Bestrafung der Mannesliebe rechtfertigen, solange der weibliche Körper für vogelfrei erklärt wird. Der soll noch kommen, der das, was in Bordellen und den Höhlen der Prostitution alltäglich und unter den Augen der Polizei geschieht, für weniger verderblich für die Sittenzustände erklärt als etwa die Betätigung der Manneslie be.« Als Eduard *Bernstein* aus England, wo er mit *Marx* und *Engels* in politischer Verbannung lebte, in seine deutsche Heimat zurückkehrte, suchte er auch alsbald unser Komitee auf, mit dessen Bestrebungen er seitdem in guter Fühlung blieb. Mit aufrichtiger Freude nahm er daher das von Willi *Massell* kunstvoll gezeichnete Ehrendiplom entgegen, das Sekretär *Plock* und ich ihm anläßlich seines 70. Geburtstages in seiner Wohnung überreichten.

In Berlin war zur Zeit der *Wilde*-Prozesse unter den Kritikern und Journalisten einer der schärfsten und angesehensten, Leo *Berg*, ebenso bewundert wie gefürchtet. Er nahm damals etwa dieselbe Stellung ein wie gegenwärtig Alfred *Kerr*, der sich ja auch wiederholt für die Berechtigung unserer Bewegung eingesetzt hat. Es gelang *Berg* zwar nicht, wie er plante, die deutsche Schriftstellerwelt zu einer Protesterklärung gegen die an *Wilde* verübte Barbarei zu sammeln; als er aber von unserer Petition Kenntnis erhielt, unterschrieb er sogleich mit ausdrücklicher Bezugnahme auf das Schicksal *Wildes* und schloß sich unserer Organisation mit Eifer an.

Kurz vor seinem Tode, der ihn im Alter von 46 Jahren unerwartet jäh ereilte (am 12.7.1908), hielt *Berg*, dessen verkrüppelten Körper ein imposanter Kopf krönte, auf einer Generalversammlung unseres Komitees eine prophetische, von leidenschaftlichem Idealismus erfüllte Rede gegen den § 175, die bei allen Anwesenden einen nachhaltigen Eindruck hinterließ. In mehreren Arbeiten hat *Berg* sich zu unserer Frage geäußert: in der wiederholt aufgelegten Abhandlung »Das sexuelle Problem in Kunst und Leben«, in »Die sexuelle Erziehung (Briefe an eine Großmutter)« und in dem Buch »Geschlechter« (1906). Hier präzisiert der immer ernst und klug abwägende Mann seine Anschauungen wie folgt: »Wir unterstützen die Bestrebungen des W.-h. Komitees, wie alles, was auf Befreiung der Individuen zielt und den moralischen Aberglauben unserer Zeit bekämpft. Das tun wir ganz rücksichtslos gegenüber vielen sogenannten Grundfragen, über die sich die Gelehrten noch streiten, ohne ihre Beweise vom Angeborensein und der Heilbarkeit oder Nichtheilbarkeit des Homosexualismus auf ihre Richtigkeit zu untersuchen oder ihre Deduktionen gutzuheißen. Von meinem Gesichtspunkt aus sind das sehr untergeordnete Fragen. Daß der Mensch sein eigen ist und mit seinem Körper machen kann, was er will, ist oder sollte der oberste Grundsatz jeder freien Gesellschaft sein. Was zwei erwachsene Menschen miteinander freiwillig treiben, geht keinen Dritten etwas an: ob sie diskutieren, Klavier spielen, zechen, sich lieben oder Kugeln wechseln, ist, sofern es nicht unter Zwang geschieht, ihre privateste Angelegenheit. Staat und Gesellschaft sind nicht dazu da, das Individuum sein ganzes Leben lang zu bevormunden oder zu erziehen. Das ist eine Moral aus patriarchalischen Zeiten.« So äußerte sich Leo *Berg*, den Theodor *Rappstein* in einem sehr lesenswerten Artikel in der Vossischen Zeitung (am 28.4.1922) mit dem Titel »Leo

Bergs Auferstehung« an seinem sechzigsten Geburtstag als »Schwert und Flamme« bezeichnet, als »Wegweiser« im doppelten Sinn, weil er »wegweist«, zugleich aber den »Weg zu reineren Zielen weist«.

Auch von zwei Jünglingen will ich berichten, die über *Wilde* zu uns kamen, zwei jungendliche Schwärmer, sprühend von Geist und lodernd von Begeisterung. Sie sprachen und schrieben in *Wildes* Stil und Manier; von dem größeren hieß es sogar, er sähe *Wilde* ähnlich. Sie wollten mir die Frage vorlegen, ob ich *Wilde* für homosexuell oder bisexuell hielte. Damals nicht viel über 20 Jahre alt, ahnten beide sicherlich so wenig wie ich, daß jeder von ihnen später einmal im homosexuellen Freiheitskampf eine Rolle spielen würde, daß viele Jahre darauf, nachdem sich ihre Wege lange getrennt und sie sich durch bedeutsame Werke bereits einen Namen gemacht hatten, von ihnen fast gleichzeitig Bücher erscheinen würden (1922 bei *Steegemann* in Hannover und *Püttmann* in Stuttgart), die einen Niederschlag ihrer Gedankenarbeit über das Invertiertenproblem bilden. Die beiden fast gleichaltrigen Kameraden, von denen der eine Jura, der andere Medizin studierte, hießen Kurt *Hiller* und Arthur *Kronfeld* und ihre Bücher »§ 175, die Schmach des Jahrhunderts« und »Über Gleichgeschlechtlichkeit«.

Als ich von der englischen Reise, auf der ich in Oxford und Cambridge weilte, zurückkehrte, unterbrach ich die Heimfahrt in Belgien, um in Brüssel Georges *Eekhoud* und auf dessen Empfehlung in Antwerpen den ihm gesinnungs- und stammesverwandten Redakteur der flämischen Zeitschrift »Ontwaking« zu besuchen. »Ontwaking«, das wir im Deutschen mit »Erweckung« oder »Weckruf« übersetzen würden, nahm sich mit bewundernswertem Mut aller zu Unrecht unterdrückten Minderheiten an und trat daher auch tapfer für die Homosexuellen ein. Mit *Eekhoud* selbst verbrachte ich einen Abend auf der rue haute zu Brüssel, die eine Fundgrube für die in seinen Romanen geschilderten Gestalten ist. Hier herrscht das gleiche seltsame Volkstreiben, wie ich es von Sankt Pauli in Hamburg, von der früheren Santa Lucia in Neapel, von der New Yorker Bowery und dem Seedyk von Amsterdam, auch von manchen der sogenannten »Rummelplätze« Berlins kannte und später noch an vielen anderen Plätzen Europas, Afrikas, Amerikas und Kleinasiens kennenlernte, jene durch Rhythmen und Reize aller Art aufgepeitschte Rauschstimmung, von der man die Empfindung hat, daß sie sich als Ekstase ebenso gut in wilder Gewalttätigkeit als in heißer Liebesleidenschaft äußern kann. Auch viele gleichgeschlechtliche Paare trifft man an diesen Stätten, naturwüchsige Männer- und Frauenpaare, aus den niedersten Schichten der Apachenwelt, die wie durch Blutsbrüderschaft fest aneinandergekettet erscheinen.

In dem gleichen Bande des Jahrbuchs, in dem *Praetorius* die Infamierung *Wildes* geißelt, die sicherlich später einmal mehr seiner Zeit und seinen Richtern als ihm zur Schande gereichen wird, kommt er auch nochmals auf *Eekhoud* zurück, der kurz vor *Wildes* Tod nicht sich selbst aber eines seiner vollendetsten Kunstwerke vor dem Brugger Schwurgericht zu verteidigen gezwungen war. »Escal Vigor« war wegen seines homosexuellen Inhalts von dem Sittlichkeitsverein in Brügge als unsittliche Schrift angezeigt worden. Auch bei uns gibt es ja ähnliche Keuschheits- und Sittlichkeitsvereine, die ihre Hauptaufgabe darin erblicken, »Ärgernis zu nehmen«. Von fanatischem Bevormundungseifer getrieben, durchschnüffeln sie Bücher- und Bilderläden, neuerdings sogar die Geschäfte der Juwelier- und Antiquitätenhändler, um etwas aufzustöbern, was ihr Scham- und Sittlichkeitsgefühl verletzen könnte. In mir rufen diese Ärgernisnehmer und Anstoßsucherinnen oft die Erinnerung an eine Verhandlung wach, zu der ich vor vielen Jahren einmal von der Verteidigung als Sachverständiger nach einem kleinen sächsischen Amtsgericht geladen war. Ein älterer Junggeselle, Lehrer von Beruf, der am Sonntag Vormittag in seinem hochgelegenen Mansardenstübchen Luftbäder zu nehmen pflegte, saß wegen Erregung öffentlichen Ärgernisses auf der Anklagebank. Er war von einer gleichfalls ledigen Lehrerin angezeigt worden, die auf der anderen Seite der Straße wohnte. Der Angeklagte machte geltend, daß die Lehrerin in ihrem Zimmer nur dann seiner ansichtig werden könne, wenn sie auf eine hohe Kommode stiege, was sie zu diesem Zwecke seit fünfzehn Jahren auch oft getan hätte, anscheinend ohne Ärgernis zu nehmen. Sie hätte die Anzeige nämlich erst erstattet, als er die Luftbäder in einer früher von einem Möbelstück besetzten Ecke des Raumes nahm, die von der Höhe der Kommode außer Sicht läge. Exhibitionistische Neigungen lägen ihm fern. Ein Lokaltermin, zu dem wir uns mit dem Gerichtshof in die Wohnung der Lehrerin begaben, bestätigten die Angaben des Angeschuldigten in so schlagender Weise, daß der Freispruch schon vor der Erstattung des Gutachtens gesichert war.

War das Verhalten dieser Lehrerin nicht ganz ähnlich dem polizeilicher, also beamteter oder auch anderer Ärgernisnehmer, die sich abends hinter Bänken im Gebüsch versteckten oder kleine Gucklöcher in die Wände von Bedürfnisanstalten bohren oder auf leisen Sohlen mit Blendlaternen die Parks durchstreifen, um schamverletzende Liebespaare zu überraschen? Vor einiger Zeit suchte mich eine junge Dame von auswärts auf, die durch eine solche Überrumpelung, bei der ihr noch ein Polizeihund in die Waden fuhr, ein psychisches Sexualtrauma erlitten hatte, dessen Folge eine schwere Nervenerschütterung war. In ähnlicher Verfassung kam während des Weltkrieges einmal der große irische Patriot Sir Roger *Casement*, der später im Tower erschossen wurde, zu mir. Er saß eines Nachts in harmloser Unterhaltung mit einem Soldaten auf einer Tiergartenbank, als plötzlich die elektrische Laterne eines Ärgernisnehmers über seinem Schoß aufleuchtete. Trotzdem sich nicht das geringste Verdächtige ergab, wurde sein Name festgestellt, und der überaus zart besaitete Mann trug solchen Schock davon, daß sein ohnehin stark mitgenommenes Nervensystem — die Engländer hatten bekanntlich auf seinen Kopf einen hohen Preis gesetzt — völlig zu versagen drohte.

Nicht weniger verheerend wie diese sind aber auch jene Ärgernisnehmer, die in Werken der Literatur, wie es erst kürzlich wieder zwei homoerotischen Kunstwerken, dem »Erotischen Komödiengärtlein« des feinen Dichters *Granand* und dem *Gattermann*schen Roman »Erlösung der Freunde«, geschah, auf anstößige Stellen fahnden. Mit Recht hat daher Benedict *Friedländer* in seiner originellen und sarkastischen Weise einmal der Meinung Ausdruck gegeben, »daß noch andere Paragraphen im deutschen Reichstrafgesetzbuch, die wie der § 175 die Quersumme 13 haben, beispielsweise der § 184 (Verbreitung unzüchtiger Schriften und Abbildungen, sowie solcher, welche ohne unzüchtig zu sein das Schamgefühl gröblich verletzen) mehr Schaden wie Nutzen stiften«.

Im Falle *Eekhoud* hatten sich über hundert französische Schriftsteller zu einer Protesterklärung gegen die Beschlagnahme und Vernichtung eines seiner von »ebenso philosophischem wie künstlerischem Geiste« erfüllten Werke vereinigt, auch von unserem W.-h. Komitee war ein Gutachten einverlangt und abgegeben worden. Vor Gericht — die Verhandlung fand am 24. Oktober 1900 in Brügge statt — fanden sich natürlich auch — tout comme chez nous — zwei von der Anklage als Sachverständige geladene Psychiater, die des längeren und breiteren »Escal Vigor« wegen des darin behandelten Problems für »sozial schädlich« erklärten. Trotzdem wurde *Eekhoud* nach einer glänzenden Verteidigungsrede des rühmlichst bekannten Rechtsanwalts und Schriftstellers Edmond *Picard* freigesprochen mit dem gewöhnlichen Erfolg solcher Prozesse, nämlich dem, daß sein Werk in rascher Folge fünf Auflagen erlebte.

Mir ist solche »Reklame« niemals zuteil geworden. Von meinen zahlreichen Büchern auf sexuellem, besonders homosexuellem Gebiet wurde nicht ein einziges beanstandet oder beschlagnahmt. Daher hat es auch fast keins zu mehr als zwei Auflagen gebracht. Nur die ganz wissenschaftlich gehaltene Umfrage, die den Zweck hatte, den Prozentsatz der Homosexuellen festzustellen, trug mir eine Anklage, wenn auch keine Verurteilung wegen Verbreitung unzüchtiger Schriften ein. Ich komme auf diesen bemerkenswerten Prozeß, der sich im Jahre 1904 abspielte, noch weiter unten zurück.

In welchem Maße die Literatur über das Problem der Homosexualität in dem ersten Dezennium unserer Bewegung von Jahr zu Jahr wuchs, spiegelt am besten die von Numa bearbeitete Bibliographie wieder, deren Umfang stetig zunahm, bis sie im Jahre 1905 bereits den ganzen zweiten Halbband unseres Jahrbuchs füllte. Im Jahre 1907 erreichte diese literarische Hochflut ihren Höhepunkt, um dann unter dem Einfluß der *Eulenburg*krise und später des Weltkrieges mehr und mehr abzuebben.

Von äußerster Wichtigkeit ist die sehr ausführliche Widerlegung, die *Praetorius* in der Bibliographie des vierten Jahrbuches dem viel beachteten Werk des Rostocker Strafrechtlehrers *Wachenfeld* widmet, der ersten eingehenden Erörterung des homosexuellen Problems aus der Feder eines theoretischen Juristen. Die Schrift stellt eine temperamentvolle Verteidigung der Strafbarkeit homosexueller Handlungen dar. Sie wurde dementsprechend

»mit Freuden von allen denen begrüßt, welche sich nur ungern aus der Ruhe althergebrachter Anschauungen zu neuen, durch wissenschaftliche Forschung bedingte Gedanken emporarbeiten.«

Wachenfelds Rechtfertigung des § 175 steht im klaffenden Gegensatz zu der Auffassung vieler anderer Strafrechtler und Staatswissenschaftler an deutschen Universitäten, die kein Bedenken trugen, ihre gewichtigen Namen unter unsere gegen den Paragraphen gerichtete Eingabe zu setzen. Neben den Meistern ihres Fachs in ihrer Zeit, Geheimer Justizrat Dr. Franz von *Liszt*, damals noch Halle, später Berlin, von *Lilienthal* in Heidelberg und Exzellenz *Laband* in Straßburg, seien nur die Professoren *Allfeld*-Erlangen, *Kleinfeller*-Kiel, *Mittermaier*-Gießen, *Pierstorff*-Jena genannt, denen sich später noch die Strafrechtslehrer Prof. Waldemar *Engelmann* in Marburg, Prof. Max Ernst *Mayer* in Frankfurt a. M., Prof. *Radbruch* in Kiel, Prof. *Vargha* in Graz, Prof. Walter *Schücking* in Berlin und Prof. Walter *Andersen*, jetzt in Neuchâtel, anschlossen.

Wo haben sich wohl jemals so viele führende Strafrechtsautoritäten zusammen gefunden, um ihre Stimme, noch dazu in einer so heiklen Angelegenheit, gegen ein bestehendes Gesetz zu erheben? Sollte nicht diese Tatsache allein den gesetzgebenden Körperschaften zu denken und zu einem energischen Vorgehen in dieser Frage, die viel mehr eine Lebensfrage als eine Liebesfrage ist, den Anlaß geben? Selbst *Wachenfeld* würde sich vielleicht zu dieser Sache einsichtsvoller geäußert haben, wenn er geahnt hätte, daß einer der besten Freunde seines früh verstorbenen Sohnes ein urnischer Student sein würde von besten geistigen und ethischen Qualitäten, hoch geschätzt von ihm und seiner Gattin, die ihre Sympathie ihm wohl kaum entzogen haben würden, wenn ihnen seine Zugehörigkeit zum W.-h. Komitee bekannt geworden wäre. Wie wenig *Wachenfeld* den Kernpunkt unserer ganzen Bewegung erfaßt hat, geht aus einem Antwortschreiben hervor, daß uns von einem homosexuellen Herrn zur Verfügung gestellt wurde, der sich seinerzeit auf sein Buch hin mit ihm in Verbindung setzte. *Wachenfeld* schreibt ihm: »Nach dem Inhalt Ihres Briefes scheinen Sie meine Schrift nicht gründlich gelesen zu haben. Denn ich trete sehr entschieden für die Straflosigkeit der echten Urninge, welche ich als Konträrsexuelle bezeichne, ein und möchte nur diejenigen bestraft wissen, welche homosexuelle Handlungen treiben ohne konträrsexuell zu sein.«

Auf den ersten Blick scheint diese kriminelle Unterscheidung homosexueller Handlungen bei homosexuellen und heterosexuellen Angeschuldigten manches für sich zu haben. Aber zu welcher Ungerechtigkeit würde sie führen. Es würde beispielsweise, wie es tatsächlich schon vorgekommen ist, von zwei aus § 175 angeklagten Partnern der Homosexuelle freigesprochen und sein normalsexueller Freund, der mit ihm aus ideellen Motiven — denn nicht nur materielle sind die ausschließlich in Betracht kommenden — verkehrt hat, würde bestraft werden. Mit der gleichen Begründung, ja mit Rücksicht auf die Vererbungsgefahr mit mehr Recht könnten ja auch dann wieder die

Homosexuellen unter Strafe gestellt werden, die statt mit ihrem mit dem andern Geschlecht verkehren, und wie soll man sich gegenüber den doch namentlich in dem bis zur völligen Ausreifung des eigenen Geschlechtstypus indifferenzierten Alter vielfach vorhandenen Bisexuellen verhalten und wie gegenüber denen, die es selbst noch nicht wissen und von denen es auch der Sachverständige oft nicht mit Sicherheit sagen kann, ob sie den echten Homosexuellen, die *Wachenfeld* »Konträrsexuale« nennt, oder den unechten, die er in einer etwas absonderlichen Wortprägung als »Kontrasexuale« bezeichnet (der Berliner würde von ihnen einfacher sagen, »m.m.«, d. h. »sie machen mit«), zuzurechnen sind. Nein, diese ausgeklügelten Einschränkungen, diese Wenn's und Aber's sind nicht am Platz gegenüber Handlungen, die schließlich und endlich doch in freier Übereinstimmung von freien Menschen ohne Antastung der Freiheiten dritter Personen ausgeführt werden.

Noch weniger freilich wie dieser Forderung könnte man sich der eines andern Strafrechtslehrers jener Kampftage anschließen, dem Kompromißvorschlag Josef *Kohlers*, der um die Jahrhundertwende wohl neben *Liszt* die markanteste Erscheinung im juristischen Berlin war. Wiederholt habe ich mit beiden hochgeschätzten Gelehrten unser Problem erörtern dürfen. Welcher Gegensatz zwischen Franz *von Liszt*, diesem scharfsinnigen Freigeist von stets behutsam abwägender Zurückhaltung in seiner zierlichen Gestalt, und *Kohler* mit dem mächtigen Kopf und der langen Haarmähne auf wuchtigem Körper, den man fast nie ohne ein großes Paket Bücher unter dem Arm erblickte. So konnte man ihn täglich die Linden entlang von der Bibliothek zum Brandenburger Tor und in den Tiergarten stürmen sehen, wie die zu Fleisch gewordene Gelehrsamkeit. Gleich dem greisen Geschichtsschreiber Roms Theodor *Mommsen* und dem gnomenhaften Maler *Friedrichs des Großen* Adolph *Menzel*, die beide zu unserer größten Überraschung die Petition dahin beantworteten, daß sie »über die in Rede stehende Frage gleichgeschlechtlicher Neigungen zu wenig informiert seien, um über sie urteilen zu können«, war *Kohler* eine der populärsten Straßenfiguren in Berlin jener Tage. Dieser Mann, der nicht nur ein hervorragender Jurist, sondern auch ein bedeutender *Dante*forscher und ein universeller Gelehrter war, vertrat nun in Wort und Schrift den Standpunkt, daß man diejenigen Homosexuellen unbehelligt und straflos lassen solle, die besondere Leistungen in Technik, Wissenschaft und Kunst aufweisen könnten, beispielsweise Volksgenossen wie Alfred *Krupp*, von dessen angeblicher Homosexualität vor seinem plötzlichen Verscheiden im Jahre 1902 viel die Rede war, oder den berühmten Historiker Johannes *von Müller*, über dessen Männerliebe sich *Goethe* zu Kanzler Friedrich *von Müller* (Unterhaltung vom 7. April 1830) in sehr vernünftiger Weise aussprach, oder den 1903 verstorbenen Hofopernsänger Theodor *Reichmann*, einer der genialsten Verkörperer *Wagner*scher Gestalten, dessen homosexuelle Lebensführung ein »offenes Geheimnis« war.

Bei solchen Persönlichkeiten, meinte *Kohler*, die gewissermaßen ein sexuelles Minus durch ein geistiges Plus wettmachten, solle man ein »Auge zudrücken« und sie gewähren lassen, nicht aber dürfe man dies bei Menschen aus der Masse tun, die keinerlei Verdienste um die Allgemeinheit für sich in Anspruch nehmen könnten. Mit Gelehrtenschrullen solcher Art ist der Lösung des homosexuellen Problems schwerlich beizukommen; denn welcher Richter würde wohl hier die Grenze zwischen Menschen von und ohne Bedeutung ziehen wollen. Entweder ist der § 175 richtig und Recht, dann gelte er für alle, oder er ist unrichtig und Unrecht, dann gelte er für keinen. Der Gedankengang aber, welcher *Kohler* zu seiner »Lösung« führte, findet sich viel sympathischer gefaßt in Leo *Bergs* »Geschlechter« wieder, an der Stelle, wo es heißt (S.166): »Die Homosexuellen könnten und sollten uns helfen, höhere Kultur zu schaffen, den Geist, die Kunst und die Schönheit zu befreien. Sie sind es der Gesellschaft sogar schuldig als Ersatz für ihre physische Unfruchtbarkeit.«

Bürgerliches Gesetzbuch und Code pénal

Zeigt sich *Praetorius* schon in der Entgegnung auf *Wachenfelds* Beweisführung als ein Rechtsgelehrter von hohen Qualitäten, so tut er dies noch mehr in zwei rein juristischen Arbeiten, die er 1904 (VI. Jahrbuch) und 1909 (IX. Jahrbuch) veröffentlichte. Ihre Titel heißen »Homosexualität und bürgerliches Gesetzbuch« und »Inwiefern widerspricht der § 175 des R.-Str.-G.-B. dem richtigen Recht?«. Vor allem der erste dieser Aufsätze ist äußerst wichtig. Numa legte hier dar, daß der Homosexualität neben ihrer strafrechtlichen auch eine nicht zu unterschätzende zivilrechtliche Bedeutung zukommt, besonders in Bezug auf die Ehegesetzgebung, aber auch für die Fragen der Geschäfts- und Handlungsfähigkeit sowie der Entmündigung und Enterbung Homosexueller. Auf das für jugendliche Homosexuelle sehr wesentliche Gebiet der Fürsorgeerziehung geht *Praetorius* leider nicht ein, wohl weil damals noch keine Erfahrungen über diese erst 1900 eingeführten Gesetzesbestimmungen vorlagen, die nach meiner Meinung bisher das Gegenteil von dem erreicht haben, was sie bezwecken sollten. Wenn *Praetorius* schreibt: »Eine gleich große Bedeutung wie im Strafrecht kommt der Homosexualität im Zivilrecht nicht zu; aber auch hier spielt sie eine Rolle bei einer Anzahl von Rechtsverhältnissen, auch hier werden manche Fragen eine verschiedene Lösung erfahren, je nachdem man Wesen und Natur der konträren Sexualempfindung auffaßt. Im Zivilrecht wird gleichfalls das bisherige Vorurteil, welches in der Homosexualität ein schändliches Verbrechen und Laster erblickt, zu ganz anderen Resultaten führen, als die jetzige Feststellung der Wissenschaft, wonach die gleichgeschlechtliche Liebe den Ausfluß eines dem Organismus eingepflanzten Triebes darstellt«, so kann ich ihm hierin auf Grund meiner auch in dieser Hinsicht sehr ausgedehnten praktischen Erfahrungen vollkommen beipflichten, nur daß ich allmählich zu der Überzeugung gelangt bin, daß die zivilrechtliche Bedeutung der Homosexualität ihre strafrechtliche auch bei weitem übertrifft.

In vielen Dutzenden von Fällen habe ich es im Laufe der Jahre erlebt, daß eine Nichtigkeitserklärung der Ehen mit homosexuellen Männern oder Frauen, die ihre Eigenart verschwiegen hatten, von den heterosexuellen Partnern unter Berufung auf die §§ 1333 und 1334 des B.G.B. angestrebt und meist auch durchgesetzt wurde. § 1333 bestimmt: »Eine Ehe kann von dem Ehegatten angefochten werden, der sich bei der Eheschließung in der Person des anderen Ehegatten oder über solche persönliche Eigenschaften des andern Ehegatten geirrt hat, die ihn bei Kenntnis der Sachlage und bei verständiger Würdigung der Ehe von der Eingehung der Ehe abgehalten haben würden.« Und § 1334 lautet: »Eine Ehe kann von dem Ehegatten angefochten werden, der zur Eingehung der Ehe durch arglistige Täuschung über solche Umstände bestimmt worden ist, die ihn bei Kenntnis der Sachlage und bei verständiger Würdigung des Wesens der Ehe von der Eingehung der Ehe abgehalten haben würden.«

Geht es bei den Anfechtungen der Ehen Homosexueller noch einigermaßen »friedlich, schiedlich« zu, namentlich wenn dabei ein aufgeklärter Arzt und Anwalt oder auch Priester mitwirkt, wie es vor einiger Zeit bei der Nichtigkeitserklärung der nach katholischem Ritus geschlossenen Ehe eines bayrischen Prinzen der Fall war, so trifft dies bei den wirklichen Ehescheidungen Homosexueller keineswegs immer zu. Hier kommt der § 1565 B.G.B. in Betracht, nach dem ein Ehegatte auf Scheidung klagen kann, wenn der Angeklagte sich des Ehebruchs oder einer nach § 175 Str.G.B. strafbaren Handlung schuldig macht. Wird ein unter § 175 fallender Verkehr nachgewiesen, so muß die Ehescheidung auf Antrag des anderen Teiles hin ausgesprochen werden, denn die in § 1565 angeführten Fälle stellen absolute Scheidungsgründe dar. Aber auch wenn keine nach reichsgerichtlicher Auffassung strafbare Handlung, sondern nur ein strafloser homosexueller Akt vorgenommen ist, kann eine Frau auf Ehescheidung klagen, indem sie sich auf den Absatz 1 des § 1568 des B.G.B. beruft, der lautet: »Ein Ehegatte kann auf Scheidung klagen, wenn der andere Ehegatte durch schwere Verletzung der durch die Ehe begründeten Pflichten oder durch ehrloses und unsittliches Verhalten eine so tiefe Zerrüttung des ehelichen Verhältnisses verschuldet hat, daß dem Ehegatten die Fortsetzung der Ehe nicht zugemutet werden kann.«

Wenn von homosexueller Seite nicht sehr vorsichtig und nachsichtig zu Werke gegangen wird, kann es im Zusammenhang mit Ehescheidungsverfahren zu recht schweren Katastrophen kommen. Mehr als einmal wurde ich zugezogen, wenn sich, nachdem es »hart auf hart« gegangen war, an den Ehestreit äußerst peinliche Ermittlungs- und Strafverfahren aus § 175 schlossen. Ich möchte, indem ich mich an den bekannten Satz des verflossenen Berliner Polizeipräsidenten G. von *Jagow*: »Ich warne Neugierige« anlehne, auf die in den Garten der Ehe führenden Pforte die Worte setzen: »Ich warne Urninge!«

Unvergessen ist mir besonders ein Fall geblieben, in dem auf mein Gutachten noch nach dem Tode des urnischen Gatten dessen Ehe für ungültig erklärt wurde. Es war ein Restaurateur in Charlottenburg, der bereits dreimal seine Verlobung kurz vor der Hochzeit zurückgehen ließ. Auf seiner Mutter Wunsch hatte er sich nun das vierte Mal mit einer tüchtigen »Kalten Mamsell« verlobt. Eine Woche vor der Hochzeit stellten sich nun wieder die furchtbarsten Angstzustände ein. Der Mann fand Tag und Nacht keine Ruhe und lief wie ein Verzweifelter umher. Umsonst bemühte ich mich, der Braut auseinanderzusetzen, daß ihre Ehe zu nichts Gutem führen könne, sie solle dem offenbar schwer leidenden Menschen sein Wort zurückgeben. Sie weigerte sich energisch. Am Tage nach der Hochzeit erzählte mir die Mutter, daß ihr Sohn in der Kirche, als der Geistliche ihm das Jawort abverlangte, stumm geblieben sei, während die Braut ihr »ja« laut herausgeschmettert hätte. Der Prediger hatte den Wechsel der Ringe gleichwohl vorgenommen, doch hätte der Sohn den seinen auf dem Heimwege fortgeworfen. Vier Wochen später rief man mich wieder. Der Ehemann, der die Ehe nicht ein einziges Mal vollzogen hatte, hing entseelt im Weinkeller. Als nun die junge Witwe ihr Erbteil antreten wollte, erhob die Mutter hinsichtlich der Gültigkeit der Ehe Einspruch. Ich gab mein Urteil dahin ab, daß der Verstorbene im Sinne des § 1325 des B.G.B. zur Zeit der Eheschließung geschäftsunfähig gewesen sei. Darauf wurden der Frau die Rechte einer Ehegattin aberkannt.

Sehr oft kommen freilich auch weniger tragische Fälle vor, sogar solche, die einer gewissen Komik nicht entbehren. So verheirateten sich einmal in München zwei Künstler, ein Musiker und ein Maler mit Mädchen aus alten guten Familien. Auf der Hochzeitsreise lernten sich die Paare in einem Hotel an der Riviera kennen. Nicht lange nach ihrer Rückkehr leiteten sie die Scheidung ein, die damit endete, daß sich in dem einen Hausstand die beiden Künstler, in dem anderen ihre ehemaligen Gattinnen als zwei bis heute recht glückliche Paare verbanden. Gelegentlich — doch das sind Ausnahmen — erstreckt sich die Eifersucht der Ehefrauen urnischer Männer nicht auf männliche, sondern nur auf andere weibliche Wesen, wie in dem Fall einer an einen Kölner Homosexuellen verheirateten Französin, von dem auch *de Joux* (»Enterbten« S. 77) berichtet. Als diese auf Frauen höchst eifersüchtige Dame von den homosexuellen Abenteuern ihres Gatten erfuhr, rief sie in ihrem deutsch-französichen Kauderwelsch aus: »Cela ne tire pas à conséquence. Man muß den Armen das harmlose Vergnügen gönnen; eh bien, les hommes sont si drôles!«

Mehrfach ist es vorgekommen, daß Homosexuelle sich an mich wandten, deren Väter oder Vormünder versuchten, sie zu entmündigen, indem sie als ausschließlichen Grund ihre homosexuellen Neigungen und Handlungen anführten. Die gleiche Begründung ist manchmal auch für Entziehung des gesetzlichen Erbteils, des sogenannten »Pflichtteils«, oder bei Vorenthaltung des standesmäßigen Unterhalts von den Verwandten Homosexueller gegeben worden. Man stützt sich dabei auf den § 2333 Nr. 5 des B.G.B., der ein derartiges Vorgehen zuläßt, »wenn der Abkömmling einen ehrlosen oder unsittlichen Lebenswandel wider den Willen des Erblassers führt«.

Namentlich die Entdeckung weiblichen Gebarens bei ihren Sprößlingen bringt normalsexuelle Väter oft so in Harnisch, daß ihnen jede Selbstbeherrschung verloren geht. Mir sind Fälle erinnerlich, in denen sie auf Knaben um vierzehn und sechzehn oder Jünglinge um achtzehn oder zwanzig losschlugen, weil deren allzu modischer Kleider- und Schuhschnitt, ihre gezierte Sprache, ihr tänzelnder Gang sie in helle Wut versetzte, die sich bis zur Raserei steigern konnte, wenn sie eines Tages ihr eigen »Fleisch und Blut« noch dazu als gepudert und parfümiert entdeckten. Die Erfahrung zeigt, daß diese Erzeuger urnischer Kinder, wenn auch keine Übermenschen, so doch häufig »Übermänner« sind, die gewissermaßen in der Fülle ihrer normalen Lebens- und Liebeskraft schon das vorwegnahmen, was nachher ihren Söhnen mangelte, sei es, daß sie zur Gruppe der im Genuß nach Begierde verschmachtenden »Schürzenjäger« gehörten, sei es zur Klasse jener patriarchalischen Haustyrannen, die in der Familie nur einen Bestandteil ihrer »Herrschaft« — man könnte auch ebensogut sagen »Dienerschaft« — sehen. Bedeutet doch »Familie«, das von der gleichen Wurzel wie fames = Hunger und famulus = Diener stammt, ursprünglich nichts anderes, als die auf den Vater als Ernährer Angewiesenen. Darum fassen sie auch die Eigentumsworte »mein« Weib und »mein« Kind ganz wörtlich auf, wohlgemerkt Weib und Kind nicht mit dem männlichen oder weiblichen Vorwort »der« oder »die« sondern mit dem sächlichen »das« Weib und »das« Kind als »Sache« ohne freies Verfügungsrecht über sich selbst.

Das klassische Beispiel für dies hier berührte Verhältnis zwischen Vätern und Söhnen bietet immer noch *Friedrich der Große*, wie er als junger Kronprinz *Fritz* von seinem gestrengen Herrn und Vater *Friedrich Wilhelm I.* ob seines Feminismus und seiner Freundesliebe arg drangsaliert, den Pubertätsjahren kaum entronnen, förmlich mit dem Krückstock in die Ehe gezwängt wurde, von deren Rechten und Pflichten er jedoch kaum Gebrauch gemacht haben dürfte. Analoge, wenn auch historisch weniger bedeutungsvolle Beispiele aus neuerer Zeit sind die Entmündigung des Prinzen *Franz Joseph von Braganza* nach seiner Londoner Skandalaffäre im Jahre 1903 — er hatte sich unmittelbar nach einem Fest bei der Königin *Victoria* in ein höchst anrüchiges homosexuelles Quartier begeben, wo seine Feststellung erfolgte — oder, erst wenige Jahre zurück, der in der Tagespresse viel erörterte Versuch, eine Entmündigung des Prinzen *Friedrich Leopold junior von Preußen* herbeizuführen, doppelt peinlich und kleinlich in einer Zeit, wo so großes auf des Spiel stand, mit dessen Zusammenbruch denn auch diese als Wichtigkeit genommene Nichtigkeit zerstob.

Vorkommnisse wie die geschilderten ereignen sich aber nicht nur in den oberen, sondern auch in tieferen Regionen der Gesellschaft, wenngleich hier weniger augenfällig in die Erscheinung tretend. Meines Erachtens kann eine Entmündigung Homosexueller nur dann in Frage kommen, wenn unabhängig oder auch in Abhängigkeit von der urnischen Veranlagung der eine oder andere der im § 6 des B.G.B. ausdrücklich aufgeführten Entmündigungsgründe vorliegen, als da sind Geisteskrankheit, Geistesschwäche — beides ist die Homosexualität an und für sich keinesfalls —, Trunksucht oder Verschwendungssucht. Die letztgenannten Schwächen finden sich allerdings nicht ganz selten bei homosexuellen Männern und Frauen, und zwar dann oft in einem gewissen Zusammenhang mit ihrer geschlechtlichen Anlage: der Alkohol-, Kokain- oder Morphiumrausch als Surrogat für den fehlenden Liebesrausch, die Verschwendungssucht als modifizierte Gewinnsucht, um mit ausgestreutem Geld Werte und Personen zu erwerben, die man durch den Wert der eigenen Person sich nicht verschaffen zu können vermeint.

Wenn zur Begründung einer Enterbung Anverwandte oder Anwälte auf die Homosexualität pflichtteilberechtigter Familienmitglieder als auf einen Beweis ihres »ehrlosen oder unsittlichen Lebenswandels« Bezug nehmen, so ist dem entgegenzuhalten, daß Homosexualität als solche ebensowenig ehrlos oder unsittlich ist wie Heterosexualität. In beiden Fällen kommt es lediglich auf die Art und Weise an, wie jemand seine homosexuelle oder heterosexuelle Anlage betätigt. Der bekannte Jurist *Endemann* (B.G.B. Band III, Seite 618, Anm. 25) meint allerdings auch hier wieder: Die »allgemeinen Sittenanschauungen« müßten maßgebend sein bei der Entscheidung der Frage, ob ein unsittlicher Lebenswandel im Sinne des § 2333 Nr. 5 besteht. Man darf aber doch nicht übersehen, daß die Meinung, die Homosexualität sei unsittlich, keineswegs mehr die allgemein herrschende Anschauung ist und daß sie dort, wo sie tatsächlich noch vorhanden ist, auf Irrtümern und gänzlich veralteten Vorurteilen beruht.

Wann endlich werden die Gesetzgeber und Gesetzesvollstrecker aufhören, in Ermangelung positiver Gründe das »allgemeine Volksbewußtsein« als das A und O ihrer Weisheit auszugeben. Sehr richtig bemerkte schon vor vierundzwanzig Jahren ein hoffnungsvoller junger Schriftsteller W. *Herzen*, der sicherlich auch im Emanzipationskampf der Homosexuellen noch viel geleistet haben würde, wenn nicht auch ihn ein allzu früher Tod von uns genommen hätte (in einem Aufsatz, den er am 30. Juli 1898 in der Stuttgarter »Neuen Zeit« aus Anlaß der ersten Reichstagsdebatten über unsere Frage veröffentlichte): »Die Begriffe Volksbewußtsein, Aberglaube, Volksurteil haben alle gleichen Inhalt. Wenn heute noch, am Ende des 19. Jahrhunderts, am Freitag keine Hochzeitsfeier abgehalten wird, so ist das ja auch nur ein Ausfluß des Volksbewußtseins.« *Praetorius* aber trifft wie gewöhnlich den Nagel auf den Kopf, wenn er behauptet und beweist, daß selbst einer Verurteilung aus § 175 Str.G.B. kein besonderes Gewicht für die Anwendung des § 2333 Nr. 5 B.G.B. beizumessen sei, da sie keineswegs einen Beweis für einen unsittlichen Lebenswandel liefert; denn, meint er mit gutem

Grund, gerade der Unerfahrene, der Neuling, der, welcher mit der homosexuellen Welt unbekannt ist, wird am leichtesten in strafrechtliche Konflikte geraten.

Von den vielen weiteren Arbeiten, die von Numa noch in unseren Jahrbüchern erschienen sind, will ich nur noch auf eine kurz eingehen, nämlich auf die, welche er in dem ersten Heft des vierten Jahrgangs der Vierteljahrsberichte (Oktober 1912) einem seiner größten Berufskollegen widmet, *Cambacérès*, der es vom Advokaten in seiner Vaterstadt Montpellier bis zum Justizminister brachte, nach dem Staatsstreich des 18. Brumaire (1799) neben *Napoleon* zweiter Consul wurde, um von diesem nach seiner Thronbesteigung 1804 zum Erzkanzler ernannt zu werden, als welchem er ihm den Titel eines Herzogs von Parma verlieh. Bei seinen Zeitgenossen galt *Cambacérès* allgemein als homosexuell, die geheimen Agenten *Ludwigs XVIII.*, welche den Auftrag hatten, alle Regierungsmänner auszuspionieren, berichteten fortlaufend darüber, und noch heute besitzen wir zahlreiche Karikaturen aus jener Zeit, die auf den Feminismus und die Homosexualität des zweiten Consuls und Erzkanzlers Bezug nehmen. Namentlich wurde viel über die Art und Weise gespottet, wie er täglich im Palais-Royal spazierenging. Im Gegensatz zu der damals üblichen Kleidung trug er ein gesticktes Oberkleid mit kurzen Hosen, seidene Strümpfe, Lackstiefelchen und goldene Schnallen. Sein Haupt bedeckte eine Perrücke mit Zopf, auf welcher der große dreikantige Hut malerisch wippte. In der rechten Hand hielt er ein Stöckchen mit goldenem Knopf, während seine Linke sich auf den an der Seite angeschnallten Degen stützte. So schritt er mit Eleganz und Grazie dahin — »comme une reine« (wie eine Königin) — langsam und möglichst wenig sprechend zwischen seinen zwei unzertrennlichen Begleitern, dem dicken, lustigen *d'Aigrefeuille* und dem dürren, ernsten *Villevielle*, gefolgt von Sekretären und Dienern. Täglich sammelte sich auf dem Weg eine Menschenmenge an, um den Zug vorbeimarschieren zu sehen, so daß bald die Polizei einen Spezialdienst einrichten mußte.

Napoleon selbst wußte auch über den »petit défaut«, den kleinen Fehler, wie er ihn sehr bezeichnend nannte, seines ersten Ratgebers *Cambacérès* ganz genau Bescheid. Aus vielen scherzhaften Bemerkungen geht dies deutlich hervor. Niemals aber hätte der damalige Inhaber der französichen Kaiserkrone es um dieser Privatangelegenheit willen zu einem Skandal kommen lassen, wie ein Jahrhundert später sein Kollege auf dem deutschen Kaiserthrone, als er sich im politischen Meinungsstreit die Fabel beibringen ließ, dieser »petit« défaut wäre ein »grand« défaut (dieser »kleine« Fehler wäre ein »großer« Fehler).

So grundverschieden die Persönlichkeiten der beiden Fürsten waren, die *Wilhelm II.* von der Höhe, auf die er sie gestellt hatte, verbannte und verjagte, Fürst *Bismarck*, der episch-heroische, und Fürst *Eulenburg*, der lyrisch-melodramatische, der eiserne Schöpfer des deutschen Reiches, und der nichts weniger als eiserne Dichter des Sanges an *Aegir*, die Umstände und

Nebenumstände, unter denen sich der Sturz beider vollzog, kündigte wie ferner Donner das Unwetter an, das sich über unseren Häuptern während eines Menschenalters — nur wenigen merklich — zusammenballte, bis es dann im Weltkriege so verheerend niederging. Ich werde auf die Ereignisse von 1907 bis 1909 noch zurückzukommen haben; hier sei nur vorweg bemerkt, daß es gut ist, daß wir heutzutage über die örtlich und zeitlich gleichmäßige Verbreitung der Homosexualität und ihre biologische und ethische Wesenheit unterrichtet sind, sonst würden vielleicht spätere Geschichtsschreiber, wie einst von Sodom und Gomorrha, wie von Hellas und Rom, so auch von Deutschland und Österreich die Mär aufbringen, sie seien an der Homosexualität zugrunde gegangen, indem sie auf Vorkommnisse hinweisen, wie sie sich in der Potsdamer Adlervilla oder in Wien zutrugen, als dort der homosexuelle Oberst *Redl*, bevor er sich entleibte, schimpflicherweise sein Vaterland verriet. Daß solche Lügensaat ohne die wissenschaftliche Vorarbeit in manchen Gehirnen leicht auf fruchtbaren Boden fällt, lehrt die bald nach dem Kriege erschienene Schmähschrift des Wiener Arztes Dr. Eugen *Fried*, »Das männliche Urningtum in seiner sozialen Bedeutung«, sowie die Besprechung, die diesem Machwerk ein Mann wie *Moll* (Zeitschrift für Sexualwissenschaft, Februar 1921) zuteil werden ließ, und ferner auch folgendes persönliches Erlebnis: Als man mich seinerzeit auf Veranlassung »deutschvölkischer« Studenten und »national-sozialer« Offiziere in München überfiel, hörte ich, als mich die ersten Steinwürfe in den Rücken trafen, wie jemand aus dem mich verfolgenden Haufen einen anderen fragte: »Was hat der Mann denn eigentlich verbrochen?« und wie der andere ihm antwortete: »Der hat doch die *Eulenburgerei* nach Deutschland gebracht.«

Gerade *Cambacérès* ist ein ausgezeichnetes Beispiel dafür, wenn es eines solchen nach den Überlieferungen der Alten aus perikleischer und augusteischer Zeit überhaupt noch bedarf, daß jemand homosexuell, noch dazu ein recht femininer Homosexueller sein kann und dennoch zugleich ein ausgezeichneter Staatsmann. *Napoleon I.* hat jedenfalls keinen maßvolleren, klügeren und zuverlässigeren Berater gehabt als ihn. Einzigartig war seine Leistung als Jurist. Er verfertigte außer einer Unmenge von Einzelgesetzen drei Entwürfe des Code civil und unterwarf ganz allein die gesamten seit 1789 erschienenen Gesetze einer Revision und Kodifikation in nicht weniger als 28 Gesetzbüchern. Uns interessiert besonders das unter *Cambacérès* ebenfalls eingeführte französische Strafgesetzbuch, der im Jahre 1810 in Kraft getretene und noch heute im wesentlichen gültige Code pénal, das erste Gesetzbuch im neuen Europa, das an keiner Stelle mehr den gleichgeschlechtlichen Verkehr erwähnt. Dies war um so auffälliger, als im alten französischen Recht die Strafen für das »vice contre nature« äußerst streng waren; es sollten nämlich bei erstmaliger Begehung des Verbrechens die beiden Hoden, beim zweiten Mal das männliche Glied abgeschnitten werden und beim dritten Rückfall die lebendige Verbrennung des Täters erfolgen. Tatsächlich geschah dies auch noch wenige Jahre vor der Revolution einem Kapuzinermönch namens *Pascal*.

Numa tritt nun der namentlich unter französischen Homosexuellen noch jetzt weit verbreiteten Ansicht entgegen, daß das Verschwinden aller Gesetzesbestimmungen gegen die Urninge lediglich dem Einfluß des Uraniers *Cambacérès* zu verdanken sei. Er begründet diesen Standpunkt damit, daß weder dem legislativen Komitee des Staatsrates, welches unter reger Beteiligung des Kaisers selber den ersten Entwurf beriet, noch den Staatsratssitzungen, in welchen der Code pénal eingehend erörtert und fertiggestellt wurde, *Cambacérès* als Mitglied angehörte. Trifft dies auch zu, so halte ich es doch nicht für unwahrscheinlich, daß eine gewisse Rücksicht auf die allgemein bekannte Homosexualität des allgemein beliebten Kanzlers mit ins Gewicht fiel, als man von jeder Erwähnung der Homosexualität im neuen Strafgesetzbuch Abstand nahm. Den Ausschlag aber — hier stimme ich mit *Praetorius* völlig überein — gaben schließlich doch wohl die philosophischen Anschauungen der Aufklärungszeit, in der Männer wie *Rousseau, Voltaire, Montesquieu, Beccaria* und *Mirabeau* immer wieder die Ansicht vertreten hatten, der Staat dürfe nur strafen, wenn jemand unbefugterweise in die Besitzrechte eines Menschen eingegriffen hätte, ihn an Leib, Leben, Eigentum und Ehre verletzt habe, nicht aber sei es Aufgabe der Staatsobrigkeit, die jeweilige Moral zu wahren und zu schützen. Dies möge er anderen Institutionen wie der Kirche und Schule überlassen.

Besonders *Voltaire* setzte sich verschiedentlich energisch für die Straflosigkeit gleichgeschlechtlicher Handlungen ein, so in seinen ausgezeichneten Anmerkungen zu *Beccarias* berühmtem Buch »Über Verbrechen und Strafen«. Einmal ruft er mit beißendem Spott aus: »Was würden denn zu einer derartigen Strafe die berühmten Päderasten gesagt haben, ein *Caesar*, ein *Alkibiades*, ein *Heinrich III.* und so viele andere?« *Friedrich den Großen* nennt er nicht. Ob aber nicht doch Reminiszenzen an die Tafelrunde und den Park von Sanssouci in seiner Seele nachvibrierten, als er so ritterlich für die Homosexuellen eine Lanze brach? Wer je im *Voltaire*zimmer in Sanssouci weilte oder an dem schlichten Sarge *Friedrichs* in der Potsdamer Garnisonkirche und sich des Bildes erinnert, das *Napoleon* tief in Gedanken versunken an dieser Stätte zeigt, wird die unsichtbaren Fäden spüren, die sich dazumal von Versailles nach Sanssouci und von Potsdam nach Paris spannen; er wird sich bewußt werden, daß im Code Napoléon, vor allem auch in seinen Sittlichkeitsparagraphen mit napoleonischem ein gutes Stück friderizianischen Geistes in die Erscheinung trat — nur leider nicht für Preußen, dessen Sprache und Kultur dem großen König ferner stand als die seiner französischen Günstlinge und Freunde.

Im Weltkrieg lockerte sich, wie der Verkehr mit gleichgerichteten und befreundeten Persönlichkeiten und Organisationen im Ausland, auch der bis dahin so rege Kontakt zwischen Numa *Praetrorius* und unserem Komitee. Die Entfernung vom Straßburger Münster bis zum Berliner Dom hatte sich seit dem August 1914 und vollends seit November 1918 mächtig erweitert. Wohl erhielten und brachten wir auch noch während des Krieges einige wertvolle Arbeiten aus Numas Hand, so eine ablehnende Kritik des Schweizer Vorentwurfs vom Jahre 1916, der zwar gleichgeschlechtliche Handlungen zwischen mündigen Personen über zwanzig Jahren straflos lassen, hingegen in seinem Artikel 173 Nr. 1 mit Gefängnis von einem Monat bis zu zwei Jahren jede geschlechtliche Handlung einschließlich jeder unzüchtigen Berührung bestraft wissen will, die ein Mann oder eine Frau an einer Person des gleichen Geschlechts zwischen sechzehn und zwanzig Jahren vornimmt. Des weiteren ist ein referierender Artikel zu nennen: »Die Homosexualität in Frankreich und Italien in den Jahren 1910, 1911 und 1912«, sowie in der zu meinem fünfzigsten Geburtstage erschienenen Festnummer der Vierteljahrsberichte (achtzehnter Jahrgang, Heft 2 und 3) eine bibliographische Zusammenstellung und wohlwollende Würdigung aller meiner bis dahin veröffentlichten Arbeiten auf sexuellem Gebiet unter dem Titel »Magnus *Hirschfelds* wissenschaftliches Werk«.

Im ganzen aber war es doch nicht mehr wie ehedem. Vorbei waren jene wundervollen Osterfahrten nach angestrengter Winterarbeit, auf denen wir so oft dem Frühling gen Süd und West entgegenreisten; die schönen Stunden, wo wir uns in Bulgariens Hauptstadt Sofia trafen, als ich von Konstantinopel kam und er dorthin fuhr; die herrlichen Tage, die wir gemeinsam auf Italiens gesegneten Fluren, am Strande von Nizza und Ostende, oder in seinem geliebten Paris verbrachten. Wie für mich wurde auch für Numa jede Erholungsreise zu einer Studienreise, jede Vergnügungs- zu einer Aufklärungsfahrt für uns und andere. Noch sehe ich ihn, wie ich ihm eines Abends völlig erschöpft auf den Pariser Boulevards begegnete. Er war den ganzen Tag von einer jener Anstalten, für welche die Franzosen so viele poetisch umschreibende Bezeichnungen haben, in die andere gewandert, um für die Anthropophyteia von Friedrich S. *Krauss* Abortsprüche zu sammeln und abzuschreiben, jene merkwürdigen Ergüsse der Musa latrinae, Dokumente der Volksseele, die, so alt wie die Fähigkeit des Menschen, ihre Gedanken auf Steine, Rinden und Pergament zu kritzeln, richtig erfaßt in der Tat folkloristischen Stoff zu umfangreichen Werken von tiefgründigem Sinn bieten würde.

Mehr als drei Jahre waren nach dem Weltkrieg verflossen, als wir *Praetorius* in Berlin wiedersahen. Eins der wesentlichsten Kampfziele, das ihn einst mit dem Komitee verband, die Beseitigung des § 175 aus dem deutschen Strafgesetzbuch, war für ihn nun nicht mehr vorhanden. Erschien er darum glücklicher? Ich hatte diesen Eindruck nicht. Mir fielen *Lessings* berühmte Worte ein, daß nicht die Wahrheit, in deren Besitz ein Mensch ist oder zu sein vermeint, sondern die Nachforschung der Wahrheit sein Wesen erweitert, daß, wenn Gott in seiner Rechten alle Wahrheit, in seiner Linken den immer regen Trieb nach Wahrheit verschlossen hielte und spräche: »Wähle!«, der Dichter ihm in seine Linke fallen würde. Genau so verhält es sich auch mit der Freiheit: das Ringen um die Freiheit ist meist schöner als sie selbst. Und dann kommt es ja in unserer Frage viel weniger auf die gerichtlichen Fehlurteile als auf die gesellschaftlichen Vorurteile an. Brachte es doch der Gemeinderat vom Montpellier, der Vaterstadt von *Cambacérès,* fertig, im Jahre 1859 die Errichtung seiner von der Regierung der Stadt geschenkten Statue abzulehnen, weil ihr größter Sohn homosexuell veranlagt war, ebenso wie sich die lothringische Stadt Metz mit der gleichen Begründung noch in diesem Jahrhundert weigerte, für den in ihren Mauern geborenen Dichter Paul *Verlaine*, dessen homoerotische Liebe zu dem jungen Dichter Jean Arthur *Rimbaud* offenkundig wurde, als er 1871 auf ihn aus Eifersucht schoß, ein Gedenkzeichen anzubringen. Den Kampf, den wir für die Homosexuellen unternommen haben, führen wir nicht um einer Nation, sondern um der Menschheit willen; was wir fordern, ist die volle Anerkennung eines Naturrechtes, nicht Gnade und Barmherzigkeit. In diesem geistigen Ringen zählen wir weiter auf unsern *Praetorius* als auf einen unserer leistungsfähigsten Mitkämpfer. Die Leser dieser Rückschau aber werden mit mir die Empfindung haben, daß, wenn je eine Ehrung wohl verdient, es die war, durch die wir Numa *Praetorius* anläßlich des 25jährigen Jubiläums unseres Komitees zu dessen Ehrenmitglied ernannten. Wir tragen damit nur einen kleinen Teil einer großen Dankesschuld ab.

Es erschien mir stets bedauerlich für ihn und uns, daß *Praetorius* durch Annahme eines Pseudonyms eine Spaltung seiner Persönlichkeit vollzog. Wohl begreife ich die Rücksicht auf Familie, Amt und sonstige Tätigkeit, bin aber der Meinung, daß wirkliche Leistungen das Ansehen eines Namens nie auf die Dauer schmälern können. Stets schafft hier die Zukunft für mancherlei Nachteile einen Ausgleich; das gilt auch für die vielen andern, die auf homoerotischem Gebiet ihren wahren Namen verleugnen — ich nenne nur Otto de *Joux, Sagitta* und *Pernauhm*, den Verfasser von »Ercole Tomei«, »Der junge Kurt« und »Die Infamen«. Der Wert anonymen oder pseudonymen Wirkens für eine Sache verringert sich dadurch, daß, wenn auch sehr häufig ohne Berechtigung, viele unwillkürlich zu der Ansicht neigen, daß hinter jeder Verheimlichung auch etwas Unrühmliches stecken müsse.

Bei *Praetorius* wußten wenigstens seine näheren Freunde, »woher er kam der Fahrt und wie sein Nam' und Art«. Nicht so bei einem zweiten, der sich uns fast gleichzeitig anschloß, und vom dem ich und meine Mitarbeiter nie erfahren haben, wer sich hinter seinem Decknamen verbarg. Er nannte sich »Dorian *Gray*« und stiftete die ersten größeren Beträge für unsere Propaganda, die er von verschiedenen Städten, aus Paris, Wien, Florenz und anderswo, an *Spohr* in Leipzig sandte. Ob er sich aus Bescheidenheit oder Furchtsamkeit in Dunkel hüllte, ich weiß es nicht. Kurz nach *Wildes* Tod hörten die regelmäßigen wertvollen Spenden auf. Wir haben nie versucht, den Schleier zu lüften, hinter dem sich seine Persönlichkeit verbarg. Weilt er noch unter uns oder ist er längst schon vermodert, tauchte er vielleicht irgendwo unter, etwa wie der seiner Zeit mit Recht so geschätzte Zeichner und Maler Christian W. *Allers*, der, als ihn in der »Villa Allers« auf Capri im Zusammenhang mit der *Krupp*affäre sein Schicksal zu ereilen drohte, spurlos verschwand, den meisten von eigener Hand getötet erschien, bis er während des Weltkrieges weidwund in die alte Heimat kam, um hier dann erst wirklich zu sterben — gleichviel Dorian *Gray,* ob Du noch oder nicht mehr lebst, ob Deine Augen dies noch lesen oder nicht, ich grüße Dich und huldige Dir als Opferbringer und vielleicht auch als Opfer, nicht so laut, aber auch nicht so lärmend, wie man dem unbekannten Soldaten (»l'inconnu poilu«) unter dem Triumphbogen in Paris Huldigungen darbringt.

Die stille Hilfsbereitschaft »Dorian *Grays*« bildete eine ziemlich einzigartige Erscheinung. Es muß einmal ausgesprochen werden, daß nicht nur in ideeller, sondern auch in materieller Hinsicht stets nur einige hundert, im Beginn sogar nur wenige Dutzend Männer für die vielen Tausende ihrer Art- und Schicksalsgenossen die schwere Last der Entlastung auf ihre Schultern genommen haben. Lange flossen die Mittel äußerst spärlich, zeitweise schien es, als bestände unser Kampfheer nur aus Führern ohne Soldaten. Allseitig anerkannte Leistungen wie die Jahrbücher für sexuelle Zwischenstufen ließen sich lediglich dadurch ermöglichen, daß unsere wissenschaftlichen Vorkämpfer nicht etwa nur auf jedwedes Entgelt Verzicht leisteten, sondern selbst große pekuniäre Opfer brachten. Ich führe als Beispiele Gelehrte wie Professor Dr. *Karsch-Haack* an, der für seine hochbedeutsamen Arbeiten, vor allem sein im vierten und fünften Jahrbuch veröffentlichtes »Quellenmaterial zur Beurteilung angeblicher und wirklicher Uranier«, kostspielige Studienreisen unternahm; ferner den mit zwei männlichen und zwei weiblichen Vornamen gezierten Dr. von *Römer*, damals in Amsterdam, jetzt schon seit langem in Niederländisch-Indien, welcher für seine drei großen Jahrbucharbeiten über »*Heinrich III.*, den homosexuellen König von Frankreich und Polen« (viertes Jahrbuch), den »Uranismus in den Niederlanden mit besonderer Berücksichtigung der großen Uranierverfolgung im Jahre 1730« (achtes Jahrbuch) und namentlich für seine prachtvolle Studie »Über die androgyne Idee des Lebens« aus eigenen Mitteln ein äußerst wertvolles Bildermaterial zusammenbrachte, ebenso wie es Elisarion von *Kupffer* für seine »Seelen- und Kunststudie« tat, die er (im neunten Jahrbuch) der künstlerischen Persönlichkeit des Malers Giovanni Antonio *Bazzi* (1477-1549) widmete, der von vielen seiner Bewunderer nicht mit Unrecht für einen zweiten *Rafael* gehalten, den ihn von seinen Neidern beigelegten Spottnamen *il Sodoma* »in stolzer Bewußtheit seines ursprünglichen Empfindens und in souveräner Verachtung gegen eine beschränkte Welt- und Naturerkenntnis« trotzig aufgriff und führte, um unter ihm bis heute fortzuleben.

Den uns oft gemachten Vorschlag, unsere periodischen Publikationen, vor allem die Monatsberichte und Jahrbücher, durch Aufnahme von Anzeigen rentabler zu gestalten, lehnten wir grundsätzlich ab, um das Komitee nicht in den natürlich gleichwohl fälschlicherweise geäußerten Verdacht eines »Geschäftsunternehmens« zu bringen. Wie erklärt sich aber nun wohl dieser fehlende Gemeinschafts- und Opfersinn der Homosexuellen, ihr erstaunlicher Mangel an Korpsgeist und Solidaritätsgefühl? Ich habe darüber oft nachgedacht. Sind hier nur Furchtsamkeit und Sparsamkeit, Mutlosigkeit und Hoffnungslosigkeit am Werke? Ist es der nicht selten angeführte engstirnige Gesichtspunkt, mit der Verbreiterung des Wissens über die Wesenheit der Homosexuellen wachse die Wahrscheinlichkeit, als ein »solcher« erkannt zu werden? Ist es nichts weiter als das, was der österreichische Dichter *Auersperg* das schläfrig-lahme Scheusal der Gleichgültigkeit genannt hat, oder verdienen die Homosexuellen, die Adolf *Brand* als »Eigene« bezeichnet, diesen Namen auch insofern, als jeder von ihnen seine »eigenen« Wege geht, seine »eigenen« Ziele verfolgt und seinen »eigenen« Kopf hat, so daß sie sich darum so schwer »unter einen Hut bringen« und zu einer einheitlichen Bewegung zusammenfassen lassen, zu einer Organisation, in der nicht ein oftmals an Eigensinn grenzender Eigenwille, sondern nach parlamentarischem Brauch die Meinung der Mehrheit entscheidet.

Tatsächlich sind die Homosexuellen unter sich hinsichtlich ihrer Welt- und Lebensauffassung, ihrer Interessen und Charaktereigenschaften noch sehr viel mannigfaltiger beschaffen als die Heterosexuellen. Sollte aber nicht trotzdem die Gemeinsamkeit der Leiden, der Verkennung, der lebenswichtigsten Empfindungen und Wünsche ungleich schwerer in die Waagschale fallen, als alle sonstigen Unterschiede. Ist denn nicht in einer Zeit, in der sich in allen Ständen und Schichten die Menschen zwecks Wahrnehmung und Erreichung von Verbesserungsmöglichkeiten ihrer Lage sammeln, in der sich nahezu alles in Genossenschaften und Gewerkschaften, Bünden und Verbänden gruppiert und organisiert, die gleiche Artung, Fühlung und Strebung, kurz die verwandte Konstitution ein ebenso starker, ja vielleicht noch stärkerer Kitt als dasselbe Geschäft und Gewerbe, die gleiche Abstammung und Ansässigkeit?

Sollte nicht jeder Homosexuelle, der weiß, daß ein Artgenosse um genau derselben Handlung willen, die er selbst Woche für Woche straflos begeht, in einem Gefängnis schmachtet, es als innere Pflicht ansehen, für die Freiheit, zum mindesten aber für die Straffreiheit aller Homosexuellen einzutreten; sollte nicht jeder die Schande, die einem andern widerfährt, um des Gefühls willen, das auch ihm selbst innewohnt, als eine auch ihm angetane Schmach mitempfinden; sollte er nicht die Vergehen und Verbrechen, denen ein fremder Urning um seiner Homosexualität willen ausgesetzt ist, als auch an ihm und seiner Natur verübt erachten? Das Damoklesschwert, das gestern auf das Haupt seines sexuellen Nachbars jählings herniederfiel, kann ebenso unerwartet und unvermutet morgen ihn treffen, das Pulverfaß, auf dem der eine wie der andere sitzt, kann jede Stunde explodieren, wenn Niedertracht und Zwietracht den Funken hineinschleudern, der genügt, um das scheinbar Unscheinbare in hellem Schein aufleuchten zu lassen.

Das Sonderbarste ist, daß selbst diejenigen, welche die Gefahr aus unmittelbarster Nähe kennengelernt haben, ihr kaum entronnen, alle guten Vorsätze zu vergessen pflegen, um in die gleiche »Reserve« zurückzufallen. Ein Beispiel für viele: eines Tages suchte mich in früher Morgenstunde Prinz X., einer der reichsten Magnaten Deutschlands auf. Er befand sich in Erpresserhänden. Ein junger Bursche vom Lande, der kurze Zeit auf einer seiner Besitzungen als Diener beschäftigt war, hatte ihm recht häßliche Briefe geschrieben, die sehr bedrohlich lauteten und mit dem dringlichen Konditionalsatz schlossen, daß wenn er nicht binnen zweimal vierundzwanzig Stunden 25 000 Mark erhalten würde, er sofort ... Prinz X. war über dieses Verlangen und seine Begründung auf das äußerste beunruhigt; er sei zu mir gekommen, um mir 25 000 Mark zu überbringen, mit denen ich den Erpresser zu beschwichtigen versuchen solle, doch lege er größten Wert darauf, von diesem dafür die »eidesstattliche Versicherung« zu erhalten — ein übrigens gesetzlich ganz wirkungsloses, wenn auch als Schutzmittel gegenüber Kenntnislosen oft nicht unwirksames Dokument —, daß sich Empfänger verpflichte, hierfür Seine Durchlaucht niemals wieder, sei es schriftlich oder mündlich, direkt oder indirekt, zu behelligen. Ich legte dem Prinzen dar, daß es eine klügere Taktik sei, das Geld zu behalten. Erpresserfeldzüge endigten natur- und erfahrungsgemäß nie mit der wenn auch nur teilweisen Bewilligung, sondern immer mit der energischen Ablehnung einer Forderung; in dem Duell zwischen Erpresser und Erpreßten käme es nur darauf an, wer das dickere Fell und die stärkeren Nerven habe. Ich hoffe zuversichtlich, daß ich ihn aus den Fangarmen des Erpressers auch ohne die bereitgestellte, für die damalige Zeit recht stattliche »Abfindung« werde befreien können. Gesagt, getan. Ich suchte den Erpresser auf, der sich anfänglich zwar nach Art dieser Leute heftig sträubte und recht wild gebärdete, allmählich aber so in die Enge getrieben wurde, daß er ganz klein »ins Mauseloch kroch«, wehmütig und demütig um Vergebung bat und unter Verzicht jeglicher »Entschädigung« alles, was man von ihm begehrte, zu unterschreiben bereit war, wenn man ihn nur auf freiem Fuße ließe.

Als ich Seiner Durchlaucht nun die »eidesstattliche Versicherung« in sein Palais überbrachte, war er heilfroh, lobte unser geschicktes Vorgehen über alle Maßen und konnte nicht Worte genug seines »vorläufigen« Dankes finden. »Nachläufig« erhielt ich ein Schreiben, das nicht von seiner Hand, sondern von der eines seiner Beamten herrührte. Darin stand, daß Seine Durchlaucht den Auftrag gegeben hätte, mir für die ihm geleistete Hilfe höchstseine Anerkennung auszusprechen. Zum Zeichen seines Dankes wollte er unsere humanitären Bestrebungen fördern und bitte, für diesen Zweck den beigefügten Betrag von einhundert Reichsmark zu verwenden. Um eine lehrreiche Erfahrung reicher, packte ich den Hundertmarkschein sofort wieder in das erhaltene Schreiben ein und fügte brevi manu hinzu: es gäbe Situationen, in denen es eine größere Genugtuung gewähre, »fürstliche« Belohnungen auszuschlagen als anzunehmen. Eine solche Situation läge hier vor. So dringend wir für die Herstellung und unentgeltliche Verbreitung der damals gerade im Druck befindlichen Aufklärungsschrift »Was soll das Volk vom dritten Geschlecht wissen?« Mittel benötigten, so zöge ich es dennoch vor, daß Seine Durchlaucht die 100 Mark statt unserm Kampffonds, seinem von uns bereits um 25 000 Mark vermehrten Sparfonds einverleibe.

Warum nenne ich diese Erfahrung lehrreich? Weil sie zeigt, daß das alte lateinische Sprichwort »post morbum medicus olet« (ich möchte es frei übersetzen: »man mag den Arzt nur im, nicht nach dem Leiden leiden«) auch für die persönlichen Helfer in homosexuellen Nöten Geltung hat. Fast könnte man sagen: Die Zuverlässigkeit der meisten in Gefahr befindlichen Menschen steht im umgekehrten Verhältnis zu der Größe ihrer Zukunftsversprechungen. Dies bezieht sich aber keineswegs nur auf die Homosexuellen. Von Hause aus vertrauensselig — es nicht zu sein, fällt mir auch heute noch schwer —, habe ich mich in der Schule des Lebens überzeugen müssen, daß die gegenteilige Empfindungs- und Handlungsweise richtiger und praktischer ist. Seit der Geschichte mit dem Prinzen X. habe ich es mir zur Regel gemacht (die freilich immer noch keine Regel ohne Ausnahme ist), daß der Reiche, der Hilfe heischt, auf dem Altar der Wissenschaft und Humanität ein Opfer bringen soll, nicht für mich, sondern für die Bewegung, aber auch für die vielen Armen, die nicht dazu imstande sind.

Adelskreise

Besonders unter den Angehörigen regierender Häuser, den Herren bei Hofe und den fürstlichen und gräflichen Mitgliedern des Hochadels gab es immer viele Homosexuelle, die der Meinung zu sein schienen, mit ihnen reden und ihnen beistehen zu dürfen sei an und für sich schon »Lohn, der reichlich lohnet«. In der zweiten Hälfte des vorigen und zu Beginn dieses Jahrhunderts fand sich von den größten deutschen Bundesstaaten Preußen, Bayern, Württemberg bis zu den kleinsten wohl kaum eines, in dessen Herrscherfamilie nicht, sei es in der Haupt-, sei es in Nebenlinien, wenigstens ein Urning vorhanden war. Als unser Komitee gegründet wurde, waren die beiden homosexuellen Könige von Bayern und Württemberg schon einige Jahre tot; *Ludwig II.* war im Juni 1886 in den Fluten des Starnberger Sees ertrunken, *Karl I.* war 1891 verstorben.

Über das differenzierte Seelenleben des romantischen Bayernkönigs habe ich mich bereits 1897 in einem Artikel (in Nr. 329 des »Hausdoctor«) ausgesprochen, als seine einstige Base und Braut, Prinzessin *Sophie* von Alençon (Schwester der anmutigen Kaiserin *Elisabeth* von Österreich und *Marie*, der letzten Königin von Neapel, die ich noch während des Krieges in einem Münchner Hotel sah), bei einem Bazarbrand in Paris ums Leben kam, sie durch Feuer so wie er im Wasser. In jenem Aufsatz erinnerte ich an den Weihnachtsabend, an welchem *Ludwig*, kurz vor seiner, den Eltern und Zeitgenossen ganz unfaßbaren Entlobung, seiner Braut tiefschweigend im Spiegel des Sees den ihr zu Ehren angezündeten Lichterbaum zeigte: Feuer und Wasser, die beiden wohl aufeinander reflektierenden, aber nicht reagierenden Elemente, gleichsam wie ein Symbol ihres zukünftigen Lebens und Sterbens.

Aus der Umgebung *Karls I.* lernte ich verschiedene Urninge kennen, die bei dem Hofskandal zugegen waren, der in den achtziger Jahren mit der dem König abgerungenen Entfernung einiger junger Amerikaner aus seiner Nähe und der Residenz endete. Zu denen, die damals eiligst die Hauptstadt verließen, gehörte auch Baron N. N., einer der kuriosesten Weiblinge, die mir jemals begegnet sind. Kurz nach Beginn dies Krieges traf ich ihn einmal ganz aufgelöst unter den Linden. »Was sagen Sie nur zu diesem entsetzlichen Kriege und haben Sie schon von meinem Malheur gehört?« Mit diesen Worten stürmte er auf mich ein, so daß ich zunächst nichts anderes dachte, als daß ein ihm nahestehender Freund oder Verwandter gefallen sei. Bevor ich ihm meine Anteilnahme ausdrücken konnte, sprudelte er aber schon weiter: »Denken Sie nur, lieber Doktor, gerade für diese Wintersaison hatte ich mir eine neue Robe schneidern lassen, aus roter Seide mit schwarzem Samt, echten Spitzen und langer Courschleppe, da kommt nun dieser furchtbare Krieg, und die Bälle werden verboten. Ist das nicht schrecklich!« Dieser extreme Weibmann war zugleich einer der kunstsinnigsten, geschmackvollsten, gutmütigsten und in der Verwundetenpflege aufopferndsten Menschen.

Wenn auch die Gerüchte, die über manchen Landesvater und seine Familienangehörigen oft weit über homosexuelle Kreise hinaus in Umlauf waren, keineswegs immer den Tatsachen entsprachen, es gab immer noch genügsam außerhalb der Gesetze stehende Persönlichkeiten, denen es kraft ihrer Geburt ohne Preisgabe ihrer selbst ein leichtes gewesen wäre, das Schicksal ihrer Schicksalsgenossen zu wenden. Freilich war der höfische Geist, die prüde und devote Atmosphäre, die während der sexuellen Aufklärungsepoche in höheren Regionen herrschte, einem freien Wort und kühnen Bekenntnis nichts weniger als förderlich. Oft nahm ich Gelegenheit, namentlich in den zehn Jahren von der Komiteegründung bis zum *Eulenburg*fall, in denen ich so viel mit Herren in Berührung kam, die vermöge ihrer Stellung und Intelligenz zu dieser Aufgabe gut geeignet schienen, darauf hinzuweisen, wie notwendig zur Vermeidung sonst unausbleiblicher Skandale eine rechtzeitig sachgemäße Orientierung der maßgebendsten Stellen sein würde. »Es ist ganz unmöglich«, wurde gewöhnlich erwidert, »Majestät gestattet nur Besprechung von Gegenständen, nach denen sie fragt, oder die von ihr selbst aufs Tapet gebracht werden.«

Mag dem auch so gewesen sein, hätte nicht gleichwohl ein so geschickter und gescheiter Mann wie Philipp *Eulenburg,* des Kaisers vertrautester Duzfreund, als lange vor seiner eigenen Affaire sein Bruder Friedrich Botho — schon *Meerscheidt-Hüllessem* wies in seiner unterdrückten Denkschrift auf die Häufigkeit homosexueller Brüderpaare innerhalb der Aristokratie hin — in eine homosexuelle Unannehmlichkeit geriet, die zu seiner Maßregelung führte, sich ein Herz fassen und seinem Gönner und häufigen Gast sagen können: »Was mein Bruder Fritz tat, entspringt keiner schlechten Gesinnung, keinem bösen, geschweige denn einem verbrecherischen Willen, sondern einer unverschuldeten, auf die Dauer meist unbezwinglichen Triebanlage.« Hätte nicht ebenso der homosexuelle Herzog von *Anhalt* sprechen können, als zu gleicher Zeit sein Bruder *Aribert* mit seinem Adjutanten Knall und Fall von ihrem Berliner Dragonerregiment Abschied nehmen mußten und das meist mehr von zersetzendem Spott als von versöhnendem Humor erfüllte Witzblatt »Kladderadatsch« ihnen ironisch die damals vielzitierten Worte nachrief: »O, wie bitter ist der Schmerz, wenn ein warmes Bruderherz muß von dannen ziehen.«

Ich für meinen Teil habe *Eulenburg* diese Unterlassung gegenüber seinem leiblichen Bruder und seinen geistigen Brüdern mehr verdacht, als jene folgenschwere Aussage, die ihn dann im weiteren Verlauf des Prozesses von seinem Liebenberger Stammschloß in das Moabiter Untersuchungsgefängnis führte. Wer, wie Dr. *Kopp* und ich, die wir dem zweiten *Moltke-Harden*prozeß als Sachverständige beiwohnten, unmittelbarer Zeuge jener Seelenmarter war, die *Eulenburgs* Mienen widerspiegelte, bevor sich seinen Lippen auf die vom Oberstaatsanwalt *Isenbiel* gestellte Gewissensfrage das verhängnisvolle »Nein« entrang, wird zugeben müssen, daß zwar nicht juristisch formalistisch, aber rein menschlich gesehen, die namenlosen Folterqualen jener Stunde ihre Schuld mehr als genügend sühnten.

Jahre zuvor, lange ehe an diese Katastrophe zu denken war, hatte ich meine mahnende Stimme erhoben. Es war in den Frühjahrsmonaten von 1903, als im Anschluß an verschiedene sensationelle Vorfälle im In- und Auslande von einer Gruppe homosexueller Heißsporne wieder einmal lebhaft die Meinung vertreten wurde, man solle sich doch der mühevollen wissenschaftlichen Auseinandersetzungen entschlagen, »der Weg über Leichen« führe viel leichter und rascher zum Ziel. Hochgestellten Homosexuellen pflegten gewöhnlich schon die leisesten Andeutungen der Möglichkeit einer solchen Kampfmethode einen heillosen Schrecken einzujagen. Zitternd und schlotternd kamen sie zu mir und beschworen mich, meinen ganzen Einfluß gegen diese extreme Richtung geltend zu machen. Ganz richtig hatte sich *Moll*, dessen Involutionsperiode damals noch nicht begonnen hatte, zu diesem Punkte in der »Zukunft« (Nr. 50, 1902) wie folgt geäußert: »Jedem, der die Bewegung zur Aufhebung des § 175 fordern will, kann nur geraten werden, auf dem beschrittenen Wege fortzufahren. Den Homosexuellen wird manchmal auch von wohlmeinender Seite der Vorwurf gemacht, sie agitierten zu viel. Was aber sollen sie tun? Wenn sie nicht agitieren, erreichen sie ihr Ziel niemals. Sie hätten dann höchstens nur einen andern Weg: sie müßten suchen nach Art eines rücksichtslosen Feldherren oder Politikers über einen Berg von Leichen ans Ziel zu kommen. Sie brauchten nur die Namen von Männern öffentlich zu nennen, deren Homosexualität notorisch und jeden Augenblick zu beweisen ist. Sicher würde dann mancher, der die Homosexualität aus tiefster Seele verabscheut, der aber Homosexuellen, ohne deren Neigung zu kennen, nahesteht, über die Enthüllungen erstaunt sein.

Mancher hohe Beamte, mancher einflußreiche Politiker würde sich schließlich verwundert sagen: 'Ich glaubte stets, die Homosexuellen seien das elendste Pack der Welt, nun höre ich aber, daß mein Neffe, mein Sohn, mein Freund gleichgeschlechtlich verkehren. Und er ist doch ein so braver, ausgezeichneter Mensch. Wenn er auch so ist, dann muß man doch anders über die Sache denken...' Dieser Standpunkt wäre rücksichtslos und zahllose Existenzen würden dabei sozial vernichtet werden. Einflußreiche Personen aber würden dadurch unmittelbar für die Sache interessiert und ein schneller Erfolg wäre mehr als wahrscheinlich. Trotzdem wäre solches Vorgehen entschieden zu tadeln.«

Damals — 1903 — schrieb ich (fünftes Jahrbuch, S. 1320): »Die homosexuellen Herren bei Hofe mögen sich keinen Beunruhigungen hingeben. Der langsamere Weg der wissenschaftlichen Forschung und Aufklärung führt auch zum Ziel. Wir wollen aber nicht unterlassen, diese Herren darauf aufmerksam zu machen, ein wie hohes Verdienst sie sich erwerben würden, wenn sie z.B. auf einer Nordlandsreise Gelegenheit nehmen würden, den Kaiser über Wesen und Verbreitung der Homosexualität zu informieren. Mögen die Herren bedenken, in welche Unannehmlichkeiten sie nicht nur sich selbst, sondern auch den Kaiser durch einen sie betreffenden Skandal bringen, vor dem, wie leider die Fälle *Hohenau* und *Krupp* gezeigt haben, selbst die dem Thron zunächst Stehenden nicht gesichert sind.

Nicht lange nach diesem Artikel suchte mich ein Herr aus der Hofgesellschaft glückstrahlend auf. Er habe den Kaiser informiert. Wie Ulrich von *Hutten* dürfe er von sich sagen: »Ich hab's gewagt!« Leicht sei es ihm zwar nicht gefallen, um der Sache willen aber habe er seinen Vorsatz ausgeführt. Nur zu bald sollte meiner freudigen Überraschung und Spannung die Enttäuschung folgen. Für das, was diese Herren der strengen Etikette am Hofe von Berlin dazumal für eine mutige Tat der Aufklärung ansahen, ist diese Episode zu bezeichnend, als daß ich sie meinen Lesern vorenthalten könnte. »Gestern auf dem Hofball«, fuhr Graf W. in seiner Erzählung fort, »bot sich mir endlich die ersehnte Gelegenheit. Als ich die Majestäten begrüßte, streckte mir der Kaiser die Hand entgegen und sagte: 'Nun, mein lieber Graf, wann stellen Sie uns denn endlich Ihre gräfliche Gemahlin vor?' Darauf habe ich geantwortet: 'Majestät, es gibt Menschen, die zur Ehe ungeeignet sind.'« »Nun, und?« fragte ich. »Und?« erwiderte Graf W. einigermaßen erstaunt und gekränkt, daß ich diese Information über das gleichgeschlechtliche Problem denn doch für allzu knapp und einseitig erachtete.

Trotzdem sich dieser Graf bei Hofe größter Beliebtheit erfreute — seine zeremonielle und distinguierte Art wurde von denen, die ihren femininen Ursprung und Charakter nicht erfaßten, für den Gipfel der Vornehmheit gehalten — schlug auch seine Schicksalsstunde. Er hatte der Kaiserin *Friedrich*, deren Kammerherr er war, besonders nahe gestanden. Als diese an dem gleichen Krebsleiden erkrankte, dem ihr Mann nach dreimonatlicher Regierung zum Opfer gefallen war, nur in einer viel schmerzhafteren Form mit jauchigem Zerfall an der Brust, diente ihr W. mit rührenden Treue als Krankenpfleger, legte beim Verband selbst Hand an und scheute keine Mühe, ihr das gräßliche Siechtum erträglicher zu gestalten. Als nun ihre Sterbestunde nahte, bat sie ihren kaiserlichen Sohn, dem Grafen zu vergelten, was er ihr Gutes getan, vor allem ihm sein wohnliches Heim zu belassen, das ihm in einem der Krone gehörigen Palais in Berlin eingeräumt war.

Einige Jahre später wurde unglücklicherweise in Verbindung mit den homosexuellen Hofskandalen auch der Name des Grafen W. genannt. Bei einer bei *Eulenburg* vorgenommenen Haussuchung hatte man Bücher homosexuellen Inhalts gefunden, die er auf Befragen angab, vom Grafen W. erhalten zu haben. Im Ermittelungsverfahren gegen *Eulenburg* gab W. dem Untersuchungsrichter diese Tatsache zu und leugnete auf eine weitere Frage auch nicht, homosexuell veranlagt zu sein. Dies wurde dem Kaiser gemeldet, der daraufhin den überaus zartbesaiteten, wahrhaft edlen Mann als »Schwein« bezeichnete und ihm befahl, binnen wenigen Stunden die ihm zur Verfügung gestellte Wohnung zu verlassen. W., in dessen ausgebreiteter Verwandtschaft im märkischen Uradel ich später noch mehrere Urninge kennenlernte, unter denen ich namentlich einem seiner Neffen während des Krieges wiederholt als kriegsgerichtlicher Sachverständiger zur Seite stehen durfte, verließ in stummem Schmerz die ihm so teure Stätte. Gedachte er der Fürbitte, die eine Mutter auf dem Totenbette für ihn an ihren Sohn gerichtet hatte, gedachte er der Worte, die ihr Gatte auf seinem Sterbelager sprach: »Lerne leiden ohne zu klagen«, oder dachte er der Genossen, die um des gleichen Seelenzustandes willen in noch schlimmere Lagen gekommen waren?

Auch dieser Vorfall bestätigte so recht die Richtigkeit dessen, was ich etwa ein Jahr vor dem Ereignis in einem Aufsatz zum Ausdruck gebracht hatte, der in einer Berliner Wochenschrift unter dem Titel »Wessen Schuld?« erschienen war. Damals, kurz nach dem ersten *Harden*prozeß, schrieb ich: »Die Schuld, daß es zu diesem Eklat gekommen ist, liegt meiner Meinung nach daran, daß man die Sturmzeichen, das Wetterleuchten zu wenig beachtet hat, die deutlich genug das kommende Ungewitter anzeigten. Seit zwanzig Jahren sind es namentlich deutsche Gelehrte gewesen, die immer wieder auf das homosexuelle Problem hingewiesen, auseinandersetzten, daß es sich hier nach Zahl und Art um eine nicht zu unterschätzende Menschenklasse handelt, daß die Strafbestimmungen auf falschen Voraussetzungen beruhen und einer Revision dringend bedürfen. Es ereigneten sich Beispiele, die der breitesten Öffentlichkeit förmlich zuriefen: 'Merkt auf! Prüft nach!' Alfred *Krupp* starb, weil man behauptete, er sei homosexuell. Ob es wahr ist oder nicht, ob er eines natürlichen Todes starb oder nicht, möge dahingestellt bleiben. Anerkannt ist aber von allen Seiten, daß er an der Behauptung der Homosexualität zugrunde ging. Kurze Zeit darauf schoß an der Hedwigskirche in Berlin in furchtbarer Verzweiflung der Landgerichtsdirektor *Hasse* auf seinen Erpresser, der ihm unter der Drohung, seine Homosexualität zu enthüllen, um sein ganzes Vermögen und sein Lebensglück gebracht hatte. Und wieder ein Jahr später stürzte sich der vielfache Millionär *Israel* ins Wasser, weil ein Verfahren gegen ihn eingeleitet war, in dem die von einem Erpresser behauptete Homosexualität eruiert werden sollte. Dazwischen liegen zahlreiche andere Vorfälle, die zwar nicht so großes Aufsehen erregten, aber doch in weitesten Kreisen besprochen wurden, wie die Verbannung des Grafen Fritz von *Hohenau*, der den Mut gehabt hatte, seinen Erpresser dem Gericht zu übergeben; die Auffindung des Freiherrn von *Fürstenberg* im Schloßteich, gleich nach der Heimkehr von seiner Hochzeitsreise; der furchtbare Selbstmord des Gardehauptmanns von *Tschirsky*, der sich am Morgen des Tages, an dem er sich wegen der ihm von einem Unteroffizier nachgesagten Homosexualität verantworten sollte, vergiftete; der Verzicht des Prinzen *Friedrich Heinrich* auf die Herrenmeisterschaft im Johanniterorden wegen der Gerüchte über seine homosexuelle Anlage und noch eine sehr große Anzahl kleiner Ereignisse, die alle das homosexuelle Problem berühren.«

»Vielleicht« — so fuhr ich damals fort — »wird man sagen: Diese Häufung von Fällen zeigt doch klar und deutlich, wie die Entartung des deutschen Volkes, besonders in den höheren Schichten um sich greift. Das ist ein Trugschluß! Die Homosexualität ist heute nicht häufiger als zu irgendeiner früheren Zeit. Sie kommt in den oberen Schichten nicht öfter vor, als in irgendeiner anderen und ist in Deutschland nicht verbreiteter als in irgendeinem anderen Lande. Was sich geändert hat, ist die größere Publizität und bessere Beurteilung dieser Katastrophen. Viele Fälle, die früher als Selbstmorde aus unbekannten Gründen, Ehescheidungen auf Grund unüberwindlicher Abneigung, als Sonderlingtum rubriziert wurden, werden jetzt richtiger erkannt und eingereiht. Eins aber ist sicher! Diese Konfikte und Skandale werden nicht mehr aufhören, sie werden sich wiederholen, bis das Problem der Homosexualität die Lösung gefunden hat, die der Wahrheit, dem Recht und der Moral entspricht. Dafür sorgen schon die immer noch zahlreichen Menschen, welche die wissenschaftliche Forschung auf diesem Gebiet — die große Mittlerin aller Dinge — negieren, teils, weil sie sie nicht anerkennen wollen, teils, weil sie sich von ihr zu langsame Hilfe versprechen.«

Mit dem Prinzen *Friedrich Heinrich* verfuhr der Kaiser übrigens etwas glimpflicher, als mit den Grafen W., *Lynar, Hohenau* u.a., die, solange ihre Homosexualität unbekannt war, hoch in Ehren standen, sobald sie aber bekannt wurde, schimpflich vom Hofe verbannt wurden, als ob sie nicht vor und nach der Erkenntnis ihrer Persönlichkeit ganz dieselben Menschen gewesen wären. Vielleicht war es sogar gerade die Auswirkung ihrer anpassungsfähigen, mittlerisch-konziliianten Urningsart, die sie den Unwissenden ebenso sympathisch, wie den Wissenden unsympathisch machte. *Friedrich Heinrich* war ein Sohn des Prinzregenten *Albrecht von Braunschweig*, dessen Nachfolger in der Großmeisterschaft des Johanniterordens er werden sollte. Stiefbrüder seines Vaters aus einer zweiten Ehe waren die beiden urnischen Brüder *Hohenau*. Nachdem der immer als besonders fromm bekannte *Friedrich Heinrich* dem Kaiser sein Herz ausgeschüttet hatte, soll dieser »Armer Junge« gesagt und ihm anempfohlen haben, sich heilen zu lassen. Seines Postens als Oberst der Schwedter Dragoner entsetzt, begab er sich nach Florenz, wo er sich bei einem evangelischen Pfarrer einer Kur unterzog, die wohl auf eine Art Gesundbeterei hinauslief. Hier in Florenz sah ich ihn einige Jahre vor dem Kriege, hatte aber nicht den Eindruck, daß er »geheilt« sei. Bei Ausbruch des Weltkrieges meldete er sich wie fast alle in Friedenszeiten aus homosexuellen Gründen entlassenen Offiziere sogleich als Kriegsfreiwilliger, wurde als gemeiner Soldat angenommen, bewährte sich im Schützengraben, brachte es aber, soviel ich weiß, im Gegensatz zu sehr vielen »Kompromittierten«, die rasch wieder die silbernen Tressen bekamen, nur bis zum Unteroffizier.

Als Großmeister des Johanniterordens bestimmte der Kaiser statt des Prinzen *Friedrich Heinrich* den noch jetzt in dieser Stellung befindlichen Prinzen *Eitel Friedrich*. Vielfach wurde damals geäußert, er sei mit dieser Wahl »aus dem Regen in die Traufe« gekommen. Gerade dieser Fall scheint mir aber ein gutes Beispiel für meine obige Behauptung zu sein, wie intensiv sich oft ohne Grundlage auf vage Vermutungen hin, das Gerede verbreitet, eine in breiter Öffentlichkeit stehende Persönlichkeit sei homosexuell. Seit zwanzig Jahren kursiert nun wohl schon sowohl in hetero- als homosexuellen Kreisen über den zweiten Sohn des letzten Kaisers dieses Gerücht. Geht man aber dem »man sagt« und »er soll ja auch« näher nach, so stellt sich bald heraus, daß, wenn überhaupt Anzeichen genannt werden, diese mehr als unzuverlässig sind.

Die Zahl der Urninge ist wahrlich groß genug, als daß sie einer Übertreibung durch erdichtete oder auch nur fragliche Fälle bedürfe.

Bei weitem am nächsten von allen Hohenzollern stand unserm Komitee der Prinz *Georg von Preußen*. Als er am 4. Mai 1904, sieben Jahre nach Gründung unseres Komitees im siebenundsiebzigsten Lebensjahr verschied, betrauerten wir seinen Verlust als den eines unserer wertvollsten Förderer, wertvoll mehr noch wie in materieller in ideeller Hinsicht. Auf seine unmittelbare Veranlassung hatte Ernst von *Wildenbruch*, der selbst einer hohenzollernschen Nebenlinie entstammte, unsere Petition, die die gesetzliche Gleichstellung homosexueller und heterosexueller Männer und Frauen forderte, unterzeichnet. Lebhaft erinnere ich mich noch jenes Morgens in Charlottenburg, als wir mit der gleichen Post die ersten Unterschriften von zwei Nichtärzten erhielten, herrührend von August *Bebel* und Ernst von *Wildenbruch*. Friedlich trafen sie sich auf meinem Schreibtisch und dennoch, welche Gegensätze schlossen ihre Namen ein! Ihr gleichzeitiges Eintreffen erschien mir damals und erscheint mir auch noch heute als ein Symbol, daß es sich in dieser Frage nicht um eine Parteifrage, sondern um eine Kultur- und Menschheitsangelegenheit handelt, die im Grunde genommen nichts mit politischer oder religiöser Zugehörigkeit, um so mehr aber mit dem allgemeinen sittlichen und geistigen Hochstand der Menschen zu tun hat.

Welche Gegensätze: *Wildenbruch*, der Potsdamer Kadett, 1845 als Sohn eines preußischen Konsuls in Syrien geboren, allmählich vom Hilfsarbeiter im Auswärtigen Amt bis zum Legationsrat aufrückend, seit Heinrich von *Kleists* Tod der erste dramatische Bearbeiter preußischer Geschichtsvorgänge, Verfasser der »Karolinger« und »Quitzows«, aber auch des »Hexenliedes«, des »Mennoniten«, des »Meisters von Tanagra«, einer Künstlergeschichte aus Alt-Hellas, sowie des Trauerspiels »Christopher *Marlowe*«, das jenen Vorläufer *Shakespeares* behandelt, dessen homosexuelles Drama »*Edward II.*« — es schildert die leidenschaftlich zu seinem Untergang führende Liebe dieses englischen Königs zu *Gaveston* — neuerdings wieder in Prag auf die Bühne gebracht wurde und demnächst auch in Berlin aufgeführt werden soll — *Bebel* dagegen aus Köln a. Rh., wo er 1840 zur Welt kam, anfangs Besucher einer Dorf-, dann einer Bürgerschule, später Drechslermeister, zweimal zu neun Monaten Gefängnis verurteilt, einmal wegen Beleidigung des deutschen Kaisers und einmal wegen Geheimbündelei, nebenbei auch noch zu zwei Jahren Festung wegen versuchten Hochverrats, trotz alledem der auch außerhalb seiner Partei sehr geschätzte, begabteste Führer der deutschen Sozialdemokratie, Verfasser vieler politischer Schriften, wie »Der deutsche Bauernkrieg«, »Christentum und Sozialismus«, »Die Sonntagsarbeit«, »Charles *Fourier*« und vor allem des in zahlreichen Auflagen erscheinenden Werkes »Die Frau in der Vergangenheit, Gegenwart und Zukunft« — in dieser Frage waren sie eines Sinnes. *Wildenbruch* begleitete seine Unterschrift mit einem sehr ausführlichen Briefe, der mit den Worten begann: »Ich beeile mich, die ernste Aufforderung zu beantworten, die Sie an mich richten — eine ernste Aufforderung, denn ich glaube, daß die Unterzeichner des Aufrufes zur Beseitigung genannter Strafbestimmungen sich der Gefahr aussetzen, von der Dummheit und der Böswilligkeit mit verleumderischen Reden verfolgt zu werden; dennoch erscheint es mir unmöglich, den Aufruf nicht zu unterschreiben.« *Bebel* hingegen, den ich bereits seit meiner Berliner Studentenzeit — 1890 — persönlich gut kannte — er war in diesem Jahre zu dauerndem Aufenthalt von Leipzig nach Berlin (Schöneberg) übergesiedelt —, fügte einen kurzen Zettel bei mit der Bitte, ihn »sobald wie möglich zur Rücksprache in dieser wichtigen Angelegenheit zu besuchen.«

Beide Männer waren sicherlich auf Grund streng sachlichen Durchdenkens der sexuellen Probleme zu der Überzeugung gelangt, der sie uns gegenüber Ausdruck gaben; daneben kamen für beide aber auch persönliche Gründe in Betracht, nicht als ob sie durch eigene Veranlagung an der Aufhebung des Gesetzes interessiert gewesen wären — das Gegenteil war der Fall —, wohl aber waren beide mit Menschen in Berührung gekommen, die ihnen überaus verehrungswürdig erschienen und denen sie nicht nach Kenntnis ihrer homosexuellen Natur die Treue brachen, weil sie den in solchen Fällen allein logischen Schluß zogen: nicht die Beurteilung der erprobten Freunde durch sie selbst, sondern die bislang übliche der Homosexuellen müsse irrtümlich sein.

Bei *Wildenbruch* waren die Personen, um die es sich hier handelt, vor allem Prinz *Georg von Preußen*, außerdem der ihm damals in geistiger Freundschaft noch sehr nahestehende Dicher Richard *Voß*, eine wahre *Platen*natur, auf dessen Verbindung mit unserem Komitee ich später noch zurückkommen werde; bei *Bebel* war es in erster Linie Johann Baptist von *Schweitzer*, der Nachfolger Ferdinand *Lassalles* als Präsident des Allgemeinen deutschen Arbeitervereins und sein eigener Vorgänger in der Redaktion des »Vorwärts«, als dieser noch den Titel »Sozialdemokrat« führte.

Schweitzer stammte aus Frankfurt a.M., wo er 1833 als Sproß einer alten katholischen Patrizierfamilie geboren war und sich später als Rechtsanwalt niederließ. Das Recht, eine Anwaltspraxis auszuüben, wurde ihm aberkannt, als er 1862 in Mannheim wegen homosexuellen Verkehrs mit einem Maurer zu einer Gefängnisstrafe verurteilt worden war. Nach ihrer Verbüßung wurde er der hervorragendste Agitator der Sozialdemokratie. Er muß nach allem, was ich von seinen homo- und heterosexuellen Freunden über ihn hörte, ein ganz außerordentlich befähigter Kopf gewesen sein. *Bebel* hielt, trotzdem er von seiner Veranlagung und Bestrafung wußte, große Stücke auf ihn. *Lassalle* aber sagte (vgl. Artikel in der »Frankfurter Zeitung« vom 9.1.1910): »Einem Manne, der eine solche Verfehlung begangen hat, würde ich meine Tochter nicht zur Frau geben (*Lassalle* war unverheiratet, aber Vater einer unehelichen Tochter, die einen Bürgermeister im Rheinland geheiratet hat), im übrigen ist das, was *Schweitzer* begangen hat, Geschmacksache und jedenfalls kein Verbrechen, so daß wir genötigt wären, dieser vorzüglichen Kraft zu entraten.«

Es fügt sich seltsam, daß *Georg von Preußen* und Baptist von *Schweitzer*, trotzdem beide, der eine hoch konservativ, der andere ultraradikal, mindestens ebenso verschiedene Welten verkörperten wie *Wildenbruch* und *Bebel*, gleichwohl recht gute Bekannte waren. Wie kam das? Ein Mittelpunkt des gebildeten Urningtums in Berlin war in den sechziger und siebziger Jahren, bis es im Frühjahr 1883 durch eine Feuersbrunst vom Erdboden verschwand, das Nationaltheater am Weinbergsweg, trotz seiner Lage im sogenannten Vogtland, der eigentlichen Arbeiterstadt Berlins, eine Kunststätte ersten Ranges. Von den Schauspielern waren viele ebenso wie der Direktor G. homosexuell; mit Vorliebe gastierte hier der Hofschauspieler Hermann *Hendrichs*, seit seinen Anfängen als »scharfer Spieler« in »Mutter Gräberts« vorstädtischem Theater, ein Liebling der Berliner auch noch, nachdem er seine Stellung am königlichen Schauspielhaus wegen eines homosexuellen Abenteuers mit einem Soldaten verloren hatte. Ebenso häufig und gern gesehene Gäste waren Clara *Ziegler* und Felicitas von *Vestvali*, die von den Uraniern gleichfalls zu den ihrigen gezählt wurden, besonders die *Vestvali*, die als Hamlet, Romeo und Petruchio (in »Der Widerspenstigen Zähmung«) wahre Stürme der Begeisterung entfesselte.

Im Tunnel des Nationaltheaters herrschte in den Pausen ein reges Leben, in dem für den Kenner ein nicht unbeträchtlicher homosexueller Einschlag unverkennbar war. Allabendlich sah man hier auch den Prinzen *Georg*, wegen seines leutseligen, heiteren Wesens äußerst populär, und oft neben ihm, viel weniger volkstümlich, weil von Natur ein wenig boshaft und durch sein Schicksal verbittert, Herrn von *Schweitzer*. Ihre gewöhnliche Unterhaltung bildete das Theater. Beide waren nämlich im Nebenberuf selbst Dramatiker. *Schweitzer* hatte vor allem ein recht gutes, viel aufgeführtes Volksstück »Leuthen« geschrieben, Prinz *Georg* hatte unter dem Pseudonym *Georg Conrad* zahlreiche Schauspiele veröffentlicht, darunter als wirkungsvollstes eine »*Sappho*«, die er *Grillparzer* widmete. Mehr als in seinen Dramen gibt er sich selbst in einer Art Tagebuch, das er unter dem Titel: »Vergilbte Blätter« ohne Verfassernamen erscheinen ließ. Hierin schreibt er: »Die Liebe ist das Höchste und insofern Unerreichbarste, als wir sie nicht willkürlich hervorrufen können; sie muß über uns kommen, sie ist ein Schicksal. Sie kommt und geht, ohne uns zu fragen.«

Daß seines Schicksals Liebe sich auf das gleiche Geschlecht bezog, bezeugen viele Homosexuelle, die er in seinem in der Wilhelmstraße, gegenüber der Behrenstraße gelegenen Palais empfing. Hier wohnte er mit seinem Bruder, dem gleichfalls unvermählt gebliebenen Prinzen *Alexander*. Sie waren Söhne des Prinzen *Friedrich von Preußen*, eines rechten Vetters Kaiser *Wilhelm I.* Ihre Großmutter war eine Schwester der Königin *Luise*, die geistvolle Prinzessin *Friederike von Mecklenburg-Strelitz*.

Zu den Homosexuellen, mit denen Prinz *Georg* in regem Verkehr stand, gehörte ein Mitglied unseres Komitees, der Schriftsteller Paul *Lietzow*. Diesen, der wie er ein großer Freund alter Bücher und Bilder war, pflegte er mit den humorvollen Worten zu begrüßen: »Nun, was gibts Altes?« In seinen Erinnerungen an den Prinzen erzählt *Lietzow* allerlei, was diesen für unsere Bewegung direkt und indirekt bedeutungsvollen Mann gut charakterisiert. So berichtet er: »Prinz *Georg* war ein eifriger Freund der Juden und des Judentums. Bei den vielerlei Gesprächen, die wir über recht verschiedenartige Themata miteinander führten, brachte der Prinz einst selbst das Gespräch darauf. Niemals habe ich jemand mit größerer Sympathie, Anerkennung, ja Bewunderung über die Juden sprechen und urteilen hören. Er war von großer Menschenliebe erfüllt und hat diese während seines langen Lebens in Wort und Tat bewiesen. Er konnte aber auch in heiligem Zorn erglühen, wo er Unduldsamkeit sah. Daher waren ihm die Antisemiten und deren Agitationen auf das äußerste verhaßt. Wenn von dem Auftreten derselben die Rede war, fand er nicht Worte genug, um seinen Abscheu und Ekel auszudrücken.« In dieser Beziehung glich er völlig dem König *Ludwig II.* von Bayern, mit dem er überhaupt viel gemeinsam hatte. *Lietzow*, der aus dem Leben *Ludwigs II.* ein Spezialstudium gemacht und mir eine umfangreiche Bildersammlung hinterlassen hat, die uns diesen unglücklichen Monarchen von frühester Jugend an durch sein ganzes Leben hindurch bis unmittelbar vor seinem traurigen Ende im Starnberger See in zahlreichen Konterfeis veranschaulicht, vergleicht beide Männer wie folgt: »Beide waren von hoher edler Gestalt. Beider Haupt zierte dasselbe auffallende, üppige, dunkle Lockenhaar, welches ihnen das Gepräge des Südländers verlieh. König *Ludwig* und Prinz *Georg* kauften Unmassen von Büchern an und lasen fast stets und ständig. Beide waren hervorragende Kunstkenner und große Musik-und Theaterfreunde. Beide verabscheuten Krieg und Jagd. Beide schenkten den Tafelfreuden nur sehr mäßige Beachtung. Beide waren gutherzig und wohltätig. Nur in einer Hinsicht waren sie grundverschieden: König *Ludwig II.* war immer freigebig. Er gab leichten Herzens Millionen aus, Prinz *Georg* dagegen war sparsam.«

Anläßlich des fünfundzwanzigjährigen Jubiläums unseres Komitees überreichte mir unser alter lieber Freund, Dichter und Direktor Carl Friedrich *Müller* aus Frankfurt a.M. als willkommene Gabe den Briefwechsel, den er vom 26. Dezember 1872 bis zum 10. März 1888 mit *Georg von Preußen* führte. Heute kam ich endlich dazu, mich genauer in die mit »Georg« unterzeichneten Originalbriefe zu vertiefen. Wieviel Kunstfreudigkeit, wieviel Bescheidenheit, vor allem aber wieviel ungestillte Sehnsucht spiegeln diese Seiten für den wider, der in und zwischen den Zeilen zu lesen versteht.

Unter den zahlreichen Talenten, denen Prinz *Georg* die Wege ebnete, stand sicherlich an erster Stelle Ernst von *Wildenbruch*, den er gewissermaßen als Dichter entdeckte. Er sorgte dafür, daß erstmalig ein Stück von ihm auf die Bühne kam und zwar in dem erwähnten Nationaltheater. Es war *Wildenbruchs* »Mennonit«, aufgeführt vom akademisch-literarischen Verein, dessen Protektor *Georg* war. Zeitweiliger Vorsitzender dieses Vereins war Berthold *Litzmann*, jetzt schon seit langem Professor der Literaturgeschichte in Bonn, ein geistig hochstehender Mann, mit dem ich in den Anfängen unserer Bewegung auch wiederholt über deren von ihm rückhaltlos anerkannte Berechtigung zu sprechen Gelegenheit hatte. So groß nun aber auch die Verehrung und Dankbarkeit war, die *Wildenbruch* dem Prinzen *Georg* zollte, nie würde er sich um dessen willen allein an die Spitze der Petitionsunterzeichner gestellt haben, wenn er nicht von der schweren Schuld überzeugt gewesen wäre, die in Sachen der Homosexualität die Menschen an den Menschen begangen und wieder gutzumachen haben.

Daß aber Männer wie E. von *Wildenbruch*, Gerhart *Hauptmann* und so viele andere der prominentesten Persönlichkeiten mit klangvollsten Namen sich mit der Unterzeichnung unserer Petition begnügten, ohne selbst, allen hörbar, ihre weit tönende Stimme gegen ein von ihnen klar als Unrecht erkanntes Gesetz zu erheben, daß in diesem Rechtsstreit, in dem es sich doch nicht um einen oder zehn, sondern um Tausende und Abertausende handelt, kein Ruhmgekrönter die Führung übernahm, wie es doch in der Geschichte so oft geschah, wenn nur ein einziger Mensch durch Justizirrtum unschuldig verurteilt schien, dies späteren Geschlechtern vielleicht einst Unbegreifliche wird uns begreiflich, wenn wir die Briefe lesen, die etwa um dieselbe Zeit,als unser Komitee begann, der umfassendste und unerschrockenste Schriftsteller jener Tage im geistigen Europa Emile *Zola* in Paris, an unsern französischen Freund, den Marinearzt Dr. *Laupts*, richtete, dessen leider wenig gelesenes Werk über die homosexuelle Frage, »Perversion et perversité sexuelles«, 1896 erschienen war. *Zola* hatte auf das titanenhafte Gemälde hin, das er in den zwanzig Bänden seiner Romanreihe: »Les Rougon-Macquart« von dem Leben, Lieben und Leiden der Menschen, ja sogar auch von dem der Tiere entworfen hat — man denke nur an das alte Grubenpferd Bataille in »Germinal«, die brave Kuh Coliche in »Erde« und die weiße Katze Mihe im »Ventre de Paris« —, auch von verschiedenen homosexuellen Personen Zuschriften erhalten, die dem großen Verfechter der Liebe und Vernichter der Lüge ihr kummervolles Herz auszuschütten das Bedürfnis fühlten.

So bekam *Zola*, wie er *Laupts* mitteilt, eines Tages »le roman d'un inverti« (den »Roman eines Invertierten«), der ihn tief bewegte. »Il me toucha«, schreibt er, »par sa sincérité absolue, car on y sent la flamme, je dirais presque l'éloquence de la vérite.« (»Seine absolute Aufrichtigkeit rührte mich, man fühlt in ihm die Glut, fast möchte ich sagen die Beredsamkeit der Wahrheit.«) Er dachte sogleich daran, das Manuskript zu veröffentlichen, aber bald stellten sich Bedenken ein, die ihn bestimmten, den Plan fahren zu lassen (»abandonner le projet«). In der Begründung dieses Verzichts finden wir nun bei *Zola* dieselben Gedankengänge und Ausdrücke wieder, die wir oben aus *Wildenbruchs* Begleitschreiben anführten: die Furcht, von der Dummheit und Böswilligkeit mit verleumderischen Reden verfolgt zu werden. »Quelle clameur«, ruft er aus, »si je m' étais permis de dire qu' aucun sujet n' est plus sérieux ni plus triste, qu' il y a là une plaie beaucoup plus fréquente et profonde, qu'on n' affecte de la croire, et que le mieux, pour guérir les plaies, est encore de les étudier, de les montrer et de les soigner!« (»Was für ein Geschrei, wenn ich mir zu sagen erlaubt hätte, daß kein Gegenstand wichtiger und trauriger ist, daß es sich hier um eine Wunde handelt, die viel häufiger vorkommt und tiefer geht, als man zu glauben vorgibt, und daß das beste Mittel, um Wunden zu heilen, darin besteht, sie zu studieren, sie aufzuzeigen und zu behandeln!«)

»In einem anderen vertraulichen Briefe« — so fährt *Zola* fort —, »den ich um dieselbe Zeit erhielt, und den ich bedauerlicher Weise nicht wiedergefunden habe, hatte mir ein Unglücklicher den herzzerreißendsten Schrei menschlicher Qual gesandt, den ich jemals vernommen habe. Er verlangte zu wissen, woher diese Verachtung aller stamme, woher diese Bereitwilligkeit der Gerichtshöfe, ihn niederzuschmettern, wo er doch in seinem Fleisch und Blut den Ekel vor dem Weibe, die wahre Liebe zum Manne mit zur Welt gebracht habe. Niemals hat ein vom Dämon Besessener, niemals hat ein dem unbekannten Verhängnis des Geschlechtstriebes preisgegebener armer Menschenleib so gräßlich sein Elend hinausgeheult. Dieser Brief«, schließt *Zola*, »hatte mich unendlich erschüttert. Nichts ist tragischer, meiner Meinung nach, und nichts verlangt mehr nach der Enquête und dem Heilmittel, falls es ein solches gibt« (»rien' n'est plus tragique, selon moi, et rien ne reclame davantage l'enquête et le remède, s'il en est un«).

Wie war es nur möglich, fragt Rudolf von *Beulwitz*, das ausgezeichnete Mitglied unseres Komitees und einer seiner Obmänner, zugleich einer der besten Kenner und größten Verehrer *Zolas*, der uns die Übersetzung dieses Zola'schen Briefes übersandte, »wie konnte es nur geschehen, daß *Zola* die ihm so wohlbekannte Naturerscheinung der Homosexualität in seinem grandiosen Lebenswerk mit Stillschweigen überging? Sein Brief an Dr. *Laupts* löst das Rätsel: Klar und bestimmt gibt *Zola* die Antwort auf diese Frage selbst: Er wagte es eben nicht, einem tiefeingewurzelten Vorurteil zum Trotz, dem Problem den ihm gebührenden Platz in seinen Werken einzuräumen. Emile *Zola* wagte es nicht! Emile *Zola* in Angst vor einem Vorurteil, Emile *Zola* sich beugend vor einem Vorurteil, schweigend um eines Vorurteils willen! Der unermüdliche Kämpfer um Wahrheit und Gerechtigkeit, der ungebeugt die Lügen und den Haß einer übelwollenden und verleumderischen Kritik über sich ergehen ließ, der rücksichtslos alles niederreißen wollte, was veraltet, was unnatürlich und heuchlerisch ist, er, der um der Wahrheit willen einst sein sonniges Vaterland meiden mußte: er schweigt, — er verschweigt die Existenz der männlichen Homosexuellen. Es gibt nichts, das die furchtbare Macht und Stärke des schier unausrottbar erscheinenden Vorurteils, das die Homosexuellen verfehmt und so oft in Schande und Tod hetzt, eindringlicher zum Ausdruck brächte!«

So schrieb Rudolf von *Beulwitz*, dieser grundgütige und grundgescheite Mensch, der, als er einmal einen Erpresser, der ihm von Ort zu Ort bis in das Zimmer seiner Mutter gefolgt war, auf meine Veranlassung dem Gericht übergeben hatte, diesem im entscheidenden Moment der Hauptverhandlung zum größten Erstaunen des Staatsanwalts eine Verteidigungsrede hielt, — so schrieb er, vielleicht in Vorahnung, daß auch ihn einst »das schier unausrottbar scheinende Vorurteil« in den Tod hetzen würde.

Eines Morgens gegen sechs Uhr früh — es mochte wohl im zweiten Kriegsjahr sein — wurde ich vom Leichenschauhaus in der Hannoverschen Straße, der Berliner Morgue, telefonisch angeläutet, ich möchte doch hinkommen und einen Toten rekognoszieren. Er sei nachts mit einer Herzschußwunde eingeliefert worden. Man hätte ihn auf der Toilette eines Restaurants in der Friedrichstraße aufgefunden. Ausweispapiere habe er nicht bei sich geführt, nur in der Westentasche ein Stückchen Papier, auf dem mit Bleistift nichts stand als: »Fragt Dr. *Hirschfeld*, in den Zelten 19.« Rasch zog ich mich an und eilte in das Leichenschauhaus. Da lag mitten unter den unbekannten Toten Rudolf von *Beulwitz*, die blauen Augen noch offen, den Hut noch auf dem Kopf, in seiner vornehm gediegenen Straßenkleidung, die Lippen leicht geöffnet, als wollte er sagen: ausgelitten, ausgestritten. »Selbstgerichtet?« fragte mich leise der Leichenwärter. »Nein, selbstbefreit!« erwiderte ich ihm, des Entseelten kalte Hand zum letzten Male fassend.

Wie *Zola* glaubten viele überzeugte Anhänger unserer Forderungen, sie könnten Ziele, die ihnen ansonsten auf der Seele brannten und Erfolge, die sie mühsam errungen hatten, gefährden, wenn sie sich gerade in dieser verpönten Angelegenheit hervorwagten. Und hatten sie auch selbst dazu Wunsch, Mut und Kraft, so fanden sich doch alsbald gute Bekannte, Familienmitglieder und andere, die es »mit ihnen gut meinten«, um ihnen dringend abzuraten, sich auch »noch in solcher Sache zu exponieren«; sie seien diese Rücksicht den Organisationen, denen sie angehörten, der Stellung, die sie einnähmen, zum mindesten ihrer Familie schuldig.

Beeinflussungen dieser Art sind wohl die meisten unserer Vorkämpfer ausgesetzt gewesen; auch ich könnte davon ein Lied singen. Wie unermüdlich setzte mir beispielmäßig mein guter Onkel Heinrich immer wieder mündlich und schriftlich auseinander, ich möchte doch denselben Eifer, mit dem ich mich der Sexualforschung widmete, der Krebsforschung zuwenden. Damit täte ich nicht nur der Familie, sondern auch der Menschheit und »schließlich und endlich auch mir selbst« einen größeren Gefallen, als durch die Beschäftigung mit einem Gegenstande, bei dessen bloßer Nennung man in Verlegenheit käme; wenn ich dagegen ein Heilmittel oder auch nur die Ursachen des Krebses fände, so sei dies nicht nur unanstößiger, sondern auch im doppelten Sinn »verdienstvoller«. Trotz meiner Einwände, daß mir die an sich zweifellos hochwichtige Krebsforschung nicht so läge, wie die Erforschung des menschlichen Geschlechts- und Liebeslebens, auch daß für einen Arzt kein Organ im Körper anständiger oder unanständiger sei als ein anderes, war Onkel Heinrich, der, wie er hervorhob, nur das Sprachrohr für den größeren Teil der übrigen Verwandschaft sei, nicht von seiner Meinung abzubringen, die er, wenn er nicht mit siebzig Jahren gestorben wäre, auch wohl heute noch vertreten würde. Ich bewahre ihm, dem alten Junggesellen, der nun längst in pommerscher Heimaterde ruht, gleichwohl ein freundliches Angedenken, wie uns die verschiedene Auffassung über das, »was sich schickt und nicht schickt«, auch im Leben niemals gehindert hat, gut miteinander auszukommen.

Wie sehr es auch jetzt noch vielen Eltern peinlich ist, wenn ihr Sohn »Sexualwissenschaft studiert«, habe ich besonders oft erfahren müssen, seit ich das Institut für Sexualwissenschaft gründete und leite, das zu Lernzwecken von vielen jüngeren Kollegen aufgesucht wird. So berichtete mir ein junger Mediziner aus Vorpommern, daß dieses Spezialfach seiner Mutter, deren ganzer Stolz er sei, im höchsten Grade »genierlich« wäre. Als ihre alte Freundin jüngst mit ihrer zwanzigjährigen Tochter, der Freundin seiner Schwester, auf Besuch kam, soll sich eine kleine Szene abgespielt haben, die ihm seine nichts weniger als prüde Schwester lachend erzählte: »Wo ist denn jetzt Ihr Otto?« hätte die alte Freundin gefragt, worauf sich die Mutter verlegen umgesehen und erwidert hätte: »Otto studiert jetzt in Berlin«, sich dann zu den erwachsenen Töchtern wendend: »gaht rut Kinnings« (geht hinaus, Kinder!) — »Sexualwissenschaft« — »Kinnings kummt rin.«

Ein sehr viel ernsteres Gesicht als in dieser heiteren Episode nimmt die falsche Scham an, wenn sie bei Personen in verantwortungsvoller Stellung auftritt. Haben doch selbst Mitglieder der gesetzgebenden Körperschaften infolge Angst vor der eigenen Courage »aus ihrem Herzen eine Mördergrube« gemacht. Ich könnte dafür mehr als ein trauriges Beispiel anführen, will aber nur zwei herausgreifen, die sich mir besonders tief eingeprägt haben. Beide betreffen rheinische Zentrumsabgeordnete, von denen der eine Trier, der andere Aachen vertrat. Der Trierer war Kaplan *Dasbach*, einer der markantesten und angesehensten Mitglieder seiner Partei und des Parlaments. Er war verschiedentlich in Situationen geraten, wie sie in dieser Häufung im allgemeinen nur bei Personen mit homosexueller Veranlagung vorzukommen pflegen, die jedoch von seiner Seite strikte in Abrede gestellt wurde; er habe — behauptete er — niemals in seinem Leben eine sinnliche Regung weder einem Weibe noch einem Manne gegenüber verspürt.

In Köln wurde im Jahre 1904 ein Kellner namens *Pohl* zu neun Monaten Gefängnis verurteilt, weil er *Dasbach* im Sinne des § 253 des St.G.B. erpresserisch bedroht hatte; die Verhandlung fand unter Ausschluß der Öffentlichkeit statt, doch wurde bei der Urteilsverkündung ausdrücklich hervorgehoben, die Beweisaufnahme habe ergeben: Kaplan *Dasbach* sei nicht Päderast. Kurze Zeit darauf brachte der »Vorwärts« folgenden Gerichtsbericht: »Wegen homosexueller Kuppelei fand gestern vor dem Landgericht I in Moabit gegen den Hotelier Sch. und seinen Kompagnon die Hauptverhandlung statt. Es wurde den Angeklagten zur Last gelegt, in ihrem Hotel, in dem zumeist sehr distinguiertes Publikum verkehrte, Gelegenheit zum geschlechtlichen Umgang verschafft zu haben. Die Angeklagten bestritten jede Schuld. Sie verteidigten sich unter anderem damit, daß ja auch Kaplan *Dasbach* monatelang bei ihnen wohnte, und daß auch er, der Reichstagsabgeordnete, katholische Geistliche und Zentrumsführer, bei ihnen einen sehr zahlreichen Verkehr mit jungen Männern hatte, der absolut nicht identisch war mit der Erpressergeschichte, die Kaplan *Dasbach* in Köln erlebte. Jedenfalls wußten sie nichts davon, wenn in den Räumen der Hotelgäste ein geschlechtlicher Verkehr stattfand. Der Gerichtshof nahm jedoch nach den Bekundungen der Dienstboten dieses Wissen als erwiesen an und verurteilte beide Angeklagte zu je einem Monat Gefängnishaft.

Auf Grund dieser und anderer Indizien stellten die Redakteure Adolf *Brand* und Karl *Schneidt* die Behauptung auf, das große Interesse, das *Dasbach* für junge Handwerksburschen und namentlich auch für die »Strichjungen« in der Friedrichstraße bekunde, mit denen er sich in lange Unterhaltungen einzulassen pflegte, sei nicht nur informatorischer, sondern auch erotischer Natur. *Dasbach* antwortete mit einer Beleidigungsklage, die er aber wieder zurückzog, nachdem *Brand* und *Schneidt* eine Ehrenerklärung für *Dasbach* abgegeben hatten. Ich lasse es dahingestellt, ob und inwieweit die Annahme von *Dasbachs* Homosexualität berechtigt war, möglich ist — es wäre kein vereinzelter Fall —, daß ein weltfremder Priester Homosexualität mit Päderastie, diese, einem alten Volksaberglauben entsprechend, mit bestimmten Akten für gleichbedeutend, und, da er wie die meisten gleichgeschlechtlich empfindenden Menschen solche Akte verpönte, sich selbst nicht für homosexuell gehalten hat; sein Zugeständnis an *Brand*, er habe gegenseitige Onanie, die doch so weit verbreitet wäre, niemals für eine homosexuelle Handlung angesehen, spräche für diese Möglichkeit. Ich möchte mir kein Urteil darüber erlauben, ob *Dasbach*, der sich für die Beibehaltung des § 175 aussprach, dies tat, wiewohl er selbst homosexuell empfand. Nicht unwesentlich erscheint mir aber die Bemerkung, welche er zu wiederholten Malen mir gegenüber fallen ließ, als ich ihm persönlich auf seinen Wunsch einen »fachlichen Orientierungsvortrag« über unsere Bestrebungen und die homosexuelle Frage hielt. Seine eigenen Erlebnisse und Neigungen wurden dabei mit keiner Silbe erwähnt, weder von seiner noch von meiner Seite. Mit tiefem Ernst und großer Aufmerksamkeit hörte er meine Darlegungen an — es war am 4. Mai 1902, zufälligerweise an demselben Tage, an dem *Georg von Preußen* gestorben war —, stellte viele verständige Fragen und unterbrach meine Ausführungen von Zeit zu Zeit mit der Bemerkung, die er dann noch einmal, als er sich von mir verabschiedet, wiederholte: »Wenn man nur nicht selbst in den Verdacht käme.« Ich hatte den Eindruck eines Menschen, der einen schweren inneren Kampf kämpfte zwischen dem, was ihm seine Empfindung und Überzeugung, und dem, was ihm seine Politik und Religion gebot; wie so oft fügte sich das »ich« dem »man«.

Viel eigenartiger als der Fall *Dasbach*, aber auch viel eindeutiger, lag der des Abgeordneten B., der ebenfalls und zwar während mehrerer Jahrzehnte der Zentrumspartei des Reichstages angehörte. Auch er stimmte politisch gegen sich selbst. Nicht das war das Ungewöhnliche, daß er wie die meisten Menschen — Männer und Frauen — ein Doppelleben führte, ein soziales und ein sexuelles, lange Zeit, ohne daß man in dem einen von dem andern erfuhr, sondern daß hier zwischen den beiden Hemisphären ein besonders weiter Abstand klaffte. Tagsüber ganz päpstlicher Kammerherr und Deputierter, ganz Würde und peinliche Gewissenhaftigkeit, streifte er, wenn es Abend wurde, mit den Würden auch die Würde ab, um mit seinem Freunde E. in das homosexuelle Berlin unterzutauchen und überall dort aufzutauchen, wo man sich nachts traf und vergnügte. So ging es durch viele Jahre, bis es schließlich doch von oben nach unten durchsickerte, der große Unbekannte sei seines Zeichens ein päpstlicher Kammerherr. Da man seinen wahren Namen nicht kannte, heftete man ihm einen erfundenen an. Tags redete man ihn mit »Hochwürden«, nachts mit »schwarze Ida« an.

Nach und nach drang das Gerücht aber auch von unten nach oben, und eines Tages raunte man sich im Zentrum zu, in unseren Reihen sitzt einer, den man in gewissen Kreisen »schwarze Ida« nennt. Man riet hin und her, die Aufregung war groß, noch größer die Entrüstung, die wuchs, als leise verlautete, die schwarze Ida sollte B. sein, von dem man es am allerwenigsten geglaubt hätte. Damals erhielt ich einen Rohrpostbrief des Parteivorsitzenden Dr. *Lieber*, in dem er mich zu einer wichtigen Besprechung in den Reichstag bat. Zur festgesetzten Stunde erwartete er mich mit zwei anderen Vorstandsmitgliedern seiner Partei, Freiherrn von *Hertling*, dem späteren Kriegsreichskanzler, und Justizrat *Gröber*. Wir hatten zunächst im Fraktionszimmer des Zentrums eine sehr lange Unterredung zur Sache, in der sich die Herren der Durchschlagskraft der Gründe, welche ich und mein Begleiter, Hermann von *Teschenberg*, selbst ein gläubiger Katholik, vorbrachten, nicht zu verschließen schienen. Dann kam man zu dem springenden Punkt: Man wünschte zu wissen, wer »die schwarze Ida« sei. *Teschenberg* und ich lehnten mit selbstverständlicher Entschiedenheit jede Auskunft ab, ebenso wie es *Meerscheidt-Hüllessem* getan, an den man sich schon vorher mit derselben Anfrage gewandt hatte. Auch als man uns »hoch und heilig« beteuerte, es würde dem Betreffenden kein Haar gekrümmt werden, blieben wir fest.

Zwei Tage später wurde mir in der Frühe ein älterer Herr gemeldet, der bat, seinen Namen nicht nennen zu brauchen. Er trat ein, sank vor mir nieder und weinte bitterlich. Ich kannte ihn nicht persönlich und kam auch nicht auf den Gedanken, wer es sein könnte. Nachdem ich ihn zu trösten versucht und wiederholt gefragt hatte, wer er sei, was er wolle und was ihn so tief bewege, brachte er endlich unter heftigem Schluchzen die Worte hervor: »Ich bin es, den man die schwarze Ida nennt.« Sein Anliegen ging etwas weit. Er wünschte nicht nur, daß wir ihn nicht verraten sollten — was ja ohnehin nicht in Frage kam —, sondern daß wir an den Vorsitzenden des Zentrums, Dr. *Lieber*, die schriftliche Erklärung abgeben möchten: wir könnten bestimmt versichern, daß der Abgeordnete B. nicht die schwarze Ida sei. Nur mit dieser Versicherung könne ihm noch geholfen werden. Es war eine schwierige Lage für ihn und uns. Immerhin wurden wir ihr noch einigermaßen gerecht, wenigstens insoweit, als B. nichts geschah und er in der Partei verbleiben durfte, wenngleich er auch bei der bald darauf stattfindenden Reichstagswahl »aus Gesundheitsrücksichten« nicht mehr kandidierte. Er zog sich nach Rom in den Vatikan zurück, wo er einige Jahre später in Frieden mit sich und der Welt verstorben ist.

Als *Hertling* mir in jener Unterredung entgegenhielt, ein Münchner Psychiater habe ihm auf sein Befragen bestätigt, die große Mehrheit der Sachverständigen teile *Krafft-Ebings* und meine Ansichten nicht, erwiderte ich ihm, daß in dieser Frage die Sachverständigkeit nicht von einem medizinischen Studium und Examen, sondern nur von der Kenntnis und Erkenntnis abhängig sei, die jedermann sich auf Grund unvoreingenommener Beobachtungen erwerben könne.

Einen überzeugenden Beweis für die Richtigkeit dieses Satzes bot ein Vergleich zwischen den Reichstagsabgeordneten Dr. *Hoeffel* und August *Bebel*. *Hoeffel*, ein alter Arzt aus dem Elsaß, Mitglied der Reichspartei, hatte bei der Besprechung unserer Petition im Reichstag als »auch Sachverständiger« gesagt, ihm sei in seiner dreißigjährigen ärztlichen Praxis noch kein einziger

Fall eines Homosexuellen vorgekommen; auch der Direktor einer großen Irrenanstalt mit über 600 Insassen, an welchen er sich behufs Information gewandt, habe ihm bestätigt, daß in zehn Jahren, während welcher er die Anstalt leite, nur ein einziger Fall von Homosexualität sich vorgefunden habe. Daraus könne man den Schluß ziehen, daß hier unmöglich von einer natürlichen Veranlagung die Rede sein könne. In der Tat, eine höchst seltsame Logik.

August Bebel

Wie anders *Bebel*. Da er nicht Medizin studiert hatte, sich demnach nicht von vornherein als Sachverständiger für alles ansah, was Leib und Seele des Menschen betrifft, stützte er seine Kenntnisse nicht auf Homosexuelle, die zufälligerweise zu ihm kamen, sondern suchte sie wie ein echter Forscher an ihren Sammelpunkten auf, hörte unvoreingenommen an, wie sie ihr Tun und Lassen erklärten, was sie zu ihrer Rechtfertigung vorbrachten und vertiefte sich dann in die einschlägige Literatur.

Als ich *Bebel* im Sommer 1897 auf seine Aufforderung hin in Schöneberg besuchte, teilte er mir mit, daß ihm der Gegenstand unserer Petition so wichtig erscheine, daß er den Entschluß gefaßt habe, die Frage vor versammeltem Hause selbst vorzubringen. Es sei zu vermuten, daß in der Petitionskommission unter der fast unübersehbaren Menge von Wunschäußerungen verschiedenster Art unsere Eingabe nicht genügende Beachtung fände, möglicherweise als Schrulle, lächerliche Humanitätsduselei, wenn nicht gar als Schlimmeres, mit kurzer Geste abgetan würde — was man dann Übergang zur Tagesordnung zu nennen beliebe —, auch könne sie leicht das Schicksal der zahlreichen Petitionen teilen, die am Schlusse der Session aus Zeitmangel summarisch begraben würden. Immerhin, meinte *Bebel*, sei es der Sache dienlich, wenn sich außer einer Besprechung im Plenum auch eine Erörterung im engeren Kommissionsrahmen herbeiführen ließe, zumal man bei dieser Gelegenheit von dem zuständigen Vertreter des zuständigen Polizeipräsidiums Auskünfte einholen und Aufschlüsse erhalten könne, deren diskrete Einzelheiten einer breiteren Öffentlichkeit besser entzogen blieben.

Um dies zu erreichen, riet er zweierlei: ich solle mich mit dem Vorsitzenden der Petitionskommission, dem nationalliberalen Abgeordneten Sanitätsrat *Kruse* persönlich in Verbindung setzen, zu dessen gesundem Menschenverstand man in dieser Menschlichkeitsfrage Vertrauen haben dürfe; außerdem solle ich darauf achten, daß der erstangeführte Unterzeichner der Petition möglichst mit »A« beginne. Nach der alphabetischen Reihenfolge des ersten Namens würden nämlich die eingelaufenen Petitionen geordnet und besprochen. Ich erwiderte, daß wir dann allerdings Aussicht hätten, allen andern Petenten den Rang abzulaufen. Denn unter den Unterzeichnern unserer Eingabe befände sich ein Gelehrter, dessen Name sogar mit zwei »A« anfange, der Archivrat Dr. *Aander-Heyden* aus Birstein. Ihm, dessen Namen wir natürlich gleich an die erste Stelle rückten, haben wir es neben Dr. *Kruses* Entgegenkommen zu verdanken, daß unsere Petition bereits wenige Tage, nachdem ihre Übergabe im Dezember 1897 an den Reichstag und Bundesrat erfolgt war, die Petitionskommission beschäftigte, die sie zu weiterer Beratung dann der Lex-*Heinze*-Kommission überwies.

Es war für *Bebel* nicht ganz leicht gewesen, einen Gegenstand herauszufinden, bei dem sich im Reichstag die homosexuelle Frage in zwangloser Weise als zur Sache gehörig anschneiden ließ. Er meinte, daß verhältnismäßig noch die beste Gelegenheit hierzu die sogenannte Lex *Heinze* böte. Ich wandte mich zunächst dagegen. Diese später in das Strafgesetzbuch eingefügten Bestimmungen sollten eine Hebung der Sittlichkeit dadurch bewirken, daß die in den §§ 181 und 184 enthaltenen Vorschriften gegen Kuppelei und Verbreitung unzüchtiger Schriften wesentlich verschärft wurden. Der Antrag, der hauptsächlich von Zentrumsabgeordneten (»*Spahn* und Genossen«) eingebracht war, führte seinen Namen von einem Prozeß, der um die Mitte der neunziger Jahre gegen ein Ehepaar *Heinze* in Berlin geführt wurde. Es kamen hier bezüglich des Zuhältertums — *Heinze* hatte seine Ehefrau verkuppelt — Dinge zur Sprache, welche bei denen, die von den Zusammenhängen zwischen Kriminalität und Sexualität nichts wußten, eine große Empörung hervorriefen, die dann, wie es nicht selten zu geschehen pflegt, in dem stürmischen Verlangen nach neuen Gesetzen abreagiert wurde.

Wie bei Affekt-Gesetzesmacherei zumeist, wurde auch hier wieder das gerade Gegenteil von dem Bezweckten erreicht. Das Zuhältertum hat, seit es strafbar ist, erheblich zugenommen. Früher war es für einen jungen Menschen, der von einer Prostituierten, die an ihm Gefallen gefunden hatte, während kürzerer oder längerer Zeit Geld nahm, oft genug weil er in unverschuldete Arbeitslosigkeit geraten war, ein leichtes, den Weg in ein anständiges, geordnetes Leben zurückzufinden. Seit Geltung der Lex *Heinze* befindet sich der meist durch sexuelle Anlockungen stark beeinflußbare Jüngling ungleich mehr als bisher in den Händen der in ihn verliebten Dirne, die ihn, selbst wenn sie nur einige Male für ihn die Zeche bezahlt hat, fast erpresserisch mit einer Anzeige wegen Zuhälterei bedroht und solche auch ausführt, wenn er ernstlich Miene macht, sich von ihr zu trennen. Ich bin oft genug von verzweifelten Vätern und vergrämten Müttern um Rat angegangen, die mit einer verbuhlten Prostituierten um ihren in so schwieriger Lage verstrickten Sohn rangen.

Daß auch die durch die Lex *Heinze* bewirkte Ausdehnung der Bekämpfung unzüchtiger Bilder, Schriften und Inserate keinen wirklichen Fortschritt gegenüber der schon vorher vorhandenen Verfolgung eigentlicher Pornographien darstellt, wurde bereits oben gestreift. Nur ein Beispiel aus meiner Sachverständigentätigkeit möge noch zeigen, welche oft geradezu grotesken Anklagen auf Grund des erweiterten Gesetzes namentlich im Anfange seines Bestehens möglich waren und auch heute noch jeder Zeit vorkommen können. Der Redakteur der Zeitschrift »Schönheit«, ein ungekünstelter Mensch von zartestem Empfinden, war wegen Verbreitung unzüchtiger Schriften in den Anklagezustand versetzt worden; er hatte in seinem Blatt einen weiblichen Akt abgebildet; man sah eine anmutige Frauengestalt, die in aufrecht natürlicher Haltung nichts trug als eine Blume in der zur Brust gewandten Hand. Die Anklage behauptete nun: die nackte Frau trüge diese Blume mit der Blüte nach oben gerichtet so, daß der Stiel auf ihre Geschlechtsteile deutlich hinweisen solle — ein Gedanke, der weder dem Photographen noch dem Herausgeber des Bildes, sondern lediglich dem Herrn Staatsanwalt gekommen war. Mein Mitgutachter Geheimrat *Fritzsche* und ich hatten große Mühe, den Angeschuldigten von dem ausgeklügelten Verdacht beabsichtigter Unzüchtigkeit zu reinigen.

Ich vertrat nun *Bebel* gegenüber die Meinung, daß wenn er gerade im Zusammenhang mit dieser beabsichtigten Verschärfung der Sittlichkeitsgesetze die homosexuelle Frage aufrolle, es leicht den Anschein haben könne, als trete er für eine strengere Auskundschaftung und Verfolgung der Homosexuellen ein, ein Irrtum, der tatsächlich auch nach seiner ersten Rede bei einigen unaufmerksamen Zeitungen und Zeitungslesern Platz griff. *Bebel* setzte mir auseinander, daß er die Verbindung zwischen der Lex *Heinze* und dem Inhalt unserer Petition im Reichstag so herzustellen gedächte, daß er betonen wolle, daß wenn auf dem Gebiete der Sexualgesetzgebung reformiert werden solle, auch geprüft werden müsse, ob es nicht noch andere Bestimmungen in unserem Strafgesetzbuch gäbe, die mindestens mit demselben Recht und derselben Notwendigkeit einer Revision unterzogen werden müßten wie die beantragten Paragraphen. In erster Linie — würde er fortfahren — müßten Gesetzesbestimmungen ausgemerzt werden, deren wirkliche Durchführung ein Ding der Unmöglichkeit sei. Dazu gehöre vor allem der § 175. In diesem Sinne sagte er dann von diesem Paragraphen später wörtlich (nach dem Stenogramm der Reichstagsverhandlung, abgedruckt im ersten Jahrbuch für sexuelle Zwischenstufen, Seite 279): »Wenn hier das Gesetz gehandhabt würde, wie es gehandhabt werden sollte, dann würden in Berlin allein zehn neue Zuchthäuser gebaut werden müssen (Sehr richtig! links). Da duldet und schweigt die Polizei, da hört und sieht sie nichts, wenn es sich um hohe Damen oder Herren und ihre Taten handelt. Und um so mehr schweigt und duldet sie und drückt die Augen zu, je höher die Betreffenden stehen (Sehr wahr, sehr richtig! links).«

Konnte ich mir auch in dieser parteipolitischen Auswertung, wie in verschiedenen sonstigen Einzelheiten, nicht *Bebels* Auffassung völlig zu eigen machen, so mußte ich am Ende doch zugeben, daß auch mir keine bessere Gelegenheit als die von ihm ins Auge gefaßte bekannt war, um in einer möglichst allen verständlichen Weise zum ersten Male im Parlament die öffentliche Aufmerksamkeit auf das homosexuelle Problem zu lenken. Von einem

Initiativantrag durch die Abgeordneten selbst konnte auf diesem Gebiet, dessen Unkenntnis man teils freimütig zugab, teils kleinmütig vorgab, damals noch keine Rede sein; »kleine Anfragen« waren noch nicht eingeführt; so blieb es denn bei dem ursprünglichen Vorschlage des erfahrenen Parlamentariers.

Lange verweilte ich noch an jenem schönen Sommernachmittag im angeregten Gespräch bei *Bebel*, der ein ebenso aufmerksamer Zuhörer wie trefflicher Erzähler war; in ehrenvollster Weise gedachte er außer *Schweitzers* noch eines andern, ihm als homosexuell bekannten Mitglieds seiner Partei. Auch die weibliche, im Gegensatz zur männlichen straflose Homosexualität interessierte ihn sehr. Gegen Abend wurde unsere Unterhaltung durch den Eintritt seiner Frau und Tochter, der späteren Gattin des Züricher Arztes Dr. *Simon*, unterbrochen; beider schlichte Erziehung und Art wirkte ungemein sympathisch. In ihrer Begleitung befanden sich zwei Männer, von denen der eine in der Breite, der andere in der Höhe alle Anwesenden weit überragte: die Abgeordneten Paul *Singer* — der rechte Bruder übrigens von Kurt *Hillers* Großmutter mütterlicherseits — und Georg von *Vollmar*, der »überlebensgroße« Vertreter Münchens. Die Unterhaltung nahm nach dem Eintreten der vier Personen eine andere Wendung. Man erörterte die neuen großen Militärforderungen der Regierung, und *Bebel* vertrat seinen alten Standpunkt, daß das Wettrüsten der Nationen ebenso wie ihr wirtschaftlicher Wettbewerb über kurz oder lang mit Naturnotwendigkeit zu einem Zusammenprall und Zusammenbruch der Völker führen müsse. Aus dieser Katastrophe und dem ihr folgenden Chaos — *Bebel* pflegte beides zusammen als den großen Kladderadatsch zu bezeichnen — werde dann der Zukunftsstaat emporwachsen, in dem sich erst die jetzt so zerklüftete menschliche Gesellschaft zu einer wahren menschlichen Genossenschaft erheben könne und werde. Auf genossenschaftlicher Grundlage (sozial, von socius = »Genosse« hergeleitet, bedeutet ja nichts anderes als genossenschaftlich) würde sich der Ausgleich zwischen Arbeit und Ruhe, Ordnung und Freiheit, Natur und Kultur und allen andern Gegensätzen herstellen, in denen sich jetzt die Menschheit aufreibe. *Vollmar*, welcher für eine gerechte Lösung der Sexualprobleme ein aufrichtiges Interesse hatte, ebenso wie seine Gattin, die eine schwedische Landsmännin und Freundin der auch mir gut bekannten Ellen *Key* war — ich besuchte das treffliche, körperlich und seelisch damals schwer leidende Ehepaar zuletzt noch während des Weltkriegs in ihrer stillen, herrlich gelegenen Villa am Walchensee —, *Vollmar* meinte zu mir gewandt, daß auch die sexuelle Revolution, im Sinne einer freien, durch Liebe geadelten Verfügung erwachsener Menschen über sich selbst, erst in Verbindung mit der sozialen Revolution kommen würde; deshalb habe er auch wenig Hoffnung, daß wir vor dieser unser Ziel erreichen würden. Dann aber freilich ———

Ich mußte an diese Unterredung denken, als ich mehr als zwei Jahrzehnte später kurz nach der deutschen Revolution auf einem Spaziergang im Tiergarten den sozialistischen Justizminister *Landsberg* traf, der mir bereits von der Zeit, als wir beide noch, er als Anwalt und ich als Arzt, in Magdeburg lebten, bestens bekannt war. Er sprach seine Freude aus, daß nun doch endlich auch der von uns so lange und scharf bekämpfte Paragraph zu Fall käme. »Sind wir denn nun endlich wirklich so weit?« fragte ich ein wenig zweifelnd. »Das ist doch klar«, erwiderte er, »der §175 hat ausgetobt.« Er dachte, hoffnungsvoll wie wir alle damals waren, wohl nicht daran, daß Minister wechseln und Geheimräte bleiben. Es währte nicht lange, da nahm den Platz des sozialistischen Justizministers wieder ein der Zentrumspartei angehöriger Politiker ein.

Die Zeit zwischen jener Unterredung mit *Bebel* im Juni und dem Wiederzusammentritt des Deutschen Reichstags im Dezember 1897 wurde nun eifrigst benutzt, Zustimmungserklärungen hervorragender Persönlichkeiten zu unserer Petition zu sammeln. Der Erfolg war überraschend und hoch erfreulich. Es ist nicht zuviel gesagt, wenn ich berichte, daß von den führenden Geistern im damaligen Deutschland sich der größere Teil unserer Forderung anschloß. Diese Tatsache als solche konnten die Homosexuellen, gleichviel ob das gegen sie gerichtete Gesetz bestehen blieb oder verschwand, als unschätzbaren Gewinn verbuchen.

Für den gebildeten Urning, der die Schriften von *Hößli* und *Ulrichs*, *Moll* und Otto de *Joux* kannte, ging ja schon von der durch diese Bücher verbreiteten Gewißheit, daß viele der besten und leistungsfähigsten Männer und Frauen unseres Volkes und aller Völker nicht anders empfanden als sie selbst, eine starke Beruhigung aus. Vor vielen Jahren erzählte mir einmal einer der bewundertsten Maler jener Zeit, er habe sich mit seinem eigenen Urningslos erst aussöhnen können, als er erfuhr, daß die vier von ihm verehrtesten Bildner der Renaissance seine Schicksalsgenossen gewesen waren: Benvenuto *Cellini* (1500 — 1571), der sich in seiner von *Goethe* übersetzten Lebensbeschreibung selbst als gleichgeschlechtlich bekennt, Leonardo *da Vinci* (1452—1519), der in den Armen seines Lieblingsschülers *Metzi* ein beneidenswertes Ende nahm, *Michelangelo Buonarotti* (1474—1565), dessen zweiunddreißigjährige Freundschaft mit *Cavalieri* sein erotisches Ideal sei, wie sein künstlerisches Ideal die Werke des vierten Meisters wären, des großen Antonio *Bazzi*, genannt Sodoma (1477 — 1542). Als er diese vier Unsterblichen als »so« erkannte, habe sich seine Wehmut in Demut, seine Trauer in Stolz gewandelt.

Der also zu mir sprach, war der Münchener Akademieprofessor Paul *Höcker*, dessen Titelbilder der »Jugend« — um von seinen größeren Werken zu schweigen — so unendlich viele Menschen entzückten und ihre Räume schmückten. Als wir ihm die Petition übersandten, hatte er mir geantwortet: »Sie widmen Ihre Kräfte einem der humansten Zwecke, und mit Freuden sehe ich, wie viele Männer der einschlägigen Wissenschaften und andere hervorragende und einflußreiche Leute beitragen wollen, daß dieses grausame Gesetz beseitigt werde, allein ich kann Ihnen meine Unterschrift nicht geben, — weil ich selbst konträrsexuell veranlagt bin.«

Später geriet er in eine herbe Ungelegenheit. Es stellte sich heraus, daß ihm zu einem Madonnenbild, das hohe weltliche und geistliche Würdenträger begeistert rühmten und das ihm die goldene Medaille eintrug, ein Münchener »Strichjunge« Modell gesessen hatte. Im eingeleiteten Disziplinarverfahren legten ihm seine normalsexuellen Freunde nahe, diesen Ursprung seines Bildes zu verleugnen. Er aber stand zu seiner Kunst und seiner Natur, ging seiner gefeierten Stellung dieserhalb verlustig und zog sich in die kleine schlesische Stadt zurück, in der er fünfzig Jahre früher zur Welt gekommen war. Gesellschaftlich verfemt und gemieden, lebte der große Künstler in dieser Umwelt noch einige Jahre, nicht ohne daß er es sich des öfteren nicht versagen konnte, den schlecht verhüllten Neid und Groll der »Spitzen der Behörden« dadurch herauszufordern, daß er bei besonderen Gelegenheiten, wie Kaisersgeburtstag, mit doppelt so viel Orden und Ehrenzeichen erschien, als ihre stolzen Männerbrüste, eingeschlossen die des Landrats, zusammengenommen zierten.

In höherem Grade als von den »berühmten Homosexuellen«, unter denen leider nur ganz wenige zu dem wuchtigen *Luther*wort: »Hier stehe ich, ich kann nicht anders, Gott helfe mir, Amen!« den Mut aufbrachten, ging ein Trost von den »berühmten Heterosexuellen« aus, die durch ihre Unterschrift aller Welt bekundeten: »Wir achten Euch um Eurer gleichgeschlechtlichen Gefühlsrichtung und ihrer Betätigung willen nicht geringer als uns und andere, die es in gleicher Liebe zum weiblichen Geschlechte zieht. Nicht Eure Veranlagung, sondern Eure Verfolgung ist ein Unrecht.«

Würde man mir die Frage vorlegen: was ich für besser hielte, eine Handlung wäre straffrei, in der die führenden Geister unseres Landes ein Verbrechen erblicken, oder das Gegenteil, eine Tat wäre strafbar, die in den Augen der geistigen Führer der Nation alles eher als ein Verbrechen ist, ich glaube, ich zöge letzteres vor. Über dem Gesetz das Gewissen. Märtyrer stehen höher als ihre Richter, um so höher, je schwerer der Irrtum ist, dem sie zum Opfer fallen. Sind auch die Strafgesetzbuchparagraphen für Staatsanwälte und Richter mildernde Umstände, Schutzwälle, hinter denen sie sich gar zu gern verschanzen, um eigener Verantwortung überhoben zu sein, so habe ich mich in vieljähriger Gerichtstätigkeit doch des Eindrucks nicht erwehren können, als ob unter den öffentlichen Anklägern und Rechtsprechenden nur wenige sich der ganzen ungeheuren Tragweite ihres Amtes voll bewußt sind, das auf ihren Schultern als fast übermenschliche Bürde lastet. Oft genug bedeutet Recht sprechen mehr Macht haben als Recht haben. Mensch bleibt Mensch, auch unter dem Barett und hinter dem Talar. In einer wahren Republik sollten mit diesen Suggestiv-Uniformen auch die täuschenden Vorstellungen fallen, die nicht am wenigsten die Träger selbst unwillkürlich und unbewußt ihren Gewändern aus Samt und Seide beilegen. Fort mit Formen und Formeln, welche die Beschränkung und Beschränktheit der Menschen nicht mindern, sondern mehren. Verbindende Brücken des Vertrauens, nicht trennende Schranken der Etikette tun not.

Juristen und Prozesse

Ich schreibe dies in Nürnberg am Tage nach der Verurteilung eines Mannes, dessen Schuld in Wirklichkeit Liebe war. Es ist sehr früh am Morgen. Aus meinem hochgelegenen Fenster — ich liebe es, recht hoch zu wohnen — schweift mein Blick weit über die uralte Stadt, durch die noch stillen, leeren Straßen über das ziegelrote Meer der Dächer und Giebel vorbei an Kuppeln und den gotischen Türmen von St. Laurentius und St. Sebaldus bis zu dem alles überragenden Gemäuer der Burg. Hier haftet mein Auge an dem finsteren Turm, in dem die Folterwerkzeuge vergangener Zeiten aufbewahrt werden, um an ihnen zu erläutern, wie grausamer Mittel sich die Rechtspflege noch vor wenigen Jahrhunderten bediente. Mehr als Grauen spiegeln die Mienen der Beschauer satte Zufriedenheit wider, daß »Gott sei Dank« die mittelalterliche Tortur vorbei und einem »humanen« Verfahren gewichen sei. Die braven Leute bedenken nicht, daß auch die Inquisitionsrichter sich für human hielten, daß sie ihre Marterinstrumente nicht böswillig, sondern gutgläubig gebrauchten; sie sehen die Vergangenheit in zu schlechtem, die Gegenwart in zu gutem Licht; sie wissen nicht, daß es heute noch hinter Gefängnismauern vieles gibt, das auf spätere Geschlechter ähnlich wirken wird, wie jene Folterkammern auf uns; sie denken nicht daran, daß, was einst der Pranger war, heute die Zeitung ist, und vor allem daß dem Menschen nicht nur Daumenschrauben, sondern auch Seelenschrauben angelegt werden können.

Wie war es doch am gestrigen Tage, bevor wir uns zum Sonnenuntergang auf die Burgruine begaben? Da wurde in einem weitläufigen, hochmodernen »Justizpalast«, an dessen Eingang sogar das stolze Wort »Volksgericht« prangte, gegen einen Kaufmann aus Sachsen verhandelt, einen Mann von untadeliger Gesinnung und Tüchtigkeit, der auf einer Ferienreise in Südbayern einen auf Urlaub befindlichen Soldaten kennengelernt hatte. In glücklicher Gemeinsamkeit verbrachten sie einen Sommertag im Freien, der für beide, den urwüchsigen Bayern und den feinnervigen Sachsen, ein köstliches Erleben und Erinnern war. Einige Tage später besuchte, wie verabredet, der Kaufmann den Soldaten auf der Durchreise in seiner Nürnberger Kaserne. Und wieder kam es zu einigen Stunden in glücklicher Harmonie und schönstem Vertrauen. Da schöpfte die Mutter des Soldaten einen seltsamen Verdacht. Sollte nicht etwa der von Liebenswürdigkeit überströmende Freund ihres Sohnes ein Werber der Fremdenlegion sein? Bei ihrer Tochter hätte sie wohl eher an andere Werber gedacht, bei ihrem Sohne lag ihr der Gedanke fern. Rasch benachrichtigte sie »die grüne Polizei«, teilte ihre Vermutung mit und bewirkte so die überraschende Verhaftung beider. In seiner »Unschuld« gab der Soldat auf dringliches Befragen zu, daß die Zärtlichkeiten des Sachsen zwar beim ersten Zusammensein noch nicht, zuletzt in Nürnberg aber doch den Eichstrich des Gesetzes überschritten hatten. Als er nach abgelegtem Geständnis erfuhr, daß es auch für Liebkosungen ein gesetzliches »bis hierher und nicht weiter« gibt, daß er sich durch sein Entgegenkommen auch selbst mit strafbar gemacht habe, widerrief er, widerrief dann wieder seinen Widerruf, und erklärte seine erste Aussage für wahr und widerrief dann diese wieder. So stand er nun gestern zur dritten Hauptverhandlung in gleicher Sache mit seinem Partner vor Gericht.

In hochnotpeinlichem Verhör holte der geschickte Vorsitzende millimeterweise alle Einzelheiten der intimen Vorgänge aus ihm heraus, jeden Kuß und jede Berührung, als drehte es sich um eine Haupt- und Staatsaktion. Wäre es nicht ein so hoher Gerichtshof gewesen, dessen Präsident der im Zuhörerraum versammelten Referendarschaft zu demonstrieren schien, wie man aus einem verstockten Sünder, ihm selbst fast unbewußt, die Wahrheit extrahiert, es würde sich wohl mancher in die Seele des Fragestellers hineingeschämt haben. Nachdem der Jüngere alles zugegeben, gab auch der ältere Angeklagte seine »Notlügen« auf. So erübrigte sich das Verhör weiterer Zeugen, der geladenen Sicherheitsbeamten, Kriminalisten und Untersuchungsrichter, die über die sich widersprechenden früheren Vernehmungen Auskunft geben sollten.

Blieben für die Beweisaufnahme nur noch die Sachverständigen. Ich legte dar, daß unter Berücksichtigung der auch körperlich einwandfrei erwiesenen Homosexualität des Angeklagten, seine starke seelische Bindung an die Individualität gerade dieses Mitangeklagten, unter Würdigung des schweren, bis zu Selbstmordgedanken gesteigerten Kampfes, den der Angeklagte jahrzehntelang gegen seinen Trieb erfolglos geführt hat, in Anbetracht seiner durch Alkoholismus des Vaters und Tuberkulose der Mutter, durch Selbstbefriedigung, Kriegsstrapazen und erhebliche Nervenschwäche stark herabgesetzten Widerstandskraft, begründete Zweifel an seiner freien Willensbestimmung gegeben seien. Diesen Ausführungen schloß sich der örtliche Sachverständige, ein sehr einsichtsvoller Obermedizinalrat, in fast allen Punkten an.

Der Gerichtsarzt begann mit dem denkwürdigen Satze: »Es ist bedauerlich, daß Menschen von der Art des Angeklagten heute noch vor Gericht gestellt werden«; er anerkannte, daß die freie Willensbestimmung im vorliegenden Falle sich nicht mit erforderlicher Sicherheit bejahen ließe; meinte aber am Ende doch, daß der die mildeste Beurteilung verdienende Angeklagte den strafbaren Akt doch wohl hätte vermeiden können. Mit erfrischendem Eifer legte sich der Verteidiger Rechtsanwalt Dr. *Riemann* an Hand beider Gutachten für die Homosexuellen im allgemeinen und die Angeklagten im besonderen ein. Er forderte die Freisprechung beider.

Dann zog sich der Gerichtshof zurück, um nach wenigen Minuten zu verkünden, der objektive Tatbestand des § 175 sei im vorliegenden Fall fraglos gegeben. Für die subjektive Schuld fielen die Feststellungen der Sachverständigen als mildernder Umstand ins Gewicht. Dies spräche sich im Strafmaß aus. Es betrage für den bereits wegen gleichen Vergehens vorbestraften

Angeklagten »nur« zwei Monate, für den Mitangeklagten zwei Wochen Gefängnis. Dieser erklärte übrigens auf mein Befragen, daß sein normalsexuelles Empfinden durch den Verkehr mit dem Homosexuellen nicht die geringste Änderung erfahren habe. »Nur« zwei Monate Gefängnis nebst den Kosten des Verfahrens für einen Lustgewinn, dessen Folgen nicht schwerer, biologisch sogar für Leib und Seele leichter wiegen als etwa die dem Genuß eines Liters Nürnberger Biers entspringenden Folgen.

Als ich mich beim Verlassen des Gerichtsgebäudes nach dem Namen des Vorsitzenden der Strafkammer erkundigte, vor der sich die eben geschilderten Vorgänge abspielten, erfuhr ich, daß er ebenso lautete wie der des ersten aktiven Richters, der sich fünfundzwanzig Jahre zuvor durch seine Petitionsunterschrift unserer Bewegung angeschlossen hatte: Landgerichtspräsident *Strößenreuther* aus Fürth in Bayern. Weiteres Erfragen ergab, daß der Präsident von heute der Sohn des früheren war, der, als er 1897 gegen den Strom der Überlieferung schwamm, eine immerhin nicht alltägliche Kühnheit bewies. Ob wohl der Sohn wie der Vater dachte? Ich weiß es nicht.

Wäre es an dem, so wäre es nicht das erste Mal, daß ein Richter sich für verpflichtet hält, ein Gesetz in Anwendung zu bringen, daß er in seinem Innern verwirft. Schrieb uns doch noch im Januar dieses Jahres ein Richter, dessen Namen zu verschweigen gewiß kein Grund besteht, der Geheime Justizrat Max *Albrecht*, Landgerichtsrat in Greifswald, wörtlich: »Möchte Gott geben, daß der unselige § 175 R.St.G.B. recht bald beseitigt wird. Keine Strafbestimmung hat mehr unverschuldeten Jammer und mehr unverschuldetes Elend hervorgerufen als diese. Sie ist eines edeldenkenden Volkes nicht würdig.« Gleichzeitig erklärte Oberamtsrichter *Huch* in Braunschweig: »In meiner richterlichen Tätigkeit habe ich verschiedene Personen wegen Vergehens gegen den § 175 des R.St.G.B. verhaften müssen, deren Verhaftung mir sehr leid tat.« Und Landgerichtsdirektor Kurt von *Miaskowski* in Leipzig fügte seiner Unterschrift die Worte bei: »Ich unterzeichne die Eingabe, obgleich nicht selbst homosexuell, sondern verheiratet und Vater gesunder Kinder, weil ich in meinem Beruf kennengelernt habe, welches Elend der § 175 über achtungswerte Männer bringt, und weil ein so blödsinniger Zustand aufhören muß, daß die lesbische Liebe straflos ausgeht und homosexueller Verkehr unter Männern — und davon nach Reichsgerichtsentscheidung nur ein bestimmter, nicht jeder — entehrend bestraft wird.«

Solche Stimmen aus Richtermund wiegen schwer. Gewiß gibt es auch heute noch Richter genug, die, weil es ihnen erspart blieb, in ihrer nächsten Umgebung eigene Erfahrungen zu sammeln, und weil die Sexualforschung ihnen ein Buch mit sieben Siegeln und ein Stein des Anstoßes zugleich ist, mit kaltem Herzen und kühlem Verstand den Urning als verabscheuungswerten Sittlichkeitsverbrecher behandeln. Sicherlich ist auch die Zahl der Richter nur klein, die mit dem Landgerichtsrat Hermann *Schneiderwirth* in Düsseldorf der Meinung sind, »daß« — wie er schreibt — »die Zeit gekommen sei, die Auswirkungen des menschlichen Geschlechtslebens auf seinen Träger und seine Mitmenschen nach wissenschaftlichen Gesichtspunkten zu ordnen, die sich aus der Natur der Menschen und dem Zusammenleben im Menschenverbande ergeben«. Oft aber, sehr oft sah und hörte ich in den Gerichtssälen Deutschlands, von denen ich im Laufe eines Vierteljahrhunderts wohl die meisten aus eigener Anschauung kennenlernte, von Richtern teilnahmsvolle Äußerungen, wie sie wirklichen Verbrechern gegenüber ganz ausgeschlossen gewesen wären, Äußerungen ähnlich wie sie sich in dem Briefe eines Professors der Jurisprudenz finden, in dem er mir mitteilte: »Noch vor kurzer Zeit hat mich ein einschlägiger Fall, ich darf sagen, tief erschüttert. Er betraf einen nicht mehr jungen Mann, dessen unantastbare Ehrenhaftigkeit und ungewöhnliche äußere und innere Bildung ich in langjähriger gesellschaftlicher Berührung kennengelernt hatte.«

Der furchtbarste Gewissenskonflikt ist es wohl, wenn ein Richter, der selbst homosexuell empfindet, über Homosexuelle zu Gericht sitzt. Wäre es mir hier um sensationelle Enthüllungen zu tun und nicht um die Übermittlung lehrreicher Lebenserfahrungen, die ohne diese Niederschrift mit mir begraben würden, so könnte ich hier manches höchst befremdliche Beispiel erzählen, in denen Richter und Angeklagter sich gegenüber standen, die genau einander in ihrer gleichen, gleichgeschlechtlichen Empfindungsweise kannten. In meinem Buch »Die Homosexualität des Mannes und des Weibes« erzähle ich (Seite 505) von einem Fall, der sich vor mehreren Jahren in Wien ereignete. Hier erschoß sich ein Gerichtspräsident, dem ein allerdings nicht wegen homosexuellen Verkehrs, sondern wegen Diebstahls angeklagter Bursche zurief: »Im Votivpark haben Sie anders mit mir gesprochen, wenn Sie auf mich gepaßt haben.« In Danzig wurde einem Untersuchungsrichter ein wegen räuberischer Erpressung Verhafteter vorgeführt. Der Richter fühlte sich »wie gelähmt«, als er in ihm einen Menschen erblickte, mit dem er eine Woche vorher in den Strandanlagen von Zoppot strafbare Beziehungen gepflogen hatte. Kannte ihn der Erpresser nicht wieder, oder wollte er ihn nicht erkennen? Jedenfalls taten beide so als ob, und schwiegen.

Es mögen schon einige Jahrzehnte her sein, da wurde in Berlin ein Badeanstaltsbesitzer wegen Kuppelei angezeigt und angeklagt, der in den Zellen und Ruhekabinen seines Bades zahlreichen Personen homosexuellen Verkehr ermöglicht hatte. Zu seinen Stammgästen gehörte auch der Richter, der zum Referenten in dieser Strafsache ausersehen war. Anfänglich dachte dieser daran, sich krank zu melden, zog es aber dann vor, den Angeklagten wenige Abende vor dem Verhandlungstermin aufzusuchen, um mit ihm offen — richtiger wäre vielleicht zu sagen heimlich — zu besprechen, was wohl das Bessere wäre, er ließe sich an dem verhängnisvollen Tage durch einen anderen Richter vertreten oder käme selbst und versuche bei der Beratung das Urteil zu mildern. Wohlweislich wählte der Badeanstaltsbesitzer letzteres.

In einer rechtsrheinischen Stadt wurde ein Raufbold gefesselt abgeführt, der sich bei seiner Festnahme sehr widersetzlich zeigte. Er schlug mit den Fäusten um sich, schimpfte und schrie unter anderem: »Mit einem armen

Teufel springt ihr so um wie mit mir, aber an meinen Freund B. traut ihr Euch natürlich nicht heran, weil er Gerichtsrat ist; laßt mich los und schleppt ihn dorthin, wohin er gehört.« In ihrer Anzeige wegen Widerstandes gegen die Staatsgewalt gaben die Polizisten auch diese und die sich anschließenden unflätigen Redensarten zu Protokoll. Als der erste Staatsanwalt dies las, forderte er B. auf, gegen den Raufbold Strafantrag zu stellen. B., der als der tüchtigste Jurist in seinem Bezirk galt, lehnte dies grundsätzlich ab, reichte seinen Abschied ein und verzichtete auch, weil er es sich wirtschaftlich leisten konnte, freiwillig auf Pension. Er zog sich nach Lausanne zurück, wo sich das Gesetz nicht mehr um Menschen seiner Art bekümmert. Als ich ihm hier einige Jahre später am Ufer des Genfer Sees begegnete, sagte er, daß er sich erst wieder als Mensch fühle, seit der Bibelspruch »Richtet nicht, auf daß ihr nicht gerichtet werdet« ihm nicht mehr gleich einem furchtbaren Menetekel dauernd in die Seele brenne.

Wenn ich von dem bereits oben geschilderten Fall des Landgerichtsdirektors *Hasse* aus Breslau absehe, hat aber kein Erlebnis mit einem Richter einen nachhaltigeren Eindruck bei mir hinterlassen als folgendes: Eines Tages kam aus der Provinz Posen ein etwa vierzigjähriger Herr zu mir derartig gebrochen und niedergeschlagen, daß jeder Zuspruch an seiner Verzweiflung abprallte. Er hatte am vorhergehenden Tage als Beisitzer an einer Strafkammerverhandlung gegen einen polnischen Gutsbesitzer teilgenommen, der mit einem Knecht gegen den § 175 verstoßen hatte. Er berichtete: »Wie dieser Mann seine Vergangenheit aufrollte, erzählte er die meinige, seine Geschichte war meine Geschichte. Es war mein Seelenleben, meine Pein und meine Schuld, die er schilderte. So stand ich vor mir selbst als Angeklagter.« In stummem Brüten hatte er der Verhandlung und Beratung als Richter beigewohnt; erst als der Vorsitzende im Beratungszimmer zwei Jahre Gefängnis vorschlug, rief er mit lauter Stimme: »Nein, nein!« und sank ohmächtig in seinen Stuhl zurück. Die »weltfremden« Kollegen merkten nicht das geringste und führten den Vorfall auf seine Herzschwäche, die Hitze und die schlechte Luft zurück. Er wurde nach Hause gebracht und nach Bad Nauheim beurlaubt, das ihm der herbeigeholte Arzt zu seiner Wiederherstellung verordnet hatte. In Berlin hielt er sich nur wenige Stunden auf, in denen er mich aufsuchte. Zwei Wochen später erhielt ich von ihm ein Schreiben vom Starnberger See, das lautete: »Bevor mich heute der See an historischer Stätte verschlingt (er meinte die Stelle, an der *Ludwig II.* ertrank), Ihnen meinen Abschiedsgruß, meinen Dank und meine Wünsche. Ich sterbe, weil ich für Leute meines Schlages zu spät oder zu früh geboren bin. Lieber ein Ende in Qualen, als Qualen ohne Ende. Vale, valete. Ihr R.H., Königlich preußischer Amtsrichter«.

Trotzdem wir bei den ersten Versendungen unserer Petition an keine richterlichen Beamten herantraten aus der Erwägung heraus, daß die Vollstrecker der Justiz im allgemeinen wenig Neigung verspüren, an der geltenden Gesetzgebung Kritik zu üben, ja vielfach sogar glauben, solches sei taktlos und überschritte ihre Kompetenzen, — trotz dieser hemmenden Einflüsse stimmten von vornherein eine nicht unbeträchtliche Anzahl von Richtern und Staatsanwälten unserem Vorgehen zu und sandten aus freien Stücken ihre Unterschriften, ein Umstand, der wohl der Beachtung denkender Gesetzgeber wert sein sollte. Zu diesen überzeugungsstarken Persönlichkeiten gehörten neben dem bekannten Breslauer Ersten Staatsanwalt Geheimen Justizrat *Black-Swinton*, dem Landgerichtsrat und Professor der Rechtswissenschaft *Ortloff* in Weimar, neben Landgerichtsrat *Kulemann* in Braunschweig und Landgerichtsdirektor *Jentsch* in Bromberg, Kriegsgerichtsrat *Brendel* und Landgerichtsrat *Mutz*, beide in Mainz, neben Amtsgerichtsrat Dr. Eugen *Wilhelm* in Straßburg, Landgerichtsrat *Peters* in Mühlhausen und Landgerichtsrat *Oppler* in Metz, Männer wie der Landgerichtsdirektor Oskar von *Wachter* in Kempten, Amtsgerichtsrat Curt von *Rohrscheidt* in Danzig, Landgerichtsdirektor Paul *Rothschild* in Köln, Kammergerichtsrat Geheimer Justizrat *Broede* in Berlin und sehr viele andere, zu denen sich im Laufe der Zeit und namentlich im letzten Jahre noch mehrere hundert anderer Berufsrichter gesellten.

Von den höheren Richtern und Staatsanwälten, die neuerdings ihren Namen unter unsere Eingabe setzten, seien ebenfalls einige herausgegriffen. Da finden wir mit dem Reichsjustizminister selbst den Vizepräsidenten des Berliner Kammergerichts Dr. *Ebert*, Kammergerichtsrat Dr. Edwin von *Drenkmann*, Kammergerichtsrat *Freymuth* und Kammergerichtsrat *Wellenkamp*, Oberlandgerichtsrat Albert *Corell*-Nürnberg und Oberlandesgerichtsrat Geheimer Justizrat Dr. *Colm*-Düsseldorf, Landgerichtsdirektor *Beyer*-Dessau, Landgerichtsdrektor *Gerold*-Chemnitz, Landgerichtsdirektor Dr. *Grosfeld*-Essen und Landgerichtsdirektor Richard *Adam* aus Straubing, den Landgerichtspräsidenten Dr. J. *Engel* in Hamburg, Landgerichtspräsident und Geheimer Oberlandesgerichtsrat Dr. *Falckenthal*-Stettin, Landgerichtspräsident Dr. *Karsten* aus Hirschberg und Landgerichtspräsident Otto *Haupt* aus Würzburg, die drei Landgerichtsdirektoren Dr. *Häßler*, Otto *Höring* und Dr. *Leonhard II* aus Leipzig, die Landgerichtsdirektoren *Imhof* aus Dresden, *Höcker*-Bückeburg, *Oberhofer*-Landshut und *Rump*-Aschaffenburg.

Des weiteren erwähnen wir unter denen, die eine Streichung des § 175 aus dem R.St.G.B fordern, Staatsanwaltschaftsrat *Bodenbender* und Staatsanwaltschaftsrat Dr. *Gärtner*, beide in Bernburg, Staatsanwalt Dr. *Bücking*-Dresden, Staatsanwalt *Lanz* in Mainz, Staatsanwaltschaftsrat Dr. *Ortmann*-Berlin und Staatsanwaltschaftsrat *Otto*-Prenzlau, die Oberlandesgerichtsräte *Gunzert* und *Koch*-Stuttgart, Oberlandesgerichtsrat Dr. Franz *Schierlinger* und Landgerichtsdirektor Dr. *Heslenfeld* in München, Staatsanwaltschaftsrat *Windhorst*-Bonn, Staatsanwaltschaftsrat *Kühn*-Aachen, Oberlandesgerichtsrat Dr. Paul *Laber*-Rostock, Landesgerichtspräsident *Weinberg*-Oldenburg, Oberlandesgerichtsrat *Sarwey*-Stuttgart, Senatspräsident *Schlayer*-Zehlendorf, Geheimer Oberjustizrat Senatspräsident Dr. E. *Martin*-Hannover. Und das ist nur eine Auslese. Wo haben wohl jemals so viele

Richter von so hohem Rang allen Vorurteilen zum Trotz kühn ihre Stimme gegen ein bestehendes Gesetz erhoben. Sie errichteten damit sich ein Ehrenmal wie dem Gesetz ein Schandmal.

Von Justizbeamten, die sich über ihre Zustimmung hinaus ganz besondere Verdienste um unsere Bewegung erworben haben, seien neben dem eingehend gewürdigten Dr. *Praetorius* hervorgehoben: Landgerichtsrat Dr. *Dettmering*, dessen Namen im Richterverzeichnis nachzuschlagen man sich ersparen kann, weil es ein freigewählter Deckname ist, und der vor kurzem verstorbene, nicht pseudonyme, sondern anonyme Verfasser der Schrift »Eros vor dem Reichsgericht«, den ich mit R. bezeichnen will. Obwohl beide Männer in politischer und religiöser Gesinnung weit rechts standen, versagten sie nie, wenn wir in unserem Freiheitskampf an ihren Rechtssinn und ihre Rechtskenntnis appellierten.

In jeder Bewegung finden wir zwei Mitgliedergruppen, solche, deren Natur mehr der Zügel, und andere, denen mehr der Sporn entspricht. Je besser einer Zügel und Sporn zugleich zu handhaben weiß, um so geeigneter ist er zum Führer und Leiter einer Kampforganisation. *Dettmerings* Reden zügelten und bremsten oft in unseren Versammlungen die allzu stürmischen Dränger.

Sein Hauptverdienst aber lag auf dem Gebiet fachlicher Kleinarbeit. Da arbeitete er an der Satzung des Wissenschaftlich-humanitären Komitees, die dessen Eintragung als Verein ermöglichte; da entwarf er Testamentsmuster für Urninge, die sich über ihr Leben hinaus der ihnen gewidmeten Kulturarbeit dankbar erweisen wollten; da verfaßte er die Statuten der Dr. Magnus Hirschfeld-Stiftung in so vollendeter Form, daß die preußische Regierung ihrer Genehmigung kein Hindernis entgegenstellte, da sammelte er mit Bienenfleiß für die in der »Homosexualität des Mannes und des Weibes« veröffentlichte Straftabelle die Gesetzesbestimmungen aller Staaten der Welt gegen gleichgeschlechtliche Akte mit genauer Angabe des Schutzalters von den kleinsten europäischen Staaten wie Monaco und Montenegro, in denen auf homosexuellen Verkehr mit Personen über dreizehn Jahren überhaupt keine Strafe steht, bis zu den fernsten außereuropäischen, wie dem australischen Staat Victoria, wo das Gesetz noch heute gegen »Päderastie« (buggery) die Todesstrafe verhängt, allerdings nur, wenn der erwachsene Partner nicht einverstanden war oder die Handlung mit einer Person unter vierzehn Jahren verübt wurde.

Da blieb kein einzelner Kanton der Schweiz, kein einziger der Vereinigten Staaten von *Dettmering* unberücksichtigt. Sind doch dieselben homosexuellen Taten, für welche die kantonalen Strafkodexe von Luzern und St. Gallen Zuchthaus bis zu fünf Jahren vorschreiben, in den Gesetzbüchern von Genf und Tessin überhaupt nicht erwähnt. Will der Homosexuelle nicht mehr als Verbrecher gelten, so braucht er in vielen Gegenden nur eine Brücke zu überschreiten. Was diesseits des Flusses verboten, ist jenseits erlaubt. Der Trierer braucht zu diesem Zweck nur nach Luxemburg zu reisen, der Innsbrucker nach Meran. Aus dieser einzigartigen Buntscheckigkeit der Gesetze ergibt sich, wie uneins sich die Menschheit in der Beurteilung homosexueller Betätigung ist. Auch ein Zeichen, daß es sich hier nicht um wirkliche, sondern um künstlich konstruierte Verbrechen handelt. Nie wäre bei tatsächlichen Straftaten gegen Leib, Leben und Eigentum der Menschen ein solcher Widerspruch, eine derartige Verschiedenheit der Auffassungen möglich.

Noch länger währende freundschaftliche Beziehungen als mit Landgerichtsrat *Dettmering*, der aus dem Westen nach Berlin kam, verbanden uns mit Amtsgerichtsrat R., der aus dem Osten Deutschlands stammte. Seine gediegene Arbeit »Eros vor dem Reichsgericht« mit dem Untertitel »Ein Wort an Juristen, Mediziner und gebildete Laien zur Aufklärung über die griechische Liebe« (1898 bei Max *Spohr*, Leipzig, erschienen) sollte neben den beiden Schriften »Der Konträrsexuale vor dem Strafrichter« von *Krafft-Ebing* und »Strafgesetz und widernatürliche Unzucht« von dem früh verstorbenen Pfälzer Arzt Dr. van *Erkelens* (erstere 1895 in Wien bei Deuticke, letztere ebenfalls 1895 in Berlin bei Kornfeld erschienen) in der Fachbibliothek eines jeden Kriminalisten, Strafjuristen und gerichtlichen Sachverständigen vorhanden sein.

R. führt die einzelnen Entscheidungen des Reichsgerichts an, in denen diese höchste Instanz ihre Auffassung und Auslegung des § 175 zum Ausdruck gebracht hat, und unterzieht sie einer sachlich-fachlichen Kritik. Bekanntlich macht das Reichsgericht und die sich seiner Anschauung anschließenden Land- und Amtsgerichte einen großen Unterschied zwischen homosexuellen Betätigungsformen strafbarer und strafloser Art, je nach dem Körperteil, an welchem die sexuelle Entspannung stattgefunden hat. So darf dieselbe Berührung, die an der Haut der Oberschenkel mit Gefängnisstrafe bedroht ist, an der Haut der Hohlhand ungestraft vorgenommen werden. Diese reichsgerichtliche Logik ist etwa so, als wollte man zwischen Dieben unterscheiden, die mit der rechten oder linken Hand entwendet haben, oder zwischen Erpressungen, die vormittags oder nachmittags begangen wurden. Wir begegnen hier einer Weisheit, die nicht unähnlich der ist, mit welcher mittelalterliche Doktordissertationen sich darüber verbreiteten, ob die Engel im Himmel dem männlichen oder weiblichen Geschlecht zuzurechnen wären.

Es dürfte wenig bekannt sein, daß die Erfindung »beischlafsähnlicher« Handlungen als einer Art »Zwischenstufe« zwischen solchen, die mit der Hand vorgenommen wurden, und solchen, an die das Volk gewöhnlich denkt, wenn von Päderastie die Rede ist, und auf welche sich sein Abscheu, wo ein solcher besteht, auch nur bezieht, deutscher Rechtsgelahrtheit vorbehalten war. Kein anderes Land kennt diese Abgrenzungen. Entweder stehen alle gleichgeschlechtlichen Sexualakte, einschließlich Onanie, unter Strafe, wie in Österreich und England, oder gar keine, wie in Frankreich und Italien, oder es wird lediglich der eine päderastische Akt (die immissio in anum) bestraft, den die früheren deutschen Gesetzbücher, wie das Allgemeine Preußische Landrecht und das Preußische Strafgesetzbuch, dessen § 143 unverändert 1870 als § 175 in das deutsche Reichsstrafgesetzbuch überging, ursprünglich nur geahndet wissen wollten. Erst am 23. April 1880 erging vom II. Strafsenat des Reichsgerichts zum ersten Mal ein Urteil, in dem es heißt, »daß unter der widernatürlichen Unzucht ein Analogon des naturgemäßen Beischlafs zu verstehen ist, und daß daher, wenn auch nicht jede unter Mitwirkung eines anderen Mannes verübte und auf Befriedigung des Geschlechtstriebs abzielende Handlung, so doch jedenfalls ein in dieser Absicht geschehener Mißbrauch eines anderen Mannes zu einem Verhalten, welches der Duldung eines naturgemäßen Beischlafes ähnlich ist, dem Strafgesetze unterfällt.«

Seit dieser unglückseligen Entscheidung ist der strafbare Tatbestand immer enger umgrenzt worden. Ist es doch vorgekommen — und diesen von R. berichteten Fall könnte ich durch viele verwandte Urteilsfällungen ergänzen —, daß gegen einen älteren Arbeiter, der wegen Diebstahls in Haft genommen war, eine Gefängnishaft von einem Jahr verhängt wurde, weil er sich nachts auf dem Strohlager an einen neben ihm liegenden neunzehn Jahre alten Mitgefangenen schlaftrunken heranwälzte und an seinem bekleideten Körper beischlafsähnliche Bewegungen machte. Ob wirklich das Volk, mit dessen Anschauung, Empfinden und Rechtsbewußtsein in Ermangelung anderer Gründe man solche Gesetze zu rechtfertigen sucht und in dessen Namen die Urteile, seit die frühere Formel »Im Namen des Königs« in Wegfall gekommen ist, ja auch verkündet werden, mit solcher Gesetzesauslegung einverstanden ist, scheint mir mehr als fraglich. Das Volk sieht zudem keineswegs alles, was es für unsittlich hält, für strafwürdig an.

Für den deutschen Juristen scheint die Unfehlbarkeit des Reichsgerichts allmählich ein fast ebenso starres Dogma geworden zu sein wie die Unfehlbarkeit des Papstes für den katholischen Theologen. »Lipsia locuta« (Leipzig sprach) heißt es dort, wie »Roma locuta« (Rom sprach) hier. Wer aber die Menschen hinter den Dingen sieht, weiß, daß sich in dem, was wie ein Sturm sittlicher Entrüstung aussieht oder sich wie ein Überkochen der Volksseele anhört, oft nur ein ganz persönliches oder familiäres Gemisch von Ärger, Verstimmung und Unbehagen Luft macht. Mehr noch als der Wunsch ist das Gefühl der Vater des Gedankens.

R. geht in seiner Schrift »Eros vor dem Reichsgericht« von einem Satze Johann Gottfried von *Herders* aus: »Wer Fehler ohne Gründe sieht, bemerkt sie nur halb; sieht er sie aber in ihrem Grunde, so verwandelt sich sein Ärger in das zarteste Mitleid. Mitgefühl also ist die große Arzenei jener ätzenden Säure, die uns zuletzt die Menschheit selbst verleiden möchte«; er stellt in den Mittelpunkt seiner Betrachtungen die schönen Worte Mirza *Schaffys* in Friedrich *Bodenstedts* kongenialer Wiedergabe: »Lieb ohne Lust — welch eine Pein! Lust ohne Liebe — wie gemein! Die beiden aber im Verein gewähren uns das höchste Sein!«

Der Ausklang von R.'s Ausführungen ist ein drittes Zitat, das »von einem hohen deutschen, selbst konträrsexuellen Staatsbeamten« aus »Friedreichs

Blättern für gerichtliche Medizin« herrührt. Dieser schrieb dort: »Unbekannt mit der von der medizinischen Wissenschaft nachgewiesenen Tatsache, daß dergleichen Vergehen regelmäßig in einem vielfach sogar mit besonderer Stärke wirkenden Naturtrieb ihre Erklärung finden, folgt der Richter im guten Glauben der ihm ausschließlich geläufigen traditionellen Erklärung von der sittlichen Verworfenheit jeder geschlechtlichen Perversität, und da er zur Verletzung des Sittengesetzes in diesem Punkte in sich selbst auch nicht die leiseste Versuchung verspürt, so wähnt er ihren Ursprung in einem unabsehbaren Abgrunde moralischer Niederträchtigkeit und reagiert demgemäß gegen die aus dieser dunklen und unheimlichen Tiefe vor ihm emporsteigenden Erscheinungen sowohl instinktiv als aus Überzeugung mit der ganzen Schärfe der ihm zu Gebote stehenden Strafmittel: jenem frommen Bäuerlein vergleichbar, das voll blinden Glaubenseifers sein Holzstück zum Scheiterhaufen des Johann *Hus* herbeitrug.«

Die bisher von uns genannten Juristen sind nicht die einzigen, die sich im Laufe der letzten 25 Jahre für die Befreiung der Homosexuellen eingesetzt haben. Selbst wenn wir von den zahlreichen Berufsanwälten absehen, die sich zum Teil in hervorragender Weise ihrer annahmen und auf die ich später noch zurückkommen will, ist es unmöglich, auch nur die Namen aller anzuführen, die in diesem Zusammenhang zu nennen wären. Diese lange Reihe von Verfechtern des richtigen Rechts hat auch heute noch nicht ihren Abschluß erreicht und wird ihn nicht eher finden, bis einer der verhängnisvollsten Justizirrtümer aller Zeiten getilgt ist. Das ist ja das Zuversichtsvolle und Zukunftsreiche, in aller Unruhe immer wieder Ruhe Verleihende, daß eine Wahrheit, wenn sie einmal ausgesprochen ist, unzerstörbar dasteht. Sie kann gedrückt, zeitweilig auch unterdrückt, aber nie zerdrückt werden. Immer wieder schnellt sie elastisch empor, bis die Gegner, des Biegens müde, ihr Spiel aufgeben.

Wer der ersten Tagung für Sexualreform auf sexualwissenschaftlicher Grundlage beiwohnen durfte, die wir im September 1921 in Berlin abhielten, jene unvergeßlichen Herbsttage, an denen sich die Gelehrten zahlreicher Kulturländer auf deutschem Boden versammelten, »um der Wahrheit zu dienen und dem Recht, das in der Wahrheit wurzelt«, wird sich sicherlich der prächtigen Rede erinnern, die an dem Abend, als im *Langenbeck-Virchow*-Haus als Hauptthema »Geschlecht im Recht« behandelt wurde, der vormalige Staatsanwaltsrat k. A. Dr. Fritz *Dehnow* aus Hamburg über »Sittlichkeitsdelikte und Strafgesetz« hielt. Ich gestehe, daß dieser Vortrag für mich einer der eindruckvollsten dieser an starken Erlebnissen überreichen Tage war. Der edle Eifer, die strenge Logik, die beißende Schärfe, mit der dieser noch junge Rechtsfreund sich mit dem Abschnitt des Vorentwurfs zu einem neuen deutschen Strafgesetzbuch auseinandersetzte, der den Titel »Sittlichkeitsverbrechen« führt, waren unübertrefflich.

In Sachen des § 175 führte er die drei kurzen Sätze an, mit denen in der Denkschrift zu dem Entwurf von 1919 die Beibehaltung und Verschärfung dieses Gesetzes in einem neuen § 325 zu rechtferigen versucht wird, und sagte: »Eine oberflächlichere und dürftigere Begründung wäre schwerlich möglich gewesen, als mit diesen nichtigen, althergebrachten, oftmals widerlegten Wendungen. Wenn die Denkschrift an anderer Stelle behauptet, es sei »bei einer jeden Strafdrohung die Frage des Bedürfnisses sorgfältig geprüft worden«, so findet die Angabe hier keine Bestätigung. Auf keine der eigentlichen Fragen ist auch nur eingegangen: weder darauf, ob das inkriminierte Verhalten schädigend wirkt, noch darauf, inwieweit dem Einzelnen ein Recht über sich selbst zugestanden werden muß, noch darauf, inwieweit von dem Homosexuellen Abstinenz verlangt werden kann; weder auf die Schwierigkeit der Feststellung, noch auf die unbefriedigende Abgrenzung strafbarer und strafloser Tatbestandshandlungen, noch auf das Erpressertum. Unberücksichtigt ist der Umstand, daß durch diese Vorschrift rechtlich denkende und handelnde Persönlichkeiten unmittelbar oder mittelbar betroffen werden — nicht am wenigsten auch Persönlichkeiten aus denjenigen Kreisen, die in der Verurteilung der Homosexualität sich nicht genug tun können. Jegliche Berücksichtigung der Verhältnisse in Ländern, die diese Strafvorschrift nicht besitzen, fehlt. Es ist vor allem die Frage nicht geprüft, ob denn re vera irgendwelche positive Werte durch diese Strafvorschrift erreicht werden.«

Dehnow geißelt die unzulässige Bequemlichkeit der Gesetzesverfasser, sich von einem Volksempfinden ins Schlepptau nehmen zu lassen, von dem es nicht einmal feststeht, ob es wirklich vorhanden ist, um damit einen Wahn, wie *Krafft-Ebing* sich ausdrückt, zu »kodifizieren«. Sehr richtig bemerkte *Dehnow*: »In einer wissenschaftlichen Erörterung müssen Instinkte und Kontra-Instinkte selbstverständlichermaßen ausgeschaltet werden, anstatt, wie es in dem Entwurfe geschieht, mit ausschlaggebender Wirkung versehen zu werden.« Er wendet sich gegen die naive, man sollte lieber, angesichts unserer doch auch den Verfassern des Vorentwurfs bekannten Petition, sagen der Wahrheit widersprechenden Behauptung, daß es fast nur die Homosexuellen selbst seien, welche die Straflosigkeit ihrer Betätigung fordern und stellt seinerseits den drei Sätzen, mit denen die antihomosexuellen Strafmaßnahmen aufrechterhalten werden sollen, folgende drei leider nur allzu berechtigte Sätze gegenüber: »Die Stellungnahme der Denkschrift bedeutet nichts mehr als die äußerliche Beschönigung eines überkommenen Vorurteils und muß als unzulässig abgelehnt werden. Sie ist ein betrübliches Kennzeichen für die Stellungnahme juristischer Gesetzgeber zu Fragen des wissenschaftlichen und ethischen Fortschritts. Die tatsachenfremde Scheinlogik, mit der die Denkschrift hier argumentiert, kann der Rechtswissenschaft einen Zuwachs an Vertrauen nicht verschaffen.«

Sittlichkeitsgesetze sind das zuverlässigste Barometer für den freiheitlich-kulturellen Hoch- und Tiefstand eines Volkes. Vergleicht man unseren deutschen Entwurf mit denen, die in verschiedenen Ländern seit einem Vierteljahrhundert in Arbeit stehen, ohne daß sie zu einem Abschluß gebracht werden können, beispielsweise mit dem fast zu gleicher Zeit (1921) mit unserem erschienenen »Vorentwurf zu einem italienischen Strafgesetzbuch«, so merkt der Kenner nur allzudeutlich - wie dies auch neulich der fortschrittliche Berliner Rechtsanwalt Ferdinand *Nübell* in der »Weltbühne« (17. August 1922) hervorhob —, daß in der deutschen Republik nicht wie in der italienischen Monarchie Strafrechtler der kriminalanthropologischen Schule, wie der Sozialist Enrico *Ferri, Garofalo, de Nicola, Berenini,* Gelehrte, denen wir aus der *Liszt*schen Schule ebenso tüchtige hätten zur Seite stellen können, den Ausschlag gaben, sondern Persönlichkeiten wie der Ministerialdirektor im preußischen Justizministerium Dr. *Lucas*, Staatssekretär Dr. *Joel,* Geheimrat *Kahl*, der zwar Strafrechtsprofessor, zugleich aber auch theologischer Ehrendoktor ist, und andere »Würdenträger« mit hohen Titeln, Orden und Ehrenzeichen.

Von ausländischen Juristen stellten sich nicht nur italienische, sondern noch viele andere völlig auf den Boden der deutschen Forschung. So der Petersburger Strafrechtsprofessor Vladimir von *Nabokoff*, dieser ausgezeichnete Philantrop, der im Frühjahr 1922 so überaus tragisch den politischen Wirren der Zeit zum Opfer fiel, als ihn in der Berliner Philharmonie die Kugel ereilte, die nicht ihm, sondern seinem Parteifreunde Paul *Miljukoff* galt, den er mit eigenem Leibe deckte. Die vortreffliche Arbeit, die uns *Nabokoff* für die Jahrbücher sandte, wo sie im Jahre 1903 (fünfter Jahrgang, Seite 1159 ff.) unter dem Titel »Die Homosexualität im Russischen Strafgesetzbuch« erschien, bildete einen Teil des viel beachteten Vortrages, den er 1902 in der juristischen Gesellschaft zu St. Petersburg hielt. Es war mir eine besondere Freude, *Nabokoffs* charmanten Sohn Sergei, als er beim 25jährigen Jubiläum unseres Komitees mit unserm russischen Obmann Michael von *Muromzew* im Ernst *Haeckel*-Saal weilte, persönlich die Hand drücken zu dürfen.

Den gleichen Stadpunkt wie *Nabokoff* nahm R. *Banbery*, der Strafrechtslehrer an der Budapester Universität und erster Staatsanwalt im Königreich Ungarn, ein. Als wir ihm auf Anregung ungarischer Urninge Material über die homosexuelle Frage übersandten, schrieb er mir (9. Februar 1906): »Hochverehrter Herr Doktor! Ihr geschätztes Schreiben, sowie die Belege Ihrer unermüdlichen Tätigkeit für eine gute Sache habe ich heute erhalten. Die Bestrebung, den unhaltbaren § 175 aus dem R.Str.G. auszumerzen, ist mir als Kriminalisten natürlich schon seit langer Zeit bekannt, und ich habe auch anläßlich der Reichstagspetition — als ehemaliger Schüler von *Liszts* — nicht ermangelt, in unserer juristischen Fachpresse auf diese hinzuweisen ... Ich werde Ihre Sendung dem Herrn Justizminister übermitteln und Sie können vollständig überzeugt sein, daß die homosexuelle Frage bei den Vorbereitungsarbeiten den Gegenstand wissenschaftlicher Erwägung bilden wird. Die neue strafrechtliche Kodifikation (so § 213 des norwegischen Str.G.B. vom Jahre 1902, § 134 des Schweizerischen Entwurfes vom Jahre 1903) läßt keinen Zweifel übrig, daß eine prinzipielle Änderung in der Lösung der Frage nötig ist. In dieser Lösung die Initiative und das wissenschaftliche Material geliefert zu haben, wird stets Ihr unvergängliches Verdienst bleiben.«

Der hier von *Banbery* erwähnte Schweizer Entwurf ist seither noch immer nicht Gesetz geworden. Es ist ein weiter Weg, der bei der Schaffung der Gesetzbücher vom Entwurf zum Wurfe führt. Über das norwegische Strafgesetzbuch schrieb unser verehrter Kollege Professor Henrik *Dedichen* in Christiania in »Tidsskrift for Nordisk Retsmedicin og Psykiatri«: »Mit dem Inkrafttreten des neuen Strafgesetzbuches im Jahre 1902 hat die Bestrafung homosexuellen Verkehrs in Norwegen aufgehört. Der Geschlechtsverkehr zwischen Männern ist dem unehelichen Geschlechtsverkehr zwischen Mann und Weib völlig gleichgestellt. Solange nicht Gewalt, Verführung, Ansteckung oder öffentliches Ärgernis vorliegt, findet eine Verfolgung nicht statt, selbst wenn ein derartiges Verhältnis ganz offen bekannt ist. Dies ist ein Schritt weiter in der Reformierung des Strafrechts, das immer mehr von den unmenschlichen Bestrafungen früherer Zeiten zurückkommt. Überhaupt ist der sogenannte widernatürliche Geschlechtsverkehr eins von den Vergehen, das die Entwicklung der Strafrechtstheorien im vorigen Jahrhundert am interessantesten darlegt: nicht allein, daß der Glaube an eine Wirkung strenger Strafen ständig an Terrain verliert, man ist auch immer weniger geneigt, als strafbar anzusehen, was die Gesellschaft als solche nicht berührt, das heißt, nicht jemandes Recht direkt verletzt. Die Homosexualität ist in letzter Zeit der Gegenstand wissenschaftlicher Forschung geworden, die uns nötigt, unsere Anschauungen ganz wesentlich zu ändern. Jeder Arzt sollte diesen Unglücklichen mit Verständnis und Sympathie entgegenkommen, was sie verdienen und was ihre seelischen Leiden wesentlich erleichtern kann. Er ist es seiner Wissenschaft schuldig, an seinem Teile daran mitzuarbeiten, daß ein Vorurteil beseitigt wird, welches in der Homosexualität den äußersten Grad sittlicher Verworfenheit sieht.«

Christentum und Homosexualität

Überraschter noch wie von den Unterschriften der Richter waren viele Mitglieder der gesetzgebenden Körperschaften und Vertreter der Presse, besonders solche, welche der homosexuellen Materie bis dahin völlig ahnungslos und kenntnislos gegenüber gestanden hatten, von der Zustimmung, die dem Komitee von theologischer Seite, und zwar sowohl aus Kreisen der katholischen als der evangelischen Geistlichkeit, zuteil wurde. Diese Tatsache schien manchen so unglaublich, daß sie zunächst an eine Mystifikation dachten, als sie unter unserer Petition Namen fanden, wie die des königlichen geistlichen Rats und Professors Maximilian Vincenz *Sattler* in München oder des Kirchenhistorikers Dr. Franz *Görres* in Bonn, am Sitz der 1876 »zur Pflege der Wissenschaft im katholischen Deutschland« gegründeten »Görres-Gesellschaft«; nachdem sie vollends von dem oben erwähnten Brief des Bischofs Dr. Paul Leopold *Haffner* von Mainz an uns erfuhren, beruhigten sich manche dieser ungläubigen Gläubigen nicht eher, bis sie sich durch Nachprüfung von der Richtigkeit unserer Angaben überzeugt hatten. Trotz der jeden Zweifel ausschließenden Feststellungen, trotz der eingehenden Würdigung sowohl der zustimmenden als auch der ablehnenden Petitionsunterschriften, die ich in meiner zweiten Schrift über den Uranismus gab, welche 1898 unter dem Titel »§ 175: Die homosexuelle Frage im Urteile der Zeitgenossen« (bei *Spohr*, Leipzig) erschien, konnte es sich der Zentrumsabgeordnete Justizrat Dr. Johann *Thaler* aus Würzburg nicht versagen, in der großen Rede, die er am 31. Mai 1905 im deutschen Reichstag gegen den Paragraphen und den sozialistischen Abgeordneten Chefredakteur Adolf *Thiele* aus Halle hielt — dieser hatte vorher eingehend und leidenschaftslos den Antrag begründet, die Petition des Wissenschaftlich-humanitären Komitees wegen Aufhebung des § 175, den er als ein Ausnahmegesetz der schlimmsten Art bezeichnete, dem Herrn Reichskanzler zur Berücksichtigung zu überweisen —, folgendes zu behaupten (laut Stenogramm): »Ich gehe sogar so weit, zu glauben, daß unter den Unterzeichnern der Petition sich solche befinden, welche in oberflächlicher, gutmütiger Weise, vielleicht in Leichtfertigkeit und ohne Kenntnis der Materie und ohne Erwägung ihrer Tragweite ihren Namen hingesetzt haben, und daß bei der Unterzeichnung der Petition vielleicht mancher Schwindel vorgekommen ist. Von solchen aber wollen wir uns alle nicht beeinflussen lassen in unserer Beratung. Erinnert man sich doch überhaupt bei Durchsicht der Namen bisweilen des Dichterwortes: 'Es tut mir in der Seele weh, daß ich Dich in der Gesellschaft seh'! (Heiterkeit.)«

Wir sehen hier die alte Methode, Gegener, die man fachlich nicht widerlegen kann, durch Spott und Hohn in ihrer Persönlichkeit zu verunglimpfen. Noch deutlicher tritt diese verwerfliche Taktik, deren überhebender Ton nur zu sehr ihre Unterwertigkeit verrät, an einer anderen Stelle der gleichen Rede hervor, an der *Thaler* sich mit *Ulrichs* beschäftigt. Nachdem der Abgeordnete historisch zutreffend dargelegt hat, daß der Berliner Psychiater *Westphal* mehrere Beobachtungen, die er bei männlichen und weiblichen Individuen machte, zuerst als »konträre Sexualempfindung« beschrieben hat, wobei der hinzugefügt hätte, »daß das hiermit behaftete Individuum infolge prinzipieller Unerregbarkeit durch das andere Geschlecht die Möglichkeit heterosexueller Befriedigung nicht besitzt«, rief er einem der mutigsten und edelsten Wahrheitskünder Deutschlands über sein Grab folgende Worte nach: »Einer der Hauptvertreter der neuen Lehre ist *Ulrichs*, ein ehemaliger hannöverscher Assessor. Dieser spricht zum ersten Male von 'Urningen', deren einer er selbst war. Ich habe ihn persönlich gekannt, als ich in Würzburg studierte. Da lief der Mann mit fahlem Gesichtsausdruck und schlotternden

Knien in der Stadt herum, und, meine Herren von der Linken, sie werden allerdings wenig darauf geben, was ich mir gedacht habe, aber ich gebe Ihnen doch die Versicherung: wenn ich mir den Gotttseibeiuns vorstelle, dann brauche ich mich nur an den hannöverschen Assessor a.D., an den Urning *Ulrichs* zu erinnern, wie er hohlen und scheuen Blickes mit seinem Stock unter dem Arm, einsam in den Straßen herumschlich. (Heiterkeit.)«

Also brach ein vom Glück Begünstigter über einen vom Unglück Verfolgten den Stab, also sprach einer, den das Gesetz, nach dem er angetreten, vom Assessor zum Justizrat und zum Mitglied des Reichstags aufsteigen ließ, über einen Berufskollegen, dem das ihm innewohnende Gesetz, als er noch Assessor war, Stellung und Vermögen, Ehre, Vaterland und Familie raubte — und alles das nicht um eines Fehlers, sondern um eines Fehlurteils willen.

Als ich im Reichstagsstenogramm hinter *Thalers* hämischen Sätzen dieses Wort Heiterkeit las, erfüllte es mich mit tiefer Traurigkeit. Ist diese Gefühlsäußerung einer so verantwortungsvollen Körperschaft in einer so ernsten Angelegenheit so hohlen Phrasen gegenüber nicht mehr als traurig? Sollte man angesichts solcher Redner und Hörer nicht an Menschentum und Menschheit irre und bedenklich werden, ob es jemals gelingen wird, die Menschen zum Recht, geschweige denn zum Rechten zu bekehren!

Gewiß muß ihnen nach einem Wahrwort vergeben werden, weil sie nicht wissen was sie tun, aber daß sie nicht wissen, und tun als ob sie wissen, dies ihnen zu vergeben, ist schwer. Wer von denen, die *Thalers* nicht einmal den Tatsachen entsprechenden Äußerungen über *Ulrichs*' Äußeres mit Heiterkeit begleiteten, kannte wohl auch nur eine seiner tiefgründigen Arbeiten? Sicherlich keiner. Wer von den bibelfesten Parteigenossen, die *Thaler* Beifall zollten, hatte wohl auch nur die Abhandlung »Der Uranier vor Kirche und Schrift« gelesen, in der kein geringerer als der streng orthodoxe theologische Ehrendoktor (divini verbi magister) Professor Kaspar *Wirz* in Rom zu der Frage »Christentum und Homosexualität« Stellung genommen hatte.

Auch der mit diesen beiden nur scheinbar unvereinbaren Worten überschriebene Anhang zu unserer Petition war auf Anregung eines katholischen Priesters entstanden. Als dieser jugendlich schlanke Kaplan — nennen wir ihn Pater *Bonaventura* — eines Tages bei uns auftauchte, in schwarz ernster Soutane, mit der Tonsur der Entsagung, erinnerte er mich an *Anzengrubers* Pfarrer von Kirchfeld, wie wir ihn in Otto *Sommerstorfs* herrlicher Darstellung im Deutschen Theater gesehen und bewundert hatte. Ehe *Bonaventura* zu uns kam, war er die rechte Hand eines Fürstbischofs gewesen. Um eines leisen Verdachts willen hatte der Feinfühlige eine glänzende Zukunft vorzeitig aufgegeben, schritt von kirchlicher Höhe in weltliche Tiefen hinab und nahm statt Entsagung Entbehrungen von vielem auf sich.

In dem erwähnten Anhang heißt es: »In der Reichstagsverhandlung vom 19. Januar 1898 wurde von dem Reichstagsabgeordneten Herrn Pastor *Schall* gegen die Eingabe des Wissenschaftlich-humanitären Komitees als einziger Einwand geltend gemacht, sie stände mit den Anschauungen des Christentums im Widerspruch. Mehrere hervorragende Unterfertiger hatten dagegen vorher die Petition 'als echt menschlich und christlich' bezeichnet. Ein Geistlicher schrieb sogar: 'Wer die heilige Schrift zur Befürwortung solcher Gesetze anzieht, der kennt sie nicht.' Wer hat da Recht? Die richtigste Lösung der Frage, wie sich die Aufhebung des § 175 mit dem christlichen Standpunkt vereinigen läßt, scheint uns in folgenden Ausführungen eines hervorragenden Unterzeichners der Petition zu liegen: 'Die Forderungen des Christentums sind Ideale, die, so wertvoll und unentbehrlich sie für unser privates und öffentliches Leben sind, doch zugestandenermaßen nicht alle ohne weiteres wörtlich zu staatlichen Gesetzen gemacht werden können. Ich erinnere z.B. daran, wie das Alte Testament die Empfängnisverhütung brandmarkt (1. Mos. 38,4) sowie an das, was Christus über Beleidigung (Math. 5,22 '... wer zu seinem Bruder sagt, Du Narr, der ist des höllischen Feuers schuldig'), über den Ehebruch (Math. 5,32), über den Eid (Math. 5,37) sagt.' Demgemäß sind auch eine Menge von geschlechtlichen Handlungen, die das Christentum als verwerflich bezeichnet, und die allgemein als sittlich verwerflich anerkannt sind, vor dem Gesetz nicht strafbar. Es ist inkonsequent und unhaltbar, die strengen Forderungen des Christentums nur auf eine einzelne Art von geschlechtlichen Handlungen zu beziehen, während die gleichen Verhältnisse unter Weibern, die tatsächlich eben so oft vorkommen, und andere zum Teil viel schlimmere Dinge, welche nicht der Ausfluß konstitutioneller oder krankhafter Anlage sind, z.B. die Weiberpädikation und andere, straffrei bleiben.« Es wird in diesem Zusammenhang das objektive Gutachten angeführt, welches uns auf unser Ersuchen ein ordentlicher Professor der katholischen Theologie ausgestellt hatte. Er sagte: »Das Christentum als solches fordert die Bestrafung homosexueller Handlungen nicht; die gesetzlichen Strafbestimmungen des Mittelalters waren der Ausfluß damaliger kultureller Verhältnisse. Wohl aber fordert das Chistentum die Bekämpfung der betreffenden Gefühlsanlage seitens des Einzelnen, der damit behaftet ist, im Namen der Sittlichkeit, deren Normen absoluten Wert beanspruchen. Die Petition kann ich nur dann als echt menschlich und christlich anerkennen, wenn sie die Existenz einer objektiven, absolut gültigen Sittlichkeit ausspricht und ihren Zweck nicht bloß in der Beseitigung von Verfolgungen erblickt, sondern noch mehr darin, daß die beklagenswerte Erscheinung mit den richtigen Mitteln, d.h. mit physiologischen und psychologischen, individuellen und sozialen, religiösen und sittlichen Mitteln bekämpft werde.«

Schließlich wird in dem Anhang »Christentum und Homosexualität« klargelegt, daß der Rechtsgrund, welchen die Kirche des Mittelalters für die Bestrafung homosexueller Handlungen angab, schwerlich heute noch aufrecht zu erhalten sein dürfte. *Ludwig der Fromme* befahl in einem Kapitulare, die Urninge lebendig zu verbrennen, nachdem das sechste Pariser Konzil festgestellt habe, daß durch sie Hungersnot und Pestilenz entstanden sei (vgl. Acta

Concilii Paris sexti lib. 3. cap. 2.), und der hervorragende Jurist *Carpzovius* nennt noch 1649 als Motive der Urningsbestrafung folgende sechs Plagen, die sie verursacht hätten: »Erdbeben, Hungernot, Pest, Sarazenen, Überschwemmungen sowie sehr dicke und gefräßige Feldmäuse« (Carpzovii practica novi rerum crim. 1709 II. g. 76 § 5).

An die Stelle der sehr dicken und gefräßigen Feldmäuse, mit denen 1649 die Urningsbestrafung begründet wurde, ist zwei Jahrhunderte später etwas weniger Konkretes, nämlich das Volksempfinden getreten. Immerhin ein Fortschritt und ein weiterer Fortschritt, daß von den beiden Weltsündenböcken, die seit Einführung des Christentums für alles Leid und Unglück dieser Welt verantwortlich gemacht zu werden pflegen, den Juden und den Homosexuellen, die letzteren, wenn auch wie manche Weltkriegsbrandrede zeigte, nicht völlig, so doch immer mehr zurückzutreten scheinen; sonst würden in den Motiven zu dem neuen Strafgesetzbuch sicherlich für die Beibehaltung und Verschärfung der Urningsverfolgung die von den Homosexuellen verursachten Übelstände und sechs Plagen unserer Zeit angeführt werden, als da wären: der Marksturz, der Kohlenmangel, die Ratten im Berliner Tiergarten, die Verbreitung der Bazillen, der Bolschewisten sowie *Spenglers* »Untergang des Abendlandes«.

Von Kaplan *Bonaventura* rühren noch einige weitere recht bemerkenswerte Beiträge zur homosexuellen Frage her. Die eine (im Jahrbuch von 1900 erschienen) lautet: »*David* und der heilige *Augustin*, zwei Bisexuelle«. Der Verfasser unterzieht zunächst die Stellen aus dem ersten und dem zweiten Buch der Könige, die von der innigen Liebe des Propheten *David* zu *Jonathan* handelt, einer kritischen Würdigung, eine Episode aus der erotischen Weltgeschichte, die als einer der letzten (1916 bei Fleischel, Berlin) A. H. *Rausch* in dem Buche »Jonathan Patroclos« in poetische Form gegossen hat.

Hinsichtlich *Augustins* zieht *Bonaventura* aus den autobiographischen Bekenntnissen des »Heiligen« den Schluß, daß seine asketische, die spätere Kirche so stark beeinflussende Richtung auf sublimierter Jünglingsliebe beruhte. In der Tat liest man in *Augustins* Konfessionen die ekstatische Schilderung der ihn verzehrenden Freundessehnsucht. Sätze — die sich wie ein Abschnitt aus Werthers Leiden lesen —: »Meine Seele konnte ohne ihn nicht mehr leben —— aber, o mein Gott, siehe, plötzlich nahmst du mir diesen Menschen aus der Welt, nachdem ich seine Freundschaft kaum ein Jahr genossen hatte, sie, die mir süß war über alle Süßigkeiten meines damaligen Lebens«; erfahren wir dann weiter, wie *Augustinus* seine Geschichte mit der Fabel von *Orestes* und *Pylades* vergleicht, »welche füreinander oder wenigstens miteinander zu sterben wünschten, weil ihnen der Gedanke, ohne einander leben zu müssen, schrecklicher war als der Tod«, und hören wir schließlich von ihm selbst, wie unter dem Einfluß der heilenden Zeit, namentlich unter dem Einfluß der Reize, die andere Freunde auf ihn ausübten, die Wunde allmählich zu vernarben begann —, vergegenwärtigten wir uns dies alles, so ist wohl kaum ein Zweifel möglich, daß *Augustinus* homoerotisch empfand. Diese heiße Empfindung lodert noch in ihm fort, nachdem er sich zum Katholizismus bekehrt hat und strenger Asket und Bischof geworden ist, aber er überträgt sie nunmehr auf den, dessen Hand diese Schönheit geschaffen hat, er wandelt, wie es sich für einen Heiligen nicht anders ziemt, die irdische Brunst in himmlische Inbrunst um und ruft dann statt in erotischer in religiöser Ekstase aus (Confessiones, Kapitel 10): »O meine Seele, wenn dir die Leiber durch ihre Schönheit gefallen, so seien sie dir ein Anlaß, Gott zu preisen, und es erhebe sich deine Liebe auf diese Weise zu dem, der sie geschaffen hat, damit du nicht, wenn du dabei stehenbleibst, was sie Liebenswürdiges haben, ihrem Schöpfer mißfallest!....Lasset uns Gott lieben und nur ihn!«

Einen ganz ähnlichen Typus wie Aurelius *Augustinus* (345-430) wies in der Wiederkehr des Gleichen vierzehnhundert Jahre später die Kirchengeschichte in dem Gründer der Herrnhutersekte auf: den Grafen Nikolaus Ludwig von *Zinzendorf* (1700-1766). Pfarrer *Pfister* in Zürich, in dem ich auf dem *Freud*-Kongreß in Weimar einen Seelsorger und Seelenkenner zugleich — eine keineswegs häufige Verbindung — kennenlernte, hat in seiner sehr lesenswerten Studie »Die Frömmigkeit des Grafen von *Zinzendorf*« (in Wien erschienen, als Nr. VIII der von *Freud* herausgegebenen Schriften zur angewandten Seelenkunde) die zu religiöser Ekstase erhobene Homosexualität dieses Schwarmgeistes unter die psychoanalytische Lupe genommen.

Die Flucht in die Religion haben viele Homosexuelle versucht, gelungen ist sie nur ganz wenigen. Erst vor kurzem suchte mich wieder einmal ein urnischer Konvertit auf, der zum katholischen Glauben übergetreten war. Er stammte aus einem evangelischen Pfarrhaus, in dem die Nachricht von seinem unverständlichen Glaubenswechsel mehr Verblüffung als Unwillen hervorrief. Eine große Anziehungskraft geht in diesen Fällen vom katholischen Beichtstuhl aus. Viele Homosexuelle haben das Bedürfnis, aber nicht den Mut, den Wunsch, aber nicht die Kraft zur Aussprache. Namentlich Ärzten gegenüber entschließen sie sich oft schwer dazu. Nicht als ob sie sich unter dem Beichtgeheimnis des Priesters sicherer fühlten als unter dem Berufsgeheimnis des Arztes. Sie halten sich aber nicht im eigentlichen Sinne für krank; meinen, der Arzt sei nur für wirkliche »Patienten« da; daher verspüren sie ihm gegenüber oft nicht den seelischen Kontakt, jenes »magnetische Fluidum«, das die Voraussetzung wahren Vertrauens ist. Für alle sexuell Bedrängten gilt aber noch mehr als für andere Menschen das *Goethe*wort aus »Tasso« (III.2.): »Die Krankheit des Gemütes löset sich in Klagen und Vertrau'n am leichtesten auf.«

Sooft ich dazu Gelegenheit hatte — und ich hatte sie oft —, ließ ich mir in den ersten Jahren meiner Tätigkeit von Beichtvätern und Beichtkindern über ihre Erlebnisse und Erfahrungen im Beichtstuhl Bericht erstatten. Ich habe dadurch in wertvoller Weise viele Beobachtungen aus eigener Praxis ergänzen können. In den Jahrbüchern finden sich verschiedentlich Beichtgespräche abgedruckt (besonders in den »Erklärungen römisch-katholischer Priester« im zweiten Jahrbuch, S. 161 ff. und in den »Aufzeichnungen eines Geistlichen« im fünften Jahrbuch, S. 1172 ff.), die ein unmittelbares Abbild urnischen Empfindungslebens geben.

Nur ein Beispiel sei hier aus vielen ähnlichen wiedergegeben. Ein Priester erzählt von einem älteren Bauersmann wie folgt: »Krank geworden ließ er mich rufen, um zu beichten. Er legt sein Bekenntnis ab und bemerkt im Verlauf desselben, daß er soviel von bösen Begierden geplagt sei. 'Wissen Sie', fährt er fort, 'ich habe eine umgekehrte Natur und die peinigt mich Tag und Nacht. Sie glauben es nicht, was ich alter Mann noch für Kämpfe durchmachen muß...' — Seid ihr der Leidenschaft zum eigenen Geschlecht unterworfen? — 'Ja, geistlicher Herr, und das ist eine böse Sucht, die kann aus dem Menschen einen Märtyrer machen.' — Verursacht Euch das weibliche Geschlecht keine Versuchungen? — 'Gar keine. Davon weiß ich nichts, und hab mein Lebtag nichts gewußt.' — Daß Ihr aber dann noch geheiratet habt? —'Das ist so in einer Verzweiflung geschehen. Ich hab zu mir selber gesagt: Mach's wie die andern Leute, dann wirst du auch sein wie die andern Leute. Wirf dich in's Wasser, dann wirst du wohl schwimmen lernen. Und so hab ich geheiratet. Außerdem hat mir das Weib ein schönes Stück Geld ins Haus gebracht; ich bin auf diese Weise ein reicher Bauer geworden. Aber an und für sich wär's mir nicht im Traum eingefallen, zu heiraten. Ich hab im Gegenteil vor der ganzen Sache einen innerlichen Ekel gehabt.' — Wie kommt es denn, daß Ihr trotzdem Vater geworden seid? — 'Da haben, Geistlicher Herr, die Gedanken mitgeholfen.' — Habt Ihr mit Mannsbildern viel gesündigt? — 'Viel, geistlicher Herr, sehr viel, von den jungen Jahren an bis in meine alten Tage herauf. O, geistlicher Herr, Sie glauben nicht, was ein solcher Mensch für ein Fegefeuer durchmachen muß...'«

Im allgemeinen fand ich, daß die katholischen Priester den Homosexuellen gegenüber in der Beichte einen einsichtsvollen und toleranten Standpunkt einnehmen, so daß sich viele — beispielsweise auch unser lieber und getreuer Mitarbeiter Hermann von *Teschenberg* — gern regelmäßig im Beichtstuhl ihr übervolles Herz erleichterten. Doch erlebte ich nicht selten auch Gegenteiliges. So suchte mich eines Abends in heftiger Erregung ein Herr auf und erzählte mir, sein Freund, ein Schauspieler, sei wenige Stunden zuvor Unter den Linden verhaftet worden; er habe nur ermitteln können, daß der telegraphische Haftbefehl von der Staatsanwaltschaft einer kleinen süddeutschen Stadt ausgegangen sei, im übrigen wüßte aber weder sein gefesselt abgeführter Freund noch er selbst und auch nicht der Vollzugsbeamte, was vorläge. Später ergab sich dann folgendes: Der Schauspieler hatte vier und ein halbes Jahr vor seiner Festnahme mit einem Sommerensemble in einer bayrischen Kleinstadt gastiert. Unter seinen Bewunderern befand sich ein zwanzigjähriger Zahntechniker, ein leidenschaftlicher, aber mittelloser Theaterschwärmer, den er auf sein eindringliches Bitten mit Theaterkarten versah. Kurz vor der Abreise kam es zwischen beiden zu Zärtlichkeiten und sexueller Betätigung. Dem gleichgeschlechtlich fühlenden Schauspieler war diese Episode — vermutlich eine unter vielen — längst aus dem Gedächtnis geschwunden. Nicht so dem heterosexuell empfindenden Zahntechniker. Er hatte sich längere Zeit darauf mit einem Mädchen verlobt, das streng katholisch war und auch ihn zu größerer Frömmigkeit anhielt. Als er auf ihre Veranlassung zur Beichte ging, stellte der Beichtvater auch die übliche Frage nach den verschiedenen Formen der »Unkeuschheit«. Bei dieser Gelegenheit beichtete er nun das lange zurückliegende Erlebnis mit dem Schauspieler.

Der Pfarrer erklärte sich bereit, ihm für diese »schwerste« Sünde Absolution zu erteilen, doch müsse er zuvor seine Rechnung mit dem irdischen Richter begleichen. Dazu sei erforderlich, daß er den Vorfall rückhaltlos und wahrheitsgemäß anzeige und seine Strafe verbüße. Diese Forderung führte zu der erwähnten Verhaftung des Berliner »Komplizen«, die diesen wie ein Blitz aus heiterem Himmel traf. Er stellte sich auf den alten Verteidigungsstandpunkt, der für Homosexuelle keineswegs immer der erfolgversprechendste ist, »si fecisti nega«, (»gib nichts zu!«), saß infolgedessen viele Monate in Untersuchungshaft, leugnete auch, als es zur Hauptverhandlung kam, nicht nur die ihm zur Last gelegte Straftat, sondern, wiewohl aus gleichem Grunde vorbestraft, mit einem seine feminine Natur nur allzu deutlich verratenden Wortschwall seine Homosexualität, so daß der Gutachter einen sehr schweren Stand hatte. Das Gericht reagierte auf den schlechten Eindruck, den der Schauspieler gemacht hatte, mit einer Verurteilung zu nicht weniger als zwei Jahren Gefängnis, während der geständige Zahntechniker mit einem Denkzettel von drei Tagen davonkam.

In der Pause vor der Urteilsverkündung unterhielt ich mich mit dem frommen Denunzianten, der sich, weil er reuig alles zugegeben hatte, auf freiem Fuße befand. Er sagte, der Schauspieler täte ihm »furchtbar leid«, er spiele so schön Theater und sei ein so lieber Mensch, dem er die Unkeuschheit längst verziehen hätte. Er hätte aber, um sein Gewissen zu entlasten, sich nicht anders verhalten können. Ich hielt ihm darauf einen kleinen Vortrag über den Unterschied zwischen wahrer und falscher Sittlichkeit, erklärte ihm, daß die wahre über, nicht unter dem Nabel liegt und ersuchte ihn, die Belehrung auch seinem Beichtvater zu übermitteln. Ich habe es noch öfter erlebt, daß anfangs unerklärliche Denunziationen einen ähnlichen wie den hier geschilderten Ursprung hatten.

Von mir selbst darf ich sagen, daß ich im Laufe der Jahre der Beichtvater von vielen katholischen Beichtvätern geworden bin. Mit manchen von ihnen, vor allem mit einem schlesischen Pfarrer, verbindet mich, seit sie den Weg zu uns fanden, gute Freundschaft. Eine ganze Anzahl homosexueller Geistlicher lernte ich im Anschluß an das Rundschreiben kennen, welches das Komitee im November 1899 an die katholische Geistlichkeit von Bayern, Baden und einen Teil der Rheinlande richtete, mit der Bitte um Mitteilungen ihrer Erfahrungen und Meinungen auf dem Gebiete der Homosexualität.

Gingen damals auch nur einige Dutzend Antworten ein — sie finden sich im zweiten Jahrbuch unter dem Titel »Urteile römisch-katholischer Priester über die Stellung des Christentums zur staatlichen Bestrafung der gleichgeschlechtlichen Liebe« gesammelt —, so enthielten diese wenigen doch ein so wertvolles Material, daß, wenn eine geldliche Möglichkeit bestände, wir durch die Neuherausgabe dieser Zuschriften auch heute noch ein hervorragendes Aufklärungs- und Propagandamaterial in die Hand bekommen würden.

In vollem Verständnis unserer Motive beantwortete damals ein Geistlicher unser Rundschreiben mit folgenden Worten: »Ich erblicke in dem Umstand, daß Sie mit dieser Angelegenheit an den katholischen Klerus herantreten, einen Beweis für die Lauterkeit Ihrer Absichten und halte mich in Würdigung der sittlichen, wissenschaftlichen und allgemein menschlichen Bedeutung des Gegenstandes verpflichtet, mich zur Sache zu äußern«. Nur drei herausgegriffene Antworten auf unsere Umfrage, die eine von einem homosexuellen, die beiden andern von heterosexuellen Priestern herrührend, seien an dieser Stelle wiedergegeben. Der urnische Pfarrer schrieb: »Ich habe nicht bloß im Konfessionale mehrmals solche Fälle erlebt, sondern bin auch selbst 'homosexuell'. Gestehe das, weil ich nicht einsehe, warum ich mich dessen schämen sollte. Ich könnte mich höchstens für meinen Schöpfer schämen, was mich aber weder christlich noch vernünftig dünkt. Ich halte es für einen traurigen Wahn, wenn man den Wert eines Menschen danach bemessen will, ob ihm der Weiberzopf besser gefällt als das Lockenhaupt des Jünglings, und das, obwohl ihm gar keine Wahl gelassen ist, sich dafür oder dagegen zu entscheiden... Ich meine, der Homosexualismus sollte christlicherseits nicht geleugnet, sondern es sollte mit ihm gerechnet werden. Wer das nicht will, mag sich mit einer Interpellation an den Schöpfer wenden — denn das ist die richtige Adresse —; dort mag er beantragen, daß solche Ärgernisse künftig unterbleiben sollen. Wenn der Schöpfer darauf eingeht, gut. Wenn er aber nicht darauf eingeht, so wäre es gewiß am Platz, den Zorn dafür nicht mehr länger an armen Menschen auszulassen.«

Ein anderer Theologe gab folgenden Bescheid: »Zufolge meiner 35jährigen Praxis in großen Städten (hatte auch elf Jahre in einer Irrenanstalt zu tun) bin ich überzeugt, daß es Urninge gibt, insbesondere gibt es Menschen, die im höheren Maße zum eigenen Geschlecht sich hingezogen fühlen. Die besten, gelehrtesten und frömmsten Menschen haben manchmal diese Anlage: die Natur hat ihnen diesen Streich gespielt. Ich bin überzeugt, daß manche Menschen in den geistlichen und klösterlichen Stand gerade deshalb treten, weil sie von einer Zuneigung zum andern Geschlecht nichts wissen und fühlen. Ich bin überzeugt, daß der homosexuell angelegte Mensch mit seiner Natur sogar einen weit härteren Kampf zu kämpfen hat als der heterosexuelle. Ich selbst gab schon den Rat zur Auswanderung in den Orient, woselbst solche Armseligkeiten vom Gericht nicht bestraft werden. Insbesondere schwebt mir der Selbstmord eines befreundeten Mannes vor Augen, welcher erfolgte auf fortwährende Erpressungen von seiten eines Malergehilfen, mit welchem im schwachen Augenblick innerhalb der vier Wände pecciert worden war. Der Unglückliche hatte niemals mit dem andern Geschlecht sich vergangen... Ich halte den § 175 des R.St.G.B. für eine Ungerechtigkeit solchen unglücklich angelegten Menschen gegenüber. Wenn Strenge geübt wird den Homosexuellen gegenüber, dann soll die nämliche Strenge sich entfalten den Heterosexuellen gegenüber.«

Sehr beachtenswert ist auch der Gedankengang, der sich in dem Antwortschreiben eines dritten Geistlichen findet: »§ 175 wird am besten damit charakterisiert, daß man sagt: Wenn er nicht da wäre, würde ihn kein Mensch vermissen; es käme niemand in den Sinn, ein solches Strafgesetz einzuführen. Von einem Herrn ist mir bekannt, daß er aus diesem Grunde seine Heimat verließ und nach Belgien auswanderte. Dort liegt die Macht in den Händen einer strengkatholischen Majorität, die jeden Tag einen 'Urningsparagraphen' schaffen könnte. Doch kein Bischof, kein Priester, kein katholisches Blatt, kein Abgeordneter, kein Mensch im Lande fordert dergleichen. Er kommt gar niemand in den Sinn. Damit ist unser § 175 nach meiner Ansicht am besten charakterisiert.«

Gelegentlich wurde die Ansicht geäußert, es befänden sich im katholischen Klerus mehr Urninge als im evangelischen, eine unbewiesene theoretische Annahme, die sich auf die angeblichen Anziehungsmittel der priesterlichen Ehelosigkeit, des eingeschlechtlichen Klostermilieus und der bei aller Sinnfälligkeit so feierlich-geheimnisvollen, künstlerisch-schönen Riten stützt. Mehr als solche Spekulationen haben Überlieferungen aus früheren Zeiten und fernen Ländern gelehrt, daß an und für sich der Stand des Priesters vieles sowohl an inneren als äußeren Werten besitzt, das urnischer Wesensart liegt, es sei von innerlichen Dingen nur an das berufsmäßige Mitleid, von äußerlichen an den weder männlichen noch weiblichen Priesterornat erinnert.

Recht bemerkenswert waren in dieser Beziehung die Berichte, welche im Beginn dieses Jahrhunderts amerikanische Forschungsreisende über die Priesterkaste der Schamanen veröffentlicht haben. Sie stellten im Schamanismus, zu dem sich unter andern heute noch die Samojeden, Tungufen, Ostjaken sowie Teile der Nordmongolen und Wolgafinnen bekennen, drei Priestergrade fest. Im ersten legen die Mönche weibliche Haartracht, im zweiten weibliche Kleidung an, während sie im dritten eine völlige Verweiblichung in Sprache, Gang und Wesen anstreben. Verdrängernaturen von der Art jenes seltsamen Bischofs von Bamberg, von dem man in einer Chronik aus dem 14. Jahrhundert lesen kann, daß er sich gern in Weiberkleidern hüllte und sich, wenn ihn die Begierde nach den Küssen schöner Jünglinge überfiel, von seinen Knechten mit Ruten streichen ließ, gibt es unter den Schamanen nicht.

Edward *Carpenter* hat in einem Aufsatz, der im Juni 1912 unter dem Titel »Homosexuality and Divination« in »the American Journal of Psychology« erschien, über die innerlich seelischen Zusammenhänge zwischen Urningtum und Priestertum viel Hochwertiges gesagt, ähnlich wie dies bereits einige Jahre vorher (1903) von anderen Gesichtspunkten aus unser holländischer Kamerad Dr. von *Römer* in seiner prächtigen Studie »Über die androgyne Idee des Lebens« (im V. Jahrbuch für sexuelle Zwischenstufen) tat.

Aus eigener Erfahrung kann ich jedenfalls die Behauptung, in der protestantischen Geistlichkeit sei die Homosexualität weniger verbreitet als in der katholischen, nicht bestätigen. Richtig ist, daß ich fast niemals einen katholischen, wiederholt dagegen evangelische Pfarrer als Angeschuldigte aus § 175 auf der Anklagebank sah. Dies aber hat vielleicht nur darin seinen Grund, daß die katholische Kirche ungleich geschickter und diskreter als jede andere Skandalen rechtzeitig vorzubeugen versteht. Auch Selbstmorde und vollends Doppelselbstmorde, wie sie in der in Urningkreisen viel gelesenen, wohl fälschlich Oscar *Wilde* zugeschriebenen Geschichte »Der Priester und der Ministrant« geschildert werden, weiß sie durch vorsichtiges Eingreifen zu verhüten.

Von Gerichtsverhandlungen gegen evangelische Theologen, in denen ich als Sachverständiger zugezogen war, ist mir neben andern namentlich eine im Gedächtnis geblieben, die sich gegen einen Landpfarrer richtete, weniger um des Mannes als um seiner ausgezeichneten Gattin willen, die in ihrer unausgesetzt um den einzigen Menschen kreisenden Liebe ein geradezu klassisches Bild von der ehelichen Gemeinschaft einer edlen Frau und eines edlen Urnings entworfen hat, ein Gemälde, auf dessen tief düsterem Grunde sich nur wenige lichte Punkte abheben. In einem ihrer informatorischen Briefe an mich schrieb sie: »Er hing mit großer Liebe an seiner Mutter und seinen Schwestern. Das hat mir in den ersten Jahren unserer Ehe oft recht weh getan und oft habe ich ihm gesagt, erst käme in seinem Herzen Muttchen, dann die Schwestern, dann seine Freunde, dann die Dorfjungen und dann erst ich. Seine Liebe zu mir unterschied sich in nichts von der Art der Liebe, die er für seine Angehörigen empfand, sie war anders als die der andern Männern zu ihren Frauen, mehr väterlich, mit der Zeit aber wurde ich sein vertrautester Freund. Seine Freude an dem Umgang mit den Jungen war mir, da ich von der Existenz solcher Neigungen überhaupt nichts wußte, unbegreiflich; und als er so oft die Abende in Gesellschaftsspielen mit ihnen verbrachte, wo er doch gar keine Anregung fand, sondern immer nur der Ausgebende schien, versuchte ich in den ersten Jahren mit guten und mit bösen Worten es ihm abzugewöhnen, es half nichts, er sah dann so gequält und traurig aus, klagte und weinte sogar, wenn ich darüber schalt, so daß ich schließlich nichts mehr sagte, sondern mich meist, und zwar innerlich schweren Herzens, äußerlich mich zu einem freundlichen Gesichte zwingend, an den Spielen beteiligte. Die Freundlichkeit und die dankbare Liebe der Jungen zu meinem Manne selbst, bis in späte Jahre, und daß sie fast alle ordentliche Menschen wurden, ließen mich auch in dem Glauben, daß er einen guten veredelnden Einfluß auf sie ausübte.«

Der Schluß dieses Briefes lautet: »Er genoß bei vornehm und gering großes Vertrauen und verdient es auch, denn er dachte, wo es etwas aufzurichten gab, nie an sich, an etwaige Mühe und Unbequemlichkeit, er litt und fühlte mit jeder armen Seele. Als dann das furchtbare Unglück über uns hereinbrach, war mir mit einem Schlage vieles so klar. Wieviel mehr ist mein Mann zu beklagen als ich, wie stark muß diese krankhafte Neigung sein, die solche Willens-, Charakter- und Herzensstärke zu überwinden imstande ist.« Wie turmhoch steht nicht nur im Gemüt, sondern auch im gesunden Menschenverstand diese Frau über vielen Studierten; sie bestätigt, was *Schiller* in den »Worten des Glaubens« so schön und treffend sagt:

Was kein Verstand der Verständigen sieht
Das übet in Einfalt ein kindlich Gemüt.

Sehr viel tragischer als das Schicksal dieses urnischen Landpfarrers, der verhältnismäßig noch glimpflich davonkam und sich bald nach seiner Entlassung aus dem Gefängnis dank der Treue und Tüchtigkeit seiner Gattin ein neues nützliches Leben zimmerte, war das Los des unglücklichen Pfarrers Rudolf *Stahel* aus Ermatingen in der Schweiz, der sich im blühenden Alter von fünfunddreißig Jahren vor dem Altar seiner Kirche entleibte. *Stahel*, ein eifriger Anhänger unseres Komitees, teilte mir kurz vor seinem freiwilligen Tode mit, das von ihm sorgsam bewachte Geheimnis seiner homosexuellen Natur sei gelüftet, seine Gemeinde drohe, sich um seinetwegen zu spalten, die große Mehrzahl der Ermatinger halte zwar an ihm fest, einige aber drängen in ihn, er solle sein Amt niederlegen. Dies wolle er tun, doch mit dem Amt auch sein Leben verlassen. Gleichzeitig schrieb er an eine ihm befreundete Familie: »Bald wird es von mir heißen: er hat sich gemordet. Das ist falsch. Es muß heißen: Er ist gemordet worden.«

Schweizer Zeitungen berichteten damals, daß »bestimmend für die verzweifelte Tat *Stahels* die Preisgabe des ärztlichen Geheimnisses durch einen Züricher Arzt gewesen sei, der Gemeindemitgliedern gegenüber über die homosexuelle Veranlagung ihres Pfarrers sprach. Einige begeisterte Verehrer des Verstorbenen bezeichneten diesen Arzt geradezu als »Mörder *Stahels*«. Ich möchte nicht verabsäumen mitzuteilen, daß der so schwer verdächtigte Arzt mir später sagen ließ, hier müsse ein schwerer Irtum obwalten; von seiner Seite läge kein Bruch des Berufsgeheimnisses vor.

Von der außerordentlichen Beliebtheit, der sich Pfarrer *Stahel* wegen seiner großen Menschenfreundlichkeit erfreute, legte die für ihn veranstaltete Trauerfeier Zeugnis ab, wie sie wohl kaum je zuvor einem Selbstmörder, noch dazu einem, dessen Homosexualität allgemein bekannt geworden war, zuteil wurde. Herzzerreißend soll, wie Augenzeugen bekundeten, das tausenfältige Wehklagen der Erwachsenen, in das sich das Schluchzen einer ebenso zahlreichen Kinderschar mischte, gewesen sein. Alle Fabriken, Schulen, Geschäfte im Ort hatten ihre Tore geschlossen; die Kirche konnte nur einen Teil der Leidtragenden fassen, trotzdem der katholische Pfarrer, der selbst der Feier beiwohnte, das Eisengitter zur Kapelle des paritätisch eingerichteten Gotteshauses hatte öffnen lassen. Auf ausdrücklichen Wunsch des

Dahingeschiedenen sprach in der Kirche der bekannte Professor von *Schulthess-Rechberg* aus Zürich. Er hob die bewunderungswürdige Milde des Entschlafenen hervor, der oft, wenn andere schalten, sagte: »Diese Leute müssen tief unglücklich sein.« Er schilderte ihn, wie sich nach freudloser Jugend auf dem Lehrerseminar in Küßnacht, sein Geist und Gemüt zu dehnen und an hohen schönen Erkenntnissen zu freuen begann, wie dann aus der Tiefe seiner Natur unheimliche Mächte empordrängten, ihn in Schuld und Bann rissen, so daß er schon vor Jahren einmal gemeinsam mit einem Freunde zu sterben beschlossen hatte, bis er dann nach kurzer Auswirkung seiner so überaus liebreichen Persönlichkeit im letzten furchtbaren Verzweiflungskampf erlag und an dieser geweihten Stätte Hand an sich legte. Unter dem ergreifenden Gesang der Kinder — so berichtete man uns weiter — bewegte sich nach dieser Trauerrede der lange Begräbniszug, an dessen Spitze der ergraute Vater und ein jüngerer Bruder des Verstorbenen schritten, von der Kirche nach dem anmutig auf einer Anhöhe gelegenen Friedhof von Ermatingen. Hier sprach am offenen Grabe Vikar *Boßhard* von Zürich herzliche Worte des Abschieds für den unglücklichen Freund: »... Wir wollen es uns nicht verhehlen«, sagte er, »Dein Leben hat durch Tiefen und Dunkel geführt, aber Du hast Dich aufwärts gesehnt nach Licht, aufwärts gestrebt, und darin bist Du uns allen, die wir uns manchmal reiner dünken, als Du gewesen bist, ein großes Beispiel. Am letzten Montag noch war es, da haben wir miteinander an einem Briefe gearbeitet, den er hat schreiben wollen an seine liebe Gemeinde. In demselben stand: ‘Ich habe mich bemüht, in Ermatingen zu wirken, ein Vertreter des Amtes, das die Versöhnung predigt. Und nun komme ich noch einmal vor euch als einer, der Ruhe und Versöhnung will. Meinetwegen soll kein Streit sein.’«

Ich will dieser Tragödie eines homosexuellen Pfarrers nach antikem Muster ein Satyrspiel folgen lassen, das auch evangelische Prediger betrifft und bezeichnend dafür ist, wie wenig oft Menschen, die auf ihrem Lebensweg lange Strecken nebeneinander gehen, voneinander wissen, am wenigsten oft die, welche am besten einander zu kennen vermeinen. Da war ein Pastor aus dem Staate New York, der schon lange mit uns im Briefwechsel stand und nun mit der Absicht, uns persönlich aufzusuchen, nach seiner deutschen Heimat reiste. Auf dem gleichen Schiffe wie er fuhr ein ihm gut befreundeter Geistlicher. Nach langen inneren Kämpfen beschloß er, sich ihm anzuvertrauen. Er hielt ihn zwar für völlig heterosexuell, jedoch für wissenschaftlich und ethisch so hochstehend, daß er ein Verständnis für seine Lage voraussetzte. Zögernd begann er: »Lieber Amtsbruder, Sie wissen vielleicht, daß es Männer gibt, die sich von dem geschlechtlichen Umgang mit dem Weibe abgestoßen fühlen.« »Just like me« (gerade so geht es mir), entgegnete der Amtsbruder. »Diese werden dann oft mehr von Freunden angezogen«, fuhr unser Pastor fort, und wieder lautete die Antwort: »Just like me.« »Bei manchen äußert sich diese Freundschaft wie richtige Liebe.« Als immer die lakonische Entgegnung lautete: »Genau so wie bei mir«, hatten sich die Rollen allmählich so vertauscht, daß der Pfarrer, der in das Vertrauen gezogen werden sollte, sich eher als gleichempfindend eröffnet hatte als der, welcher ursprünglich das Bedürfnis hatte, sich anzuvertrauen. Als beide nach ihrer Ankunft in Deutschland zu mir kamen, erzählten sie mir lachend diese Geschichte ihrer wechselseitigen Entdeckung.

Ein ganz anderes Gesicht tragen solche Entdeckungen freilich, wenn sie nicht auf Gegenseitigkeit beruhen, ein besonders ernstes Antlitz dann, wenn sie Eltern betreffen, deren bisherige Weltanschauung damit ganz aus den Angeln gehoben wird. So schrieb mir einmal ein streng positiver Pfarrer, Vorsitzender eines Sittlichkeitsvereins, dem vorher jeder liberale Kompromiß zwischen Wissenschaft und Religion ein Dorn im Auge war: »Sehr geehrter Herr Doktor! Herr Dr. R. dahier hat auf meine Bitte an Sie geschrieben in Sachen der perversen Veranlagung eines meiner Söhne. Ihren Vorschlag, bei meiner Durchreise nach K. Sie aufzusuchen, werde ich ausführen. Ich komme, so Gott will, am ... nach Berlin und werde mich beeilen, mit Ihnen zusammenzutreffen... Es tut mir sehr leid, daß, wie Sie an Dr. R. schreiben, eine Heilung meines Sohnes nicht möglich ist. Es wird aber doch Mittel und Wege geben, die Neigung oder vielmehr die Begierde abzuschwächen, wie es andererseits auch eine Lebensweise geben wird, die sie stärker macht. Ich hoffe, für die Behandlung und Erziehung meines Sohnes von Ihnen guten Rat zu hören. Wäre ein Aufenthalt in einer Kaltwasserheilanstalt oder sonst in einer Nervenheilanstalt von Nutzen, um die Neigung zu dämpfen? Und wenn ja, welche wäre die beste? Mein Sohn raucht stark und meint, daß dies zur 'Beruhigung seiner Nerven' diene. Hat er darin recht? Wie verhält es sich mit dem Schlafengehen und Aufstehen? Zu geistigen Getränken hat mein Sohn gar keine Neigung, und das ist wohl das richtige für ihn... Ich gedenke, den jungen Mann mitzubringen, damit Sie ihn sehen. Er ist zweiundzwanzig Jahre alt, sehr kräftig, geistig gut veranlagt, aber menschenscheu und nicht energisch gegen sich selbst. Er ist Kandidat der Theologie...«

Schreiber dieser Zeilen hatte, wie er mir mitteilte, kurz vorher (am 17. Mai 1904) den Antrag unterstützt, den auf der Kreissynode Berlin II der ihm gesinnungsverwandte Pastor *Philipps* gestellt hatte. Dieser Antrag lautete: »Die Kreissynode hat mit großer Besorgnis von dem Treiben des sogenannten 'Wissenschaftlich-humanitären Komitees' zu Gunsten der 'Homosexuellen' Kenntnis genommen und ersucht die Königliche Staatsregierung ein wachsames Auge darauf zu haben, daß die Agitation, welche sich gegen den § 175 des Reichsstrafgesetzbuches richtet, nicht zu einer staatlichen Duldung bzw. Anerkennung der widernatürlichen Unzucht führt, wie solches von dem genannten Komitee erstrebt wird. Die Kreissynode ist der Überzeugung, daß die gleichgeschlechtliche Unzucht erwachsener Personen.... bei normalen Menschen mit Gefängnis bzw. Zuchthaus, bei anormalen dagegen als gemeingefährliche sittliche Verirrung mit zwangsweiser Überführung in eine Heil- oder Irrenanstalt zu bestrafen ist.«

Als der alte Pfarrer T. von jener Kreissynode nach Hause kam, sprach er im Kreise seiner Söhne, unter denen sich mehrere Theologen befanden, auch von jener Resolution und dem, was Pastor *Philipps* »über das dreiste und freche Vordrängen der Homosexuellen an die Öffentlichkeit« berichtet hätte. Da hielt es den Jüngsten, den der Vater und die Brüder wie Benjamin liebten, nicht länger. Er ermannte und bekannte sich und äußerte, der Vater möge nun über das Leben, dessen Anlagen einschließlich der homosexuellen er ihm schulde, nach Belieben verfügen. Tief gebeugt wandte sich der Vater an seinen Hausarzt und dieser an mich. Als sich dann nach ihrem angekündigten Besuch der alte Pfarrer und sein Sohn von mir verabschiedeten, meinte der ehrwürdige, bedauernswerte Vater, er sei willens, die Kreissynode zu verständigen, daß er seine Ansichten über die Homosexualität habe revidieren müssen und infolgedesssen seine Zustimmung zu dem Antrag des Synodalen Pastor *Philipps* zurückziehe. Es ist jedoch, wie ich nachträglich hörte, nur bei dem guten Vorsatz verblieben.

Ob sich manche Fanatiker religiöser Intoleranz auf sexuellem Gebiet nicht vielleicht doch größerer Duldsamkeit befleißigen würden, wenn sie Vorgänge, wie die hier wahrheitsgetreu geschilderten, miterlebt hätten oder bedächten, wie viele tüchtige Menschen um ihrer ungerechten Be- und Verurteilung willen der Kirche verbittert und entfremdet den Rücken kehren? Ich berufe mich auf Professor *Wirz*, der schreibt: »Es gibt auch in unseren glaubensarmen Tagen eine viel größere Zahl christlich gesinnter Menschen, als man oft annimmt, und unter ihnen einen ebenso starken Prozentsatz homosexuell Veranlagter als unter den sogenannten Ungläubigen; ihr Gewissen seufzt aber unter dem Banne, welcher heute noch auf dem größeren Teil der Gesellschaft in bezug auf die Homosexualität ruht; ihr Glaube ist in Gefahr, ihr zeitliches Glück und ihr ewiges Heil hängt von dem Ausgang des Streits ab. Ich meine Christen, die in ihrem Innern Triebe und Neigungen verspüren, die sie zurück bis in die zarten Jahre ihrer Kindheit verfolgen können, die mit ihnen groß gewachsen, die allem ehrlichen Kämpfen und Ringen zum Trotze immer aufs neue in ihnen sich geltend machten, gegen deren wuchtigen Andrang sie alle geistigen Waffen ehrlich gebrauchten und doch vielleicht erlagen, Triebe, die in ihrer Natur tief eingewurzelt sind und die doch von allen um sie her, von Eltern und Geschwistern, Lehrern, Geistlichen, selbst vom Gesetzgeber, als widernatürlich und schändlich bezeichnet werden und um deretwillen sie vom Himmel ausgeschlossen sein sollen. So macht man sie glauben und treibt sie damit auf Irrwege.«

Ob manche Theologen nicht doch anderen Sinnes würden, wenn sie es nicht von vornherein für unter ihrer Würde hielten, das wahre Wesen des Uranismus kennenzulernen, oder wenn sie nur in einen kleinen Teil der Briefe Einblick nehmen könnten, die wir im Laufe der Jahre von geistlicher Hand bekommen haben, Briefe, aus denen wir Sätze wie folgende wiedergeben: »Wer hat uns denn so geschaffen? Wir selbst? Ich sage mit Recht: Eine jede Verurteilung eines Urnings ist eine Lästerung Gottes, der nun einmal auch solche Menschen geschaffen hat...« »Gott segne, ich wiederhole es, Gott segne die gerechten Forderungen der Sozialdemokraten! Ja, unsere Herzen müssen ihnen insbesondere entgegenschlagen, da sie die ersten waren, die auch in uns mit Füßen Getretenen die Menschenwürde erkannten, anerkannten und verteidigten...« »Ich selbst habe schon vor Jahren das Gefühl gehabt, ich müßte ein Buch schreiben, ungefähr in Ihrem Sinne, um die Welt aufzuklären über das furchtbare Verbrechen, das sie fortwährend begeht. Wollte Gott, es würde auf diesem Gebiet ein *Luther* erstehen, der endlich den Wahn zu bannen vermöchte, welcher heute Tausenden ihr Leben zur Pein, zur Folterqual, zur Hölle macht...«

Daß mit der Wahrheit als Bundesgenossen selbst theologische Gegner gewonnen werden können, zeigte mir das Beispiel des Moabiter Predigers Dr. *Runze*. Als er im Jahre 1921 einem Vortrage in unserem Institut für Sexualwissenschaft beiwohnte, streckte er mir die Hand mit der Bemerkung entgegen, daß er früher uns, aber auch wir ihn mißverstanden hätten. Siebzehn Jahre früher auf jener Berliner Kreissynode von 1904 suchte er *Philipps* scharfe Rede noch zu übertrumpfen, indem er damals in bezug auf die von uns vorgenommene statistische Enquete über die Verbreitung der Homosexualität (laut Pressebericht) sagte: Der Ausdruck »dreist und frech« sei in diesem Falle viel zu milde, er nenne es eine ruchlose Schamlosigkeit, die gegen alles verstoße, was Sitte und Religion erfordere (Beifall).

Römisches Intermezzo

Der Obmannschaft unseres Komitees gehörten zwei Theologen an: Pastor *Baars*, dessen prächtiger Erscheinung ich bereits Erwähnung tat, und Caspar *Wirz*, der aus einer altberühmten Züricher Familie stammte. Von den Wänden seiner Wohnung schauten aus ihren alten Rahmen die gelehrten Ahnen mehrerer Jahrhunderte auf ihn herab. *Wirz* hatte nach theologischem Studium die Kirchengeschichte zu seinem Forschungsgebiete erwählt. Als ich ihn kennenlernte, arbeitete er noch an der ambrosianischen Bibliothek in Mailand, von deren 8000 Handschriften ihm ebensowenig eine fremd war wie von den 26000 Handschriften der vatikanischen Bibliothek in Rom, wohin er kurze Zeit später übersiedelte. Oft kam *Wirz* im Sommer und Herbst zu kurzen Erholungsbesuchen nach Berlin, die wir ihm im Winter und Lenz in Mailand und Rom erwiderten. Es waren ja noch jene märchenhaften Zeiten, in denen man ungestört in Berlin ein- und in Rom ausstieg, Pässe und Grenzkontrollen als überwundener Standpunkt galten und das Wort Devise etwas ähnliches wie Wahlspruch, nicht wie Valuta bedeutete, von deren Existenz gebildete Menschen überhaupt nichts wußten. Für vier Mark erhielt man fünf Lire und für diese nicht nur einen Teller Risotto oder Makkaroni, sondern von Como bis Palermo volle Pension mit reichlicher Kost und schönem Logis. So war es damals — und jetzt?

Das letzte Mal sah ich *Wirz* 1913 zwischen Weihnachten und Neujahr in der Siebenhügelstadt. Ich wohnte damals mit meinem Bruder Dr. Immanuel *Hirschfeld* am Fuße des Pincio im Hôtel de Russie unmittelbar an der alten Porta del Popolo, durch die einst *Goethe, Winckelmann, Platen* und bis zum Bau des ersten Schienenstranges so viele andere Männer ihren Einzug hielten, die es italienhungrig und deutschlandmüde nach dem ewigen Rom zog. Lebendig steht mir noch, als ob es gestern gewesen wäre, unser letzter Spaziergang vor Augen, *Wirz* holte mich aus der vatikanischen Gemäldegalerie ab, die an die päpstliche Bibliothek grenzt; hier hatte er in der von der gelehrten Königin *Christine von Schweden*, *Gustav Adolfs* männlicher Tochter, überwiesenen Reginensis gearbeitet. Wir durchschritten die prunkvollen Kunstbauten von Papst *Julius II.*, dem urnischen Beschützer *Michelangelos. Wirz* erzählte mir von der großen Verbreitung, die unter seinem Pontifikat (1503-13) die Homosexualität bei Kardinälen und Bischöfen hatte. Dann kamen wir an der düsteren Behausung vorbei, in welcher der große Urning *Michelangelo* selbst den Schluß seines Lebens verbrachte. Wir stellten uns vor, wie er hier als vereinsamter Sonderling vegetierte, von lieblosen Dienstboten umgeben, sich trotz Reichtum fast jede Nahrung versagend. Er litt an völliger Schlaflosigkeit und hatte sich eine Kopfbedeckung aus Pappe angefertigt, in der er eine Kerze befestigte, um beim Schaffen die Arme frei zu haben. So hauchte und hämmerte er nachts dem toten Marmor die Gestalten und Gesichter schöner Jünglinge ein. Die Nachbarn aber, die das Klopfen vernahmen, drohten, ihn wegen nächtlicher Ruhestörung anzuzeigen.

Wir gingen weiter vorüber an der Engelsburg, der gigantischen Grabstätte, die der Reisekaiser *Hadrianus*, einer der Besten, die das römische Reich besaß, für sich und seine Nachfolger errichtet hatte, bald nachdem sein Liebling *Antinous* für ihn am Nil gestorben war. Wir überschritten den Tiber auf der angrenzenden Engelsbrücke, die noch genau so erhalten ist, wie sie einst derselbe Kaiser *Hadrian* im Jahre 139 nach Christi Geburt als Pons Aelius — so benannt zu Ehren seines Vaters *Aelius* — erbaut hatte. Wir gelangten dann zum Blumenmarkt Campo di Fiori, auf dem am 17. Februar 1600 Giordano *Bruno* nach siebenjähriger Gefangenschaft verbrannt wurde, an der gleichen Stelle, an der wir nun sein 1889 feierlich enthülltes Denkmal erblicken. In der Urteilsbegründung, die den Feuertod dieses großen monistischen Philosophen rechtfertigen sollte, führten seine Richter neben seiner ketzerischen Lehre, nach der Gott und Natur eins sein und sich alle Gegensätze im Einzelnen in der Harmonie des Ganzen auflösen sollten, auch seine gleichgeschlechtlichen Neigungen an.

Nur wenige Straßen weiter und wir waren an der *Trajans*säule, einst von der Kolossalstatue des trefflichsten der römischen Caesaren, jetzt von der des heiligen *Petrus* gekrönt. Von *Trajan* überliefert *Spartianus* (»Leben Trajans«), daß ihm auf seinen Feldzügen »ein Pädagogium schöner Jünglinge das Geleite gab, die er tags und nachts in seine Arme rief.« An der *Trajans*säule trafen *Wirz* und ich unser Komiteemitglied Dr. Paul *Hartwig*, den durch seine unermüdliche Erforschung antiker Vasenbilder rühmlichst bekannten Archäologen. Mit *Winckelmann* und vielen seiner Nachfolger teilte *Hartwig* nicht nur die Liebe zu *Phidias* und anderen urnischen Bildhauern der Antike, sondern auch die zu ihren Modellen, deren Ebenbilder man heute noch zahlreich auf italienischem und griechischem Boden trifft. Sogar die alten Namen leben in ihnen noch fort, und es gewährt einen eigenen Reiz, in Athen mit Aristides und Themistokles und in Rom mit Caesar und Vergil zu plaudern. In neuerer Zeit haben die deutschen Kunstphotographen von *Gloeden* in Taormina und *Plüschow* in Rom (dessen Namen Spötter »le plus chaud« aussprachen) viele Dutzende dieser Modelle auf die Platte gebannt und damit Tausenden weit über alle Lande ein Surrogat geschenkt, das ihnen die rauhe Wirklichkeit vorenthielt.

Zu dritt gingen *Wirz, Hartwig* und ich vom *Trajans*forum auf das benachbarte Kapitol und schauten von dort herunter auf das grandiose Trümmerfeld des Forum Romanum, mit dem Kolosseum im Hintergrunde und den Bogen des *Constantin*, und blickten hinüber auf die Ruinen des Palatin, auf dem einst von *Augustus* bis *Heliogabal* so viele Caesaren residierten, gute und schlechte, schädliche und nützliche, wie *Tiberius* und *Titus, Nero* und *Nerva, Trajan* und *Hadrian*, von deren homosexuellen Liebesabenteuern nicht nur *Suetonius* der Nachwelt Kunde gibt. »Zieht sich für den Kenner nicht der Uranismus wie ein roter Faden durch die Weltgeschichte?« äußerte Professor *Wirz,* »wie durch die Kunstgeschichte«, fügte *Hartwig,* und »wie auch durch die Naturgeschichte«, setzte ich hinzu. »Ja, in Rom reden die Steine,« meinte *Wirz,* »freilich auch vom Vandalismus,« fuhr *Hartwig* fort, »der das Beste, was Menschen schufen, wieder zertrümmerte«, »und nicht minder vom Fanatismus«, ergänzte ich, »der nicht nur Werke und Werte der Kunst, sondern die noch höher stehenden der Natur zu vernichten trachtet.«

Wirz zeigte uns die Stelle auf dem Forum, an der *Mark Anton* dem ermordeten Gaius Julius *Caesar*, der bei seinen Zeitgenossen auch im Ruf des Uranismus stand, die Leichenrede hielt. Er zitierte aus ihr die berühmten *Shakespeare*worte, deren beißende Ironie sich wohl jedem, der sie auch nur ein einziges Mal von Ludwig *Wüllner* vorgetragen hörte, unvergänglich eingeprägt hat. »Denn *Brutus* ist ein ehrenwerter Mann, das sind sie alle, alle ehrenwert.« Diese klassischen Worte ließen sich mutatis mutandis als Allgemeinausdruck für gute Absichten bei falschen Ansichten auch auf unsere und alle Gegner individuellen Sexualrechts anwenden, etwa mit Wandlung nur einer Silbe so: »Denn *Brunner* ist ein ehrenwerter Mann, das sind sie alle, alle ehrenwert.«

Während wir so noch an klassischer Stätte in lebhafter Rede und Gegenrede verweilten, sahen wir, wie uns vom Forum her drei Handwerksburschen näher kamen, aus deren blonden Locken und blauen Augen die deutsche Heimat strahlte. In ihrer Begleitung befand sich Theodor *von Wächter*, dem wir eines des schönsten Bücher über die Urningsliebe verdanken (»Ein Problem der Ethik. Die Liebe als körperlich-seelische Kraftübertragung«). *Wächter* erklärte den jungen Landsleuten das alte Rom. Sie winkten uns, wir ihnen zu. Bald darauf setzten wir zu sieben unsere Wanderung fort, die weit draußen, jenseits des Tibers in einer der engen Seitengassen des Borgo nuovo endete, in der sich eine kleine deutsche Kneipe unweit der eigentlichen »Herberge zur Heimat« befand.

Die »Penne« war von »Kunden« überfüllt. Selten habe ich so viele fröhliche Menschen einträchtiglich beisammen gesehen. Ich sprach mit einem, der schon siebenundzwanzig Jahre, mit einem der neunzehn Jahre und einem dritten, der bereits zwölf Jahre fern von Deutschland auf der Walze war. Viele galten daheim als gestorben, zu mindest als »verschollen«. Einem konnte ich von seiner in Spandau wohnenden Mutter erzählen, die ich als Arzt behandelt hatte. Er hatte seit neun Jahren nichts mehr von zu Hause gehört. Wohl der vierte Teil der Anwesenden mochte urnisch sein, eingeweiht waren alle. Den Mittelpunkt der Gesellschaft bildete an dem Abend, den wir dort unter unseren Landsleuten verbrachten, ein lustiger siebzehnjähriger Tiroler mit einer Laute im Arm, den alle zu bemuttern schienen, und ein älterer seltsamer Mann, den sie »Heiland« nannten, nicht nur um seines Christuskopfes willen. Von seiner ärmlichen Erscheinung ging etwas aus, das an *Schillers* Worte (aus »Das Mädchen aus der Fremde«) erinnerte: »Doch eine Würde, eine Höhe entfernte die Vertraulichkeit.« Er trug in der Herberge allabendlich selbstverfertigte Gedichte und Geschichten vor. Zum Dank durfte er nicht »fechten«. Die Kunden setzten ihren Stolz darin, ihm von den milden Gaben, die sie bekommen hatten, das beste mitzubringen. Die Stimmung erreichte ihren Höhepunkt, als Heiland mit einem lachenden und einem tränenden Auge in *Schweighofer*scher Manier das Lied aus dem Nullerl »Ist doch die Welt ein Narrenhaus« vortrug. Er mußte es mehrmals, vom kleinen Tiroler mit der Laute begleitet, wiederholen. Als sich der Beifall gelegt — ich hatte auf der Bank (Stühle gab es natürlich nicht) neben ihm den Ehrenplatz inne —, fragte ich Heiland, ob er *Goethes* Wort »Für einen Narren spricht er gar nicht schlecht« kenne; er wußte sogleich, daß es der Schatzmeister im II. Teil des »Faust« sagt, und stellte die Gegenfrage, ob mir der weise Spruch meines pommerschen Landsmannes Robert *Prutz* aus Stettin bekannt sei:

Habt nur Mut, ein Narr zu sein,
Klug zu sein, ist billig.

Als *Wirz, Hartwig, Wächter* und ich um Mitternacht die verräucherte Penne verließen — es war ein Abend wie in *Gorkis* Nachtasyl —, schenkte mir der Heiland zum Andenken seine Photographie, die ich seither zu den wertvollsten Stücken meiner Sammlung zähle. *Wirz* und *Hartwig* sind während des Weltkrieges verstorben, der in dem Jahr, das jener Woche zwischen Heiligabend und Sylvester folgte, ausbrach und die Erde erst recht in ein Narrenhaus verwandelte. Ob Theodor von *Wächter* und der Heiland ihn überlebt haben, weiß ich noch nicht. Von dem kleinen Tiroler hoffe ich, daß er nicht gefallen ist.

Die wertvollste Arbeit, die unsere Bewegung *Wirz* verdankt, ist die, welche er uns 1903 mit dem Obertitel »Der Uranier vor Kirche und Schrift« und dem Untertitel »Eine Studie vom orthodox-evangelischen Standpunkt« übersandte. Wenn irgendwo, so ringt hier ein Mensch mit seinem Gott. Jede Bibelstelle, die auf gleichgeschlechtliche Vorgänge Bezug haben könnte, wird von dem gelehrten Verfasser auf das Gewissenhafteste untersucht, und man hört ihn förmlich aufatmen, wenn er am Ende der Schrift ausruft: »Ich schließe, indem ich der festen Überzeugung Ausdruck gebe, der Uranier habe sich nicht gegen die heilige Schrift zu verteidigen, nicht gegen eine einzige Stelle derselben, nur gegen eine althergebrachte Auslegung.«

Probleme der Berufswahl

In der ihn auszeichnenden Demut fügte Professor *Wirz* dem Ergebnis, zu dem er gelangt, die Worte bei: »Mein Alter, viele Reisen und jahrelanger Aufenthalt in fremden Ländern haben meinen Glauben nicht verändert, aber meinen Gesichtskreis erweitert, und als ich an diese sehr delikate Frage herantrat, da tat ich es im klaren Bewußtsein meiner Verantwortung vor Gott. Daß ich sie ganz gelöst habe, schmeichle ich mir nicht, der Versuch aber war ein Akt der Anerkennung für das Wissenschaftlich-humanitäre Komitee, dessen Wirksamkeit mir als eine Wohltat für Tausende erscheint, als ein Werk der inneren Mission, das der Unterstützung nicht bloß von seiten der Homosexuellen, sondern auch der Heterosexuellen bedarf und würdig ist der Hilfe aller, denen an der Wahrheit gelegen ist.«

Trotzdem *Wirz* zu dem Schluß kommt, daß zwischen der Erscheinung des Uranismus und wahrem Christentum kein Gegensatz besteht — und wäre es der Fall, spräche es meines Erachtens auch nicht gegen den Uranismus, sondern gegen die mit ihm im Gegensatz befindliche Religion —, so glaubt er doch, mit Entschiedenheit dem Uranier vom theologischen Studium abraten zu müssen. Er schreibt: »Gehe ich in meiner Erinnerung 40 Jahre zurück und denke an die Geistlichen, Verwalter von Rettungsanstalten, Vorsteher von Werken der innern oder äußern Mission, welche sich selbst nicht kannten und als Uranier durch einen vielleicht geringen 'Fehltritt' Anlaß zu Skandal wurden, so ist deren Reihe eine lange, und zum Selbstmorde habe ich mehr als einen Zuflucht nehmen sehen. Der Skandal aber schadet nicht bloß dem Opfer, sondern der Kirche, der Sache; die Gläubigen nehmen schweres Ärgernis, die Ungläubigen schreien Halloh. Selbst wenn die Veranlagung ein Geheimnis bliebe und deren Träger die seltene Gnade besäße, sich völlig zu beherrschen, er wird doch öfter in die Lage kommen, wie *Petrus* in

Antiochia zu heucheln. Meine Ansicht geht dahin: wer es kann, tut besser, die Theologie zu meiden, für einstweilen, d. h. solange die Dinge liegen, wie sie liegen.«

Ich kann in diesem Punkte meinem verstorbenen Freunde nicht völlig beipflichten. Denn was er hier vom Beruf des Theologen anführt, läßt sich in ähnlicher Weise auch von jedem andern Stande sagen und ist tatsächlich schon gesagt worden, vom Beruf des Philologen nicht weniger als von dem des Juristen, Mediziners und allen übrigen. Erst kürzlich fragte mich der Vater eines Medizin studierenden Urnings, ob ich für seinen Sohn einen Berufswechsel nötig hielte; ein berühmter Psychiater hätte ihm dazu geraten, da der Beruf des Arztes für Homosexuelle nicht tauge — ein Standpunkt, der mit der praktischen Erfahrung im Widerspruch steht, welche ich im Laufe eines Vierteljahrhunderts an einer sicherlich mehrere hundert betragenden Anzahl urnischer Ärzte der verschiedensten Spezialfächer sammeln konnte, die aus allen Ländern zu mir kamen.

Wer die Dinge sieht, wie sie wirklich sind, und nicht bloß theoretisiert oder gar von ihnen spricht wie der Blinde von der Farbe, weiß, daß es wohl keinen einzigen Beruf gibt, in dem nicht selbst ein Urning mit stark weiblichem Einschlag seinen Mann steht. Es kommt ihnen dabei ihr Anpassungsvermögen zugute und oft darüber hinaus ein sich unwillkürlich Geltung verschaffender Antrieb, die feminine Komponente zu übermännlichen. Von einem der bekanntesten Boxer der Zeit wird verbürgt berichtet, daß seine Schlagfertigkeit auf homosexueller Abwehrtendenz beruht, und in der andalusischen Hauptstadt Sevilla stellte mir nach der Oster-Corrida im Jahre 1912 ein Arzt einen der berühmtesten spanischen Stierkämpfer vor, der für seine überraschenden Erfolge dieselbe Erklärung gab. Er erzählte mir: »Hat ein homosexueller Matador einen Liebling aus dem Volke, so pflegt er ihn zu seinem mezo de estoque (Stockjungen) zu machen, d. i. zu seinem Gehilfen, der hinter der Barriere stehend ihm während des Kampfes stets zur Hand ist, vor allem ihm auch den Degen und das rote Tuch überreicht. Die Toreros ihrerseits haben vielfach homosexuelle Gönner, denen sie, gleichviel ob sie hetero- oder homosexuell sind, sehr anhängen. Haben sie ihnen doch oft genug ihre Ausbildung zu verdanken. Es kommt nicht selten vor, daß sie den Stier statt dem Präsidenten einem Freunde widmen.« Ich sah solches später selbst in Barcelona. Der »Espada« (eine der vielen Bezeichnungen für Stierkämpfer) fuhr dann weiter fort: »Hierzulande stehen die Stierkämpfe noch heute genau so wie vor hundert Jahren im Mittelpunkt des Volksinteresses. Fast die ganze Unterhaltung der Spanier dreht sich um die Toreros und Corridas; sie sparen und versetzen Hab und Gut, um einen berühmten Stierkämpfer zu sehen, und es ist charakteristisch, daß an den Tagen vor den Stierkämpfen das Angebot auf den Strichen durch die Jungen aus dem Volke, die sich das Eintrittsgeld in die Arena verdienen wollen, mehr als verdoppelt ist.«

Gewiß spielt bei der subjektiven Berufsneigung eines Menschen seine sexuelle Konstitutionsformel, die zwar in ihrer komplizierten Zusammensetzung dem Träger nur selten klar zum Bewußtsein kommt, eine nicht zu unterschätzende Rolle, und auch bei objektiver Berufseignungsprüfung kann sie nicht leicht überschätzt werden. Ferner ist zuzugeben, daß unter den obwaltenden Verhältnissen, wie sie in Deutschland und anderen Ländern mit Strafbestimmungen herrschen, für Homosexuelle ein freier Beruf ratsamer ist als einer, in dem neben dem Schwerte der Justiz noch ein anderes Schwert des Damokles über ihren Häuptern schwebt, nämlich das der ehrengerichtlichen Feme mit ihrem Standesdünkel und Disziplinarverfahren, über das spätere Geschlechter vermutlich ähnlich urteilen werden, wie wir über die Inquisition. Wie viele urnische Beamte aller Kategorien, Professoren und Lehrer, Offiziere und Korpsstudenten wurden mir bekannt, denen nichts ein größeres Unbehagen verursachte, als sich wegen gleichgeschlechtlicher Neigungen und Handlungen nach dem ungeschriebenen Ehrencodex landläufiger Moral vor Berufskollegen verantworten zu sollen. Nicht wenige zogen solcher entwürdigenden Situation die Flucht aus dem Leben vor.

Und dennoch trotz aller drohenden Möglichkeiten kenne ich unter den vielen Organen, aus denen sich der staatliche Organismus als höhere Einheit aufbaut, keinen Teil, in dem nicht intersexuelle und homosexuelle Organzellen vorhanden sind, die an Lebensfähigkeit und Leistungsfähigkeit hinter keiner vollmännlichen und vollweiblichen zurückstehen. Es liegt schon etwas Wahres in dem Satz, den ich der Zuschrift eines Homosexuellen an mich entnehme: »Es ist mit dem Berufe wie mit einer Landschaft. Hat man in der Wüste längere Zeit gelebt und alle ihre Reize kennengelernt, zieht man sie der herrlichsten Vegetation vor.« Ein weiteres Erfahrungsjahrzehnt läßt mich auch heute noch die Meinung aufrechterhalten, der ich bereits in der »Homosexualität des Mannes und des Weibes« (S. 521) Ausdruck gab: »In allen Stellen des Gesellschaftskörpers sehen wir die Homosexuellen ihren Platz ausfüllen, oft sogar recht Gutes leisten, so daß die Entfernung eines Urnings aus seiner Laufbahn oft genug nicht nur einen Verlust für ihn bedeutet, sondern auch für den Stand, dem er angehörte.«

Diese Verluste sind oft nicht gering. In der »Zeitschrift für Sexualwissenschaft« (Band I, S. 61, Anm.) findet sich unter dem Titel »Auch eine Verlustliste« eine Berechnung, die von einem unserer juristischen Obmänner stammt, der einen der berühmtesten deutschen Namen führt. Danach hatte die deutsche Armee seit dem deutsch-französischen Kriege von 1870/71 bis zum Jahre 1907 wenigstens 1296 Offiziere wegen homosexueller Vergehen verloren. Unser Gewährsmann schreibt: »Im Kriege gegen Frankreich sind jedoch nur 1165 Offiziere gefallen. Der Paragraph würde danach an Offizieren mehr gekostet haben als der ganze große Krieg.«

Die grundlegende Arbeit über das Thema »Homosexualität und Beruf« stammt von Dr. Georg *Merzbach* in Berlin, der einer der ersten Ärzte war, der sich an meine Seite stellte. Unter seinen zahlreichen Schriften hat namentlich das Buch »Die krankhaften Erscheinungen des Geschlechtssinnes«

(bei Hölder, Wien 1909) unserer Bewegung vortreffliche Dienste geleistet. In der im vierten Jahrbuch (1902) über den Beruf der Homosexuellen erschienenen Abhandlung sagt er mit Fug und Recht, »daß, wohin auch die Zweifler in der Homosexualitätsfrage ihre Blicke richten werden, ob zu den Thronen der Fürsten oder in die Hütten der Armut, ob in die Klausen der Wissenschaft oder in die Gefilde der Künste, ob in die Hallen der Gewerbe oder in die Stätten der Arbeit, sie überall auf Homosexuelle stoßen werden.«

Ganz ähnlich äußert sich in seinem im Sommer 1922 (bei F. Fontane in Berlin) erschienenen Erinnerungswerk Hans von *Tresckow*, der Nachfolger von *Meerscheidt-Hüllessems* und Vorgänger Dr. Heinrich *Kopps*. Sein Buch, das er »Von Fürsten und anderen Sterblichen, Erinnerungen eines Kriminalkommissars« genannt hat — der Untertitel allein wäre nach meinem Dafürhalten wirksamer gewesen —, enthält vieles, was jeder, der sich für den Befreiungskampf der Homosexuellen, sei es aus persönlichen, sei es aus sachlichen Gründen, interessiert, gelesen haben sollte. Mit manchem, namentlich dem, was *Tresckow* über die schlechten Charaktereigenschaften der Homosexuellen anführt, stimme ich nicht überein, besonders auch nicht mit dem Satze: »Ganz ungeeignet scheinen sie für verantwortliche Posten im Staatsdienst, und in der näheren Umgebung eines Monarchen sind sie geradezu unheilvoll.« Major von *Tresckow*, der seit drei Jahren fern von Berlin im wohlverdienten Ruhestand lebt — ein otium cum dignitate genießend, wie es *Horaz* in der Ode preist: »hoc erat in votis, modus agri non ita magnus« (»was ich mir noch wünsche, ist ein kleines Stückchen Land«) —, sandte mir am 25. August 1922 aus Rinteln einige Zeilen, die ich an dieser Stelle veröffentlichen möchte; sie erklären in einleuchtender Weise den Gegensatz, der zwischen seiner und meiner Auffassung in einigen Punkten — nicht etwa in bezug auf die notwendige Abschaffung des § 175 — besteht. Der erfahrene Kriminalist schreibt: »Daß bei der Beurteilung der Homosexuellen ich einen weniger günstigen Standpunkt einnehme, wie Sie, beruht wohl auf dem Umstand, daß Sie als Arzt mehr wertvolle Persönlichkeiten kennengelernt haben wie ich als Polizeibeamter. In meiner Stellung war es natürlich, daß ich auf viele minderwertige Erscheinungen stoßen mußte. Trotzdem war ich in meiner Schilderung bemüht, möglichst objektiv zu bleiben, und ich habe in meinem Buch an verschiedenen Stellen betont, daß ich durchaus anständige Charaktere unter den Homosexuellen gefunden habe. Es würde mir leid tun, wenn die Leser meines Buches dieses verkennen würden. Es wäre sehr freundlich von Ihnen, wenn Sie bei Ihrer Besprechung des Buches von dieser meiner Erklärung Notiz nehmen würden.«

Es wird sich bei Besprechung der Fälle *Krupp*, *Eulenburg* u. a., die eine weit über das homosexuelle Problem hinausgehende, weltgeschichtliche Bedeutung haben, noch mehrfach Gelegenheit finden, auf *Tresckows* Quellenmaterial zurückzukommen; hier sei nur noch erwähnt, was dieser zuverlässige Praktiker über die Verbreitung der Homosexualität bemerkt. Er sagt: »Ich habe tausende von Homosexuellen gesehen und gesprochen, aus allen

Ständen, denn die Homosexualität ist nicht etwa, wie oft fälschlich angenommen wird, ein Privileg der bevorzugten Gesellschaftsklassen. Nein, sie findet sich ebenso häufig beim Fürsten wie bei dem Arbeiter. Kein Stand und keine Gesellschaftsklasse ist von ihr verschont.«

Homosexuelle in der Armee

Auch nicht der Soldatenstand, wie ich in Erinnerung der Rede hinzufügen möchte, die am 30. November 1907 der damalige Kriegsminister von *Einem* im deutschen Reichstag hielt. Es war im Anschluß und unter dem Eindruck der aufsehenerregenden Vorgänge, die sich kurz vorher zu Potsdam im Regiment Gardedukorps abgespielt hatten. Das oft zitierte Wort des römischen Dichters, »Parturiunt montes, nascetur ridiculus mus« (Berge kreißen, und hervorkommt ein Mäuschen), läßt sich wie die meisten Sprüche sinnvoll auch umgekehrt anführen: Ein Steinchen löst sich und löst einen Bergsturz aus. So hier.

Der Bursche des Kommandeurs der Leibschwadron, des Majors Graf Johannes zu *Lynar*, kam eines Tages zum Kronprinzen, der in derselben Schwadron als Rittmeister Dienst tat, um diesen als zuständigen Offizier zu bitten, von seiner Stellung abgelöst zu werden. Auf die erstaunte Frage, ob denn der Graf nicht gut zu ihm sei, ließ sich der Bursche über nicht mißzuverstehende Annäherungen seines Vorgesetzten aus. Der Kronprinz meldete die Angelegenheit »pflichtgemäß« dem Obersten von *Richthofen*, dieser gab sie »vorschriftsmäßig« weiter, woraufhin dann Graf *Lynar*, ein Schwager des Großherzogs von Hessen und bei dem Kaiser bis dahin als Offizier in höchstem Ansehen stehend, veranlaßt wurde, schleunigst seinen Abschied einzureichen, der ihm mit Pension, jedoch ohne Erlaubnis, Uniform tragen zu dürfen, bewilligt wurde. Ein Verfahren aus § 175 oder wegen Mißbrauchs der Dienstgewalt, wie man zunächst allgemein annahm, wurde nicht eingeleitet.

Schlimmer erging es dem Kommandeur desselben Regiments, dem Vetter und Flügeladjutanten des Kaisers, Graf Wilhelm *Hohenau*, der durch Bekundungen verhörter Soldaten in die gleiche Angelegenheit verwickelt wurde, deren Hauptschauplatz die damals von *Lynar*, gegenwärtig von meinem alten Freunde und Kollegen Dr. *Disqué* bewohnte Adlervilla am Neuen See in Potsdam war. Wilhelm *Hohenaus* Bruder Fritz, der an der preußischen Gesandschaft in Dresden in diplomatischen Diensten stand, war bereits vorher einer homosexuellen Erpressung zum Opfer gefallen. Berliner und Dresdner Strolche, an deren Spitze sich ein Bereiter namens *Aßmann* befand, lauerten ihm fast täglich vor der Tür der Gesandschaft auf, empfingen ihn mit Schimpfworten, schwangen sich in seine Equipage, setzten sich an seine Seite und verließen den Wagen nicht eher, bis er sich mit einigen Goldstücken losgekauft hatte. Das Ende der Geschichte war, daß *Aßmann* und Genossen wegen fortgesetzter schwerer Erpressung hohe Freiheitsstrafen erhielten, während der unglückliche Graf aus dem Staatsdienst schied. Über Wilhelm von *Hohenau*, den auf scheinbar unerreichbarer Höhe wandelnden Kommandeur des Regiments Gardedukorps, berichtet von *Tresckow*: »Er war, wie ich wußte, ebenso veranlagt wie sein Bruder, aber noch viel unvorsichtiger, und das allerschlimmste war, daß er seine dienstliche Stellung als Regimentskommandeur dazu mißbrauchte, um mit seinen Untergebenen seiner Leidenschaft zu frönen. Ich hatte mit einem Skandal *Hohenau* gerade genug und ich ging daher zu ihm auf sein Regimentsbüro und warnte ihn. Er tat aber so, als ob er mich nicht verstände, und ließ von seinem Treiben nicht ab, bis er angezeigt und durch das Militärgericht zu einer Gefängnisstrafe verurteilt wurde.«

Der Kaiser, dessen Verhängnis im Krieg und Frieden war, daß er alles zu wissen glaubte, in Wirklichkeit aber gewöhnlich das Wichtigste nicht wußte, weil seine Umgebung sich nicht getraute, ihm das Unangenehme und Verwickeltere zu sagen, erfuhr wohl von den sittlichen »Verfehlungen« der hohen Offiziere, die ihm dienstlich, verwandschaftlich und menschlich so nahe standen, und verabschiedete sie, den eigentlichen Sachverhalt aber, den Kern, auf den es ankam, enthielt man ihm vor; niemand klärte ihn über die psychologischen Zusammenhänge zwischen gleichgeschlechtlichen Neigungen und Handlungen auf, am wenigsten natürlich die, welche es am meisten anging.

Die sicherlich nicht bösartige, im letzten Grunde aber doch höchst fahrlässige Art, wie sich selbst die Berufensten dieser Verpflichtungen entzogen, beispielsweise auch der spätere Reichskanzler von *Bethmann Hollweg*, in dessen Amstführung als Polizeiminister die geschilderten Vorgänge fielen, ist ein Schulbeispiel für die unter *Wilhelm II.* eingerissene Wahrheitsverschleierung, jenes beschönigende Schonen, das im Gegensatz zu dem, was *Goethe* von Mephistopheles sagt, das Gute will und das Böse schafft. Gewiß hat von *Tresckow* im wesentlichen recht, wenn er dem Kapitel seines Buches »Der Kaiser und die Hofkamarilla« den Satz voranstellt: »Jeder Monarch hat die Umgebung, die er verdient«, und zweifellos glich *Wilhelm II.* in dieser Hinsicht weniger seinem von ihm so hochgepriesenen Großvater *Wilhelm I.*, als dessen Bruder *Friedrich Wilhelm IV.*, dem Mystiker auf dem Throne, zu dem am 2. November 1848 Johann *Jacoby* als Mitglied der von der Frankfurter Nationalversammlung nach Königsberg gesandten Abordnung die Worte sprach: »Das ist das Unglück der Könige, daß sie die Wahrheit nicht hören wollen«; noch zutreffender hätte er vielleicht sagen können: »Das ist das Unglück der Völker, daß die Könige nicht die Wahrheit hören wollen« — alles dies aber entschuldigt wohl ein wenig, entlastet jedoch kaum die vielen Wissenden, die, sei es aus Feigheit, sei es aus Gutmütigkeit, sei es aus falscher Scham oder Selbsterhaltungstrieb, schwiegen und immer wieder schwiegen, so oft sich auch die Gelegenheit bot, und nie den Rat *Goethes* (aus den »Vier Jahreszeiten«) befolgten: »Wahrheit heilet den Schmerz, den sie vielleicht uns erregt.«

In den von Karl *Rosner* herausgegebenen »Erinnerungen des Kronprinzen« (bei Cotta 1922) lese ich einen Abschnitt, den ich in dieser Verbindung nicht unerwähnt lassen möchte. Der Kronprinz erzählt, daß sich oft »ernste Männer aus verschiedenen Kreisen« an ihn wandten mit dem Ersuchen, den Kaiser auf Mißstände hinzuweisen; er fährt dann fort: »Ich habe derartige Übermittlungen grundsätzlich nur dann übernommen, wenn ich mich selbst vorher über die Sachlage genau unterrichten konnte und wenn ich die Berechtigung des Wunsches anerkennen mußte. In den meisten Fällen waren es unangenehme Dinge, die ich so meinen Vater vortragen mußte, Dinge, die er sonst vielleicht nie erfahren hätte und die er meines Erachtens doch wissen mußte. Der schwerste Gang, den ich in solchem Zusammenhange zu meinem Vater getan habe, ist wohl jener, den ich zu Anfang des Jahres 1907 antreten mußte, um ihm über den Fürsten Philipp *Eulenburg* die Augen zu öffnen. Es wäre damals zweifellos längst die Pflicht der amtlichen Stellen gewesen, den Kaiser auf den mehr und mehr in das Wissen aller dringenden Skandal hinzuweisen, ihm das Material zu unterbreiten; sie ließen ihn blind, unwissend verharren. So mußte ich mich denn entschließen, den Schritt zu tun. — Niemals im Leben werde ich das verzweifelte, entsetzte Gesicht meines Vaters vergessen, das mich fassungslos anstarrte, als ich ihm im Garten des Marmorpalais von den Verfehlungen seiner nahen Freunde sprach. Dabei war die sittliche Reinheit des Kaisers so groß, daß er sich die Möglichkeit solcher Verirrungen kaum vorstellen konnte. In diesem Falle hat er mir für mein Eingreifen rückhaltlos gedankt.«

Klar und deutlich geht aus dieser Schilderung hervor, wie wenig der Kronprinz und der Kaiser in puncto puncti die Geschichte ihres eigenen Hauses, wie unvollkommen sie die Weltgeschichte kannten, wie verzerrt und übermalt das Bild gewesen sein muß, das die mit ihrer Erziehung Beauftragten ihnen vom Leben entworfen haben.

Spätere Gelegenheiten, das in dieser Hinsicht Versäumte nachzuholen, wurden verpaßt, so namentlich in den Jahren 1900 und 1907. Im Jahre 1900 starb von *Meerscheidt-Hüllessem*. In seinem Nachlaß fanden sich zwei versiegelte Pakete. Das an uns adressierte, von dem bereits oben die Rede war, enthielt ein zum Druck bestimmtes Manuskript, die Ergebnisse seiner Erlebnisse auf homosexuellem Gebiet. Die Herausgabe wurde verweigert, weil der Inhalt gegen amtliche Berufsverschwiegenheit verstoße. Das zweite Paket sollte dem Kaiser übergeben werden. Es barg mit einem erklärenden Begleitschreiben an den Kaiser mehrere hundert alphabetisch geordnete Karten. Auf jeder stand mit handschriftlicher Begründung der Homosexualitätsbehauptung der Name einer gesellschaftlich hohen, meist einer bei Hofe verkehrenden Persönlichkeit, darunter viele, die später zu Fall kamen. Sogar der frühere Chef von *Hüllessems*, Polizeipräsident *von Richthofen*, hatte sein Kartenblatt.

Der Chef des Zivilkabinets, Herr *von Lucanus*, legte dieses Paket dem Kaiser vor. Dieser schob es, ohne es zu öffnen, mit der Bemerkung zurück: »Es handelt sich wohl um eine Polizeisache, schicken sie es dem Polizeipräsidenten.« Als der Genannte — damals des Kaisers »Korpsbruder« von *Windheim* — das Paket erhielt, besprach er die Angelegenheit mit Herrn von *Tresckow*. Dieser schlug vor, der Präsident solle in nachgesuchter Audienz dem Kaiser vom Inhalt Nachricht geben. *Windheim* lehnte ab.

Für mich unterliegt es auf Grund häufiger Unterhaltungen mit *Meerscheidt-Hüllessem* keinem Zweifel, daß diesem nichts ferner lag, als einen Skandal zu provozieren, geschweige denn, daß ihn Rachsucht oder Ruhmsucht leitete, sondern daß er im Glauben und in der Hoffnung starb, auf diesem Wege eine Lösung der homosexuellen Frage herbeiführen zu können. Auch seine hinterlassenen Briefe, namentlich einer an R., bestätigen diese Auffassung.

Die zweite Gelegenheit einer sachgemäßen Aufklärung des Kaisers bot sich sieben Jahre später, nach der erwähnten Unterredung des Kronprinzen mit seinem Vater im Garten des Marmorpalais. Damals, am 5. Mai 1907, forderte der Kaiser den Polizeipräsidenten auf, ihm eine Liste »aller der Päderastie verdächtigen Personen« zu übergeben; er habe die feste Absicht, seinen Hof von derartigen Elementen zu säubern. *Tresckow* wurde vom Präsidenten *von Borries*, *Windheims* Nachfolger, beauftragt, dicse Liste anzufertigen. Er suche aus mehreren hundert Namen etwa zwanzig ihm besonders wichtig erscheinende heraus. Der Präsident sah die Liste durch und strich einige Namen aus Mitleid fort. Es wurde eine aufs neue gesiebte angelegt und dem Polizeiminister *von Bethmann Hollweg* zur Übergabe an den Kaiser gebracht.

Bethmann war, wie über fast alle Fragen, auch über die homosexuelle nicht schlecht unterrichtet. Erregte es doch in eingeweihten Kreisen kein geringes, allerdings meist mit Heiterkeit gepaartes Aufsehen, als bekannt wurde, daß er eines Abends selbst im Tiergarten von einem Soldaten zu homosexuellem Verkehr aufgefordert war. Der Soldat hatte natürlich keine Ahnung, daß es der Polizeiminister selbst war, an den er seinen verfänglichen Antrag richtete, dessen Folge eine vorübergehend strengere Beaufsichtigung des Tiergartens war. Als *Bethmann* nun in *Tresckows* Liste prüfend Einblick nahm, erkundigte er sich bei den einzelnen Namen eingehend nach den näheren Umständen, wobei er besonders lange bei einigen verweilte, die er genau kannte, wie besonders bei dem Grafen Edgard *Wedel*, der sein Regimentskamerad von den ersten Garde-Dragonern war, versank dann in langes Schweigen und erklärte schließlich, indem er die Liste zurückgab, er wolle nicht so viele Menschen unglücklich machen, er werde den Kaiser in irgendeiner Weise zu beschwichtigen suchen.

Das war echter *Bethmann*: ein von bestem Willen, Wissen und Gewissen erfüllter Geist, zerschellend an äußeren und mehr noch an inneren Widerständen — derselbe *Bethmann* mit dem ewig sorgenvollen, zermürbten Gesicht, von dem der Kronprinz in seinen Erinnerungen erzählt, er habe, als *Ballin* mit ihm 1915 über die Weltlage sprach, mit einem tiefen Seufzer gesagt: »Am liebsten wäre ich tot«, worauf *Ballin*, um ihn aufzurütteln, lachend im alten Kasernenhofstil erwidert hätte: »Ja, das könnte Ihnen so passen; den ganzen lieben Tag im Sarge liegen und zusehen, wie sich die andern quälen müssen!« —

Nach der erwähnten Maßregelung der Potsdamer Gardeoffiziere hielt Kriegsminister von *Einem* dann jene Rede, in der er die Äußerung tat, daß, wenn sich außer den bereits entfernten Offizieren etwa noch andere mit ähnlichen Anlagen in der Armee befinden sollten, diese so rasch und geräuschlos als möglich ihren Abschied einreichen möchten. Damals suchten uns eine ganze Reihe von Offizieren aus Garde- und Linienregimentern auf, um mich zu fragen, wie sie sich nun wohl verhalten sollten, und ob man ihnen »äußerlich etwas anmerke«. Der femininste war ein General, der mit einem Oberst in »physiologischer Freundschaft« lebte. Beide liebten sich schon, als der General noch Major und der Oberst Hauptmann im gleichen Regiment waren. Sie versicherten, daß ihr erotisches Verhältnis ihr dienstliches niemals beeinträchtigt habe, wie es überhaupt ein Irrtum und Vorurteil wäre anzunehmen, daß ein sexueller Unterton, gleichviel ob unbewußt oder bewußt vorhanden, irgendeiner Form von Kameradschaft nachteilig sei.

Die gleiche Ansicht begründete eingehend Karl Franz *von Leexow* in einer Broschüre, die er kurz darauf als Antwort auf die Rede des Kriegsministers veröffentlichte. Diese Schrift (bei M. *Spohr* 1908 erschienen) heißt »Armee und Homosexualität. Schadet Homosexualität der militärischen Tüchtigkeit einer Rasse?«, trägt als Motto die Worte der *Blavatzky*, »Tatsachen müssen unsere stärksten Verbündeten sein«, und ist auch heute noch recht lesenswert. *Leexow*, dessen Name in Wirklichkeit anders lautet, war damals und ist auch heute noch Obmann unseres Komitees. Einer altadligen Offiziersfamilie entstammend — einer seiner Vorfahren war *Friedrichs des Großen* General und Freund —, mit Leib und Seele Kavallerieoffizier, darf er wohl, »in allen Sätteln gerecht«, als bester Kenner auf dem einschlägigen Gebiet gelten. Ein gerader und grundgütiger Mensch, weist er ungefähr das Gegenteil jener Eigenschaften auf, die *Tresckow* (ähnlich wie gelegentlich *Moll*) als für den Urning typisch anführt, indem er von ihnen schreibt: »...es fehlt ihnen an Willensstärke und sie gebrauchen gern die weiblichen Waffen der Intrigue, Heuchelei und Lüge.«

Es verdient vollen Glauben, wenn *Leexow* bezeugt: »Ich kann hier keine Vogelstraußpolitik treiben, ich gebe ruhig zu, wie die Verhältnisse in Wirklichkeit liegen: Unsere Armee ist von den hochsten Stellen bis zum jüngsten Rekruten mit homogenen Elementen durchsetzt.« Diese Sätze stimmen gut mit dem überein, was *Tresckow* ein halbes Jahr zuvor in sein jetzt veröffentlichtes Tagebuch eintrug: »3.7.07. Fast täglich kommen die Kommandeure der Berliner und Potsdamer Garderegimenter zu mir und bitten um Rat, wie sie die in ihren Regimentern eingerissene Päderastie der Soldaten bekämpfen könnten.« *Leexow* bemerkt weiter: »Bei der außerordentlichen Vorsicht, mit welcher der Konträrsexuelle sein Leben einzurichten hat, ist es für den Laien ganz außerordentlich erschwert, einen Einblick zu gewinnen... Kannte ich doch in einem Infanterieregiment nicht weniger als sieben, bei einem Kavallerieregiment drei homogene Offiziere, und bei anderen Truppenteilen lagen die Verhältnisse nicht viel anders. Dabei machte ich häufig die Erfahrung, daß die Kameraden wohl orientiert waren, daß sie teils achselzuckend, teils lachend darüber hinwegsahen und nur ängstlich darauf hielten, einen Skandal auf alle Fälle zu vermeiden.«

Daß auch für fremde Armeen das gleiche gilt, belegt *Leexow* durch viele Beispiele. Noch eine andere Bekundung *Leexows* scheint mir bedeutsam genug, um der Vergangenheit und Vergessenheit entzogen zu werden. »Der Homosexuelle«, sagt er, »ist ein besonders guter Soldat, er ist der geborene Berufssoldat. Er ist tapfer und hingebend, voll intelligenter Disziplin. Das widerspricht durchaus nicht dem femininen Einschlag, den viele haben. Eine Truppe, in der sich viele Homosexuelle befinden, hat ein größeres kameradschaftliches Gemeinsamkeitsgefühl.« Und an anderer Stelle: »Die Homosexualität gibt dem Soldaten ein anschmiegendes, offenes Wesen, Liebe und Fürsorge für Untergebene und nicht zuletzt eine hohe Begabung mit auf den Weg. Während der Normalsexuelle von Anfang an eine gerade Linie vor sich sieht, wird der Homosexuelle allein schon durch seinen Zustand zum Grübeln angeregt, und vieles Denken vertieft den Geist. Der homosexuelle Offizier ist oft Künstler. Es ist ein Etwas, das ihn treibt, das öde Einerlei des Dienstes zu verschönern, es herauszuheben, es menschlich nahe zu bringen, und ich bin gewiß, daß durch solche Arbeit mehr erreicht wird als durch Drill und durch stumpfes Einpauken der geforderten Übungen. Während der Normale seinen Dienst um des Dienstes willen tut, verrichtet ihn der Homoerot aus Liebe. Rührend ist es, häufig zu sehen, mit welcher Sorgfalt der Vorgesetzte den Untergebenen umgibt, wie er die Zagenden aufmuntert, die Ungeschickten belehrt, den Leichtsinnigen zurückhält, den Schwächlichen unterstützt. Aus Gram wurde vor absehbarer Zeit ein Offizier wie wahnsinnig, weil sein Bursche beim Pferdebaden ertrank. Aber solche Liebe — ich bitte das Wort nicht sinnlich aufzufassen — schafft auch Zuneigung von seiten der Mannschaft; ein seelisches Band umschließt die Herzen und hält fester zusammen als bloße Kameradschaft und Fahneneid. Als Verfasser einst einen homogenen Unteroffizier befragte, ob denn nicht leicht von der Mannschaft geschlechtliche Dinge ausgeplaudert würden, die von konträren Offizieren vielleicht einmal im Rausche begangen seien, erwiderte er die inhaltsschweren Worte: 'Wir werden doch nicht die besten Offiziere verraten.'«

So *Leexow*, der bald nach Ausbruch des Weltkrieges schwerverwundet in russische Gefangenschaft geriet, in der er dann viele Jahre — Kriegsjahre zählen doppelt — verblieb. Erst nach der Revolution sahen wir ihn trotz aller Trübsal unverändert in der Heimat wieder. Wäre es ihm beschieden gewesen, im Weltkriege seine Erfahrungen über »Armee und Homosexualität« zu mehren, sein Kennerauge hätte auf allen Kriegsschauplätzen wahrnehmen können, daß »die Liebesgemeinschaft«, die Richard *Wagner* in seinem »Kunstwerk der Zukunft« so enthusiastisch preist, »als Helferin in der Schlacht« nach »unverbrüchlichsten, naturnotwendigsten Seelengesetzen« genau so lebendig war wie in den Zeiten antiken Heldentums. Sie war nie tot, immer nur scheintot gewesen. In den Mitteilungen »Aus der Kriegszeit«, welche wir in den Vierteljahresberichten des Wissenschaftlich-humanitären Komitees vom Beginn bis nach Ende des Krieges regelmäßig veröffentlicht haben, finden sich zahlreiche Belege dafür. So meldete sich — ein Beispiel unter vielen — in einem Berliner Truppenteil gleichzeitig ein größerer Freundeskreis, der seit langem nicht nur durch verwandte künstlerische Neigungen, sondern auch durch gleiches urnisches Empfinden eng verbunden war. Gemeinschaftlich rückten sie nach Flandern, nahmen, bald nachdem sie den Bahnhof, auf dem man sie »auslud«, verlassen hatten, gemeinsam an einem Sturmangriff teil, um im feindlichen Feuer Seite an Seite den Kameradentod zu sterben. Freilich, während man im Altertum viel Rühmens von diesen heroischen Freundschaften machte — man erinnere sich nur, wie die Alten die heilige Schar der Thebaner feierten, die nur aus Liebhabern und Lieblingen bestand —, umgaben sich ähnliche Bündnisse im Weltkriege, um sich vor hämischer Nachrede zu schützen, unter der Tarnkappe der Normalität mit einem dichten Geheimnisschleier. Es liegt viel Wahres in der Widmung, mit der mir bald nach Beginn unserer Bewegung ein Altphilologe seine Übersetzung von *Catulls* »Buch der Lieder« übersandte:

Einst priesen es die Dichter,
Jetzt strafen es die Richter.

Und noch ein weiterer Unterschied war vorhanden. Die heilige Schar der Thebaner setzte sich aus dreihundert Freunden zusammen, die, Mann an Mann, der Erastes neben seinem Eromenos,

Dreihundert Freunde in Not und Tod,
Dreihundert Freunde im Leben

das Schlachtfeld von Chaironea deckten — ging doch bei den Hellenen die Sage, daß zwischen einem Liebespaar noch nie ein Feind durchgebrochen sei —, die Freundespaare im Weltkrieg dagegen kämpften vereinzelt weit über Europa verstreut, übertrafen in ihrer Gesamtheit aber die Dreihundert um ein vielfaches. Wohl leierte die große Masse der Soldaten im Weltkrieg das alte Freundeslied:

Ich hatt' einen Kameraden,
Einen bessern findst du nit;
Die Trommel schlug zum Streite,
Er ging an meiner Seite
Im gleichen Schritt und Tritt

wie einen abgegriffenen Rhythmus gedankenlos daher; vielen aber bedeutete es mehr und manchem alles.

Als sich nun aber der Krieg in die Länge zog und man öfter von harten Strafen hörte, die das Kriegsgericht über Freunde verhängte, deren Homosexualität ruchbar geworden war, erinnerten sich einige, die anfangs so begeistert-sehnsuchtsvoll, so vaterlandsfreudig-opferbereit von Kaserne zu Kaserne geeilt waren, um als Kriegsfreiwillige eingestellt zu werden, wieder jener Rede des Kriegsministers von *Einem*. Ich gestehe, daß ich nicht wenig verwundert war, als ich im Jahre 1916 zum ersten Mal aus Belgien von einem Rittmeister einen Brief erhielt, ich möchte seinem Regimentsarzt bestätigen, daß er mir als homosexuell bekannt sei. Er hätte mit dieser Begründung um seine Verabschiedung nachgesucht, die ihm nach Bestätigung seiner Angabe durch mein Gutachten auch gewährt werden solle. Der Fall blieb nicht vereinzelt; er kam um so häufiger vor, je mehr sich Vorgänge herumsprachen, wie der, welcher sich 1917 auf dem Truppenübungsplatz Döberitz bei Berlin abspielte. Dort ließ ein Kommandeur die zahlreich zur Ausbildung versammelten Fähnriche antreten und herrschte sie mit gewaltiger Stimme an: »Bleiben Sie stets für sich! Wenn Sie ein Zivilist in Berlin anspricht, so ist es entweder ein Spion oder ein Päderast« (er gebrauchte ein »kräftigeres« Wort).

Andere Gesinnung verriet eine Episode, die *Leexow* von einem hohen englischen General erzählt wurde. Wenn ich recht unterrichtet bin, war es Lord *Kitchener*, den im Krieg die Nordsee verschlang. Dieser äußerte: »Wenn wir keine Offiziere mehr für den Sudan haben, dann stelle ich die verabschiedeten Homosexuellen wieder ein.« Unter unsern deutschen Heerführern gab es wohl keinen, der sich selbst in der schlimmsten Bedrängnis des Vaterlandes zu einer ähnlichen Bemerkung aufgeschwungen hätte. Selbst wenn er so gedacht, würde er es nicht ausgesprochen, geschweige denn danach gehandelt haben. Es erfordert anscheinend immer noch mehr Entschlossenheit und Kühnheit, mit Geisteswaffen als mit Eisenwaffen zu kämpfen.

Daß sich homosexuelle Offiziere unter Bezugnahme auf ihre Veranlagung und den einstmals an sie gerichteten Appell des Kriegsministers zu öfteren Malen aus der Feuerlinie und Etappe in die Heimat zurückzogen, wird in etwas milderem Licht erscheinen, wenn man erfährt, um welcher Lappalien willen urnische Soldaten vor das Kriegsgericht gestellt wurden. Hier nur ein Beispiel für viele. Im zweiten Kriegsjahr wurde der noch jugendliche Führer einer Schwadron auf einem Morgenritt in den Argonnen von einem Regimentsadjutanten überrascht, als er seinem neben ihm galoppierenden Burschen einen Kuß verabreichte. Der sofortigen Meldung folgte ein hochnotpeinliches Verhör des Soldaten, eines urwüchsigen Bauern, der treuherzig eingestand, daß dieser Kuß nicht der erste seines Vorgesetzten war; darauf schleunigste Suspendierung des vorher vielfach ausgezeichneten Offiziers vom Dienst wegen unvorschriftsmäßiger Behandlung eines Untergebenen. Mit Schimpf und Schande heimgeschickt, kam er zu mir mit dem Ersuchen, ihm beim Kriegsgericht als Sachverständiger zur Seite zu stehen; zugleich bat er mich, seine Mutter, bevor er ihr Haus betrat, von allem zu verständigen.

Ich ließ die Dame zu mir kommen und unterrichtete sie in schonendster Weise von dem Schicksal ihres einzigen Kindes. Und was erwiderte sie? »Ich danke Ihnen, muß aber als Mutter eines preußischen Offiziers offen bekennen, trotzdem ich eine alleinstehende Witwe bin, es wäre mir lieber gewesen, sie hätten mir statt der Nachricht von dieser Suspendierung die Kunde gebracht, mein Sohn wäre gefallen.«

Ich habe dem in Spannung wartenden Sohne diese Äußerung seiner von ihm vergötterten Mutter vorenthalten zu müssen geglaubt. Litt er doch ohnehin genug. Im stillen sagte ich mir: Solange es noch Mütter wie diese gibt, wenn auch nur als Ausnahmeerscheinung, muß es Männer geben, die sich hinsichtlich sexueller Aufklärung das *Goethe*wort zu eigen machen: »Jeder, der in sich fühlt, daß er etwas Gutes wirken kann, muß ein Plaggeist sein. Er muß nicht warten, bis man ihn ruft, er muß nicht achten, wenn man ihn fortschickt. Er muß wie eine Fliege sein, die, verscheucht, den Menschen immer wieder von einer anderen Seite anfällt.« Leicht ist solches gewiß nicht, aber nötig.

Kolberger Kindheit

Der Stand, dessen Stellungnahme zur Frage der Geschlechtlichkeit, insbesonderheit dem Problem der Gleichgeschlechtlichkeit mir lange über die Anfänge unserer Bewegung hinaus am wichtigsten erschien, war der ärztliche. Ich glaubte damals noch, jeder Arzt wäre auch ein Naturforscher und jeder Naturforscher liebte die Natur, suchte sie in ihrer Gesamtheit zu erfassen und träte für sie ein. Das Leben hat mich auch hierin eines andern, wenngleich nicht besseren belehrt. Mir selbst lag die Heilkunde nicht nur nach eigenem Beruf am nächsten und nicht nur wegen des von mir unter die medizinische Lupe genommenen Zusammenhanges zwischen dem Liebes- und Geschlechtsleben des Menschen mit seinem körperlichen und seelischen Wohlbefinden, sondern auch nach Herkunft, Erziehung und Umwelt.

Es sei mir gestattet, hier einiges über die wissenschaftliche Entwicklung meiner eigenen Person einzuschalten, die in der Geschichte der Sexualforschung und Sexualreform wohl immerhin ein Plätzchen beanspruchen darf. An meiner Wiege stand *Hygieia*, die als eine Tochter *Äskulaps* und Enkelin *Apollos* gilt; sie geleitete mich durch mein bisheriges Leben und wird mich wohl nun auch nicht mehr aus ihren Händen lassen. Mein Vater war ein sehr angesehener und humaner Arzt, zu dem wir sieben Kinder wie zu einem höheren Wesen emporschauten. Er wurde von früh bis spät von Kranken in Anspruch genommen, und sicher waren die ersten Laute, die außer den fürsorglichen Worten meiner Mutter an mein Ohr drangen, die Hilferufe leidender Menschen. Meine ersten Kindheitserinnerungen beziehen sich auf

Besuche im Lazarett, auf denen ich meinen Vater in seinem Wagen begleiten durfte zu den während des deutsch-französischen Krieges von 1870/71 in meiner Vaterstadt Kolberg gefangenen Turkos, Zuaven und Franzosen »mit den roten Hosen«. Ich war damals drei Jahre alt. Wir Kinder hatten eine französische Bonne, die während des Krieges, der sich in weit konzilianteren Formen abspielte, als der letzte, in unserm Hause verblieb. Sie wurde wegen eines ziemlich starken Schnurrbarts auf ihrer Oberlippe, von dem zu sprechen uns Kindern streng verboten war, von den Gefangenen, denen wir begegneten, Mademoiselle Moustache genannt, allerdings nicht von den galanten französischen Offizieren, die, um ihre Landsmännin zu besuchen, zu uns kamen. Jede Nachricht, die uns begeisterte, entlockte ihr bittere Tränen, die sich, als die Depesche von der Gefangennahme *Napoleons* eintraf, bis zu heftigen Wein- und Schreikrämpfen steigerte. Dieser Gegensatz ließ mich früh die Wahrheit erkennen, daß Freude und Schmerzen nicht Dinge außer uns, sondern Wirkungen in uns sind.

Es scheint mir, daß sich von diesen lebhaften Jugendeindrücken das rege Interesse herleitet, das ich von früh an der Völker- und Kulturgeschichte, in erster Linie natürlich der wechselreichen Geschichte Deutschlands entgegenbrachte, so daß »Geschichte« während der ganzen Schulzeit auf dem Kolberger Domgymnasium mein Lieblingsfach blieb. Die historische Neigung in Verbindung mit meinem starken Heimatgefühl übertrug sich in erhöhtem Grade auch auf die geschichtlichen Strömungen der Gegenwart, die man als »Politik« zu bezeichnen pflegt. Ich hatte kaum lesen gelernt, als ich bereits täglich die »Kölnische Zeitung« »verschlang«, die ich meinen Vater allabendlich aus der Redaktion der »Zeitung für Pommern« holte, für die er, der Freiheits- und Fortschrittsmann vom Jahre 1848, an jedem Freitag die »Politische Wochenschau« schrieb. Später gab ich fast mein ganzes Taschengeld für Zeitungen aller Richtungen aus; Abonnent des »Vorwärts« war ich vom ersten Tage seines Erscheinens und bin es bis heute durch volle neununddreißig Jahre geblieben. Durchblättere ich die noch in meinem Besitz befindlichen Aufzeichnungen, in denen ich als Schüler zwischen Sexta und Prima zum Leben Stellung nahm, so bin ich erstaunt, wie gleich ich mir in meiner geistigen Grundrichtung geblieben bin. So schrieb ich mit zwölf Jahren: »Der Mensch hat vier Zugehörigkeiten: er gehört sich, der Familie, dem Vaterland und der Menschheit. Alle diese Verknüpfungen sind vom selben Werte und sollten deshalb von derselben Stärke sein. Keine schließt die andere aus.«

Meine zweite »Jugendliebe« war neben der Kulturentwicklung die Sprachentwicklung. Die dritte große Leidenschaft, die sich auf die Entwicklung des Einzelmenschen erstreckte, trat erst viel später hinzu. Schon dem Knaben war kein Name Schall und Rauch. Jedes Wort war für mich ein lebendes Wesen mit Ahnen und Verwandten und einer langen Vorgeschichte. Hieß jemand Johannes *Müller* oder Erich *Schmidt*, Robert *Koch* oder Eugen *Richter*, so waren dies für mich nicht äußerliche Hüllen mit Aufschriften berühmter Persönlichkeiten, sondern inhaltvolle Überlieferungen, aus denen hervorging, daß die einstigen Vorfahren dieser Männer sich als Müller, Schmiede, Köche oder Richter hervorgetan hatten. Dieses Suchen nach dem Ursinn der Worte wurde ungemein in mir durch einen alten Mathematiklehrer gefördert, den wir Jungen »*Papagini*« nannten in Ummodelung seines Namens und zugleich in Anlehnung an *Paganini*, welchem die lange, dürre Erscheinung, wenn auch nicht sein viel freundlicher anmutendes Gesicht, ähnlich sah. Er trug seit über vierzig Jahren denselben dunklen Anzug, bestehend aus einem Examensfrack, einer schwarzen, malerisch geschlungenen Krawatte und Beinkleidern, die für kurze Hosen bei weitem zu lang und für lange bei weitem zu kurz waren. Mit seinem eigentlichen Fach, der Mathematik, beschäftigte er sich und uns in seinen Unterrichtsstunden so wenig wie möglich, um so unermüdlicher erzählte er uns aus den unerschöpflichen Gebieten der Astronomie, Geographie und Etymologie. Er hatte mich ebensosehr in sein wie ich ihn in mein Herz geschlossen.

Noch auf der Schule verfaßte ich zwei sprachwissenschaftliche Aufsätze, die in der damaligen Sonntagsbeilage des Berliner Tageblatts, der »Deutschen Lesehalle«, erschienen. Der eine Artikel betitelte sich »Traum einer Weltsprache« und wandte sich gegen das eben aufkommende »Volapük«, einem Vorläufer des »Esperanto« und »Ido«; es sei ein unnatürliches, nicht lebensfähiges Gebilde; nur als Hilfsverständigungssprache — meinte ich — könne eine Weltsprache, die neben den bestehenden einhergehe, in Frage kommen; und selbst diese dürfe niemals ein ausgeklügeltes Produkt, eine wenn auch noch so kunstvoll aufgebaute, doch unausbleiblich starre Konstruktion sein, sondern nur »etwas organisch Entstandenes, geworden Vorhandenes«, am besten also die am leichtesten erlernbare der lebenden Sprachen käme in Betracht. Meine zweite Abhandlung hieß »Unsere Vornamen«, deren Ursprung und Urbedeutung ich einer eingehenden Untersuchung unterzog. Der Herausgeber der »Lesehalle«, Reinhold *Schlingmann*, nahm, druckte und honorierte meine Arbeiten unter Worten der Anerkennung, war aber nicht wenig erstaunt, als er später erfuhr, daß ihr Verfasser ein junger Gymnasiast und nicht, wie er vermutete, ein alter Sprachgelehrter war.

Für meine Berufswahl waren diese Erfolge insofern von Bedeutung, als sie in mir den Entschluß festigten, nicht wie es der Familientradition entsprach, Medizin und Naturwissenschaften, sondern vergleichende Sprachen und Philosophie zu studieren. Daß ich erst über diesen Umweg zu der Laufbahn gelangte, die nicht nur mein Vater, sondern auch meine beiden Brüder vor mir eingeschlagen hatten, hat meinen wissenschaftlichen Werdegang ohne Zweifel wesentlich beeinflußt. Von meinen Brüdern schrieb der ältere — ein tüchtiger Arzt, dem ich viel verdanke — in englischer Sprache ein Buch, »The care and cure of the heart« (Behütung und Behandlung des Herzens), das noch jetzt viel in Amerika gelesen wird. Der zweite wurde anfangs Pharmazeut, erwarb Apotheken in Hamburg und Schwerin, um sich schließlich auch noch dem Studium der Medizin zu widmen. Bald nach seiner Niederlassung als Arzt — in Chicago — unterzog er sich einer Operation, an deren Folgen er im Alter von 45 Jahren verstarb. Das Band, das mich mit meinen beiden Brüdern, wie übrigens auch mit meinen vier Schwestern verknüpfte, war stets ein inniges, vor allem waren sie sämtlich — die einen etwas früher, die anderen später — von der Berechtigung und allmählich auch von der Bedeutung der Lebensarbeit ihres jüngsten Bruders durchdrungen.

In den letzten Schuljahren bekam ich zu meinen vielen Geschwistern auch noch eine Art Pflegebruder, Richard *Kandt*, der es später zu einem berühmten Namen als Afrikaforscher brachte; er ist der Verfasser des prachtvollen Reisewerks »Caput Nili«. Er widmete es seiner Mutter und seinem »brüderlichen« Freunde, Richard *Voß*. Dieser Dichter, ein Pommer wie ich, schreibt in seinen Tagebuchaufzeichnungen am 8. Mai 1918, nur wenige Wochen bevor er am 10. Juni 1918 selbst seine ernsten Augen für immer schloß: »Viele meiner Freunde starben hier in den letzten Wochen, es starb Richard *Kandt*, einstmals mein Blutsbruder. Es war für mich nicht nur eine Lebensfreundschaft, sondern zugleich ein Freundschafts-Martyrium... Richard *Kandt* ist der Entdecker der Nilquelle, der Quelle des Kagera- oder Rukarara-Nil. Sein Werk: 'Caput Nili' hätte ihm bei jeder andern Nation als der deutschen einen Weltruf gebracht... In meiner einst so leuchtenden Freundschaft mit Richard *Kandt* ward es Nacht, ohne Hoffnung eines Lichtschimmers. Mein Leid um den Freund gehört zu jenen Leiden, die uns alt machen. Und müde, so müde!«

Richard *Kandt* entstammte einer alten, reichen Kaufmannsfamilie in Posen. Zu uns kam der lebhafte, mir fast gleichaltrige Jüngling, weil ihn die akademische und doch freie Atmosphäre unseres behaglich schönen, nur wenige Minuten vom Meere entfernten Hauses, der gute Ruf der Kolberger Schule und nicht zuletzt die frische, reine Seeluft anzogen, von der sich die Ärzte Abhärtung seiner zu Katarrhen neigenden Luftwege versprachen. In den Jahren unseres Zusammenlebens ahnte ich nicht, daß einmal die Stunde kommen würde, in der ich auch zu ihm, wie noch zu manchem anderen meiner Jugendgenossen: »Auch du, mein Sohn Brutus« sagen konnte. Auf unseren stundenlangen Spaziergängen am Ostseestrande unterhielten wir uns niemals über sexuelle Fragen, geschweige denn über das uns als Problem unbekannte homosexuelle Gebiet, um so mehr über Politik und Philosophie, über die ewige Schönheit der Erde und des Himmels und vor allem über Werke der »jüngst-deutschen Literatur«.

Waren es doch gerade jene Sturm- und Drangjahre der sogenannten »konsequenten Naturalisten«, die zwischen der im Herbst 1885 von Leo *Berg*, John Henry *Mackay*, Karl *Henckell*, Arno *Holz*, Julius *Türck*, Bruno *Wille*, Wilhelm *Bölsche* und den Brüdern *Hart* erfolgten Gründung des Vereins »Durch« lagen, in den bald nach seiner Konstituierung auch »ein stiller, schüchterner junger Mann, blond und blauäugig«, eintrat, der Gerhart *Hauptmann* hieß, und den Märztagen 1889, in denen von einer kleinen

Schar nicht minder begeisteter Männer, zu denen neben Theoder *Wolff*, Paul *Schlenther*, Maximilian *Harden*, der Verlagsbuchhändler S. *Fischer*, Ludwig *Fulda*, Otto *Brahm* und wieder die Brüder *Hart* gehörten, der Verein »Freie Bühne« ins Leben gerufen wurde. Die ersten Aufführungen dieses Vereins waren *Ibsens* »Gespenster« und Gerhart *Hauptmanns* »Vor Sonnenaufgang«. Zu dieser Vorstellung hatte der Berliner Arzt und Journalist Dr. *Kastan* eine Geburtszange mitgebracht, um sie als Zeichen seiner grundsätzlichen Gegnerschaft gegen eine künstlerische Bearbeitung der von *Ibsen* und *Hauptmann* behandelten menschlichen Elendsfragen auf die Bühne zu werfen. Daß es gerade ein Arzt war, der sich so an die Spitze der Opposition stellte, die den Satz der Alten: »Naturalia non sunt turpia« (»natürlicher Dinge braucht man sich nicht zu schämen«) in sein Gegenteil verwandelte, scheint mir für das, was wir später von diesem Stande auf dem Gebiete sexueller Aufklärungsarbeit erleben sollten, sehr beachtenswert.

Gemeinsam mit *Kandt* bereitete ich mich zur Abgangsprüfung vor, die wir am 5. September 1887 gemeinsam bestanden. Direktor *Streit* hielt uns Abiturienten eine mehr salbungs- als eindrucksvolle Abschiedsrede, die an die ermutigende Stelle aus dem Galaterbriefe: »Wie ihr säet, so werdet ihr ernten« anknüpfte. An mich persönlich richtete der Direktor die Worte: »Streben Sie ihrem edlen Vater nach.« Zum Lohn für unser »Wohlverhalten« im Examen erhielten Richard und ich von unsern Müttern die Erlaubnis, zum Kaisermanöver nach Stettin zu fahren. Es war die letzte Truppenschau, die der bereits über neunzig Jahre alte *Wilhelm I.* abhielt. Er saß und stand wie eine eingetrocknete Mumie im Wagen und bewegte stundenlang den Arm so mechanisch zum militärischen Honneur auf und nieder, daß Zweifel auftauchten, ob man nicht etwa statt eines lebenden Menschen einen ausstaffierten Automaten in den Wagen gesetzt habe. Nur einmal änderte der Kaiser seine Bewegung, als er dem an der »Tête« seiner Kolberger Grenadiere vorbeireitenden alten Feldmarschall Helmuth von *Moltke* die beiden Hände entgegenstreckte. Noch puppenhafter als der oberste Kriegsherr wirkte in sechsspänniger Galakutsche seine greise, in Kürassieruniform gesteckte Gemahlin Kaiserin *Augusta*, dieselbe, die noch unter *Goethes* Augen, als Maria *Paulownas* Tochter (1811 geboren), am Hof von Weimar aufgewachsen war. Aber auch der dritte, der hoch auf weißem Roß als Träger deutscher Zukunft zwischen seinen Großeltern hielt — sein Vater, der Kronprinz *Friedrich Wilhelm*, weilte todkrank im Toblachtal —, wirkte in seinem großen Aufputz, den Adlerhelm auf dem Haupte, an den Beinen die mächtigen Kürassierstiefel, dazwischen Harnisch und Pallasch, mehr theatralisch als natürlich. Dieser dritte war der junge Prinz *Wilhelm*, dessen nur scheinbar starken Händen dreißig Jahre später die ihm von Burggrafen und Markgrafen, Kurfürsten, Königen und Kaisern vererbte Krone entrollte.

Von Stettin aus trennten sich *Kandts* Wege und die meinigen. Er wurde Verbindungsstudent, stand viel auf Mensur und ging anscheinend ganz in seiner Couleur auf. Ich lebte auf bescheidenem Fuße nach dem Grundsatz, daß ein Mensch um so glücklicher sei, je weniger Bedürfnisse er hat. Freilich blieb mir auch nichts anderes übrig. Am 17. Juni 1885 war, als ich eben siebzehn Jahre alt war, mein Vater gestorben. Er hatte noch nicht das sechzigste Lebensjahr erreicht, als er der *Bright*schen Nierenerkrankung erlag. Meine Mutter, ein Wesen von unendlicher Sanftmut und Langmut, hat diesen Verlust, den sie fast zwanzig Jahre überlebte, niemals verwunden. Es war, als ob sich eine Wolke, durch die nur noch ganz selten ein Strahl ihrer früheren Sonnigkeit drang, vor ihre zarte Seele senkte und ihr Gemüt umschattete.

Unter den unverdienten Glücksgütern, die mir das Leben beschieden hat, rechne ich mir den Besitz eines so ausgezeichneten Elternpaares als ein ganz besonders hohes Gut an, weniger um der guten Kinderstube als um der trefflichen Erbmasse willen, die in ihren Keimzellen enthalten war. Allerdings wurde die Keimmischung hinsichtlich weiterer Fortpflanzung dadurch beeinträchtigt, daß beide Gameten demselben Stamm entsprossen waren. Vaters Vater und Mutters Großmutter waren Bruder und Schwester gewesen.

Unsere äußeren Verhältnisse erfuhren durch den Tod meines Vaters eine grundlegende Änderung. In der Hoffnung, so lange schaffen zu können, bis wir Kinder alle erwachsen und gut versorgt wären, auch wohl im Gefühl, daß Wissen und Können ein sich besser verzinsendes Erbteil als Geldmittel seien, hatte mein Vater alles, was er über unseren Lebensunterhalt verdiente, für unsere Erziehung geopfert. Mein Universitätsstudium konnte infolgedessen nach seinem unerwarteten frühen Tode nur dadurch ermöglicht werden, daß ich von einer alten Berliner Tante einen »Monatswechsel« von fünfzig Mark erhielt, den zwei Onkel um je zwanzig Mark erhöhten. Mit diesen monatlichen neunzig Mark bestritt ich durch sechs Studienjahre mein Dasein und behielt immer noch so viel übrig, um weite Fußwanderungen ausführen zu können, die mich von den Kreidefelsen Rügens bis zu den Dolomitenfelsen Tirols weite Strecken der deutschen Heimat kennenlernen ließen.

Besonders ist mir ein Spaziergang von München nach Innsbruck (Juni 1889) in Erinnerung, den ich hinwärts über Mittenwald und zurück über Tegernsee machte. Als ich hier zum erstenmal zwischen blauweißen und schwarzgelben Pfählen in der Nähe der alten Porta Claudia die Landesgrenze überschritt, zur Rechten das Wetterstein- und zur Linken das Karwendelgebirge, hielten den harmlosen Wanderer, der mit seinem selbstgeschnittenen Knotenstock wohl mehr einem reisenden Handwerksburschen als einem fahrenden Studenten glich, die Grenzer fest, weil die Beschreibung eines steckbrieflich verfolgten Wilderers oder Schmugglers auf ihn zu passen schien. Noch heute klingt mir die schrille Stimme in den Ohren, mit der mich ihr »Nase: stimmt«, »Augen: stimmt«, »Haare: stimmt« zu Boden donnerte. Erst nachdem ein nach München gerichtetes Telegramm mit Rückantwort meine Unverdächtigkeit erwiesen hatte, ließ man mich, wenn auch noch immer mit mißtrauischen Blicken, weiterziehen. Die Bayern schienen es schon damals auf mich abgesehen zu haben.

Von Richard *Kandt* erhielt ich in den ersten zehn Jahren nach unserer

Trennung nur äußerst spärliche Kunde. Erst als ich nach »Sappho und Sokrates« unsere Petition für die Befreiung der Homosexuellen in Umlauf setzte, bekam ich von ihm ein sehr langes Schreiben, in dem er mich beschwor, mich nicht einem Ziel zu opfern, das ich doch nie und nimmer erreichen könne. Ich solle mich erinnern, daß, wer das verschleierte Bild von Sais — der uralten Nilstadt — enthülle, diesen Frevel mit seinem Leben bezahlen müsse. Er zitierte ein Wort, das ich später in seinem »Caput Nili« wiederfand: »die Wahrheit soll wie eine Geliebte sein, von der man nicht redet«, und er fügte den Spruch eines modernen Dichters bei:

Nur, wer sein eigen Glück ans Kreuz geschlagen,
Kann ein Erlöser für die Menschheit sein.

Nicht lange nach Empfang dieses Warnungsbriefes kam der »Auch Du, mein Sohn Brutus«-Tag. *Kandt* war in die Hände eines Erpressers gefallen, der ihn, den äußerst feinfühligen Menschen, bereits um einen beträchtlichen Teil seines Vermögens gebracht hatte. Er gab immer wieder, weil er wähnte, daß alles, was seine Ehre, wenn auch noch so unverschuldet, verdunkele, ein Flecken auf dem Ehrenschild seiner Verbindung sei. Mit völlig zermürbten Nerven ging er uns um Hilfe gegen seinen unersättlichen Vampir an, die ihm erfolgreich zu gewähren wir in der glücklichen Lage waren. Äußerlich befreit, blieb er innerlich gebrochen. Die Berufung des Erpressers auf das Gesetz hatte ihm den Staat, wo solches möglich, verleidet. Er sagte: »Wenn uns ein Menschenrecht vorenthalten wird, muß man kämpfen, bis es einem, oder dorthin gehen, wo es einem nicht vorenthalten wird. Ich wähle letzteres.«

So beschloß er denn, mit dem immer noch stattlichen Rest seines Vermögens die Quellen des Nils zu entdecken. Wenn er als Untertitel seinem großen 1904 bei Dietrich *Reimer* (Ernst *Vohsen*) in Berlin erschienenen Werke die Worte beifügt: »Eine empfindsame Reise zu den Quellen des Nil«, so lehnt er sich mit diesem zunächst fremd anmutenden Eigenschaftswort an eine Briefstelle *Lessings* (an J.J. *Bode* 1768) an: »Wenn eine mühsame Reise heißt, bei der viel Mühe ist, so kann ja auch eine empfindsame Reise heißen, bei der viel Empfindung war.« Kenner *Kandts* werden jedoch durch diese Erklärung des Ausdrucks nicht völlig befriedigt sein. War er doch nicht der erste Forschungsreisende, der mit Empfindungen ganz eigener Art Europa verließ; nicht der einzige, dessen motorischer Reisedrang — je weiter, um so besser — im letzten Grunde nur verkappte Sexualverdrängung war, dessen Zuflucht in eine unbekannte neue Welt in Wirklichkeit nur eine vielleicht ihm selbst nicht einmal klar bewußte Ausflucht aus einer ihm mit allen ihren Fehlern nur allzugut bekannten alten Welt war.

Als *Kandt* nach Afrika ging, waren knapp zwei Jahre vergangen, daß einer seiner tüchtigen Vorgänger, der Hamburger Otto *Ehlers*, auf einer Forschungsreise sein Leben gelassen hatte in Neuguinea, woselbst er nebst zwei deutschen Begleitern von farbigen Eingeborenen ermordet wurde. *Ehlers* hatte sich ungefähr zehn Jahre vor *Kandt* unter ganz ähnlichen Begleitumständen wie dieser in den dunklen Erdteil begeben, um den Kilimandscharo zu besteigen. Später durchstreifte er Vorder- und Hinterindien, Borneo und Japan, Samoa, »die Perle der Südsee« und Neuguinea, die größte Insel der Erde, auf der damals noch neben der niederländischen und englischen die deutsche Flagge wehte. Ob *Ehlers* aus gleichen Beweggründen getötet wurde wie einstmals auf der Forschungsreise nach Italien Johann Joachim *Winckelmann* oder ob andere Gründe mitspielten oder den Ausschlag gaben, wird ewiges Geheimnis bleiben.

Ehlers, der vor seinen Weltreisen Rittergutsbesitzer in Ostpreußen war, hat einmal ein Wortspiel geprägt, das ihn und sein Werk gut kennzeichnet. Er sagte: ein Abend im Morgenlande gilt mir mehr als tausend Morgen im Abendlande.

Ähnliches bewegte wohl *Kandt*, als er mir einmal erzählte, die schönste Zeit seines Lebens wären die Jahre gewesen, die er an dem von ihm zuerst beschriebenen Kiwusee verlebte, fünf Jahre, in denen er nicht einen einzigen Weißen, weder Mann noch Weib, je zu Gesicht bekam. Sehr beglückt war er später, als der Kaiser ihn zum Gouverneur von Ruanda ernannte. Die erste sichere Kunde von diesem höchst seltsamen Lande rührt von Graf Adolf *Goetzen* her, dessen Bruder Bolko ein in Berlin sehr bekannter Urning war. Wir finden seinen Namen bereits unter den Unterzeichnern der ersten Ausgabe unserer Petition.

Jedesmal, wenn *Kandt* von Afrika nach Europa kam, suchte er mich auf, meist auf dem Wege nach oder von Wiligrad. Mehr und mehr fühlte er sich in der Heimat fremd, in der Fremde daheim. Dabei lebte er in Deutschland in einem Freundeskreise, der sich, wenn ihn auch in erster Linie das gleiche Leid verband, durch hohe Geistigkeit und ein besonders inniges Gefühl von Zusammengehörigkeit auszeichnete. Es war der stark von urnischen Elementen durchsetzte Kreis, der sich in Schloß Wiligrad versammelte, das sich Herzog *Johann Albrecht*, Präsident der deutschen Kolonialgesellschaft, im feierlich einsamen Buchenwald am Ufer des Schweriner Sees erbaut hatte. *Johann Albrecht*, der, allgemein geachtet und beliebt, für seinen minderjährigen Neffen in Mecklenburg die Regentschaft führte, um später Regent von Braunschweig zu werden, stand selbst im Rufe eines Uraniers, obwohl er »aus politischen Gründen« zwei Ehen geschlossen hatte, die erste mit einer Weimarischen, die zweite mit einer Stollbergischen Prinzessin, welche beide Elisabeth hießen.

Im ersten Kriegswinter suchte mich *Kandt* zum letzten Male auf. Er war im Frühjahr 1914 schwer leidend aus Ostafrika zurückgekehrt. In Aden am Ausgang des Roten Meeres begegneten sich die Schiffe von Richard *Voß* und Richard *Kandt*, ohne daß die beiden Freunde es wußten, die sich niemals wiedersehen sollten. Ich fand *Kandt* alt geworden und traurig; trübe blickte er in Deutschlands Zukunft. »Sollte ich den Krieg überstehen«, sagte er zu mir beim Abschied, »dann trete ich an deine Seite und bekämpfe mit dir den einzigen wahren Feind der Menschen: die aus Unkenntnis und Überhebung geborene Unduldsamkeit.« Er überstand den Krieg nicht. Am 29. April 1918 verschied er in einem Lazarett in Nürnberg, wenig über fünfzig Jahre alt (geb. 17.12.1867) an den Folgen eines Gasangriffs, dessen Opfer er in treuer ärztlicher Pflichterfüllung wurde.

Bald nach seinem Tode gab Dr. Franz *Stuhlmann* in Hamburg, wohl der menschlich und naturwissenschaftlich gediegenste seiner afrikanischen Freunde, ein Bändchen nachgelassener Gedichte *Kandts* unter dem Titel »Meine Seele klingt« heraus (bei Dietrich Reimer, Berlin 1918). *Stuhlmann* war Begleiter Emin *Paschas* gewesen und nachmals Gouverneur von Deutschostafrika mit Sitz in Daressalam, wo *Kandt* mit ihm Freundschaft schloß. Im Vorwort zu *Kandts* Gedichten setzt *Stuhlmann* »der an Geist und Gemüt überragenden Persönlichkeit« seines Freundes, »der den Alltag des Lebens durch den festlichen Glanz eines reichen, vielseitigen Innenlebens erhellte«, ein leuchtendes Denkmal, das er mit den Worten krönt: »So werden denn diese kleinen Stimmungsbilder, deren schöne Sprache, Gedankentiefe und von lauterster Vaterlandsliebe, reinster Menschlichkeit und Freundschaft zeugenden Empfindungen jedermann gefangennehmen werden, mit dazu beitragen, das Andenken dieses hochstehenden Mannes, der der Wissenschaft, seinen Angehörigen und seinen Freunden viel zu früh entrissen wurde, lieb und wert zu halten.«

Eine kleine Probe der nur in wenig Händen befindlichen Lieder *Kandts*, die ein Hymnus der Kameradenliebe sind, möge Zeugnis ablegen von der nur dem Kenner menschlicher Sexualkonstitutionen vollverständlichen Eigenart des Verfassers. Ein Gedicht, das »Trost der Namenlosen« heißt, beginnt:

Ihr Namenlosen, die mit jähem Hiebe
Der Tod gestreckt
Und die nun kalt die fremde Erde deckt,
Euch Namenlosen weih' ich meine tiefste Liebe.
Nie werden Muttertränen auf euch fallen,
Nie werden dunkle Frauen zu euch wallen,
Nie werden Kinder euch mit frommen Händen
Den Blütenkranz verwaister Liebe spenden,
Und darum lieb ich euch vor allen...

Wenn ich etwas ausführlicher bei der vorzeitig abgeschlossenen Lebensgeschichte meines Jugendfreundes Richard *Kandt* verweilte — die nur ein einziges Blatt, ausgerissen aus dem dicken Buch der Weltgeschichte ist, das die Aufschrift »Uranismus« trägt —, so geschah es, weil auch dieses Beispiel wieder, wie so viele, in eindringlicher Weise den verbrecherischen Wahnwitz der Urningsverfolgung lehrt.

Dieser Verfolgungswahn — das Wort nicht in dem gewöhnlichen Sinne einer nur subjektiv gewähnten, objektiv nicht vorhandenen Verfolgung, sondern in dem einer tatsächlichen, aber auf einem Wahne des Verfolgers beruhenden Verfolgung verwandt — wird nur dadurch begreiflich und einigermaßen verzeihlich, daß er von einer Generation genährt wurde, in deren Jugenderziehung sexuelle Aufklärung tabu war, die in einer Zeit aufwuchs, in der sexuelle Unwissenheit gleichbedeutend mit Unschuld war, was freilich nicht hinderte, daß diese Unschuld oft nur in Unwissenheit bestand.

Homosexualität im Urteil der Schulmediziner

Menschen, die Staatsprüfungen bestanden haben, pflegen nach diesen nur noch selten etwas zuzulernen. Darum gehen kulturelle Fortschritte auch fast niemals von approbierten, diplomierten, promovierten oder habilitierten Personen aus, dringen auch nur ganz ausnahmsweise ex cathedra nach unten, sondern meist de profundis nach oben. Es scheint, als ob alle Wahrheiten, vom Stadium ihrer Unverständlichkeit bis zu dem ihrer Selbstverständlichkeit, mindestens drei Generationen durchlaufen: ein ignorierendes, ein negierendes und ein zustimmendes Geschlecht.

Seit Verkündung der sexuellen Grundwahrheit, daß die menschliche Geschlechtlichkeit keine Sache der Theologie, sondern ausschließlich der Biologie ist, ist kaum ein Menschenalter vergangen. Von den jetzt allmählich aussterbenden Alten war ein Umlernen nicht mehr zu erwarten. Erst die nächste Generation wird die Wahrheit lernen und der übernächsten lehren.

Solange ich auf der Universität war (1887 bis 1893), habe ich, soviele Kollegs ich auch besuchte, kaum je aus Professorenmund den Ausdruck »sexuell« gehört. Vollends verpönt war das Wort »Liebe«. Da schieden sich die Denker und die Dichter. Wohl war von Geschlechtskrankheiten die Rede. Man hielt den Studenten das entsetzliche Gorgonenhaupt der Syphilis vor Augen, der gegenüber die auch heute noch vielfach unterschätzte Gonorrhoe als erotische »Kinderkrankheit« galt. Man sprach von normalen und abnormalen Geburten, beschrieb in der Anatomie den fertigen, in der Entwicklungsgeschichte den werdenden Bau der Geschlechtsorgane und löschte schamhaft am Ende der Unterrichtsstunde jede Zeichnung dieser Organe von der Tafel, damit ja kein Unberufener sie erblickte. Von ihren Funktionen, vollends von geschlechtlichen Empfindungen und Bedürfnissen, sprach kein Professor der Physiologie, kein Lehrbuch der Hygiene, höchstens gelegentlich einmal ein mutiger Dozent der Zoologie. Ein normaler Geschlechtstrieb war offiziell nicht vorhanden, und von Triebstörungen, die unter dem Namen »Perversitäten« liefen, raunte man sich nur ganz im geheimen allerlei Wundersames und Grauenvolles zu. Nur einer einzigen Ausnahme erinnere ich mich. In einem langgestreckten, überfüllten Hörsaal der Berliner Universität, der in einem Hinterhause der Dorotheenstraße lag, hielt der populärste Irrenarzt von Berlin, Professor Emanuel *Mendel*, an einem Abend der Woche eine Vorlesung über Unzurechnungsfähigkeit mit Demonstrationen für Mediziner und Juristen. Hier wurde unter den Sittlichkeitsverbrechern den jungen Akademikern auch ein Päderast vorgeführt. Zunächst war dabei von den körperlichen Zeichen »aktiver« und »passiver« Päderastie die Rede, einem trichterförmig eingezogenen Anus und einem dementsprechend nach vorne spitz zulaufenden Penis. Diese in den Lehrbüchern für gerichtliche Medizin angeführten Anzeichen erklärte der Professor aber für keine zuverlässigen Beweise, denn es gäbe Päderasten, bei denen sie nicht vorhanden wären, und Personen, bei denen man sie fände, die nicht der Päderastie ergeben seien. In neuerer Zeit, hieß es weiter, hätten der Petersburger Nervenarzt *Tarnowsky* und der Wiener Psychiater *von Krafft-Ebing* sogar die Behauptung aufgestellt, es gäbe Päderasten oder Homosexuelle, die den Gebrauch des Afters perhorreszierten, demnach überhaupt keine Päderastie trieben, sondern sich durch leichteren Kontakt befriedigten. Auch bei diesen bestände eine Gefühlsentartung, nur ginge sie nicht so weit wie bei den »eigentlichen Päderasten«. Ihre Degeneration wäre entweder ein von den Eltern ererbter oder durch Ausschweifung, vor allem übermäßige Onanie, erworbener Zustand. Das homosexuelle Leiden trüge oft einen so zwangsmäßigen Charakter, daß die Menschen, die davon befallen wären, als nicht im Vollbesitz ihrer Zurechnungsfähigkeit anzusehen seien. Viele Päderasten verrieten sich durch stieren Blick, unsicheren Gang, scheues Wesen und weibisches Gebaren.

Nicht selten, fuhr der Professor fort, vergriffen sich die Päderasten auch an Kindern, wie der folgende Fall eines Knabenschänders beweise, der ähnlich, wie vor mehreren Jahren (1867) der berüchtigte Leutnant und Maler Alexander von *Zastrow* den Bäckerlehrling *Corny*, einen zwölfjährigen Schüler, gezüchtigt und gemißbraucht habe. Die gerichtsärztliche Untersuchung hätte bei den Beschuldigten Schwachsinn und moralisches Irresein — sogenannte moral insanity — ergeben. Den Schluß der Vorstellung machte ein älterer Mann, der auf einem Vorstadtfriedhof einer trauernden Witwe seine Geschlechtsteile gezeigt, dadurch öffentliches Ärgernis erregt hatte und nun behauptete, dies im Dämmerzustand getan zu haben; der Professor erklärte ihn für einen Epileptiker.

Wie in *Nestroys* »Lumpazivagabundus« Zwirn, Leim und Pech, der Schneider, Tischler und Schuhmacher, so standen während der Unterrichtsstunde als dreiblättriges Kleeblatt der Päderast, Kinderschänder und Exhibitionist nebeneinander vor dem Auditorium. Sie lauschten den Darlegungen ihrer geistigen Defekte mit ebenso aufmerksamer Spannung wie die studentische Corona, die sie um eine sich fest einprägende Sensation bereicherten.

Das waren die sexualpathologischen Kenntnisse, mit denen dazumal die künftigen Ärzte und Richter auf die Menschheit »losgelassen« wurden.

Wie unheilvoll diese Doktrinen der alten Schule noch jetzt nachwirken, zeigte mir erst neulich wieder ein Fall in der Provinz. Aus Frommigkeitsgründen hatte ein Homosexueller gegen sich eine Selbstanzeige erstattet — so »seltsame Heilige« kommen auch heute noch vor. Er wurde unter Strafaussetzung zu vierzehn Tagen Gefängnis verurteilt. Nun saß er wieder auf der Anklagebank. Es war die alte Geschichte. Ein räuberischer Erpresser, dessen er sich nicht anders erwehren konnte, war von ihm dem Gericht übergeben worden. Bei der verantwortlichen Vernehmung bezichtigte der Erpresser ihn strafbarer Handlungen. Er selbst gab nur straflose zu; trotzdem wurde gegen ihn auf drei Monate erkannt. Der Staatsanwalt wies auf seine Vorstrafe hin und erwähnte den »stieren Blick« des Angeklagten; sein Auge strafe seinen Mund Lügen. Mit diesem »stieren Blick«, der auch in der Urteilsbegründung wiederkehrte, hatte es folgende Bewandtnis: Infolge einer im Kriege erlittenen Schußverletzung, die den Sehnerven zerstörte, war der Angeklagte auf dem rechten Auge blind. Der mehr fromme als kluge Angeklagte war ohne Verteidiger und Sachverständigen erschienen; er hatte »sein Schicksal in Gottes Hand gelegt«; schweigend ließ er alles über sich ergehen. So ward ihm sein Verdienst zum Verderben.

Hatte Dr. *Kopp* nicht bitter recht, als er auf Grund seiner zwanzigjährigen kriminalistischen Erfahrung in einem seiner Vorträge offen bekannte: »Was bei den Homosexuellen meist bestraft wird, ist ihre Ehrlichkeit.« Welches Armutszeugnis aber stellt sich ein Staatsanwalt aus, der eine Kriegsbeschädigung für ein homosexuelles Stigma hält. Als der Verurteilte mir dieses Erlebnis berichtete, legte er mir eine Bescheinigung seiner Verwundung vor, auf der die Worte standen: »Des Vaterlandes Dank ist Euch gewiß!«

Werden wohl die Ärzte, Staatsanwälte und Richter der nächsten Generation auf wissenschaftlich höherer Warte stehen als die der jetzigen? »Teils — teils«, dürfte wohl die richtige Antwort sein. Sicherlich die, welche das ausgezeichnete Kolleg »Über gerichtliche Medizin« des Berliner Gerichtsarztes und Universitätsprofessors *Strauch* in sich aufgenommen haben, der ganz auf dem Boden objektiv fortgeschrittener Erkenntnis steht, schwerlich die, welche an der Münchener Universität entweder Professor von *Notthafft* gehört haben, der schon seit mehreren Semestern eine besondere Vorlesung unter dem tendenziösen Titel ankündigt: »Die Gefahren der Homosexualität für den Einzelnen und die Nation«, oder daselbst die psychiatrische Klinik *Kraepelins* besucht haben.

Über das, was diese große Autorität der Jugend lehrt, berichten mir mehrere seiner homosexuellen Zuhörer folgendes: »Es wurden uns im letzten Semester (Sommer 1922) zwei Patienten als Homosexuelle demonstriert, die so ziemlich den Auswurf der Menschheit darstellten. Der eine, ein chronischer Trinker, gab auf Befragen an, er habe viel onaniert, nie mit einem Weibe verkehrt, sei einmal von einem Manne verführt worden und seitdem dem 'Laster' ergeben. Der zweite, ein vierzigjähriger Exhibitionist, war von der Polizei der Klinik zur Begutachtung überwiesen. Er will homosexuell sein, sich auch dementsprechend betätigt haben, entblößte sich aber noch lieber vor jungen Mädchen. Im Anschluß an diese Fälle, die wohl kaum als typisch gelten dürften, führt *Kraepelin* aus: Die Homosexualität sei eine Entwicklungshemmung. Jeder Mensch habe in der Pubertätszeit schwärmerisch sinnliche Freundschaften, seine Triebrichtung sei unsicher. Während nun der Normale diese Periode überwindet und sein Triebleben mit der Entwicklung und Festigung der Persönlichkeit eindeutig wird, bleibt der Psychopath entweder in seiner Gesamtpersönlichkeit oder doch auf einzelnen Gebieten des Seelenlebens auf einer infantilistischen Stufe stehen und ist jeder Verführung zugänglich. Wesentlich trägt langgeübte Onanie zur Inversion bei, indem sie den Psychopathen schwächt und vom andern Geschlecht ablenkt.«

Die Behandlung der Homosexualität erfordere — so belehrte *Kraepelin* die Studenten weiter — rücksichtslose Unterdrückung aller Schriften, die im Sinne sogenannter Aufklärung in scheinbar wissenschaftlicher Form auf schwache Elemente anreizend und damit verführend wirken, Verbot der homosexuellen Zeitschriften, Unterdrückung aller schwärmerischen Freundschaften von seiten der Angehörigen. Nur so könne diese »Volksseuche« ausgerottet werden. Diese Anschauung verkündete *Kraepelin* noch in der letzten Stunde, die seiner Amtsniederlegung (am Schluß des Sommersemesters 1922) vorausging. Deutlich klang durch seinen emphatischen Appell die politische Note, jener völkisch-fanatische Geist hindurch, der ihn bereits im Kriege veranlaßt hatte, an die Spitze eines besonderen »Bundes zur Niederringung Englands« zu treten.

Auch wir wünschen nichts sehnlicher als das deutsche Volk glücklich, tüchtig und gesund. Aber nicht durch fried- und lieblose Eingriffe und Übergriffe in das Empfindungsleben anderer, nicht durch haßerfüllte, zum mindesten übermäßig gefühlsbetonte Verbote und Gebote ist dieses hohe Ziel erreichbar, sondern vor allem durch Sicherung der naturgegebenen Grundrechte aller Menschen, zu denen auch das Recht auf Liebe und das Recht auf die eigene Persönlichkeit gehören, vorausgesetzt, daß nicht durch ihre Ausübung die Rechte einer zweiten Person unmittelbar gebrochen werden. Die Natur beherrscht den Menschen viel mehr, als der Mensch die Natur. Mit dieser Tatsache, die der Menschheit mehr zum Wohl als zum Übel gereicht, müssen wir uns wohl oder übel bescheiden.

Die mit der Prätention eines Dogmas auftretende Kathederweisheit *Kraepelins*, wie sie sich vor allem auch in seinem weit verbreiteten Lehrbuch verkörpert, hat auf fast allen psychiatrischen Lehrstühlen Deutschlands den Einfluß *Krafft-Ebings*, als er sich kaum durchzusetzen begann, verdrängt. Es war für die »Psychopathia sexualis«, dieses aus dem Leben schöpfende Werk des großen Wiener Meisters, in dessen Persönlichkeit sich Kennen und Können, Toleranz und Bescheidenheit zu einem so harmonischen Akkord verband, kein günstiger Umstand, daß bald nach seinem Erscheinen ein Wendepunkt in der Psychiatrie eintrat, der viele alte Begriffe durch neue und vor allem viele alte Schlagworte durch neue ersetzte. Die Erfahrung zeigt, daß, wenn ein akademischer Forscher zu Teilfragen eines Gebietes einiges Vernünftiges geäußert hat, wie es seitens *Kraepelins* in Sachen des Alkoholismus, des manisch-depressiven Irreseins und des Jugendirreseins (Hebephrenie) zweifellos geschehen ist, er von sich selbst und den meisten andern als tonangebend für das Gebiet in seinem ganzen Umfange angesehen wird. Tauchen dann Forschungsergebnisse auf, die sich schwer mit den Thesen und Dogmen des Oberpriesters in Einklang bringen lassen, so werden sie gewöhnlich von oben herab mit bonzenhafter Geste als angeblich pseudowissenschaftlich abgetan, ungeachtet, daß jede Wissenschaft, auch die jetzt zum Dogma erstarrte, in ihren Anfängen als pseudowissenschaftlich verschrien wurde.

Höchstens ein Jahrzehnt mag verflossen sein, als ich mich eines Tages mit einem unserer bekanntesten Gerichtspsychiater über die neueren Forschungen auf dem Gebiete der inneren Sekretion unterhielt und ihn auf das epochale Werk *Biedls* hinwies, das ich gerade durcharbeitete. Er antwortete: »Aber, lieber Kollege, das sind ja alles unbewiesene Hypothesen, Rückfälle in die von uns längst glücklich überwundene Zeit der Humoralpathologie, in der wir den Säften des Körpers, vor allem der Galle, ganz ähnliche Einflüsse auf den Geisteszustand zuschrieben, wie sie jetzt die Absonderungen der Drüsen haben sollen. Denken Sie doch nur an die frühere Einteilung der Menschen nach ihrer vermeintlichen Blut- und Gallenmischung in Choleriker, Melancholiker, Sanguiniker und Phlegmatiker. Das ist doch alles längst widerlegt, und zwar ebenso gründlich wie *Galls* Phrenologie und *Lavaters* Physiognomik. Nein, nein, Kollege *Hirschfeld*, mit diesem Drüsenschwindel bleiben Sie mir vom Leibe, diesen Konstitutionshumbug mache ich nicht mit. Für mich ist das Gehirn souverän.« Mit gleichem »Temperament« hatte der gute Alte kurz vorher auch gegen die »*Freud*schen Hirngespinste« Stellung genommen. Hat Gerhart *Hauptmann* nicht ganz recht, wenn er in einem seiner »Sprüche und Xenien« (12. Band der gesammelten Werke bei S. Fischer, Berlin) sagt: »Nichts ist so fürchterlich als die Macht der Dummheit in den Klugen«?

In Wirklichkeit finden wir, daß nur diejenigen Ärzte, die von den Bäumen psychoanalytischer und innersekretorischer Erkenntnis gegessen haben, ohne allerdings in verba magistrorum zu schwören, auf den verschlungenen Bahnen menschlicher Sexualität Wegkenner und Wegbahner geworden sind. Hier wären unter den jüngeren Psychiatern eine ganze Anzahl zu nennen — neben *Kronfeld* von unserem Institut für Sexualwissenschaft, *Jaspers*-Heidelberg, *Kehrer*-Breslau, *Busch*-Köln und noch mancher andere, auf den wir beste Hoffnungen zu setzen berechtigt sind. Die rühmlichste Ausnahme in der Schar unentwegter *Kraepelin*ianer machen aber zwei Schulen: die Züricher und Tübinger.

In Zürich lehrt E. *Bleuler*, der den Typus des Deutschschweizers vortrefflich verkörpert, wie sein Vorgänger Dr. med. et phil. et jur. A. *Forel* den des Welschschweizers. Die Stunden, die ich im *Forel*schen Familienkreise in Yvorne, im *Bleuler*schen in Burghölzli verbrachte, waren für mich menschlich und wissenschaftlich gleich wert- und weihevoll.

Schon *Forel* hatte der Sexualwissenschaft ganz hervorragende Dienste geleistet. Sein in fast alle Kultursprachen übersetztes, vielgelesenes Buch »Die sexuelle Frage« (bei Ernst Reinhardt, München) bedeutete für zahlreiche Männer und Frauen, die sich in Selbstquälereien zermarterten, eine wahre Erlösung. Die ebenso logische wie lakonische Treffsicherheit, mit der *Forel* oft dem Fragesteller unlöslich scheinende Fragen und Lagen zu lösen verstand, ist mir besonders aus einem Fall erinnerlich, der mich selbst, als ich von ihm vor mehr als zwanzig Jahren Kenntnis erhielt, nicht wenig in Erstaunen setzte. Ein sehr redseliger, homosexueller junger Graf aus Norddeutschland kam unmittelbar aus der Schweiz zu mir nach Charlottenburg. Auf Veranlassung seiner Eltern hatte er sich vorher direkt zu *Forel*, der damals noch in der Nähe von Lausanne praktizierte, begeben, um sich mit ihm über seinen homosexuellen Zustand zu beraten. Er war willens, sich bei dem berühmten Schweizer Gelehrten, der auch ein vortreffliches Buch über Hypnotismus geschrieben hat, einer hypnotischen Kur zu unterziehen. *Forel* hörte sich das sehr eingehende Bekenntnis des Patienten, die Schilderung seines vergeblichen Ringens um das Weib, seiner immer wieder durchbrechenden Sehnsucht nach dem Mann, seiner sich bis zu Selbstmordversuchen steigernden Verzweiflung mit teilnahmsvoller Ruhe an. Als dieser nun aber am Ende seiner langen Auseinandersetzungen in höchster Erregung zu wissen begehrte, was er nun beginnen solle, bestand *Forels* ganze Antwort auf die Schlußfrage: »Wozu raten Sie mir nun, Herr Professor?« in den Worten: »Zu einem Freund.«

Ganz so »kurz und bündig« sind *Bleulers* Ratschläge nicht, besagen aber letzten Endes auch nicht viel anderes. In seinem ebenfalls weit verbreiteten »Lehrbuch der Psychiatrie« (dritte Auflage bei Julius Springer, Berlin 1920) spricht er sich über die Behandlung eines homosexuellen Menschen wie folgt aus: »Man muß ihn lehren, sich mit dem Schicksal abzufinden. Für manchen ist es schon eine Erlösung, wenn er seine Lage kennt und nicht innerlich dagegen zu kämpfen sich verpflichtet fühlt. Der Arzt kann aber häufig noch mehr tun in bezug auf Beruhigung. Zunächst gegen die nervösen Beschwerden, die die schwierige Situation im allgemeinen und der Kampf mit der Sexualität im speziellen, die Angst vor dem Zuchthaus, die Besorgnis um die Ehre oder das Wohlergehen der Familie und dergleichen hervorgerufen. Feinfühlige, namentlich ethisch oder religiös angelegte Menschen machen sich oft schwere Selbstvorwürfe, die durch Aufklärung auf ein erträgliches Maß herabgesetzt werden können. Daneben ist auf die psychische Behandlung der Nervosität im allgemeinen Gewicht zu legen. Manche nervöse Symptome scheinen direkt von der erzwungenen sexuellen Enthaltsamkeit herzurühren.« Und weiter sagt *Bleuler*: »In manchen Fällen bedeutet die Eingehung eines homosexuellen »Verhältnisses« zunächst die Erlösung vom Kampf und von der Neurose. Die Schwierigkeiten bleiben aber kaum je ganz aus, und wäre es nur infolge der Neigung zum Wechsel und allerlei Untreue. Es ist auch nicht immer leicht, durch die Maschen des Gesetzes zu schlüpfen, wenn auch nach *Hirschfeld* von 10 000 bloß einer dem Strafrichter verfallen soll; mehr aber geraten den Erpressern in die Schlingen.« Auch hinsichtlich der strafrechtlichen Auffassung und vor allem der Erklärung der Homosexualität stimmt *Bleulers* Standpunkt jetzt fast völlig mit dem unsrigen überein. Er schreibt: »Die strafrechtliche Behandlung der Homosexuellen ist in Deutschland und Österreich und den meisten Schweizer Kantonen vom ärztlichen Standpunkt aus als eine ungerechte zu bezeichnen. Sie ist auch inkonsequent, unwürdig und, was ich ihr am meisten vorwerfe, sie nützt gar nichts, fügt aber auch den Normalsexuellen Schaden zu durch das Ausschnüffeln von sexuellen Verhältnissen und züchtet das ungleich größere Übel, das Erpressertum.«

Über die Ursachen der Homosexualität bemerkt *Bleuler* in seiner herzerfrischenden Art: »Früher hatte man sich gestritten, ob die Homosexualität ein Laster sei; wir brauchen davon nicht zu reden. Ob sie eine Krankheit sei, gehört ins Gebiet der dummen Fragen, namentlich solange man den Begriff der Krankheit nicht abgrenzen kann und nicht weiß, was man alles für Konsequenzen aus ihm ziehen soll. Wichtiger ist die Untersuchung, ob es sich um eine angeborene oder erworbene und deshalb vermeidbare Störung handelt.« Nachdem er zutreffend einiges über die »hundert nichtigen Gründe« gesagt hat, die man von der Übersättigung bis zur Verführung über die Entstehung der Homosexualität noch heute zu lesen bekommt, fährt er fort: »Sind die Gründe für das Erworbensein der Anomalie ganz ungenügende, so bestehen umgekehrt recht viele und gewichtige Hinweise darauf, daß die wesentliche Wurzel der Homosexualität in der angeborenen Konstitution liege, und zwar nicht nur in dem Sinne, daß die Richtung der Sexualität ungenügend festgelegt wäre, und daß dann ein zufälliges Erlebnis die falsche Tendenz bestimme, sondern so, daß die gleichgeschlechtliche Anlage selbst das konstitutionelle Moment bildet. Da ist zunächst die Tatsache, daß viel mehr Urninge Zeichen des andern Geschlechtes auf körperlichem Gebiete mit sich herumtragen, als der Annahme einer zufälligen Richtungsbestimmung entspräche. Auch kann man bei genauem Zusehen die Richtung der Sexualität oft schon im ersten oder zweiten Lebensjahr erkennen, und jedenfalls ist sie bei der Mehrzahl der Urninge schon bestimmt zu einer Zeit, da die sexuellen Regungen im engeren Sinne keine große — nach den meisten gar keine — Rolle spielen. Im dritten oder vierten Jahre spätestens sind die meisten Urninge fertig. Es ist ferner gar nicht abzusehen, wie durch das bloße Gefühl, ein Urning zu sein, die Neigung entstehen sollte, auch in allen andern Beziehungen Gewohnheiten des andern Geschlechts anzunehmen. Die Urninge haben mit Männern zu tun, und würden also nach dem, was man sonst unter pathologischen Umständen sieht, sich viel eher mit Männern identifizieren und alles Weibliche abstreifen, wenn nicht eine primäre Anlage zum weiblichen Gebaren sie daran verhinderte. Es ist auch charakteristisch, daß die Homosexuellen gar nicht selten sind, die ihre Abnormität bis über die Pubertät hinaus selbst nicht kennen, bis ein Zufall sie darauf führt, während sonst bei den durch ein äußeres Ereignis erworbenen Sexualabweichungen der auslösende Anlaß meist bewußt bleibt, und vor allem die vieljährige Latenzzeit zwischen Ursache und Wirkung nicht zu konstatieren ist. Wie fest die Natur die Richtung bestimmt, zeigt doch genügende Erfahrung: Die meisten Homosexuellen wachsen in der ihrer Triebrichtung entgegengesetzten Suggestion auf und werden doch nicht anders gerichtet; die Heterosexuellen, die aus Mangel an Frauenverkehr sich jahrelang mit dem gleichen Geschlecht abgeben, sind froh, wieder zur Frau gehen zu können.«

Ganz richtig erblickt *Bleuler* auch einen Beweis für die »biologische Ursache« der Homosexualität in der kontinuierlichen Stufenleiter von rein heterosexuellen zu den bisexuellen und von diesen zu rein homosexuellen durch alle möglichen Zwischenstufen nicht nur in bezug auf körperliche und geistige Eigenschaften überhaupt, soweit sie mit dem Geschlecht im Zusammenhang stehen. »Ich wüßte nicht«, schließt *Bleuler*, »wie die zufällige Anknüpfung des Sexualtriebes an das andere Geschlecht eine solche gleichmäßige Schattierung hervorbringen könnte.«

In manchen Einzelheiten stimme ich nicht mit *Bleuler* überein, was meiner Verehrung für den Gelehrten und Menschen jedoch nicht den geringsten Abbruch tut. Die nicht nur im politischen, sondern auch im wissenschaftlichen Meinungsstreit viel geübte Methode, sich bei Austragung sachlicher Differrenzen persönlicher Mittel offen oder versteckt zu bedienen, halte ich für verwerflich und werde sie stets verwerfen. So hatte ich mich mit *Bleuler* vor einiger Zeit in einem Schweizer Ehescheidungsprozeß, in dem er von der einen, ich von der andern Partei als Gutachter zugezogen war, über die allgemeine Frage auseinanderzusetzen, ob eine homosexuelle Frau zur Erziehung ihrer Kinder geeignet wäre. *Bleuler* verneinte die Frage, ich bejahte sie. Er meinte, daß bei einem urnisch empfindenden Weibe jene Voraussetzungen der Mütterlichkeit nicht gegeben seien, die für eine sorgfältige Kinderaufzucht unbedingt zu fordern wären; ich führte aus, daß es wohl zuträfe, daß bei homosexuellen Müttern fast niemals jene Überzärtlichkeit zu finden sei, die man im Extrem als »Affenliebe« bezeichnet hätte, daß aber ein affektives Minus durch ein intellektuelles Plus ausgeglichen werden könne. Wendet man nichts gegen einen Vater als Erzieher ein, so könne man es auch nicht gegen eine virile Mutter als Erzieherin. Ich wäre zwar aus eugenischen Gründen der Ansicht, daß homosexuelle Frauen ebensowenig wie homosexuelle Männer zur Ehe und Fortpflanzung schreiten sollten — im vorliegenden Fall war übrigens die von der Ehefrau bestrittene Homosexualität auch noch nicht einmal erwiesen —, glaube aber, daß, wenn die Ehe doch einmal eingegangen wäre, und Nachkommen geboren seien, die eigene homosexuelle Mutter immer noch mehr Erfolg für eine gute Erziehung verbürgte, als eine fremde Frau oder Stiefmutter an der Seite des geschiedenen Gatten. Sind die Gesetzte der Natur auch unerschütterlich, so sind sie gerade auf dem Gebiete der Vererbung uns doch noch nicht in allen ihren Einzelheiten so genau bekannt, um sie paragraphenmäßig so zu handhaben, als stammten sie aus einer menschlichen Gesetzesfabrik. Das Gericht beließ der Mutter ihre Kinder.

Umwälzender noch als die Züricher scheint sich für die psychiatrische Würdigung sexueller Varianten und Anomalien, wie für die Weiterentwicklung der Psychiatrie überhaupt, die Tübinger Schule zu gestalten. Hier wird die Bedeutung der konstitutionellen Drüsenformel immer stärker erfaßt und immer deutlicher mit psychischen Mechanismen in Verbindung gebracht, nicht nur von dem Leiter der Schule, Professor Robert *Gaupp* selbst, dessen Arbeit »Das Problem der Homosexualität« (Klinische Wochenschrift 1922, Nr. 21) die gewissenhafteste Studie ist, die wir auf diesem Gebiet seit dem Kriege aus akademischer Feder zu verzeichnen haben, sondern auch durch mehrere seiner Schüler, namentlich Ernst *Kretschmer* und Hermann *Hoffmann*. Ihre Bücher »Körperbau und Charakter« und »Vererbung und Seelenleben« bilden auf den Wegen der Irrenkunde, die sich oft als Irrwege erwiesen haben, erfreuliche Aussichtspunkte. Es wäre ein Glück für die deutsche Wissenschaft, wenn in nicht zu langer Zeit die Tübinger Richtung innerhalb der Psychiatrie die Oberhand gewinnen würde, nicht nur über die Münchener, sondern auch über die Wiener und Berliner Schule, die seit dem Fortgang *Krafft-Ebings* und Theodor *Ziehens* nicht mehr weit von dem nichts weniger als hohen Niveau unserer meisten psychiatrischen Lehranstalten entfernt sind. Vor allem für die moderne Sexualpsychobiologie haben die wenigsten etwas übrig.

Gaupp sagt in dem erwähnten Artikel zwar gleichfalls, daß die Akten über die biologische Seite des »Problems der Homosexualität noch nicht geschlossen sind«, er hält aber für ihre Erkenntnis »die biologische Forschung und Denkweise für die erfolgversprechenden Wege«. Er schreibt: »Die Lehre von der inneren Sekretion steht noch in ihren Anfängen, aber sie verspricht noch manchen tieferen Einblick in dunkle Funktionszusammenhänge; sie hat zu einer Entthronung des Gehirns als des einzigen Trägers unseres psychophysischen Trieblebens geführt, und es ist von seinem Standpunkt aus folgerichtig, wenn *Hirschfeld* seine frühere Auffassung, daß die Homosexualität ihren Sitz im Gehirn habe, gegen die moderne austauscht, daß sie mit der abnormen Beschaffenheit der Keimdrüsen zusammenhängt.« In feiner und übersichtlicher Weise wägt *Gaupp* in seiner Arbeit in der »Klinischen Wochenschrift« die verschiedenen Erklärungsversuche der Homosexualität gegeneinander ab, wobei er über unsere Auffassung folgenden guten Überblick gibt: »Die Homosexualität ist immer angeboren, niemals erworben, sie ist keine Krankheit, sondern eine biologische Variante, sie hat als solche das gleiche Lebensrecht wie die Heterosexualität. Eine kontinuierliche Reihe menschlicher Veranlagungen führt von dem nur heterosexuellen Manne oder Weibe über die Bisexualität hinüber zum nur homosexuellen Manne oder Weibe. Die abnorme Triebrichtung zeigt sich schon in früher Jugend, ja Kindheit, sie besteht nie für sich allein, geht meist mit körperlichen Veränderungen einher (sexuelle Zwischenstufen) und verrät in zahlreichen seelischen Besonderheiten schon im Kindesalter beim freien Spiele die Andersartigkeit des ganzen Menschen. Es bestehen keineswegs immer Zeichen seelischer Entartung. Gute Intelligenz, reiches Gefühlsleben, sittlicher Hochstand, kurz: geistige Hochwertigkeit, ja selbst geniale Höchstleistungen fehlen nicht. Viele großen Männer und Frauen des geschichtlichen Lebens huldigten der gleichgeschlechtlichen Liebe. Keine Erziehung, keine Androhung schwerster Strafen (selbst der Todesstrafe), kein innerer Gewissenskampf, keine religiöse Vertiefung, weder göttliches noch menschliches Gesetz, weder Moral noch Ästhetik, weder teleologisches Denken (Sinn und Zweck des Geschlechtlichen ist die Fortpflanzung) noch die unverhüllte Verachtung der Andern können den Homosexuellen von seiner gleichgeschlechtlichen Triebrichtung befreien; er bleibt homosexuell, weil er homosexuell geboren ist, und alles, was erreicht werden kann, ist die Beeinflussung seines sexuellen Handelns, niemals aber seines sexuellen Fühlens.« Im weiteren Verlauf seiner Arbeit bemerkt *Gaupp*: »Deutlicher als viele Bücher hat mich die Beobachtung einer jungen Homosexuellen die enge Beziehung des abnormen Fühlens zu tiefen biologischen Vorgängen gelehrt.«

Auch über das Gesetz äußert sich *Gaupp*: »Der § 175 ist in seiner heutigen Form (Bestrafung mancher männlichen, aber keiner weiblichen homosexuellen Handlung) ein Unding, und seine laxe Handhabung durch die Behörden dient nicht zur Hebung des Ansehens der Gesetze. Ein Verbrechen, das täglich tausendfach begangen, aber nur sehr selten bestraft wird, verliert seinen Charakter als Verbrechen im Urteil des Volkes. Die abschreckende Wirkung der Strafandrohung ist gering; der Vergleich mit Ländern, die keine Bestrafung der gleichgeschlechtlichen Liebe der Erwachsenen kennen, lehrt ihre Wirkungslosigkeit für die Verhütung der Handlungen.«

Daß die Ärzte im allgemeinen und die Psychiater im besonderen mit der sexuellen Frage, und namentlich mit der homosexuellen, so wenig anzufangen wissen, hat mancherlei Gründe. Der hauptsächlichste ist wohl, daß in Geschlechts- und Liebesangelegenheiten der Mensch im Mediziner und nicht der Mediziner im Menschen den Ausschlag gibt, daß daher die Meinung des Arztes genauso wie die aller andern von Instinkten und Kontrainstinkten beherrscht wird, nur mit dem Unterschiede, daß sich der Arzt noch in höherem Grade der Selbsttäuschung, er sei objektiv, der Verwechslung von Gefühlen mit Gedanken hinzugeben pflegt, in dem Glauben, weil er Mediziner sei, denke er auch medizinisch. Statt »homo sum« heißt es für ihn »medicus sum«, und so übersieht er durch die medizinische Verkleinerungsbrille, daß beispielsweise die Homosexuellen, die ihn aufsuchen, nur ein winziger Bruchteil der Vorhandenen und meist nur diejenigen sind, die zu ihm kommen, weil sie sich krank fühlen oder tatsächlich krank sind, sei es körperlich oder seelisch.

Aus diesem kleinen Ausschnitt aber nun Rückschlüsse zu ziehen wie: »alle Homosexuellen sind minderwertig« oder alle Homosexuellen oder auch nur die meisten seien krank, erinnert einigermaßen an die Logik jenes Reisenden, der in sein Tagebuch schrieb: »Die Bewohner dieser Stadt stottern und haben rote Haare«, weil zufällig ein ihn auf dem Bahnhof der Stadt bei selner Durchreise bedienender Kellner ein rothaariger Stotterer war. In Wirklichkeit ist das prozentuale Verhältnis der geistigen und körperlich Kranken zu der Gesamtziffer der Homosexuellen nicht größer als bei den Heterosexuellen, eher sogar geringer. Schon *Näcke*, einer der unvoreingenommensten und klarsten Beurteiler der Homosexualität, wies verschiedentlich darauf hin, wie selten nach seiner Erfahrung im Vergleich zu den »frei herumlaufenden« Homosexuellen solche in Irrenanstalten zu finden seinen. Er hatte vollkommen recht, wenn er als Sachverständiger in dieser Frage nur Forscher anerkennen wollte, die viele Hunderte von Homosexuellen in der Freiheit kennengelernt haben, in ihrem Beruf, ihrer privaten und öffentlichen Tätigkeit, ihrem Einzel- oder Gemeinschaftsleben, gesunde und kranke Urninge, gute und schlechte, glückliche und unglückliche. Diese Kenntnis und Übersicht haben sich aber sogenannte Laien oft in viel höherem Grade verschaffen können und verschafft als Psychiater und andere Ärzte; daher sind sie auf diesem Gebiete auch oft viel sachverständiger als diese.

Wenn mancher Professor der Medizin davon Kenntnis hätte, wer im Kreise seiner Bekannten und Verwandten, seiner Lehrer, Kollegen und Schüler homosexuell ist, er würde dem ganzen Problem wesentlich anders gegenüberstehen. Vor allem würde er deutlich erkennen, daß das, was ihm in erotischer Hinsicht als rein psychologische Auswirkung erscheint, psychobiologisch bedingt ist. So wie ein Weib ein Mann liebt, weil ihr Körper und nicht nur ihre Seele weiblich ist; so wie ein Mann ein Weib begehrt, nicht nur weil er männlich fühlt, sondern Mann ist — genau so ist es mit den homosexuellen Männern und Frauen: sie lieben gleichgeschlechtlich, nicht nur, weil sie zielstrebig homosexuell empfinden, sondern weil sie bis in die letzten Fasern ihrer Organisation homosexuell sind.

Hiermit ist die Erklärung gegeben, weshalb die gesunde Homosexualität ebensowenig eine ausschließliche Domäne der Psychiatrie sein kann und ihr auch ebensowenig liegt wie die gesunde Heterosexualität. Beides sind anthropologische Varietäten, biologische Spielarten der großen Gattung »Mensch«, etwa so, wie es die verschiedenen Völkerrassen oder Körperbautypen sind. Nur die nervösen und psychischen Folge- und Nebenerscheinungen fallen in ihr Gebiet. Man muß diese Überlegung anstellen, um entschuldigend zu begreifen, warum die geschlechtlichen Zwischenstufen, vor allem auch die Homosexualität, als Naturerscheinungen weder innerhalb des psychiatrischen noch des forensisch-medizinischen, weder im gynäkologischen noch im andrologisch-urologischen noch in irgendeinem andern der bisherigen Einzelfächer der Medizin und Naturkunde ein eigentliches Unterkommen gefunden haben, sondern ohne Anschluß und rechte Heimstätte herumirrten, bis ihnen dann in einer erst neugegründeten Teilwissenschaft: der Sexualforschung, der ihnen gebührende Platz geschaffen wurde.

Was solche Obdachlosigkeit eines wissenschaftlichen Faches besagen will, davon kann ich ein Lied singen, der ich es für meine Pflicht ansah, von Zeit zu Zeit vor dem obersten Areopag meines Fachs, den Jahresversammlungen deutscher Naturforscher und Ärzte, zu erscheinen, um dort meine Befunde und Ansichten zu vertreten. Immer wieder versuchte ich, bald im Anschluß an die eine, bald an die andere der dreißig Abteilungen, meine Weisheit an den Mann zu bringen, aber immer wieder stieß ich trotz strenger Sachlichkeit auf Gleichgültigkeit oder Ablehnung, im besten Fall auf eine gewisse großmütige Duldsamkeit, so daß ich schließlich mit den Ärzten meines Instituts in der Gesellschaft für Sexualwissenschaft den Antrag stellte, daß diese bei der Naturforscherversammlung um die Zulassung einer besonderen Abteilung für Sexualwissenschaft nachsuchen solle. Das vorgeschlagene Gesuch wurde eingereicht, doch fand es — wie kaum anders zu erwarten — bei dem Vorstand der Naturforscherversammlung keine Gegenliebe und Berücksichtigung. Es genüge für die sexuellen Fragen die bereits bestehende Abteilung für Syphilidologie und Dermatologie. Mit der gleichen Begründung hatten verschiedentlich auch medizinische Fakultäten die Einführung von Lehrstühlen für Sexualwissenschaft an Universitäten abgelehnt.

Es verlohnt sich, noch einiges über meine Erlebnisse und Erfahrungen auf den deutschen Naturforscherversammlungen zu erzählen. Sie sind ein kleiner Beitrag für den Scheuklappengeist der gelehrten Machthaber in unserer und wohl zu allen Zeiten, ein Beweis auch, welche Geduld jemand haben muß, der einer Wahrheit zum Siege verhelfen möchte.

Die erste Naturforscherversammlung, an der ich mich beteiligte, fand 1901 in Hamburg statt. Es war jene denkwürdige Tagung, auf welcher der allzufrüh verstorbene Heinrich *Hertz*: »Über die Entdeckung der elektrischen Wellen«, Th. *Boveri* über »Das Problem der Befruchtung«, Paul *Ehrlich* über »Die Schutzstoffe des Blutes«, Hugo de *Vries* über »Mutation und Mutationsperioden bei der Entsteheung der Arten« und Wilhelm *Ostwald* »Über Katalyse« sprachen. Letzterer ist der famose Energetiker, den jüngst anläßlich der Jahrhunderttagung deutscher Naturforscher in Leipzig auf einem vom sächsischen Ministerpräsidenten *Buk* veranstalteten Gesellschaftsabend in unverminderter Rüstigkeit und Regsamkeit wieder begrüßen zu dürfen, mir eine ganz besondere Freude war.

In der Abteilung für gerichtliche Medizin hatte auf der Hamburger Naturforscherversammlung der Nervenarzt Dr. *Sänger* einen Vortrag über die Ätiologie (Ursache) der konträren Sexualempfindung angekündigt. Er kam zu dem Ergebnis, daß die Ursache derselben nicht angeboren, sondern in einem »choc fortuit«, einem ersten Erlebnis, einem psychischen Trauma, zu suchen sei. Er führte zum Beweise den Fall eines Patienten an, der seine erste Ejakulation beim Reiten gehabt habe und seitdem durch Pferde sexuell erregt werde; er gab zu, daß Homosexuelle weder in Gefängnissen noch in Irrenhäusern am rechten Platz seien, trat hingegen lebhaft für die Gründung von Zwischenanstalten ein, in denen derartige Kranke untergebracht werden sollten.

In der Diskussion bemühte ich mich, diese Ansichten eingehend zu widerlegen, indem ich namentlich an Hand eines umfangreichen Materials photographischer Aufnahmen, die ich der Versammlung vorlegte, den Beweis zu erbringen versuchte, daß die Homosexuellen von Geburt an besonders geartete und auch körperlich gekennzeichnete Personen seien, bei denen ein »choc fortuit« wohl ein äußerlich auslösendes Moment bilden, nicht aber die eigentliche innere Ursache ihrer Triebart und Triebbetätigung sein könne. Die Unterbringung in Spezialanstalten sei wegen der Quantität und Qualität dieser Menschengruppe undurchführbar. Nach mir nahm Professor *Binswanger*-Jena eine vermittelnde Stellung ein: man müßte unter den Homosexuellen angeborene und erworbene Fälle und als dritte Gruppe »alte Libertins« unterscheiden. Er berichtete von einem homosexuellen Patienten, der später geheiratet und eine Tochter gezeugt habe, welche epileptisch sei. In seinem Schlußwort ging *Sänger* nicht weiter auf die Lehre von den sexuellen Zwischenstufen ein, sondern begnügte sich damit, *Binswanger* für seine Ausführungen — die mir weniger ein Kompromiß als eine Kompromittierung der Wissenschaft zu sein schienen — zu danken und »die Laien dringend vor der Lektüre der Bücher über diesen Gegenstand zu warnen, da auch dadurch Homosexualität entstehen könne«.

Nach der Sitzung hatten *Sänger* und ich noch eine lange Unterredung, an deren Ende mir der Hamburger Kollege sagte, er wolle mir, um mich von der Richtigkeit seiner Anschauungen zu überzeugen, einen Patienten überweisen, den er seit vielen Jahren behandele; es sei ein hanseatischer Großkaufmann, der infolge homosexueller Neigungen an tiefen seelischen Depressionen litte. Er hypnotisiere ihn, bisher freilich ohne sichtlichen Erfolg. Dieser Kaufmann, der in jeder Hinsicht von peinlicher Korrektheit sei, habe ihm von selbst ausführlich den Schock geschildert, durch den er zu einem homosexuellen Fetischisten geworden sei. Er sei im Alter von zwölf Jahren von dem Kutscher seiner Eltern verführt worden, einem stattlichen Mann, der, als er ihn in die Arme schloß und erotisch berührte, hohe Stiefel und eine lange Peitsche trug. Seither liebe und suche er Männer, bei denen er diese Attribute »seines ersten Ideals« wiederfände. Als dieser Großkaufmann bald darauf zu uns kam — ein ebenso soignierter und reservierter wie versierter Herr —, erwies er sich als Urning von reinstem Wasser, dessen assoziative Geschmacksrichtung seiner passiven psychosexuellen Eigenart durchaus entsprach. Baron *Teschenberg*, mit dem er nähere Bekanntschaft schloß, sagte in seiner fein ironischen Art einmal zu ihm: »Wie stark muß bei Ihnen der choc fortuit gewesen sein.«

Es war übrigens ein sehr bedauernswerter Mensch, der fünfzehn Jahre später, wie so viele seiner Schicksalsgenossen, durch einen furchtbaren Selbstmord endete. Wir erfuhren davon durch seinen Testamentsvollstrecker, der uns mitteilte, daß er in einem älteren, aber noch gültigen Testament unser Komitee zum Erben seines Vermögens, das für sehr ansehnlich galt, eingesetzt habe. Einige Wochen darauf wurde bei uns angefragt, ob wir die Erbschaft antreten wollten; sie bestände lediglich aus sehr beträchtlichen Schulden. Wie sich herausstellte, hatte der Verstorbene in den letzten Jahren vor seinem Tode sein ganzes Bar- und Sachvermögen zwei Männern aus dem Volke geopfert, einem aus unglücklicher Liebe, dem andern aus Furcht, er könne seine Drohungen wahrmachen. Beide waren stattliche Kutscher mit hohen Stiefeln und langer Peitsche. Wir schlugen aus Sparsamkeitsrücksichten die Erbschaft aus.

Noch ein zweiter Vortrag der Hamburger Naturforscherversammlung beschäftigte sich mit unserem Problem. Er war in der Abteilung für die Geschichte der Medizin — der Berliner Gruppe der gleichlautenden Vereinigung gehöre ich als großer Verehrer der Geschichte der Naturwissenschaften seit ihrer Gründung durch den unvergeßlichen Professor Julius *Pagel* an — unter dem hochtrabenden Titel: »Der Grundirrtum in von *Krafft-Ebings* 'Psychopathia sexualis', historisch und philosophisch betrachtet« angezeigt. Der Redner hieß Walter *Schimmelbusch-Hochdahl*, ein Privatgelehrter mit mächtig wallendem Vollbart, weit dröhnender Stimme und einer seiner Selbstgefälligkeit entsprechenden Selbstgenügsamkeit. Mit Nimbus und Applomb verkündete dieser Herr, daß perverses Sexualempfinden, welches der regsame Forscher *Ulrichs* »Urningtum« genannt hätte, nicht als angeboren, sondern als durch Masturbation und sonstige Exzesse erworben zu betrachten sei; Hauptbeweis dafür seien die hypnotischen Heilerfolge von *Schrenk-Notzing* bei Homosexuellen, da wohl eine Triebentartung wegzusuggerieren sei, ein Geburts-Manko aber, das im letzten Grunde doch etwas Organisches wäre, durch Suggestion nicht ausgeglichen werden könne. Als praktische Konsequenz empfahl auch er »die zwangsweise Verbringung des gemeingefährlich Erkrankten in besondere Heilanstalten zwecks Einleitung einer richtigen Behandlung.«

Als ein süddeutscher Kollege das »Autoreferat« dieses Vortrags in der Münchener Medizinischen Wochenschrift (Nr. 47, 1901) las, sandte er mir eine längere Gegenäußerung, in der er u.a. schrieb: »Das 2000jährige Rätsel, an dem sich die Größten unter uns vergeblich abmühten, und zwar ganz einfach deshalb, weil daran nichts zu lösen ist, weil es sich um etwas Natürliches und Gegebenes handelt, das man wohl feststellen und analysieren, aber in seinem innersten Wesen mit Menschenverstand niemals ergründen kann, das hat Herr *Schimmelbusch* dennoch im Handumdrehen gelöst.

...Bei der positiven Sicherheit, mit welcher der Vortragende auftritt, erwartet man in seiner 'demnächstigen Broschüre' fast mathematische Berechnungen: wie oft und früh muß sich der Normalsexuelle dem unglückseligen Trieb zur Masturbation ergeben haben, um homosexuell zu werden; wie stellt sich das Verhältnis beim männlichen, wie beim weiblichen Geschlecht. ...Nachgerade sollte es doch genügend bewiesen und auch weiteren Kreisen bekannt sein, wie sehr der Homosexualismus im ganzen Wesen des Individuums begründet, ja in einzelnen Fällen vom Geschlechtlichen losgelöst ist. Ebensowenig halte ich mich berufen, hier auf das unglückliche Herbeiziehen des hypnotischen Heileffekts bei Fällen des Homosexualismus, wie es seitens des Herrn Sch. geschehen ist, näher einzugehen. Bei ausgesprochenen Fällen von Homosexualität habe ich durch Hypnotismus niemals eine dauernde 'Heilung' gesehen, würde aber auch in keinem Falle Wert darauf legen. Denn es ist sicher, daß ein willensstarker Hypnotiseur einen willensschwachen Normalsexuellen vorübergehend ebenso leicht homosexuell, als einen Homosexuellen heterosexuell machen kann.«

Nach Anführung zahlreicher Beispiele aus seiner Praxis schließt der Briefschreiber seine Entgegnung mit den Worten: »Für jeden, der sehen kann und will, sind die vorstehenden Erörterungen und Belege natürlich überflüssig. Erfahrungen, welche ein kundiger und gewissenhafter Beobachter in Internaten zu machen Gelegenheit hat, bilden leicht zu sammelnde und schlagende Beweismittel gegen die W. Sch.'sche Behauptung. Trotz aller möglichen onanistischen und formell homosexuellen Akte wird der eine, sobald sich Gelegenheit bietet, seine heterosexuelle Natur nicht verleugnen, während ein zweiter und dritter homosexuell oder bisexuell bleibt, aber ganz und ausschließlich gemäß seiner Naturanlage. Besser als ich es in der Eile hier auseinanderzusetzen vermochte, ist übrigens der Kernpunkt der Frage in nuce schon von Dr. Th. *Ramien* in 'Sappho und Sokrates' fixiert worden. Ich verweise besonders auf Seite 18 und 19 der zitierten Schrift.« Der Schreiber wußte damals nicht, daß *Ramien* mit demjenigen, an den er seine Zeilen richtete, identisch war.

Zwei Jahre nach der Hamburger nahm ich an der 75. Versammlung deutscher Naturforscher und Ärzte in Kassel teil. Auch hier sprachen einige Männer mit weltberühmten Namen über weltbewegende Fragen, so E.von *Behring* über »Tuberkulosebekämpfung«, *Ladenburg* in sehr bemerkenswerter Weise »Über den Einfluß der Naturwissenschaft auf die Weltanschauung«, der Engländer Sir William *Ramsay* über »Das periodische Gesetz der Elemente« und meine beiden Lehrer Gustav *Schwalbe* und Theodor *Ziehen* über »Die Vorgeschichte der Menschen« und »Physiologische Psychologie der Gefühle und Affekte«. Ich selbst hatte in der Abteilung »Kinderheilkunde« einen Vortrag über »Das urnische Kind« angemeldet. Als der Titel im Verzeichnis der Vorträge erschien, erhielt ich eine Anfrage, ob es sich nicht um einen Druckfehler handelte; es solle wohl das urämische Kind (Urämie bedeutet Harnvergiftung) heißen. Ein anderer meinte, er kenne wohl skrofulöse und rachitische, schwachsinnige und idiotische Kinder, unter urnischen Kindern aber könne er sich nichts vorstellen.

Im Vortrage selbst erklärte ich zunächst den Begriff des Uranismus, legte die Gründe dar, aus denen man schließen müsse, daß der Geschlechtstrieb ebenso wie die geschlechtliche Eigenart des Menschen vorbestimmt sei, um dann den Nachweis zu erbringen, daß bei Knaben und Mädchen, die später homosexuell werden, sehr oft bereits in der Latenzperiode des Triebes charakteristische Anzeichen ihrer von der Norm abweichenden Natur vorhanden seien.

Meine Rede, die später in den Verhandlungen der »Gesellschaft für Kinderheilkunde« (herausgegeben vom Geh. Sanitätsrat Dr. *Pfeiffer*, XX.

Band, Seite 130 ff. Wiesbaden, Verlag von J.F. *Bergmann*, 1904), sowie im XVIII. Jahrgang der »Zeitschrift für Kinderforschung« (»Die Kinderfehler«, Seite 242 ff. Verlag von Hermann *Beyer*, Langensalza) erschien, wurde von den Ärzten zwar nicht gerade unfreundlich, im ganzen aber doch mit jenem mitleidigen Wohlwollen aufgenommen, das man einer Sache entgegenzubringen pflegt, die man nicht recht ernst nimmt. Auch die Schriftleitung der »Kinderfehler« hielt es für nötig, sich in einer Nachschrift für den Abdruck meiner Ausführungen, trotzdem sie sie als »interessant und beachtenswert« bezeichnete, zu entschuldigen, wobei sie, mehr dunkel als weise, hinzufügte, es frage sich auch, ob mancher haltlose Urning seine unverständigen widernatürlichen Handlungen nicht durch solche Ausdeutungen zu beschönigen trachte.

In noch weit höherem Grade wie in Kassel hatte ich die negativistische Einstellung meiner Kollegen ein Jahr darauf (1904) auf der Breslauer Naturforscherversammlung zu verspüren. Auch hier fehlte es nicht an denkwürdigen Erlebnissen. Zum ersten Male sah ich Wilhelm *Roux*, der kurz zuvor unsere Petition unterzeichnet hatte, sechzehn Jahre bevor ich ihn auf der Höhe seines Ruhms in seinem Halleschen Gelehrtenheim besuchte. Er hielt in allgemeiner Sitzung einen epochemachenden Vortrag über »Die Entwicklungsmechanik, ein neuer Zweig der biologischen Wissenschaft«. Auch die folgenden Reden von G. *Haberlandt* über »Die Sinnesorgane der Pflanzen« und L. *Rhumbler* über »Zellenmechanik und Zellenleben« waren sehr bemerkenswert. Ich selbst hatte in der Sektion für Anatomie, Embryologie und Physiologie die Vorstellung zweier sexueller Zwischenstufen angemeldet, mit denen ich mich von Berlin nach Breslau begeben hatte. Die eine war eine als Frau lebende Person, bei der ich aus den Geschlechtsdrüsen den Abgang männlichen Samens festgestellt hatte. Sie selbst hielt sich für gleichgeschlechtlich veranlagt. Ich habe diesen Fall mit fünf dazugehörigen Bildern später eingehend in meinem Buch »Geschlechtsübergänge« (1905 bei *Malende* in Leipzig erschienen) beschrieben.

Als Geleitwort setzte ich dieser Schrift das wohl zuerst von dem berühmten tschechischen Pädagogen Amos *Comenius* im Jahre 1613 geprägte Wort, das mir für meine Zwischenstufenlehre ganz besonders gut zu passen schien, voraus: »Natura in operationibus suis non facit saltum«, und zwar in der sich bei *Leibniz* (1704 in seinen »Nouveaux essais«) findenden Fassung, »Tout va par degrés dans la nature et rien par sauts« (Alles geht in der Natur gradweise, nichts sprungweise vor sich). Der zweite Fall, den ich in Breslau demonstrierte, war eine vierundzwanzigjährige, sehr intellektuelle Schriftstellerin mit ungewöhnlich burschikosem Auftreten, Bartwuchs, tiefer Stimme, die sich schon in ihrer Kindheit sehnlichst wünschte, ein Junge zu sein, sich männlich in Kleidung und Haarschnitt trug und einen nur auf Frauen gerichteten Geschlechtstrieb besaß. Dr. med. et phil. et jur. Wilhelm *Hammer*, der in jener Zeit viel im Komitee verkehrte, hat den Fall in der »Monatsschrift für Harnkrankheiten und sexuelle Hygiene« (Heft 8, 1904) unter dem Titel »Über einen Fall von typischem Uranismus eines jungen Mädchens« ausführlich geschildert.

Als ich nun die erste der beiden Intersexuellen als irrtümliche Geschlechtsbestimmung vorführte, rief ein Professor der Anatomie — ein allerdings schon sehr alter Herr — dazwischen: »Was geht uns denn hier die Dummheit einer Hebamme an!« Erlitt hierdurch schon die Aufmerksamkeit und die Würdigung meiner sexuellen Konstitutionstypen wesentliche Einbuße, so noch mehr, als bei Vorstellung des zweiten Falles ein allerdings noch sehr jugendlicher Kollege sich die ziemlich laute, noch mehr aber vorlaute Bemerkung erlaubte: »Einen Backfisch hätte ich dem Blaustrumpf vorgezogen.« Unliebsam wurde es auch vermerkt, daß ich mich nicht von meinen Patienten nach ihrer Vorführung trennte, sondern mit ihnen in einem auch von Kongreßteilnehmern vielbesuchten Bierlokal an ein- und demselben Tisch das Mittagessen einnahm. Ein Mediziner, mit dem ich zusammen in Straßburg studierte und der es bereits zu dem akademischen Grade eines Privatdozenten gebracht hatte, kam zu mir heran, um mir auseinanderzusetzen, daß dieses Verhalten die Distanz vermissen ließe, die notwendigerweise zwischen Arzt und Patienten bestehen müsse, um die Würde des ärztlichen Standes zu wahren. Ich war eben im Begriff, ihm meine gegenteilige Auffassung von »Standesehre« zu begründen, als Hofrat Franz von *Neugebauer* hinzutrat. Dieser war verspätet aus Warschau in Breslau eingetroffen, begrüßte mich und meine beiden Zwischenstufen hocherfreut und amüsierte sich köstlich über die Kontroverse zwischem dem Privatdozenten und mir. Da er nicht nur Professor, sondern sogar Hofrat und noch dazu ein ausländischer war, durfte er im Meinungsstreit schon einen derberen Spott als ein simpler deutscher Doktor wagen. Der Privatdozent stellte sich vor, indem er mit jähem Ruck die Hacken zusammenschlug und seine Ellenbogen rückwärts stemmte und verschwand. *Neugebauer* setzte sich, speiste als vierter an unserm Tisch und empörte sich nicht wenig, als ich ihm von der Verständnislosigkeit der Anatomen und Physiologen erzählte; er schlug vor, anläßlich eines Vortrages, den er für den nächsten Tag in der Abteilung für Geburtshilfe und Gynäkologie angemeldet hatte, die beiden Fälle nochmals persönlich zu demonstrieren. Dies geschah und dank Name, Titel und Ansehen des Redners mit ausgezeichnetem Erfolg.

Wer hätte wohl damals ahnen können, unter welchen entsetzlichen Umständen Franz Ludwig von *Neugebauer*, dieser treffliche Mann, der, obwohl russischer Untertan, so fest im deutschen Denken und Forschen wurzelte, fast genau ein Jahrzehnt nach diesem Vorfall seine Seele aushauchte, im Oktober 1914, als die Deutschen das erste Mal unter *Hindenburg* vor seiner Heimatstadt Warschau standen. Seit Wochen hörte er in seiner Klinik fast ununterbrochen die deutschen Kanonen, und fast täglich warfen Flieger Bomben hernieder, von denen sogar eine in das von *Neugebauer* bewohnte Haus fiel. Es war kurze Zeit, nachdem der Krieg zwischen Rußland und Deutschland ausgebrochen war, als wir im Komitee den Besuch von Frau von *Neugebauer* und ihrer Tochter empfingen, die während des Aufenthalts in einem deutschen Bade vom Weltkrieg überrascht waren und nun als russische Untertanen große Schwierigkeiten hatten, über die deutsche Grenze zurückzukehren. Selbstverständlich nahmen wir uns der Familie unseres Obmannes nach Kräften an, der es nach vielen Beschwerlichkeiten schließlich gelang, über Schweden und Moskau die polnische Hauptstadt zu erreichen. *Neugebauer* hatte sich, als er monatelang von den Seinen gänzlich abgeschnitten war, ungemein beunruhigt. Als er endlich Frau und Tocher, an denen er mit großer Zärtlichkeit hing, vom Bahnhof abholte, war er sehr elend. Wenige Tage nach ihrer Rückkehr mußte er sich legen und starb nach achttägigem Krankenlager im Alter von 58 Jahren an einer Herzlähmung.

Die wissenschaftliche Bedeutung *Neugebauers* für unsere Sache kann kaum hoch genug veranschlagt werden. Als unser erstes »Jahrbuch für sexuelle Zwischenstufen« erschien und ihm fast die ganze Ärzteschaft teils mit Befremden, teils mit Gleichgültigkeit gegenüberstand, zum mindesten aber dem Unternehmen die Lebensfähigkeit absprach, gehörte *Neugebauer* zu den wenigen hervorragenden Gelehrten, die sofort den hohen Wert und den Umfang des neuen Forschungsgebiets erkannten. Bereits im zweiten Jahrbuchbande findet sich eine größere Arbeit *Neugebauers* abgedruckt, und seitdem ist er bis zu seinem Tode einer unserer geschätztesten Mitarbeiter geblieben. Den größten Teil seiner Jahrbuchaufsätze faßte *Neugebauer* später in seinem Hauptwerk »Hermaphroditismus beim Menschen« zusammen. In diesem grundlegenden Werke, einer Quellenschrift allerersten Ranges, stellte er sich ganz auf den Boden unserer Zwischenstufentheorie.

Sehr treffend heißt es hier (S. 620): »Berücksichtigen wir die sexuellen Zwischenstufen, so wird uns auf einmal vieles früher Unverständliche verständlich. Jedermann weiß, was ein weibischer Mann und was ein Mannweib ist. Solche Personen betrachtet man als quasi minderwertig, in ihrer Handlungs- und Denkweise sieht man gar zu leicht etwas Unnatürliches, Verwerfliches, Verschrobenes oder gar Straffälliges. Eine alte Jungfer mit virilistischer Veranlagung nennt man leicht eine »verdrehte Schraube« und sagt, sie sei im Kopfe nicht ganz richtig. Wie ganz anders wird die Auffassung sein, wenn wir uns der *Hirschfeld*schen sexuellen Zwischenstufentheorie bewußt bleiben.« In mich sehr ermutigender Anerkennung fügt er hinzu (S. 636): »Es genügt, die von mir zusammengestellte Kasuistik zu sichten, um sich ein Bild von der ungeheuren Variabilität der Kombination primärer und sekundärer psychosexueller Geschlechtscharaktere zu machen. Trägt unsere intelligente Welt diesen durch *Hirschfeld* begründeten Anschauungen Rechnung, so wird erst das große Verdienst manifest werden, welches sich *Hirschfeld* durch seinen unermüdlichen Eifer erworben hat.«

Als ich im November 1915 als Delegierter des Roten Kreuzes nach Warschau kam, war mein erster Weg nach dem Evangelischen Hospital, dessen gynäkologische Abteilung *Neugebauer* leitete. Erst dort erfuhr ich, daß er bereits über ein Jahr nicht mehr unter den Lebenden weilte. Wehmutsvoll gedachte ich seiner prächtigen Persönlichkeit und besonders jener Stunde, in der er in so lieber Weise in Breslau zeigte, daß es noch etwas Höheres gibt als Professor sein: Mensch sein.

Trotz der passiven Resistenz, der die sexuelle Frage und ich als ihr lange Zeit einziger Wortführer in den verschiedenen Abteilungen der Naturforscherversammlungen, einschließlich der psychiatrischen, begegneten, habe ich mich nicht abhalten lassen, in diesem hohen Rat immer wieder bald hier, bald dort meine Stimme zu erheben. Bedeutet doch das Wort »Natura«, nach dem diese Kongresse ihren Namen führen, nichts anderes als »Schöpferin« (von nasci — geboren werden). Wo aber und wie wäre wohl eine schöpferische Tätigkeit, gleichviel ob geistig oder körperlich, ohne sexuelles Walten denkbar.

Auch an den beiden letzten Versammlungen, die nach der siebenjährigen Pause des Weltkrieges (1913 - 20) in Bad Nauheim und Leipzig (1922) stattfanden, nahm ich teil. Am deutlichsten trat das Bestreben, der Erörterung dieser Probleme aus dem Wege zu gehen, dieser im letzten Grunde mehr gefühlsmäßig ungewollte als gewollte Widerstand, auf der Leipziger Tagung hervor, auf der ich den Zettel meiner Wortmeldung von dem Abteilungsvorsitzenden, Geheimrat *Bonhoeffer*, mit einem kurzen Vermerk zurückerhielt, daß über Homosexualität nicht gesprochen werden solle. Ich habe dieses kleine Zeitdokument, daß mich unwillkürlich an die mittelalterliche Umschreibung der Homosexualität als einer Handlung erinnerte, die so furchtbar sei, daß nicht einmal ihr Name ausgesprochen werden könne (»peccatum illud horribile inter christianos non nominandum«) — noch jetzt sprechen die Engländer in diesem Sinne von »nameless crime« (namenlosem Verbrechen) — unserm Archiv einverleibt. Die damalige Wortabschneidung des Vorsitzenden, zu der die Versammelten, als ich sie zu befragen bat, ihre Zustimmung gaben, war um so weniger angebracht, als sie als Abwehr eines unerwarteten Vorstoßes angemeldet war, den der *Kraepelin*schüler Medizinalrat *Vocke*-Eglfing in einem Referat über den Entwurf zu einem neuen deutschen Strafgesetzbuch zu Gunsten der Beibehaltung antihomosexueller Strafbestimmungen unternommen hatte.

Daß ich ungeachtet so trüber Erfahrungen nicht müde wurde, meinem »j'accuse« (»ich klage an«) an Stellen Gehör zu verschaffen, wo man es so wenig zu hören geneigt schien, hatte zunächst darin seinen Grund, daß ich mich bestrebte, nicht nur sachliche Gegensätze nie persönlich, sondern darüber hinaus persönliche Gegensätze stets sachlich zu nehmen. Ferner hatte ich die Überzeugung gewonnen, daß dort, wo so viele Tausende von Fachleuten zu wissenschaftlicher und geselliger Vereinigung zusammenströmten, sich am ehesten Gelegenheit bot, in Zwiesprache und Gegenrede, von Person zu Person, die Wahrheiten zu erörtern, die zu verbreiten ich mir als Lebensaufgabe gesetzt hatte. Hinzu kamen allerlei Veranstaltungen und Ausstellungen, die vielfach neben den Kongressen einherliefen und eine bequeme Plattform für Anschauungsunterricht und unaufdringliche Belehrung abgaben.

In Leipzig war dies beispielsweise an drei Stellen der Fall: in der »Ausstellung biologischer Graphik für Medizin und Naturwissenschaft in ihrer Entwicklung durch die Jahrhunderte bis zur Gegenwart« im Bugra-Meßpalast, an der wir uns mit einer reichhaltigen Sammlung »Psychosexueller Ausdrucksformen in Gestalt bildlicher Erzeugnisse und Handschriftenproben sexuell eigenartiger Menschen« beteiligten; ferner bei der »Vorführung wissenschaftlicher Filme« in der Krupp-Halle, wo Dr. *Kronfeld* einen sehr instruktiven, den Geschlechtsunterschieden und Geschlechtsübergängen gewidmeten Film erläuterte, und endlich anläßlich eines besonderen Vortragsabends, auf dem ich vor geladenen Gästen, hauptsächlich Medizinern und Juristen, »über den gegenwärtigen Stand des homosexuellen Problems« sprach. Diese Darbietungen waren insgesamt sicherlich von drei- bis viertausend Ärzten besucht, die dadurch fortwirkende Anregungen erhielten, die sich für sie und viele andere als höchst nutzbringend erweisen konnten.

Kongreßbesuche und Auslandsreisen

Bei weitem die eindrucksvollste und erfolgreichste aller hierhergehörige Veranstaltungen, an der ich mich aktiv beteiligte, war der »Internationale Medizinische Kongreß«, der gerade ein Jahr vor Kriegsausbruch in den Tagen vom 6. bis 12. August eine sehr große Anzahl von Ärzten aus aller Herren Ländern in London vereinigte. Mit nicht weniger als 18 großen Wandtafeln, auf denen sich 72 von dem Kunstphotographen *Dost* trefflichst verfertigte Bilder hermaphroditischer, androgyner, transvestitischer und homosexueller Männer und Frauen befanden, mit mehreren Kisten von Professor von *Benninghoven* ausgezeichnet dem Leben nachgebildeten Wachsmoulagen und 150 Lichtbildern intersexueller Varianten trat ich über Calais — Dover meine Reise nach England an, um dieses anschauliche Material in der Kongreß-Ausstellung im Imperial College of Science and Technology, an der ausschließlich Ärzte mit ihren Präparaten und Modellen teilnehmen durften, unterstützt von meinem holländischen Kollegen Henk *Rogge*, vielen tausenden Gelehrten der ganzen Welt zu erklären. Wir hatten die Genugtuung, daß unsere Abteilung, der von der Leitung (Dr. *Armit* und seine Gattin) der dreisprachige Titel »Sexual Transitions — sexes intermédiaires — sexuelle Zwischenstufen« gegeben war, ebenso wie die Lichtbilderdemonstration, die ich im Projektionssaal der Ausstellung gab, einen Hauptanziehungsgrund des ganzen Kongresses bildeten.

Unter den deutschen Naturforschern, die damals in großen Mengen nach London gekommen waren, stand damals im Mittelpunkt des Interesses Paul *Ehrlich*, der vielbewunderte Hersteller immer neuer, zur Vernichtung der Syphiliserreger bestimmter Präparate, von denen endlich das »600ste«, später »Salvarsan« benannte, den ersehnten Zweck zu erfüllen schien. Auf einer garden-party, zu der ich mit ihm gemeinsam von Mr. und Mrs. Waldorf *Astor* nach ihrer wunderbaren Besitzung Cliveden an der Themse geladen war, unterhielten wir uns stundenlang über den Anteil endogener und exogener Ursachen bei körperlichen und seelischen Leiden, das Verhältnis von Disposition und Infektion, Vererbung und Verführung, Konstitution und Trauma, Anlage und Lage. Der Vortrag selbst, den »Exzellenz« *Ehrlich* in der allgemeinen Sitzung des Kongresses in der Albert Hall hielt, — er führte den Titel »Pathologie« — war für mich, wie für viele andere eine große Enttäuschung; er war nämlich, wie *Vischer* sich einmal ausdrückte, keine Rede, sondern eine »Schreibe« und hatte den Hauptfehler, den eine Vorlesung haben kann: er war äußerst langweilig.

Um so erfreulicher hob sich nach dieser Richtung der unmittelbar folgende Vortrag von Professor W. *Bateson* aus Cambridge ab über das Thema »Vererbung«. Er setzte in überaus klarer und überzeugender Weise auseinander, daß man bei allen Wesen, die aus einer Verbindung männlicher und weiblicher Erblasser entständen, gleichviel ob es Pflanzen, Tiere oder Menschen seien, einen verschiedenen Grad angeborener Männlichkeit und Weiblichkeit unterscheiden müsse, daß man also von low males und high males und low females and high females (schwächer oder stärker männlich oder weiblich gearteten Individuen) reden könne. Auch der dritte Redner, John *Burns*, der ehrwürdige englische Arbeiterführer, sprach über »Staatshygiene« sehr wirkungsvoll.

Die Organisation des Londoner Kongresses zeichnete sich in allen Einzelheiten, vom Empfang bei dem König *Georg V.* von England in Schloß und Park Windsor (das sich zu Versailles und Sanssouci wie London zu Paris und Berlin verhält) bis zur Einrichtung der kleinsten der vierundzwanzig wissenschaftlichen Sektionen, durch eine ganz musterhafte Ordnung und kaum zu überbietende Gastlichkeit aus. Kein Volk schien bevorzugt, keines zurückgesetzt, auch wir Deutschen nicht. Und dennoch: ein nachdenklicher Beobachter konnte Anzeichen bemerken und Stimmungen verspüren, die ihn für Deutschland mit Besorgnis erfüllen mußten.

Schon bei der Eröffnung des Kongresses, die in Vertretung des Königs Prinz *Arthur* von Connaught in der Albert Hall vornahm, spielte sich ein Vorgang ab, der mir lebhaft in das Gedächtnis trat, als wir ein Jahr später im Kriege mit England standen. Sir Edward *Grey*, damals die ausschlaggebende Persönlichkeit in der englischen Politik, Minister des Äußeren, der bezeichnenderweise außer seiner Muttersprache keine einzige verstand und Deutschland niemals aus eigener Anschauung kennengelernt hatte, begrüßte die Ärzte aller Zonen nicht, wie er hervorhob, in der Hauptstadt Großbritanniens, sondern in der Metropole des sich über alle Erdteile erstreckenden britischen Weltreichs.

Dann hielten nach dem in alphabetischer Reihenfolge erfolgenden Aufruf des Kongreßpräsidenten, des würdigen Sir Thomas *Barlow*, die Vertreter aller Nationen kurze Ansprachen. Während sie sich von ihren Plätzen zur Rednertribüne begaben, intonierte eine Musikkapelle die Nationalhymne des betreffenden Landes, zugleich applaudierte das Publikum. Als nun der Name »Germany« erscholl und der medizinische Repräsentant Deutschlands, Generalstabsarzt von *Schjerning*, der einzige Delegierte allerdings, der in militärischer Uniform erschienen war, unter den Klängen des »Heil dir im Siegerkranz« zur Bühne schritt, verharrte alles in Schweigen. Auch als er allerlei Treffendes, ja Treffliches über die Arbeit deutscher Gelehrter auf dem Gebiete der Volksseuchenbekämpfung sagte, dabei besonders unseren auch für die englische Regierung in Afrika tätigen, überall hochangesehenen Robert *Koch* erwähnte und sehr geschickt mit einem Hinweis schloß, daß es eine der vornehmsten Aufgaben der ärztlichen Wissenschaft aller Völker und dieser internationalen Zusammenkünfte sei, sich nicht nur, um Leiden zu heilen und Wunden zu verbinden, zu vereinigen, sondern um sie in wahrer Interessengemeinschaft zu verhüten, blieb alles stumm. Die Kälte, auf die dieser warme und sicherlich sehr ernst- und wohlgemeinte Appell stieß, hätte noch peinlicher gewirkt, wenn nicht plötzlich eine exaltierte oder hysterische Suffragette, wie sie damals das Straßenbilds Englands beherrschten, mit dem kreischenden Ruf: »Votes for women!« (»Stimmrecht für Frauen«) die Stille durchbrochen hätte. Sie wurde von zwei der riesigen Londoner Polizisten mit unnachahmlicher Ruhe trotz heftigen Sträubens und Fuchtelns mit ihrer Kongreßmitgliedskarte aus dem Saale geleitet.

Ich führte dieses negativistische Stimmungs-Fluidum schon damals auf die Mißtrauenssuggestion zurück, die seit vielen Jahren in England, wie in vielen anderen Ländern — auch bei uns —, von einer von Sensation lebenden und daher ewig sensationslüsternen Presse ausgeübt wurde, wobei sich die Erfahrung bestätigte, daß sich regelmäßige Einflüsterungen wirkungsvoller erweisen als unmäßige, und abbauende Beeinflussungen leichter aufgenommen werden als aufbauende. Das bezieht sich nicht nur auf die Vertiefung soziologischer, sondern auch biologischer, nicht nur auf nationale, religiöse, politische, wirtschaftliche und wissenschaftliche Gegensätze, sondern auch auf sexuelle und alle sonstwie zahlreich vorhandenen individuellen Verschiedenheiten.

Es stände besser um die Menschheit, wenn Zutrauen und Zuneigung, Eintracht und Duldsamkeit sich ebenso erfolgreich suggerieren ließen wie Mißtrauen und Abneigung, Zwietracht und Unduldsamkeit. Hält sich doch ohnehin jeder selbst für besser und andere für schlechter, als beide es in Wirklichkeit sind. Galten doch lange und gelten doch vielfach noch heute fremd und feindlich fast für gleichbedeutende Begriffe. Langsam aber sicher preßt die Presse und drücken die Drucksachen destruktive Denkkeime in die passive Gehirnmasse ein, aus denen im aktiven Massengehirn dann ein »Anti« nach dem andern als wucherndes Unkraut erwächst.

Ich habe diese und ähnliche Gedanken über die Entstehung der öffentlichen Meinung, seelische Ekstasen, Massensuggestion und Massenpsychosen vielfach in den kleinen kulturpolitischen Schriften erörtert, die ich in den Jahren 1914 bis 1919 erscheinen ließ: es sind dies im wesentlichen die Broschüren »Warum hassen uns die Völker?«, »Kriegspsychologisches«, »Was eint und trennt das Menschengeschlecht?«, »Verstaatlichung des Gesundheitswesens«, »Was jede Frau vom Wahlrecht wissen muß« (zusammen mit meiner Schwester, Frau Franziska *Mann*) und der Artikel »Vom Wesen der menschlichen Persönlichkeit« in dem Jubiläumswerk »Hundert Jahre A. *Marcus* und E. *Webers* Verlag« (Bonn 1918).

Während ich zum internationalen Ärztekongreß in London weilte, wurden unter meinem Vorsitz auch zwei Meetings abgehalten, an denen sich eine Reihe unserer englischen mit den in London anwesenden deutschen und holländischen Freunden, meist Akademiker, vereinten. In diesen Meetings wurde die Bildung eines englischen Komitees beschlossen, welches über die sexuelle und homosexuelle Frage in allen Schichten des englischen Volkes eine der wissenschaftlichen Forschung entsprechende Auffassung zu verbreiten sich bemühen sollte. Die geistigen Väter dieser Gründung waren Edward *Carpenter* und Havelock *Ellis*, zwei ganz ausgezeichnete Persönlichkeiten, von deren Wissen und Wesen ich den denkbar besten Eindruck empfing. Auch auf diesen Meetings wurde verschiedentlich betont, daß es für das gute Gedeihen der neuen Gesellschaft Vorbedingung sei, daß ja niemals der Verdacht entstände, die ihr zugrunde liegende Idee könne außerhalb Englands, womöglich gar in Deutschland, entstanden sein. Einen weiteren Horizont als dieser schien mir ein anderer Gesichtspunkt zu verraten, auf den gleichfalls wiederholt hingewiesen wurde. Die Gesellschaft dürfe sich nicht auf das Studium der homosexuellen Probleme allein beschränken, sondern müsse die gesamte Sexualwissenschaft umfassen.

So ist es denn auch geschehen. Wie ich aus den mir nach dem Kriege zugegangenen Berichten der »British Society for Study of Sex Psychology« (»Britische Gesellschaft zum Studium der Geschlechtspsychologie«) ersehe, umfaßt diese verschiedene Studiengruppen (»study groups«), unter denen besondere Erwähnung verdienen: »The Group for the Study of Sex Education« (Gruppe für das Studium der Frage der sexuellen Aufklärung), »The Group for the Study of Sexual Inversion« (Gruppe zum Studium der Gleichgeschlechtlichkeit) und »The General Group« (Die allgemeine Gruppe), die sich auch »The Group for the Study of Heterosexual Problems« (Gruppe zum Studium heterosexueller Probleme) nennt. Von großer Bedeutung ist, daß es der britischen Gesellschaft, die 1920 bereits gegen 250 Mitglieder zählte, gelungen ist, in den Vereinigten Staaten eine Zweigniederlassung zu begründen, an deren Spitze die ausgezeichnete amerikanische Sexualreformerin Frau Margaret *Sanger* steht und unser New Yorker Kollege Dr. William *Robinson*, dessen Besuche in unserem Institut bei uns in angenehmster Erinnerung stehen. Die mir im Januar 1921 von der »British Society for the Study of Sex Psychology« angetragene Ehrenmitgliedschaft habe ich gern angenommen.

Wie sehr, wer einer Menschheitsidee dient, auch seinem Vaterlande nützt, hat mir unter manchen Briefen, die ich während des Weltkrieges aus dem Auslande erhielt, besonders einer gezeigt, der auch von einem unserer englischen Freunde herrührte. Am 5. Mai 1915 in London geschrieben, empfing ich ihn am 28. Juni 1915 über Madrid. In diesem Briefe heißt es: »Nie und nimmer werde ich aufhören, an Deutschland, an die Deutschen, an deutschen Geist und deutsche Denkungsart, denen ich mein ganzes geistiges Sein verdanke, an die unbezahlbare Güte und Liebe und Freundschaft, die ich stets in Deutschland empfangen habe, zu denken ohne eine Dankbarkeit und Gefühlstiefe, deren Spuren in meiner Geistesrichtung unvertilgbar sind. War nicht Deutschland meine geistige Mutter?... Ich kann jetzt nur in Liebe und Tränen hoffen, daß Gott es mir noch gewährt, Sie alle in besseren künftigen Friedenszeiten unter denselben schönen Verhältnissen zu treffen, wie es ehedem so oft der Fall war.«

Die Zusammenkünfte, auf denen sich englische, holländische und deutsche Freunde unserer Bewegung im August 1913 die Hand reichten, fanden im Erdgeschoß des Hotels Cecil in einem kleinen intimen Gesellschaftszimmer statt, in dem sich an einem bestimmten Tage der Woche die englischen Minister unter dem Vorsitz ihres Premiers — damals *Asquith* — zu einer zwanglosen Aussprache begegneten. In dem gleichen Hotel, einer riesigen Karawanserei, an der am Tage von Menschen und Fuhrwerken dichtbevölkerten, nachts wie ausgestorbenen Verbindungsstraße »Strand« belegen, wohnte ich damals. Mein im 7. oder 8. Stock befindliches Zimmer trug eine weit über 1000 zählende Nummer. Es lag auf der Rückseite des Riesenkastens, und oft stand ich hier früh und abends am Fenster, ohne mich von dem einzigartigen Ausblick trennen zu können, der sich dem staunenden Auge darbot: zu Füßen der breite Themsestrom mit seinen malerischen Brücken, seiner Unmenge von großen und kleinen Dampfern, Kähnen und Kränen, umrahmt von grünbepflanzten Uferstraßen, den »Embankments«, und überall im Hintergrunde ein endloses Gewirr von Fenstern, Dächern und Schloten, das sich am Tage in dem stets über London lagernden Nebeldunst verliert, während es abends im Schimmer unzähliger Lichtpunkte einer gewaltigen Illumination glich: flammende Signale, die von der rastlos schaffenden Tat- und Liebeskraft Zeugnis ablegten, die in diesem Stadtkoloß, dem größten, den je die Welt sah, am Werke ist, zugleich aber auch von dem Kämpfen und Ringen, der Hast und dem Haß in dem ungeheuren Wettlauf der Menschen nach Liebe und Macht Kunde gaben. Wann endlich wird man erkennen, so schoß es mir dabei oft durch den Kopf, daß der Partei- und Gruppenegoismus, der Staats- und Standesegoismus, denen man so schöne Namen gibt, im Grunde um keinen Deut besser sind als der Egoismus des einzelnen. Muß nicht derjenige, der nicht an der Oberfläche haftet, Lowes *Dickinson*, in dessen schönem gastlichem Professorenheim in Kings College zu Cambridge ich auch einst weilte, recht geben, wenn er in einer seiner Kriegsschriften in scheinbar so starkem Widerspruch mit der Realität ausruft: »Nirgends in realen Dingen gehen die Interessen der Nationen auseinander.«

Außer an dem internationalen Ärztekongreß in London nahm ich noch an einem andern teil, dessen Schauplatz fast zwei Jahrzehnte früher (vom 29. März bis 5. April 1894) Rom war. Auch hierher waren Ärzte aus allen Gegenden der Welt zu vielen Tausenden geströmt. Im äußeren Gepräge bestand aber zwischen beiden Kongressen ein großer Unterschied. War in London alles auf Gemessenheit und Gelassenheit gestimmt, so war in Rom alles Überfüllung, Verwirrung und Lärm. Um die »kalten Büfette« wurde bei den Empfängen im Quirinal auf dem Capitol und vor allem in den Caracallathermen, in denen sich nicht weniger als 15 000 Personen drängten, förmliche Schlachten geliefert. Man ging mit Messer und Gabel zwar nicht aufeinander, aber mit solcher Vehemenz auf die Gerichte los, daß wahre Wagenladungen erlesenster Speisen binnen weniger Minuten vom Erdboden vertilgt waren. Allein während eines Fünfuhrtees in den Gärten des Quirinals wurden binnen einer Stunde von den Jüngern Aeskulaps 5000 Flaschen Champagner geleert.

Wir waren hier die Gäste des Königs *Umberto I.*, der bald darauf in Monza einem anarchistischen Morde zum Opfer fiel, und der schönen Königin *Margherita*, deren bezaubernder Liebreiz in der Tat mehr als eine leere Zeitungsphrase war. Es erschien mir später als ein seltsames Spiel der Natur, daß von einem so ungewöhnlich stattlichen Elternpaar eine so zwergenhafte Erscheinung wie der jetzige König von Italien entstammte, den ich verschiedentlich zu beobachten Gelegenheit hatte, am besten an einem herrlichen Frühjahrstage in Bajae, das einst zu Kaiser *Augustus*' Zeiten das »Ostende« der Römer war, jetzt aber ein elendes Fischerdörfchen in der Nähe Neapels ist, dessen Tempelruinen als Pferdeställe benutzt werden. Als ich mich in der Osterzeit 1909 am vereinsamten Golf von Bajae einige Tage erholte, trafen sich dort mit ihren Kriegsschiffen die Könige von Italien und England mit ihren Gemahlinnen und der Kaiserin von Rußland, der Mutter des in der russischen Revolution zu Jekaterinenburg ermordeten Zaren. In einer kleinen Barke umgondelte ich in alles verklärendem Sonnenglanz den Riesenpanzer »Umberto I«, auf dessen Deck der »Re« und der »King« — es war *Edward VII.* — unter den Klängen der »Vedova allegra«, der damals überall gespielten »lustigen Witwe«, lebhaft plaudernd promenierten.

Wenige Tage vor dieser sich bildhaft einprägenden Begegnung — am Karfreitag 1909 — hatte ich einem andern grandiosen Schauspiel beiwohnen dürfen: der Seligsprechung der Jungfrau von Orléans, dieser in ihrer wahren Wesenheit auch nur sexualpsychologisch verständlichen Gestalt der Weltgeschichte. Sie wurde in der Peterskirche zu Rom durch Papst *Pius X.* vollzogen, der unter pompöser Prunkentfaltung einer fanatisiert jauchzenden Menge den Segen erteilte. Sein eigentümlich schmerzlich milder Gesichtsausdruck schien zu sagen: »Was erwartet Ihr Ekstatischen denn eigentlich von mir, dem 'heiligen Vater'? Ich bin ja auch nur ein Mensch, hilflos, hilfeheischend wie Ihr.« Es war derselbe sanftmütige Papst, der sich durch die gymnastischen Spiele jugendlicher Turner, die er sich in den vatikanischen Gärten vorführen ließ, in den Ruf brachte, auch sublimierter Jünglingsliebe zu huldigen.

Die Matadore des römischen Ärztekongresses waren der berühmte Pathologe und spätere Ministerpräsident Guido *Bacelli*, der im Teatro Constanti eine Begrüßungsansprache in so glänzendem Lateinisch hielt, daß der damals noch unfern Rom lebende Karl Heinrich *Ulrichs*, wenn er sie hätte hören können — er gab, nachdem er sich von dem Kampf für die von ihm Uranier benannten Menschen zurückgezogen hatte, die lateinische Zeitschrift »Alaudae« (Lerchen) heraus —, sicherlich seine helle Freude gehabt hätte, und Rudolf *Virchow*, mein berühmter pommerscher Landsmann, der von den lebhaften Südländern überall, wo er sich sehen ließ, mit einem kaum zu überbietenden Enthusiasmus begrüßt wurde. Ich sah einmal, wie junge italienische Ärzte, als er in Begleitung des Ministerpräsidenten *Crispi* zu einem Vortrage kam, sich ihm ununterbrochen »Evviva Virchow!« schreiend zu Füßen warfen und den Saum seines Rockes mit Küssen bedeckten.

Sexuelle Probleme wurden auf dem internationalen Kongreß 1894 kaum irgendwo berührt. Der Mensch schien »offiziell« damals noch nicht zu den Geschlechtswesen zu gehören, zum mindesten war die Geschlechtswissenschaft noch nicht als solche entdeckt. Auch ich selbst hatte noch nicht den Anschluß an mein Lebensziel gefunden. Nichtsdestoweniger war aber diese römische Tagung für meine wissenschaftliche Laufbahn von sehr hoher Bedeutung. Ich lernte nämlich auf ihr außer einer stattlichen Anzahl hervorragender deutscher Gelehrter — unter denen ich den aus der Neumark stammenden, ausgezeichneten Wiener Kliniker Hermann *Nothnagel* und *Kocher* aus Bern, der über die Zusammenhänge zwischen Schilddrüse und Seelenleben sprach, besonders hervorheben möchte — zwei Italiener kennen, deren Anschauungen bei mir auf fruchtbaren Boden fielen: Cesare *Lombroso* und Paolo *Mantegazza*.

Lombroso, der damals bereits Professor für gerichtliche Medizin und Psychiatrie in Turin war, bildete den Mittelpunkt der psychiatrischen Sektion, in der er pathologische Mörder demonstrierte. Wie gewöhnlich stießen seine stark an alten Überlieferungen rüttelnden Ausführungen bei Medizinern und Juristen auf heftigen Widerstand und Widerspruch, der aber — wie ich Ähnliches später ja so oft selbst erfuhr — von ablehnenden Gefühlen viel mehr als von Gedanken getragen wurde. Weil er im Unwesentlichen über das Ziel hinaus schoß, hielt man sich für berechtigt, auch das Wesentliche seiner Lehre als erledigt zu betrachten. In *Lombrosos* Fall war dieses Wesentliche seine Auffassung vom »delinquento nato« (dem »geborenen Verbrecher« oder, wie er sich auch wohl ausdrückte, dem »moralischen Irren«) als einer speziellen pathologisch-atavistischen Menschenart.

Noch wichtiger und bahnbrechender erschien mir das von ihm eingeschlagene Untersuchungssystem. Als ich *Lombroso* kennenlernte, hatte er bereits

3839 Verbrecher mit peinlicher Gewissenhaftigkeit auf alle Einzelheiten ihrer körperlichen und geistigen Eigenart selbst untersucht, ihre Körpermaße gewonnen, ihren Gesichtsausdruck festgestellt, ihre Sprache, Handschrift und Gangart geprüft, sich über ihr Schmerzgefühl und Schamgefühl unterrichtet, ermittelt, ob und wie sie tätowiert seinen, ihre Runzeln und Falten gezählt, um auf diesem Wege allmählich den konstitutionellen Typus eines Verbrechers zu begründen, für dessen Verurteilung und Bestrafung, die nur als Schutzmaßnahme und Gegenwehr der menschlichen Gesellschaft in Frage käme, lediglich seine Gemeingefährlichkeit maßgebend sein solle.

Gewiß ist diese Lehrmeinung eine recht einseitige, da sie den Gelegenheits- und Augenblicksverbrecher nur höchst unvollkommen berücksichtigt und in hohem Grade die äußeren Bedingungen und die Lebenseinflüsse vernachlässigt: die Not, die häuslichen Verhältnisse, den Alkoholmißbrauch und viele andere Ursachen — gleichwohl wie edel ist die Gesinnung, wie stark der Gerechtigkeitssinn, der aus ihr spricht, wie wegweisend ist die Tat dieses wahrhaften Arztes!

Lombrosos Bücher, die er mir später sämtlich persönlich bei einem Besuch an seiner Arbeitsstätte in Turin als willkommenes Gastgeschenk überreichte, waren fast ausnahmslos in dem Jahrzehnt vor dem Kongreß auch in deutscher Sprache erschienen. Es waren hauptsächlich das dreibandige Werk »Der Verbrecher in anthropologischer, ärztlicher und juristischer Hinsicht«, ferner »Der politische Verbrecher und die Revolutionen«, »Der geniale Mensch«, »Das Weib als Verbrecherin und Prostituierte«, »Verbrecherstudien«, »Die Antisemiten«, »Die Anarchisten«. Durch alle diese bedeutsamen Schriften wurde *Lombroso* das anerkannte, wenn auch viel bekämpfte Haupt der modernen Kriminalanthropologie, die bei der Verurteilung strafbarer Handlungen mehr den Täter als die Tat ins Auge faßt, mehr die subjektiven Ursachen als die objektiven Umstände zu erkennen und zu würdigen bemüht ist.

Als ich später (1908) mit meinen Freunden Friedrich S. *Krauss* in Wien und Dr. Hermann *Rohleder* in Leipzig die» Zeitschrift für Sexualwissenschaft« begründete, die es allerdings ebenso wie das 1896 in Italien erschienene »Archivio delle psicopatie sessuali« von Professor Pasquale *Penta* in Neapel (der dortselbst schon mit 45 Jahren verstarb) nur zu einem einzigen Jahrgange brachte, war *Lombroso* einer der ersten, der mir für das neue Organ eine umfang- und inhaltreiche Studie übersandte, deren Titel lautete: »L'amóre nel suicidio e nel deletto« (»Liebe, Selbstmord und Verbrechen«). Mit ebensoviel Güte wie Weisheit untersuchte *Lombroso* in diesem Aufsatz die engen Beziehungen, die zwischen echter, starker Liebe und Tötung der eigenen oder einer anderen Person bestehen.

Einige Stellen aus der fast verschollenen Arbeit des verehrten Meisters mögen seinen Standpunkt erhellen. So schreibt er: »Die physiologische Begründung dieser so verbreiteten Ursache des Selbstmordes begreift man leicht, wenn man sich erinnert, daß die Liebe die Wirkung einer Art elementarer Wahlverwandtschaft ist, verstärkt durch große Lustempfindungen und durch das Gesetz, wonach die Moleküle des einen Organismus der des anderen geradezu bedürfen und eine Trennung nicht zu überstehen vermögen.« Er führt einen Selbstmörderbrief an, in dem es heißt: »Ich habe mit meinen Tränen Dein Bild benetzt, ich tat mein Möglichstes, um ohne diese Leidenschaft leben zu können, die die Quelle meiner ganzen Kraft ist, es gelingt mir nicht.« Über Verbrecher, die aus sexuellen Motiven einen Menschen aus der Welt schaffen, äußert sich *Lombroso*: »Es sind tatsächlich Unglückliche, bei denen sich die Leidenschaft der Liebe und der Eifersucht zu maßloser Übertreibung steigert, so daß die Psychiater ratlos davorstehen und die tolle Liebe nicht deutlich vom Wahnsinn unterscheiden können.« Über andere Sexualverbrecher sagt er: »Viele hat das heuchlerische Vorurteil zu Verbrechern gestempelt, indem es bei dem einen Geschlecht das als Verbrechen brandmarkt, was bei dem andern kaum als ungebührlich, geschweige denn als Vergehen ausgelegt wird. Wenn man aber die menschliche Natur nach der einen oder andern Seite vergewaltigt, so rächt sie sich eben durch die Frucht des Verbrechens. Wenn wir den Schrei der Natur mit dem Ruf der Pflicht und Moral zu versöhnen verstünden, dann würden wir viele Verbrechen schnell abnehmen sehen und deutlich erkennen, daß sie oft nicht aus einem Übermaß, sondern aus Mangel an Liebe geboren sind.« Von den Homosexuellen schreibt er: »Diese bilden eine Art Geheimgesellschaft und haben die ihnen eigene Fähigkeit, einander am Blick zu erkennen, selbst auf Reisen im Auslande. Uns fehlt das Verständnis dafür, und wir möchten ohne die belegten Zeugnisse von *Casper*, *Tardieu* und vielen anderen kaum glauben, wieviel Romantik, wieviel Würde diese Liebschaften in sich schließen. Sie sind zumeist rechtschaffene Menschen und tragen schwer an ihrem Schuldbewußtsein. Sie bekämpfen lange und heftig ihre krankhaften Neigungen, sie beklagen, verbergen, verneinen sie, um ihnen immer wieder aufs neue zu erliegen.« Er beruft sich bei dieser Schilderung auf seinen großen Landsmann *Dante* Alighieri, der im fünfzehnten Gesang der »Göttlichen Komödie« auch die Hölle der Homosexuellen erwähnt; es heißt dort:

Gelehrte sind und Priester hier vereint
Von großem Ruf usw.

Lombroso beschließt den Artikel in der Zeitschrift für Sexualwissenschaft mit dem Hinweis, »daß man alle aus wahrer Liebe verübte Verbrechen mit möglichster Milde beurteilen sollte, da an ihnen noch immer der zarte Hauch ihres ersten, ewigen Ursprungs haftet, des süßesten und heiligsten Rausches menschlicher Leidenschaften. Und wenn wir auch nicht alle diese Verbrechen entschuldigen können«, meint er, »so dürfen wir ihnen doch unser tiefstes Mitgefühl nicht versagen.«

Lombrosos Turiner Heim ist mir als eine besonders harmonische Stätte glücklichen Familienlebens und höchster Geisteskultur in Erinnerung. Als ich in ihm weilte, belebten es außer dem patriarchalischen Oberhaupt seine beiden klugen Töchter und deren Gatten, der berühmte italienische Histori ker und Politiker Guglielmo *Ferrero* und Professor M. *Carrara.* Gern gedachte ich der in diesem behaglichen Kreise verbrachten Stunden, als mir als eine der ersten ausländischen Besprechungen meiner »Sexualpathologie« nach dem Kriege die von *Carrara* in die Hände kam, die er in dem einst von *Lombroso* begründeten, jetzt von ihm dirigierten »Archivio di Antropologia criminale, Psychiatria e Medicina legale« veröffentlichte.

Ungleich volkstümlicher noch als die Bücher *Lombrosos* waren in den neunziger Jahren des vorigen Jahrhunderts weit und breit die Schriften *Mantegazzas.* Namentlich seine »Fisiologia dell'amore« (»Physiologie der Liebe«) und »Igiene dell'amore« (»Hygiene der Liebe«), aber auch »Gli amore degli uomini. Saggio di una etnologia dell'amore« (»Die Liebe der Menschen; ethnologische Studien über die Liebe«) fanden sich in den Händen ungezählter Tausender, zumeist in sehr viel schlechter gedruckten und übersetzten Massenausgaben, als es die ernste Bedeutung des Verfassers und der gediegene Inhalt seiner Arbeiten verdient hätte. *Mantegazza* (geboren am 31. März 1831 in Monza) war ursprünglich praktischer Arzt in Mailand, dann Professor der Pathologie in Pavia, um dann im Jahre 1870 eine Professur für Anthropologie am »Istituto di studii superiori« in Florenz zu übernehmen. Hier legte er eine in ihrer Art einzig dastehende »Sammlung von Dokumenten menschlicher Leidenschaften« an, in der eine besondere Abteilung dem Liebesleben gewidmet war.

Als ich *Mantegazza* wenige Jahre nach unser flüchtigen Bekanntschaft auf dem römischen Kongreß in Florenz wiedersah, führte der trotz seiner sechsundsiebzig Jahre geistig noch äußerst frische und regsame Herr mich stundenlang selbst in seinem Museum herum. Eine archivalische Hilfskraft, wie wir sie in unserem Karl *Giese* heranziehen konnten, stand ihm nicht zur Verfügung. Seine ausführlichen Erläuterungen bestärkten mich in dem Entschluß, später selbst einmal ein sexualwissenschaftliches Archiv anzulegen. Den ersten Plan eines »Instituts zur wissenschaftlichen Erforschung des menschlichen Sexuallebens«, das auch ein Archiv und Museum enthalten sollte, hatte ich, wie ich aus alten Aufzeichnungen aus dem Jahre 1896 feststellen kann, allerdings bereits vorher entworfen. Bis ich diesen Entwurf in die Tat umsetzen konnte, bedurfte es freilich noch dreiundzwanzig Jahre zielstrebiger Anstrengung.

Den letzten Aufsatz, den *Mantegazza* schrieb, übersandte er mir für unsere »Zeitschrift für Sexualwissenschaft«. Er war »Idiogamie« überschrieben und behandelte eine besondere Form der Impotenz, nämlich die Unfähigkeit mancher Menschen, mit einer andern als nur einer einzigen, bestimmten Person den Geschlechtsverkehr auszuüben. Auf Grund seiner jahrzehntelangen Beschäftigung mit den Sexualproblemen setzt der Verfasser in diesem Artikel auch auseinander, daß nach seiner Überzeugung eine Vereinigung zweier Menschen um so gesünder sei und um so besser vonstatten ginge, je »automatischer und animalischer« sich ein Akt zwischen ihnen vollziehe, je mehr er sozusagen einem Ausbruch gleicht, je mehr die Verliebten beim Fest der Liebe alle Zweifel unterdrückten, alle Gewissensbisse zur Ruhe und alle inneren Stimmen zum Schweigen brächten, kurz wenn sie jedes Wenn und Aber beiseite lassen.

Meine erste Begegnung mit *Mantegazza* fand im Hause der Baronin Hermine *von Preuschen* statt, in dem ich während meines mehrwöchentlichen Aufenthaltes in Rom im Jahre 1894 fast täglich verkehrte. Sie war die Gattin des wegen Lungentuberkulose im Süden lebenden Dichters Konrad *Telmann*, der in Wirklichkeit *Zitelmann* hieß und 1854 in Stettin geboren war. Einer meiner Stettiner Verwandten, der mit ihm befreundet war, hatte mich an ihn empfohlen. *Telmann* hatte mehrere Stücke von *Goldoni* und *Giacosa* verdeutscht und viele Novellen und Romane geschrieben, von denen mir die zwei Bände »In Pommern« und das vierbändige Werk »Vom Stamm der Ikariden« am besten gefielen. Seine Gattin war neben Hedwig *Dohm*, Ellen *Key*, Minna *Cauer*, Lily *Braun*, Helene *Stöcker*, Käthe *Kollwitz* die bedeutendste Frau, die ich kennenlernte, ebenso hervorragend als Denkerin und Dichterin wie als Malerin. Ihr Gemälde »Mors Imperator« war gedanklich und künstlerisch ein Meisterstück. Zwar reichlich bizarr und extravagant in Kleidung und Auftreten, mit einem starken Schuß Andrin im Blute, wie er wohl den meisten produktiv schaffenden Künstlerinnen eigen ist, ging von Frau *von Preuschen* eine solche Welle von Gutherzigkeit und Liebenswürdigkeit aus, daß man leicht über alle ihre Schrullen hinwegsah. Nach dem Tode ihres Gemahls schob sie in ihren Vornamen Hermine ein »o« ein und nannte sich von da ab in antiker Form Hermione; sie erbaute sich in Lichtenrade bei Berlin eine mit vielen Kunstschätzen geschmückte Villa, der sie den Namen »Tempio Hermione« gab. Hier sah ich sie im Jahre 1914, dreißig Jahre nach unserer ersten Zusammenkunft, kurz vor ihrem Tode zum letzten Mal.

Ein altes Sprichwort sagt: es führen viele Wege nach Rom. Der Weg, auf dem ich damals zum ersten Male nach Rom gelangte, war für einen Norddeutschen ein immerhin ungewöhnlicher. Er ging nämlich weder durch den Gotthard oder Simplon, noch über den Brenner oder Semmering, sondern auf ziemlichen Umwegen von Berlin (das ich am 27. August 1893 verließ) über Hamburg, New York und die Niagara-Fälle nach Chicago zur Columbischen Weltausstellung (veranstaltet zur Vierhundert-Jahrfeier der Entdeckung Amerikas); dann zurück von Milwaukee am Michigan-See über Philadelphia, Washington, Boston und Baltimore — als Gast der nach der furchtbaren Hamburger Cholera-Epidemie vom Sommer 1892 und '93 durch Albert *Ballin* eben wieder zu neuem Leben erweckten Hamburg-Amerika-Linie — nach den Azoren, Gibraltar und Marokko und von hier mit der »Augusta Victoria« nach Algier und Neapel, an dessen herrlich-malerischer Küste ich Anfang März 1894 landete. Ich erklomm zu Fuß den Vesuv bis zum Gipfel des feuerspeienden Kraters, durchstreifte das aus Trümmern auferstandene Pompeji, besuchte Camaldoli, dem nach Taormina wohl schönsten Aussichtspunkt Italiens, und traf am 14. März kurz nach sechs Uhr früh, als eben der Tag über der Campagna zu dämmern begann, erstmalig in Rom ein. Um diese Reise, die den Abschluß meiner Studien- und Wanderjahre bildete, ausführen zu können, hatte ich nach Staatsexamen und Militärzeit meinen medizinischen Beruf für einige Zeit an den Nagel gehängt und die Stellung eines Zeitungsberichterstatters angenommen. Am 9. April 1894 langte ich aus Nordamerika, Nordafrika und Südeuropa wieder in der alten Heimat an, und bereits vierzehn Tage später heftete ich das alte Porzellanschild meines Vaters mit der Aufschrift: »Dr. *Hirschfeld*, praktischer Arzt und Geburtshelfer« in Magdeburg-Neustadt an meine Tür.

Register

Aander-Heyden, Eduard 105
Adam, Richard 115
Aelius 138
Aigrefeuille d' 79
Albrecht von Braunschweig 92
Albrecht, Max 112
Alençon, Sophie von 87
Alexander, Prinz von Preußen 96
Alfons XII., span. König 12
Alkibiades 81
Allers, Christian Wilhelm 83
Allfeld, Phillip 72
Anastasia 30
Andersen, Walter 72
Anhalt, Aribert von 89
Antinous 138
Anzengruber, Ludwig 124
Arminius, Rolf 26
Armit 181
Asquith, Herbert Henry 185
Aßmann 145, 146
Astor, Waldorf 182
Auersperg, Guido 85
Augusta, deutsche Kaiserin 154
Augustinus 126,127
Augustus, röm. Kaiser 186
Baars, Ernst 39, 187
Bacelli, Guido 187
Baer 50
Ballin, Albert 149, 191
Banbery, R.121, 122
Bang, Herman 43
Baum, Peter 46
Barlow, Sir Thomas 182
Bateson, William 182
Bazzi, Giovanni Antonio il Sodoma 84, 108
Bebel, August 18, 30, 31, 51, 59, 93-95, 103-108
Beccaria, Cesare 81
Begas, Reinhold 46
Behring, Emil von 176
Benninghoven, von 181
Berenini, Agostino 121
Berg, Leo 67-69, 73, 156
Bernstein, Eduard 67, 68
Bethmann-Hollweg, Theobald von 146, 148
Beulwitz, Rudolf von 99
Biedl, Artur 166
Binswanger, Otto 174
Bismarck, Otto von 59, 79
Björnson, Björnstjerne 56
Black-Swinton 115
Blavatzky, Helena Petrovna 58, 149
Bleuler, Eugen 166, 167, 168, 169
Bode, J. J. 159
Bodenbender 115
Bodenstedt, Friedrich 118
Body, N.O. (d.i. Karl Baer) 45
Bölsche, Wilhelm 156
Bolle, Carl 60
Bonaventura (Kaplan) 124, 126
Bonhoeffer, Karl 180
Borries, von 148
Boßhard 134
Boveri, Theodor 173
Braganza, Franz Joseph von 77
Brahm, Otto 157
Brand, Adolf 85, 101, 102
Braun, Lily 191
Brendel 115
Broede 115
Brunner 139
Bruno, Giordano 138
Bücking 115
Buk 173
Bulke, Karl 36
Burchard, Ernst 19, 61
Burns, John 182
Busch, Alfred 166
Caesar, röm. Kaiser 81, 139
Cambacérès, Jean-Jacques Regis de 79-82
Carpenter, Edward 49, 58, 131, 184
Carpzov, Benedict 126
Carrara, M. 190
Casement, Sir Roger 70
Casper, Johann Ludwig 189
Catull 151
Cauer, Minna 191
Cavalleri, Tommaso 108

Cella, Johann Jakob 21
Cellini, Benvenuto 108
Christine, Königin von Schweden 65, 138
Colm 115
Comenius, Amos 117
Corell, Albert 115
Cornelius, Peter 58
Crispi, Francesco 187
Dalbelli, Alma 46
Dames, Hermann 57
Dante Alighieri 73, 189
Dasbach, Georg Friedrich 101, 102
David 126
Dedichen, Henrik 122
Dehmel, Richard 46
Dehnow, Fritz 119, 120
Dettmering (Pseud.) 116, 117
Dickinson, Lowes 185
Disqué 145
Dohm, Hedwig 191
Dost 181
Drenkmann, Edwin von 115
Dreyfus, Alfred 30
Ebert 115
Edward II., König von England 94
Edward VII., König von England 21, 186
Eekhoud, Georges 61, 64, 69, 71
Ehlers, Otto 159, 160
Ehrlich, Paul 173, 181, 182
Einem, Karl von 145, 149, 152
Eitel Friedrich, Prinz von Preußen 93
Elditt 26
Elisabeth, Kaiserin von Österreich 87
Elisabeth, Charlotte von Orleans 57, 58
Ellis, Henry Havelock 9, 184
Endemann 78
Engel 44, 45
Engel, J. 115
Engel, Julius 38, 39
Engelmann, Waldemar 72
Engels, Friedrich 68
Erkelenz, Wilhelm van 117
Eulenburg, Albert 18, 19
Eulenburg, Friedrich Botho zu 88
Eulenburg, Phillip zu 28,58, 61, 67, 71, 79, 80, 88, 89, 91, 144, 147
Ewers, Hans Heinz 46
Falckenthal 115
Ferrero, Gugelielmo 190
Ferri, Enrico 121
Feuerbach, Paul Johann Anselm 63
Fischer, Samuel 157, 166
Forel, Auguste 166, 167
Freimark, Hans 57
Freud, Sigmund 9, 127, 166
Freymuth 115
Fried, Eugen 80
Friederike von Mecklenburg-Strelitz 96
Friederike Sophie Wilhelmine von Bayreuth 58
Friedländer, Benedict 71
Friedrich, Prinz von Preußen 96
Friedrich II., König von Preußen 77, 81, 149
Friedrich Heinrich, Prinz von Preußen 92, 93
Friedrich Leopold, Prinz von Preußen 77
Friedrich Wilhelm, Prinz von Preußen 157
Friedich Wilhelm I., König von Preußen 79
Friedrich Wilhelm IV., König von Preußen 146
Fritzsche 106
Fürstenberg, Josef von 92
Fulda, Ludwig 157
Gall, Franz Josef 166
Galilei, Galileo 41
Garofalo, Raffaele 121
Gattermann, Eugen Ludwig 71
Gaulke, Johannes 66
Gaupp, Robert 170, 171
Gehlsen, Joachim 33
Georg, Prinz von Preußen 93, 95-97, 102
Georg V., König von Großbritannien 182
George, Stefan 34
Gerold 115
Gerstenberger 37
Giacosa 191
Giese, Karl 190
Gloeden, Wilhelm von 139
Görres, Franz 123

Goethe, Johann Wolfgang von 50, 73, 108, 127, 138, 140, 147, 153, 157
Goetzen, Adolf 160
Goetzen, Bolko 160
Goldoni, Carlo 191
Gollanin, Leo 61
Gorki, Maxim 140
Granand (d.i. Erwin von Busse-Granand) 71
Grey, Sir Edward 182
Grillparzer, Franz 96
Gröber, Adolf 103
Grosfeld 115
Groß, Hans 40
Grüneberg 52
Grunowski, Richard 57
Gunzert 115
Gustav II. Adolf, König von Schweden 65, 138
Haberlandt, G. 177
Hadrian, röm. Kaiser 138
Haeckel, Ernst 121
Häßler 115
Haffner, Paul Leopold 60, 123
Halbe, Max 55
Hammer, Wilhelm 177
Hammerstein 59
Hannemann 44, 45
Harden, Maximilian (d.i. Maximilian Witkowski) 10, 89, 91, 157
Hart, Heinrich 46, 156, 157
Hart, Julius 46, 156, 157
Hartwig, Paul 139, 140
Hasse 24, 91, 114
Haupt, Otto 115
Hauptmann, Gerhart 97, 156, 157
Heinrich III., König von Frankreich 81, 84
Heinze 105, 106
Heliogabal, röm. Kaiser 139
Henckell, Karl 156
Hendrichs, Hermann 95
Herder, Johann Gottfried 118
Hertling, Georg von 103
Hertz, Heinrich 173
Herzen, W. 78
Heslenfeld 115
Hille, Peter 46
Hiller, Kurt 56, 69, 107
Hindenburg, Paul von 178
Hirschfeld, Eduard (Bruder von M.H.) 155
Hirschfeld, Friederike (Mutter von M.H.) 153, 158
Hirschfeld, Hermann (Vater von M.H.) 153, 154, 155, 158, 192
Hirschfeld, Imanuel (Bruder von M.H.) 138, 155
Höcker, Paul 108
Höcker-Bückeburg 115
Hoeffel, Johannes 103
Höring, Otto 115
Hößli, Heinrich 34, 108
Hoffmann, Hermann 170
Hohenau, Fritz von 90, 92, 93, 145
Hohenau, Wilhelm von 145, 146
Holland, Vivien 66
Holz, Arno 156
Hoppe 31
Hoppe, Theodor 55
Horaz 144
Huch 112
Humboldt, Alexander von 60
Hus, Johann 119
Hutten, Ulrich von 90
Ibsen, Henrik 157
Imhof 115
Isenbiel 89
Israel, Hermann N. 92
Jacoby, Johann 146
Jagow, G. von 76
Jaspers, Karl 166
Jeanne d'Arc 186
Jentsch 115
Jhering, Rudolf von 47
Joel 121
Johann Albrecht von Mecklenburg 160
Joux, Otto de (d.i. Otto Rudolf Podjukl) 44, 76, 83, 108
Julius II., Papst 138
Kahl, Wilhelm 121
Kandt, Richard 156-161
Karl I., König von Württemberg 87, 88
Karsch-Haack, Ferdinand 84
Karsten 115
Kastan 157
Kehrer, Ferdinand 166

Keil, Arthur 33
Kerr, Alfred (d.i. Alfred Kempner) 68
Key, Ellen 107, 191
Kitchener, Horatio Herbert 152
Kleinfeller, Georg 72
Kleist, Heinrich von 94
Koch 115
Koch, Robert 183
Kocher 187
Kohler, Josef 73, 74
Kollwitz, Käthe 191
Kopp 25
Kopp, Heinrich 26, 29, 31, 33, 38, 89, 144, 164
Kraepelin, Emil 164-166, 180
Krafft-Ebing, Richard von 9, 17, 18, 27, 48, 62, 103, 117, 120, 163, 165, 170, 175
Kragujevics, Spaso 39
Krauss, Friedrich Salomo 82, 188
Kretschmer, Ernst 170
Kronfeld, Arthur 69, 166, 181
Krupp, Friedrich Alfred 21, 42, 67, 73, 83, 90, 91, 144
Kruse, Ernst 29, 51, 104, 105
Kühn 115
Kulemann 115
Kupffer, Elisar von 84
Laband 72
Laber, Paul 115
Ladenburg, Albert 176
Lächel 24, 25
Landauer, Gustav 46
Landsberg, Otto 108
Langenbeck 119
Lanz 115
Lasker-Schüler, Else 46
Lassalle, Ferdinand 95
Laupts (d.i. Georges Saint-Paul) 98, 99
Lavater, Johann Kasper 166
Leexow, Karl Franz von (Pseud.) 149, 150, 152
Leibniz, Gottfried Wilhelm 177
Leonhard 115
Leppmann, Arthur 18, 19, 20
Lessing, Gotthold Ephraim 82, 159
Levetzow, von 30
Lieber, Ernst Philipp 103
Lietzow, Paul 96
Lilienthal, Karl von 72
Liszt, Franz von 18, 33, 72, 73, 121
Litzmann, Berthold 97
Lombroso, Cesare 187, 188, 189, 190
Lucanus, Friedrich von 148
Lucas 121
Ludwig I., der Fromme, fränkischer Kaiser 125
Ludwig II., König von Bayern 87, 96, 97, 114
Ludwig XVIII., König von Frankreich 79
Lützow 30
Luther, Martin 59, 109, 137
Lynar, Johannes zu 92, 145
Mackay, John Henry 46, 156
Mann, Franziska 184
Mantegazza, Paolo 187, 190, 191
Margherita, Königin von Italien 186
Marie, Königin von Neapel 87
Mark Anton 139
Marlowe, Christopher 94
Martin, E. 115
Marx, Karl 68
Massell, Willi 68
Mayer, Max Ernst 72
Meerscheidt-Hüllessem, Leopold von 27, 29-31, 35, 38, 88, 103, 144, 147, 148
Meidner 46
Meienreis, Richard 57-61
Mendel, Emanuel 162
Menzel, Adolph von 73
Merzbach, Georg 143
Méténier, Oscar 43
Metzi 108
Metzner 46
Miaskowski, Kurt von 112
Michaelis, Hermann 57, 58
Michelangelo Buonarotti 34, 64, 108, 138
Miljukoff, Paul 121
Mirabeau, Honoré Gabriel Riqueti de 81
Mittermaier, Wolfgang 72
Möller 61
Moll, Albert 27, 80, 89, 108, 149
Moltke, Helmuth von 157

Moltke, Kuno von 10, 89
Mommsen, Theodor 73
Montesquieu, Charles de 81
Mühsam, Erich 46
Müller, Carl Friedrich 97
Müller, Friedrich von 73
Müller, Johannes von 73
Müller, Max 56
Mumm, Reinhard 59
Mutz 115
Muromzew, Michael von 121
Nabokoff, Vladimir von 121
Nabokoff, Sergei von 121
Näcke, Paul 40-43, 58, 172
Napoleon I., Kaiser von Frankreich 79, 80, 81
Napoleon III., Kaiser von Frankreich 154
Nero, röm. Kaiser 139
Nerva, röm. Kaiser 139
Nestroy, Johann 163
Neugebauer, Franz Ludwig von 9, 178, 179
Nicola, Enrico de 121
Nieberding 22
Nietzsche, Friedrich 34, 50,
Nitzsche, Friedrich 61
Nobiling, Carl 44
Normann 30
Noster 46
Nothnagel, Hermann 187
Notthafft, Albrecht von 164
Nübell, Ferdinand 121
Oberg, Eduard 50, 53-55
Oberhofer 115
Oppler 115
Ortloff, Hermann 115
Ortmann 115
Ostwald, Wilhelm 173
Otto 115
Pabst, Helene 55
Pabst, Karl 55
Paganini, Nicolò 61, 155
Pagel, Julius 175
Pascal (Kapuzinermönch) 80
Paulowna, Maria 157
Paulus 59, 60
Pavia, J. Leo 66
Penta, Pasquale 188
Perikles 67, 80
Pernauhm, Fritz Geron (Pseud.) 83
Peters 115
Petrus 138, 141
Pfeiffer 176
Pfister, Oskar 127
Phidias 34, 139
Phillips 135, 136, 137
Picard, Edmond 71
Pierstorff, Julius 72
Pius X., Papst 186
Platen, August von 61, 95, 138
Platon 34
Plock, Georg 39, 51, 57, 68
Plüschow, Wilhelm von 139
Praetorius, Numa (d.i. Eugen Wilhelm) 41, 62-65, 69, 71, 74, 78, 79, 81-83, 116
Presber, Rudolf 45
Preuschen, Hermine von 191
Prutz, Robert 140
Przybyscewsky, Stephan 46
Pückler 29, 30, 31
Queensbury, John of 12
Radbruch, Gustav 22, 72
Raffael 84
Ramsay, Sir William 176
Rappstein, Theodor 68
Rausch, Albert H. 34, 126
Redl, Alfred 80
Reichmann, Theodor 73
Reinhold, Josef 33
Reiz, Eduard 39
Rhode 30, 31
Rhumbler, L. 177
Richthofen, von 29, 145, 147
Riemann 111
Rimbaud, Jean Arthur 83
Rocco 46
Robinson, William 184
Römer, Lucien Sophie Albert Marie von 84, 132
Rogge, Henk 181
Rohleder, Hermann 188
Rohrscheidt, Curt von 115
Rosner, Karl 147
Ross, Robert 15, 66
Rothschild, Paul 115
Rousseau, Jean Jacques 81

Roux, Wilhelm 177
Ruf, von 41
Rump 115
Runze 137
Sadler-Grün, Willibald von 61
Sänger 173, 174
Sagitta (d.i. John Henry Mackay) 34, 83
Sanger, Margaret 184
Sappho 9, 28, 44, 47, 49, 59, 96, 159, 176
Sarwey 115
Sattler, Maximilian Vincenz 122
Schall, Martin 59, 124
Schierlinger 115
Schiffer, Otto 25
Schiller, Friedrich von 133, 140
Schimmelbusch-Hochdahl, Walter 175
Schjerning, Otto von 183
Schlayer 115
Schlenther, Paul 157
Schlingmann, Reinhold 155
Schneiderwirth, Hermann 112
Schneidt, Karl 101
Schrenck-Notzing, Albert von 175
Schücking, Walter 72
Schulthess-Rechberg, Anton von 134
Schumann 30
Schwalbe, Gustav 176
Schweighofer 140
Schweitzer, Johann Baptist von 95, 96, 107
Seger 43, 44
Shakespeare, William 94, 139
Siber, Jules 61
Simon 107
Singer, Paul 107
Sokrates 9, 28, 44, 49, 51, 159, 176
Sommer, Robert 59
Sommerstorf, Otto 124
Spahn, Martin 105
Spartianus 138
Spengler, Oswald 126
Spohr, Max 44, 50-55, 57, 83, 117, 123, 149
Stahel, Rudolf 133
Steegemann, Paul 69
Sternberg, August 28
Stöcker, Adolf 59, 60
Stöcker, Helene 191
Strauch, Kurt 164
Strauss, Richard 66
Streit 157
Strindberg, August 46
Strößenreuther 112
Stuhlmann, Franz 161
Sueton 139
Talleyrand, Charles Maurice de 37
Tardieu, August Ambroise 189
Tarnowsky, Benjamin 163
Tausch 30
Taylor, Alfred 15
Telman, Konrad(d.i. Konrad Zitelmann) 191
Teschenberg, Hermann von 12, 66, 103, 128, 174
Thaler, Johann 123, 124
Thiele, Adolf 123
Tiberius, röm. Kaiser 139
Tietze 25
Titus, röm. Kaiser 139
Trajan, röm. Kaiser 138, 139
Tresckow, Hans von 24-26, 31, 38, 144, 146, 148, 149
Tschirsky, von 92
Türck, Julius 156
Uhlig, Rudolf 57
Ulrichs, Karl Heinrich 8, 27, 28, 31, 40, 62, 108, 123, 124, 175, 187
Umberto I., König von Italien 186
Vargha, Julius 50, 72
Verlaine, Paul 83
Vesalius, Andreas 41
Vestvali, Felicitas von 95
Victoria, Königin von Großbritannien 77
Viereck, George Sylvester 66
Villevielle 79
Vinci, Leonardo da 108
Virchow, Rudolf 119, 187
Vischer 182
Vocke-Eglfing 180
Vollmar, Georg von 107
Voltaire, François Marie Arouet 81
Voß, Richard 59, 156, 160
Vries, Hugo de 9, 173
W., Graf 90, 91, 92

Wachenfeld, Friedrich 71-74
Wachter, Oskar von 115
Wächter, Theodor von 40, 42, 139, 140
Wagner, Richard 151
Waldersee, Alfred von 31
Wedekind, Donald 39
Wedekind, Frank 39, 43
Wedel, Edgar von 148
Weinberg 115
Wellenkamp 115
Westphal, Karl 9, 123
Wilde, Oscar 12, 15, 64-69, 83, 132
Wildenbruch, Ernst von 18, 93-95, 97
Wildgans, Anton 36
Wilhelm I., Kaiser von Deutschland 44, 59, 96, 146, 157
Wilhelm II., Kaiser von Deutschland 59, 96, 146-148, 157
Wilhelm, Eugen 115
Wille, Bruno 156
Winckelmann, Johann Joachim 138, 139, 160
Windheim, von 148
Windhorst 115
Wirz, Caspar 124, 136-138, 140, 141
Wolff 43
Wolff, Theodor 157
Wüllner, Ludwig 139
Wyneken, Gustav 34
Zastrow, Alexander von 163
Ziegler, Clara 95
Ziehen, Theodor 170, 176
Zinzendorf, Nikolaus Ludwig von 127
Zola, Emile 98-100

Nachwort der Herausgeber

I.

Als im August 1896 der Leipziger Verleger Max Spohr Hirschfelds erstes Werk »Sappho und Sokrates oder Wie erklärt sich die Liebe der Männer und Frauen zu Personen des eigenen Geschlechts?« noch unter dem Pseudonym Th. Ramien herausgab, ging von dieser kleinen Broschüre der Anstoß zur Bildung der ersten Schwulenorganisation der Welt aus. Am 15. Mai 1897 traf sich Hirschfeld in seiner Wohnung in Charlottenburg, damals noch ein Vorort Berlins, mit seinem Verleger Spohr, mit dem Juristen Eduard Oberg und dem Schriftsteller Franz Josef von Bülow, um diese erste Schwulenorganisation unter dem Namen »Wissenschaftlich-humanitäres Komitee« zu gründen.

Im darauffolgenden Jahr hatte das Wissenschaftlich-humanitäre Komitee 36 Mitglieder, zunächst nur Männer, bald jedoch, etwa seit 1901, auch Frauen. Die Mitgliederzahl steigt bis zum Jahr 1905 auf 408, spätere Zahlen sind nicht bekannt, und nur eine Minderheit unter den Mitgliedern deklariert sich selbst als homosexuell. Es werden Subkomitees in München, Hamburg, Hannover und Frankfurt gegründet, später wird die Gründung ähnlicher Organisationen in Österreich 1906, in den Niederlanden 1911 und in England 1913 angeregt. Mit Ausnahme der niederländischen Organisation waren all diese Gründungen nur von kurzer Lebensdauer, nach einigen Jahren verlieren sich die Spuren ihrer Tätigkeit. Das Berliner Wissenschaftlich-humanitäre Komitee, das bis 1929 unter Hirschfelds Leitung blieb, arbeitete bis zur Selbstauflösung im Juni 1933, die einer zwangsweisen Auflösung durch die Nazis zuvorkam, 36 Jahre hindurch für das dreifache Ziel

- Aufklärung der Bevölkerung und der politischen Institutionen darüber, daß Homosexualität weder Krankheit noch Verbrechen ist,
- Beseitigung des gegen homosexuelle Männer gerichteten §175 des Strafgesetzbuches,
- Hilfe für verfolgte und in Not geratene Homosexuelle.

Bekanntlich ist es nur in sehr begrenztem Maße gelungen, diese Ziele zu verwirklichen. Zwar hatte sich das gesellschaftliche Klima nahezu stetig mit nur geringen Rückschlägen zugunsten der Homosexuellen verändert, was nicht zuletzt dem Wirken Hirschfelds geschuldet war, und nach dem ersten Weltkrieg hatte es geradezu einen Liberalisierungsschub gegeben, der ein gewisses bescheidenes Aufblühen der schwulen Subkultur ermöglichte; doch der entscheidende, scheinbar alle Erfolge zunichte machende Rückschlag durch den Machtantritt der Nazis 1933 konnte erst vierzig Jahre später soweit überwunden werden, daß nicht nur der §175 im Sinne der Forderungen Hirschfelds reformiert wurde, (in der DDR 1968, in der BRD 1969 und 1973). Zumindest in Westdeutschland formierte sich wieder eine Schwulenbewegung, die unter der neuen Bedingung der weitgehend überwundenen Illegalität ganz neue und entwickeltere Zielvorstellungen und Aktionsformen ausbildete und deshalb in keiner Weise unmittelbar an die alte Hirschfeldsche Bewegung anknüpfte.

Als sich an jenem 15. Mai 1897 die vier Männer trafen, um das Wissenschaftlich-humanitäre Komitee zu gründen, hatte Hirschfeld gerade seinen 29. Geburtstag gefeiert. Er war in Kolberg, einem Badeort an der pommerschen Ostseeküste, als siebtes von acht Kindern des jüdischen Ehepaars Hermann und Friederike Hirschfeld geboren worden. Hermann Hirschfeld war Arzt in Kolberg, und seine Söhne Emanuel, Eduard und Magnus sollten ebenfalls Ärzte werden. 1887 begann Magnus Hirschfeld jedoch an der Universität Breslau zunächst Philologie zu studieren, folgte aber bald dem Vorbild des Vaters und studierte in Straßburg, München und Berlin Medizin, bis er 1892 an der Berliner Universität mit einer Arbeit über »Erkrankungen des Nervensystems im Gefolge der Influenza« promoviert wurde.

Nach Abschluß des Medizinstudiums vergingen zwei Jahre, bis Hirschfeld, zunächst in Magdeburg-Neustadt, eine Praxis als Arzt für Naturheilverfahren eröffnete. Vorher jedoch unternahm er als Abschluß seiner »Lehr- und Wanderjahre« eine achtmonatige Reise in die USA, besuchte dort die Weltausstellung in Chicago und einige große Städte im Osten, hielt in New York zum ersten Mal in seinem Leben einen öffentlichen Vortrag (über Naturheilverfahren) und finanzierte diese Reise durch Artikel und Reportagen, die er für deutsche Zeitungen schrieb. Auf der Rückreise hielt er sich einige Wochen in Nordafrika auf, reiste durch Italien, nahm in Rom an einem Internationalen Ärztekongreß teil und kehrte schließlich im April 1894 nach Deutschland zurück. In der Zeitschrift »Der Naturarzt« wird bald darauf über seine ärztliche Tätigkeit berichtet: »In Herrn Dr. Hirschfeld, der Mitte Mai das frühere Haus Born als leitender Arzt übernommen hat, haben die hiesigen Naturheilvereine eine tüchtige Kraft gewonnen. Derselbe steht voll auf dem Boden des Naturheilverfahrens. Die Mitglieder des Naturheilvereins Neue Neustadt [in Magdeburg] gründeten am 1. Juli eine Hausarztkasse, welche ihren Angehörigen gegen geringes Entgelt freie ärztliche Behandlung nach unseren Grundsätzen gewährt [...] Im Kreise der Kassenmitglieder hielt Herr Dr. Hirschfeld monatlich einen Vortrag und zwar 1) über die erste Hilfe nach Unglücksfällen, 2) über die Technik des Naturheilverfahrens und 3) über die Ursachen und das Wesen der Krankheiten. An zwei Abenden der Woche finden in Dr. Hirschfelds Naturheilanstalt praktische Übungen für Damen und Herren statt« (Naturarzt 1894, S. 338).

Erst in Berlin-Charlottenburg, wo er sich Anfang 1896 als Arzt niederließ, entwickelte sich seine Praxis in psychotherapeutische Richtung. Er selbst bezeichnet sich seit etwa 1910 als »Spezialarzt für nervöse und seelische Leiden«.

Wir wissen heute kaum etwas über Hirschfelds eigene Homosexualität. Die Behauptung, daß er schwul sei, taucht seit 1907 vereinzelt in gegen ihn gerichteten Pamphleten und Artikeln zumeist von antisemitischer Seite auf.

Er selbst hat dazu nie Stellung genommen, ein Eingeständnis der eigenen Homosexualität hätte mit Sicherheit ein Berufsverbot zur Folge gehabt, zudem wäre sein Einfluß in der heterosexuellen Öffentlichkeit und im politischen Bereich zu ähnlicher Einfluß- und Bedeutungslosigkeit herabgesunken wie dies etwa bei Adolf Brand und Friedrich Radszuweit der Fall war. Heute wissen wir zwar, daß Hirschfelds Einfluß nicht ausreichte, um die grundlegenden Veränderungen in Strafrecht und öffentlicher Meinung herbeizuführen, die er angestrebt hatte, doch wäre er als Wissenschaftler und als Sexualpolitiker vollends aus jedwedem gesellschaftlichen Zusammenhang ausgeschlossen worden und hätte nur noch wie Adolf Brand seiner eigenen kleinen Jüngerschar seine schwule Heilsbotschaft verkünden können.

Erst aus seinen letzten Lebensjahrzenten sind uns aus mündlichen Mitteilungen die Namen zweier Männer bekannt geworden, mit denen Hirschfeld sexuelle Beziehungen unterhalten haben soll: Karl Giese, der auch das Archiv des Instituts für Sexualwissenschaft leitete, und Tao Li, ein Medizinstudent, den Hirschfeld 1931 in Hongkong kennenlernte und der ihn nach Europa begleitete und bis zu Hirschfelds Tod bei ihm blieb. Sigmund Freud, mit dem Hirschfeld seit 1908 persönlich bekannt war, schrieb 1909 den auf Hirschfelds Sexualleben anspielenden Satz: »Hirschfeld ist gewiß ein liebenswürdiger Kollege in Folge seiner gut sublimierten Homosexualität« (Brief an K. Abraham vom 17.1.1909).

Wissen wir so gut wie nichts über Hirschfeld als Homosexuellen, so kennen wir doch aus seinen eigenen Mitteilungen das Ereignis, das ihm im Jahre 1895 erstmals die politische und soziale Dimension der Verfolgung und Ächtung Homosexueller ins Bewußtsein rückte und das ihn zum Handeln veranlaßte. Auf die Nachricht von der Verurteilung des Dichters Oscar Wilde wegen seiner schwulen Liebe zu zwei Jahren Gefängnis mit Zwangsarbeit reagierte Hirschfeld, indem er zusammen mit dem Berliner Schriftsteller Leo Berg einen Protest gegen dieses Justizverbrechen veröffentlichte.

Von nun an sollte ihn das Thema nicht mehr loslassen, der Kampf für die sozialen Rechte der Homosexuellen wurde zu seinem Lebensinhalt. 1896 gab er seine naturheilkundliche Arztpraxis in Magdeburg auf, zog nach Charlottenburg und verfaßte hier »Sappho und Sokrates«, ein unscheinbares Heft von 35 Seiten Umfang, das aber bereits vollständig die Grundzüge seiner Theorie der Homosexualität enthält mit allen ihren Vorzügen und Schwächen.

Zu den Vorzügen dieser Theorie gehört die hier erstmals vom medizinischen Standpunkt aus vertretene Behauptung, daß es sich bei der Liebe zu Personen des gleichen Geschlechts weder um eine Krankheit noch um ein Verbrechen handele. Statt einer bis dahin allgemein üblichen pathologischen Auffassung der Homosexualität schlägt Hirschfeld erstmals eine, wie er es nennt, »rein biologische« Auffassung vor. Die pathologische Auffassung wurde von den Medizinern ganz unabhängig davon vertreten, ob sie Homosexualität für eine angeborene Eigenschaft hielten wie die deutschen Ärzte Casper, Westphal, Krafft-Ebing und Moll, oder ob sie wie der französische

Psychiater Binet und Schrenck-Notzing in Deutschland die Homosexualität als durch Einflüsse der Umgebung verursacht ansahen.

Nur ein einziger Autor, der Jurist und Privatgelehrte Karl Heinrich Ulrichs, hatte bereits vor Hirschfeld eine konsequent biologische Theorie der Homosexualität entwickelt, und es scheint nicht zuletzt durch den Einfluß Ulrichs' auf Hirschfeld zu erklären, daß dieser die Homosexualität biologisch als Naturerscheinung interpretierte. Hinzu kam womöglich auch, daß nahezu alle medizinischen Autoren, die sich in den 90er Jahren für eine Entpönalisierung der Homosexualität aussprachen — vor allem Krafft-Ebing und Moll — diese Forderung damit begründeten, daß die Krankheit Homosexualität zumeist angeboren sei und damit unverschuldet und folglich nicht strafbar sein könne.

Diese sozusagen theoriegeschichtlichen Voraussetzungen können zwar den radikalen Biologismus in Hirschfelds Theorie der Homosexualität verständlicher machen, eine zwingende Notwendigkeit für die Favorisierung des biologischen Modells bestand jedoch weder theorieimmanent, noch war dies aus schwulenpolitischen Rücksichten erfordert.

Indes bestand zwischen Hirschfeld und allen seinen Kritikern innerhalb der Schwulenbewegung Einigkeit darüber, daß die eigene sexuelle Orientierung durch den Verweis auf ihre Natürlichkeit und auf die Natur zu legitimieren sei. Auf den Vorwurf der Widernatürlichkeit konnte anscheinend nur mehr oder weniger reflexartig mit der Berufung auf die Natur geantwortet werden. Legitimation durch Verweis auf das antike Griechenland, auf Sappho und Sokrates, erhielt ihre Überzeugungskraft letztlich erst durch einen Rückbezug zu einem quasi Absoluten, zur Natur. Kontrovers war innerhalb der Schwulenbewegung allein der von Hirschfeld behauptete Bezug der männlichen Homosexualität auf eine psychische oder gar physische Weiblichkeit. Einer der wenigen Autoren, die die Legitimation durch Biologie, Physiologie oder schlicht durch Natur kritisierten und dabei eine konsequent liberale äußerst modern anmutende Position bezogen, war der bereits erwähnte Leo Berg, ein Freund Hirschfelds, anscheinend nicht selbst schwul und nicht dem Legitimationsdruck unterlegen. »Wer schon nicht so ist wie alle Welt«, schrieb Berg 1906 in seinem Buch »Geschlechter«, der muß wenigstens die Ausrede haben, daß er nichts dafür könne, daß ihm diese Anlage mitgeboren und nicht wegzukurieren sei. Aber das ist ja eben das Zeichen der Unfreiheit unserer Gesellschaft, der geistigen noch mehr als der politischen, daß solche Beweise überhaupt nötig sind. Daß der Mensch sein eigen, und mit seinem Körper machen kann, was er will, ist oder sollte der oberste Grundsatz jeder freien Gesellschaft sein. Was zwei erwachsene Menschen miteinander freiwillig treiben, geht keinen dritten etwas an [...] Staat und Gesellschaft sind nicht dazu da, das Individuum sein ganzes Leben lang zu bevormunden oder zu erziehen.«

Noch bedenklicher, wenn auch womöglich taktisch gemeint, waren gewisse theoretische Zugeständnisse an die herrschende Krankheitsauffassung, die Hirschfeld auch später nicht zurücknahm, obwohl sie letztlich seinem Anspruch zuwiderliefen, eine nichtpathologische Theorie der Homosexualität zu begründen. So schreibt er etwa in »Sappho und Sokrates«: »Somit haben wir es bei den Abweichungen vom normalen Trieb nicht mit einer Krankheit im gewöhnlichen Sinn zu thun, sondern mit einer angeborenen Mißbildung, welche anderen Hemmungen der Evolution, der Hasenscharte, dem Wolfsrachen, der Epispadie, der geteilten Gebärmutter, dem Nabelbruch etc. gleichartig an die Seite zu setzen ist.« Später ging er sogar so weit, daß er der Homosexualität eine teleologische Funktion bei der Verhütung der Degeneration der menschlichen Rasse unterschob; die Liebe zum gleichen Geschlecht sollte demnach solchen Menschen von der Natur eingepflanzt worden sein, die ohnehin keine gesunden Nachkommen zeugen oder gebären könnten, eine wilde unbeweisbare Spekulation, mit der Hirschfeld auf die weitgehend noch akzeptierte Doktrin von der Degeneration des Menschengeschlechts antwortete, nach der auch die Homosexualität Degenerationsmerkmal sein sollte.

Solche Schwächen und Unentschiedenheiten in Hirschfelds Theorie der Homosexualität betreffen jedoch nicht ihre Substanz. Diese liegt vielmehr in der damals unerhörten und bis heute nur unvollkommen realisierten Möglichkeit, daß sie sich zur theoretischen Grundlage für die Forderung nach sozialer, moralischer und rechtlicher Anerkennung der homosexuellen Männer und Frauen eignet, ohne auf reaktionäre Utopien eines an der antiken Sklavenhaltergesellschaft orientierten Patriarchats mit institutionalisierter Knabenliebe zu verfallen. Dies ist um so bemerkenswerter als eine solche Utopie letztlich allen schwulen Emanzipationsideologien zugrunde lag, die von Elisar von Kupffer bis zu Hans Blüher als Alternativen zu Hirschfelds Konzept entwickelt wurden.

Schon bald nach der Gründung des Wissenschaftlich-humanitären Komitees erweiterte Hirschfeld sein Konzept der Homosexualität, indem er es in ein Interpretationsschema der von ihm so genannten sexuellen Zwischenstufen integrierte. Alle von landläufiger Heterosexualität abweichenden Formen des Geschlechtslebens konnten so unter einen einheitlichen Begriff subsumiert werden, womit nicht weniger geleistet war als eine erstmals gelungene nichtpathologische Uminterpretation der beiden großen Konzepte der Sexualpathologie, die am Ende des 19. Jahrhunderts in Krafft-Ebings »Psychopathia sexualis« (1886) und Molls »Libido sexualis« (1897-98) vorlagen. Für die Homosexuellen ermöglichte Hirschfelds Konzept der sexuellen Zwischenstufen, also der Gesundheit und Naturnotwendigkeit der Abweichungen von psychischer und physischer Normalität, die Betonung der Einheit aller Schwulen und Lesben, wie effeminiert oder viril sie auch immer sein mögen, welche Art von Sex oder Sexualpartnern sie auch immer bevorzugen mögen. Diese Betonung der Einheit war für viele schwule Männer natürlich unakzeptabel; der verbreitete Horror vor aller Weiblichkeit, vor der Effemination, führte schon bald zum Entstehen einer Opposition innerhalb der sich gerade formierenden Schwulenbewegung. 1898, ein Jahr nach der Gründung des Wissenschaftlich-humanitären Komitees begann der ehemalige Schullehrer Adolf Brand eine Schwulenzeitschrift »Der Eigene«, die erste Zeitschrift ihrer Art überhaupt, herauszugeben. Zunächst noch rückhaltlos an Hirschfeldschen Ideen orientiert, wurde erstmals 1899 von dem Schriftsteller Elisar von Kupffer im »Eigenen« grundsätzlich eingewendet, daß die Theorie der sexuellen Zwischenstufen wegen ihrer Betonung weiblicher Eigenschaften bei mannliebenden Männern dem Ideal wahrer Männlichkeit widerspreche, einem Ideal, das etwa im antiken Griechenland oder in der Person des Preußenkönigs Friedrich II. verwirklicht war, zudem widerspreche sie auch dem »deutschen Geist«. Kupffers Aufsatz, der mehrfach nachgedruckt wurde, bildete eine Art Gründungsmanifest einer schwulen Opposition gegen Hirschfeld, die sich in den folgenden vierunddreißig Jahren bis zum Sieg der Nazis immer wieder in neuen Varianten artikulierte, teilweise nicht nur mit übersteigertem Nationalismus verquickt, sondern auch mit offen antisemitischen Anwürfen gegen Hirschfeld, dessen jüdische Herkunft allgemein bekannt war. Diese schwule Opposition, die sich nicht nur literarisch äußerte, sondern auch organisiert hervortrat, 1903 in der »Gemeinschaft der Eigenen«, 1907 im »Bund für männliche Kultur«, 1923 im »Bund für Menschenrechte«, blieb jedoch wesentlich macht- und wirkungsloser als jene andere, die von der etablierten Wissenschaft und der bürgerlichen Öffentlichkeit gegen die Behauptung entstand, Homosexualität sei weder Krankheit noch Verbrechen.

Unter den Medizinern, Psychiatern und Sexualwissenschaftlern erregte natürlich die These von der Naturgemäßheit und Gesundheit der Schwulen und Lesben am meisten Anstoß. Viele, die Hirschfeld hier widersprachen, konnten seine politische Forderung nach rechtlicher und sozialer Gleichstellung akzeptierten, daß jedoch die auf Fortpflanzung gerichtete Heterosexualität die einzige gesunde und normale sei, gehörte für fast alle zu den unerschütterlichen wissenschaftlichen Dogmen. Hirschfeld reagierte hierauf mit einer sehr differenzierten Taktik, die ihm auch Erfolge einbrachte, einstige Gegner überzeugte und die Verdächtigung entkräftete, er würde seiner politischen Ziele wegen die wissenschaftliche Wahrheit verfälschen. Bei einigen bedeutenden Psychiatern gelang es Hirschfeld sofort, sie von seiner neuen Ansicht über die Homosexualität zu überzeugen, so etwa bei dem Sexualwisseschaftler Albert Eulenburg und dem Schweizer Psychiater Eugen Bleuler. Der schönste Erfolg glückte Hirschfeld bei dem als Begründer der Sexualpathologie angesehenen Wiener Psychiater Richard von Krafft-Ebing, der unter dem Enfluß Hirschfelds seine Ansicht aufgab, nach der die Homosexualität eine »zerebral bedingte Neurose« sei. In einem Aufsatz, den Krafft-Ebing 1901, in seinem letzten Lebensjahr, in dem von Hirschfeld herausgegebenen »Jahrbuch für sexuelle Zwischenstufen« veröffentlichte, räumte er ein, »daß die konträre Sexualempfindung an und für sich nicht als psychische Erkrankung oder gar Krankheit angesehen werden darf«.

Dieses Jahrbuch für sexuelle Zwischenstufen, das Hirschfeld von 1899 bis 1923, als es aus wirtschaftlichen Gründen eingestellt werden mußte, in dreiundzwanzig Bänden herausgab und in dem auf mehr als zehntausend Seiten ein ungeheures Panorama der zeitgenössischen Homosexuellenforschung entfaltete wurde, gehört wohl zu seinen wichtigsten wissenschaftspolitischen Leistungen.

Eine ähnliche Meinungsänderung wie bei Krafft-Ebing erreichte Hirschfeld auch bei Iwan Bloch, einem der einflußreichsten Sexualwissenschaftler in der Zeit vor dem ersten Weltkrieg. Hirschfeld konnte Bloch zunächst zur Mitarbeit am »Jahrbuch für sexuelle Zwischenstufen« bewegen, wobei Bloch auf seiner abweichenden Ansicht, wonach Homosexualität sowohl Krankheit wie auch Verbrechen sei, beharrte, aber dennoch in seinem ersten Beitrag im Jahrbuch von 1906 einräumte: »Auch kann von einem wissenschaftlichen Gegner nicht deutlich genug hervorgehoben werden, daß jedem von einer wissenschaftlichen Überzeugung tief Durchdrungenen auch das Recht zusteht, für diese Überzeugung öffentlich einzutreten. Die praktische Agitation für die Aufhebung des §175 ist für Herrn Dr. M. Hirschfeld und das 'Wissenschaftlich-humanitäre Komitee' nur die natürliche vollkommen berechtigte Konsequenz ihrer theoretischen Anschauungen.« Und schon im folgenden Jahr erschien Blochs sexualwissenschaftliches Hauptwerk »Das Sexualleben unserer Zeit«, in dem sich Bloch als uneingeschränkter Anhänger des Hirschfeldschen Standpunktes darstellt.

Weniger erfolgreich gestalteten sich Hirschfelds Überzeugungsversuche bei anderen Wissenschaftlern, so etwa bei dem führenden Forscher zur Homosexualität in den 90er Jahren des 19. Jahrhunderts, Albert Moll. In Molls 1899 in dritter Auflage erschienem, nahezu 700 Seiten umfassenden Werk »Die konträre Sexualempfindung« war so gut wie vollständig das bisherige Wissen über Homosexualität zusammengestellt, wobei Moll die Ansicht vertrat, daß sie eine schwere, teils angeborene, teils durch Verführung, Onanie oder andere Gelegenheitsursachen hervorgerufene Krankheit sei, die zwar nicht geheilt, wohl aber durch Suggestionstherapie und Hypnose in weniger schweren Fällen soweit gemildert werden könne, daß heterosexuelle Betätigung möglich werde. Im zweiten Band von Hirschfelds Jahrbuch konnte Moll seine Ansichten in einem Aufsatz über »Die Behandlung der Homosexualität« noch einmal darlegen. Statt einer Annäherung der Standpunkte kam es jedoch zu einer immer heftiger werdenden Feindschaft Molls gegen Hirschfeld, die in vielen wütenden Polemiken ihren Ausdruck fand und in dem Vorwurf gipfelte, Hirschfeld verharmlose die gefährliche Krankheit Homosexualität, wenn er sie als Gesundheit hinstelle, und er leugne die Gefahr der Verführung, die die Homosexuellen für die Jugend bedeuteten, wider besseres Wissen.

Eine ähnliche Erfahrung mußte Hirschfeld mit Sigmund Freud und dessen Schülern machen. Anfang 1908 hatte Hirschfeld Freud in Wien persönlich kennengelernt, und obwohl in den Gesprächen der beiden ihre unterschiedlichen Ansichten über die Bewertung und die Ursache der Homosexualität offengelegt wurden, ging Hirschfelds Bereitschaft zur Zusammenarbeit so weit, daß er im August des gleichen Jahres zusammen mit Iwan Bloch und drei anderen Ärzten die Berliner Psychoanalytische Vereinigung gründete, die erste Organisation ihrer Art außerhalb Wiens. In dem bereits erwähnten Brief Freuds an Karls Abraham äußert dieser sich noch hoffnungsvoll über die mögliche Annäherung Hirschfelds an seinen eigenen Standpunkt: »Vielleicht gelingt es Ihnen, ihn [Hirschfeld] von der Untriftigkeit seiner theoretischen Annahmen über die Entstehung der Homosexualität allmählich zu überzeugen, wenn er die Freiheit dazu hat.« Hirschfeld hatte jedoch nicht die Freiheit zu akzeptieren, daß Homosexualität die Folge einer frühkindlichen Fehlentwicklung sein sollte, eine neurotische Störung in der Entwicklung gesunder und reifer Heterosexualität. So kam es auf dem dritten Internationalen Psychoanalytischen Kongreß 1911 in Weimar, an dem Hirschfeld teilnahm, zum Bruch zwischen Hirschfeld und der Freudschen Schule. Dennoch und trotz mehrerer folgender Widerlegungsversuche der jeweils anderen Sexualtheorie sollte es auch weiterhin wenigstens Berührungen zwischen beiden Auffassungen geben, so ermöglichte Hirschfeld nach dem Weltkrieg dem Freudschüler Carl Müller-Braunschweig in seinem Institut für Sexualwissenschaft öffentliche Vorlesungen zur Einführung in die Psychoanalyse abzuhalten.

Waren die Reaktionen der wissenschaftlichen Welt auf Hirschfelds Behauptungen äußerst kontrovers, so waren es die Reaktionen der weiteren Öffentlichkeit nicht minder. Zunächst hatte sich das Wissenschaftlich-humanitäre Komitee nur zur Sammlung von prominenten Unterschriften unter eine Petition an die gesetzgebenden Körperschaften gegründet, in der die Abschaffung des §175 des Reichsstrafgesetzbuchs, also die Straffreiheit der Homosexualität unter Männern gefordert werden sollte. Mit einer glanzvollen Namensliste versehen konnte diese Petition erstmals im Dezember 1897 dem Reichstag und dem Bundestag übergeben werden. August Bebel, der Vorsitzende der SPD, der als einer der ersten die Petition unterzeichnet hatte, begründete in einer Rede vor dem Plenum des Reichstags im Januar 1898 seine Unterschrift und sorgte damit für eine beträchtliche Publizität. Es gelang jedoch weder in diesem Reichstag noch in einem späteren, eine Mehrheit für die Forderung der Petition zu gewinnen, und auch die immer zahlreicheren Stimmen in der Öffentlichkeit, die sich nun zum §175 äußerten, unterstützten mehrheitlich die Petition nicht. Ganz im Gegenteil entfachten die christlichen Kirchen und Sittlichkeitsvereine, die über erheblichen Einfluß verfügten, eine äußerst aufwendige Propaganda für die Erhaltung des §175. Hirschfeld, der selbst Atheist war, versuchte dem zu begegnen, indem er im Jahrbuch für sexuelle Zwischenstufen immer wieder Äußerungen von Theologen und Geistlichen veröffentlichte, in denen die Straffreiheit der Homosexualität als wahrhaft christlich bewiesen werden sollte. Auch wurde der Petition ein Anhang angefügt, in dem man einschlägige Bibelstellen im

Sinne der Petition uminterpretierte. Als Hirschfeld im Jahre 1904 unter den Studenten der Technischen Hochschule Charlottenburg eine Umfrage veranstaltete, durch die er den Prozentsatz der Homosexuellen ermitteln wollte, führte dies dazu, daß sechs Studenten unter Anleitung eines evangelischen Pastors namens Philipps Strafanzeige erstatteten, weil sie sich durch die Zusendung des Fragebogens beleidigt fühlten. Hirschfeld wurde daraufhin zu einer Geldstrafe von 200 Mark verurteilt, was aber eher zu den überwiegend positiven Reaktionen der Öffentlichkeit beitrug, die das wissenschaftliche Interesse an der Umfrage bejahte und die Verurteilung Hirschfelds als Angriff auf die Freiheit der Wissenschaft kritisierte. Nicht nur an diesem Versuch, mit Methoden der empirischen Soziologie Homosexuellenforschung zu betreiben, wird deutlich, daß Hirschfelds Erkenntnisinteresse hierbei nicht auf medizinische und biologische Fragestellungen beschränkt blieb. Ein medizinisches Problem war für ihn die Homosexualität abgesehen von der Ursachenforschung vor allem unter dem Gesichtspunkt der Therapie. Darunter verstand er jedoch im Gegensatz zur gängigen Praxis gerade nicht die Beseitigung der Homosexualität, sondern die Heilung der psychischen Schäden, die Homosexuelle durch die gesellschaftliche Ächtung erlitten. In seinem Hauptwerk zur Homosexualität, dem 1914 erschienen Buch »Die Homosexualität des Mannes und des Weibes«, wird im medizinischen Teil erstmals dieses Konzept einer »Adaptionstherapie« dargestellt, ein psychotherapeutisches Verfahren, das zum Ziel hat, den Homosexuellen zur Bejahung seiner Sexualität zu führen und ihn zum Widerstand gegen eine diskriminierende Umwelt zu befähigen. Der weitaus größte Teil des Buches ist jedoch den gesellschaftlichen, historischen und politischen Aspekten der Homosexualität gewidmet, wie ja auch die Adaptionstherapie wesentlich ein sozialtherapeutisches Verfahren war, das die Auseinandersetzung des Homosexuellen mit seiner gesellschaftlichen Umgebung, ihrer Moral und ihrer Macht betrifft.

In den Jahren 1907 und 1908 führte die Eulenburg-Affäre, eine Reihe von Gerichtsprozessen, in denen es um die Homosexualität von prominenten Politikern und Militärs ging und in denen Hirschfeld als Gerichtssachverständiger dem General Kuno von Moltke unbewußte homosexuelle Veranlagung attestierte, zu einer Wende in der öffentlichen Meinung, zu einer Welle antihomosexueller Stimmung, die so weit reichte, daß von der Regierung eine verschärfte, auch die lesbische Liebe einschließende Neufassung des §175 geplant wurde. Für Hirschfeld scheint dies der äußere Anlaß für die Hinwendung zu einem mehr umfassenden Forschungsinteresse auf dem Gebiet der Sexualwissenschaft gewesen zu sein. Die Homosexualität blieb jedoch das Thema, zu dem er die wirklich neuen Erkenntnisse und Einsichten beitrug, während er die Sexualwissenschaft im Allgemeinen weniger durch eigene Forschungen und Entdeckungen bereicherte als vielmehr durch organisatorische Pioniertaten: 1908 gründete er die »Zeitschrift für Sexualwissenschaft«, 1913 war er Mitbegründer der »Ärztlichen Gesellschaft für Sexualwissenschaft und Eugenik«, und 1919 gründete er das »Institut für Sexualwissenschaft«, 1928 schließlich war er entscheidend an der Gründung der »Weltliga für Sexualreform« beteiligt, einer Vereinigung, die in mehreren Städten Europas sexualwissenschaftliche Kongresse veranstaltete und ihr organisatorisches Zentrum in Hirschfelds Institut für Sexualwissenschaft hatte. In all diesen Projekten nahmen die Homosexuellenforschung und die Interessenvertretung der Homosexuellen zwar immer noch einen bedeutenden, aber nicht mehr einen derart zentralen Platz ein wie vordem. Dennoch fällt die maßgebliche Beteiligung an einem so zukunftweisenden Unternehmen wie dem ersten Homosexuellenfilm »Anders als die andern«, der im Mai 1919 in Berlin uraufgeführt, aber kurz darauf verboten wurde, in jene Zeit. Zwar hegte man nach der Niederlage des Kaiserreichs und der Errichtung einer demokratischen Republik die Hoffnung, daß das Sexualstrafrecht liberalisiert und damit eines der Hauptziele des Wissenschaftlich-humanitären Komitees, die Abschaffung des §175, durchgesetzt werden könne. Tatsächlich bestand diese Möglichkeit jedoch zu keinem Zeitpunkt. Im Oktober 1929 beschloß lediglich der Strafrechtsausschuß des Reichstags eine sehr zwiespältige Reform, die zwar die Homosexualität zwischen erwachsenen Männern entkriminalisieren sollte, aber erstmals homosexuelle Prostitution und Homosexualität in einem sogenannten Abhängigkeitsverhältnis unter Strafe stellte. Doch selbst dieser Reformplan wurde nie ausgeführt, weil die politischen Erschütterungen der Republik, das enorme Erstarken der Nazibewegung, die in dieser Frage mit den Konservativen übereinstimmte, eine Gesetzesreform unmöglich machte. Stattdessen verschärften die Nazis im Jahre 1935 den §175 und entsprachen damit den Absichten der Konservativen, die eine solche Strafverschärfung schon 1930 vorbereitet hatten. Im November 1929, kurz nach der Entscheidung im Strafrechtsausschuß des Reichstags trat Hirschfeld vom Vorsitz des Wissenschaftlich-humanitären Komitees zurück, und das Komitee verließ das Institut für Sexualwissenschaft, in dem es bis dahin in eigenen Räumen residiert hatte. Dieser Trennung, über deren Hintergründe heute nichts Genaueres bekannt ist, scheint jedoch eine heftige Auseinandersetzung vorausgegangen zu sein. Einem gegen Hirschfeld gerichteten und vom WHK-Sekretär Richard Linsert verfaßten Pamphlet läßt sich entnehmen, daß der Verlauf der Beratungen im Strafrechtsausschuß des Reichstags in der Auseinandersetzung eine Rolle gespielt haben mag. Es scheint jedoch ausgeschlossen, daß eine andere Taktik als die von Hirschfeld gewählte zu einem günstigeren Ergebnis geführt hätte. Mehr als die Zustimmung der Kommunisten und die eingeschränkte Zustimmung der Sozialdemokraten und des liberalen Ausschußvorsitzenden Kahl zu den Forderungen des WHK hätte auch eine andere als die Hirschfeldsche Vorgehensweise kaum erreichen können. Da auch von einem politischen oder ökonomischen Aufschwung des WHK nach der Trennung von Hirschfeld nicht die Rede sein kann — eher zeichnete sich parallel zum Niedergang des demokratischen Staatswesens seit 1929 zunehmend auch ein schrumpfender und verkümmernder Handlungsspielraum für das WHK ab — müssen die Gründe für Hirschfelds Austritt aus dem WHK andere sein, als die, die Richard Linsert nannte, oder die in der Öffentlickeit angegeben wurden. (Vergleiche dazu Friedemann Pfäffins Ausführungen im Faksimile-Nachdruck der Mitteilungen des WHK, Hamburg 1985, S. XIff.)

Bis zum Antritt seiner Weltreise im November 1930 leitete Hirschfeld weiterhin sein Institut für Sexualwissenschaft, war Herausgeber einer populärwissenschaftlichen Zeitschrift zur Sexualforschung »Die Aufklärung«, führte den Vorsitz des vierten Kongresses der Weltliga für Sexualreform in Wien und beendete sein Opus magnum, die fünfbändige »Geschlechtskunde«, in der er noch einmal seine biologische Sichtweise der menschlichen Sexualität darstellte. Mit der Weltreise, zunächst als Vortragsreise nach New York geplant, die ihn dann aber durch die USA und mehrere Länder Asiens und Afrikas führte, begann die Zeit seines Exils. Wie er in einem Brief aus dieser Zeit äußerte, erschien ihm eine Rückkehr nach Deutschland angesichts der immer beherrschender werdenden Nazibewegung zu gefährlich. Die Nazis hatten ihn von Anfang an zu einer Symbolfigur für alles, was sie haßten, erkoren, und es war Hitler selbst gewesen, der, nachdem faschistische Studenten Hirschfeld 1920 in München überfallen und schwer verletzt hatten, ihn in mehreren öffentlichen Reden zum Inbegriff des verabscheuungswürdigen Juden und Feindes der deutschen Volksgenossen erklärte. Nachdem die Nazis am 6. Mai 1933 das Institut für Sexualwissenschaft in Berlin zerstört und einige Tage später Hirschfelds Bücher verbrannt hatten, lebte er als Emigrant in Frankreich. Sein Versuch, in Paris ein neues Institut für Sexualwissenschaft zu gründen, scheiterte. Er veröffentlichte noch in verschiedenen Exilzeitschriften einige Aufsätze über die Rassenideologie der Nazis und über die Massenmordaktion gegen Röhm und Genossen im Jahre 1934. Doch verschlimmerte seine zerrüttete körperliche Gesundheit — auf der Weltreise war er an Malaria erkrankt, und zudem litt er an Diabetes — das entbehrungsreiche Schicksal des Emigranten so sehr, daß er am Tag seines 67. Geburtstags in Nizza an Herzversagen starb.

II.

Das hier erstmals in Buchform vorliegende Werk Hirschfelds wurde in den Jahren 1922-23 geschrieben und ist damals in wöchentlichen Fortsetzungen in der Berliner Schwulenzeitschrift »Die Freundschaft« erschienen. Unmittelbarer Anlaß für diese Aufzeichnungen war das 25jährige Bestehen des Wissenschaftlich-humanitären Komitees. Bei den Feierlichkeiten, die dieses Jubiläum markierten, hat einer der Festredner — der Osteuropäer Muromzew — Magnus Hirschfeld mit den von Ludwig XIV. abgeleiteten Worten apostrophiert: »Le comité, c'est moi!« (»Uranos«, Jg. 1, S. 261). Damit ist auch angedeutet, warum Hirschfelds Vorhaben, die Entwicklung und Fortschritte einer Bewegung nachzuzeichnen, zunehmend autobiographischen Erinnerungsbildern eher privaten Charakters Platz machte. Ähnliches, wenn auch von der umgekehrten Richtung her, begegnet uns ja auch in der »Selbstdarstellung« (1928) Sigmund Freuds, die als konventionelle Autobiographie ansetzt, bald jedoch zu einer Gesamtdarstellung der psychoanalytischen Theorie und Bewegung umkippt. Unter dem schlichten Titel »Lebenserinnerungen« wurde 1922 eine Buchveröffentlichung dieses umfangreichsten Memoirentexts Hirschfelds vom Steegemann Verlag in Hannover angekündigt, was die überaus enge Verquickung von Person und Bewegung noch einmal verdeutlicht. Aus unbekannten Gründen unterblieb jedoch die Drucklegung, so daß die 52 ursprünglichen Fortsetzungen aus der »Freundschaft« — hier in 17 Kapitel neu gegliedert — erst jetzt einem breiteren Lesepublikum erschlossen werden.

Wie das Komitee die tatgewordene Idee Hirschfelds war, so symbolisierte er selbst über Jahrzehnte hinweg homosexuelle Emanzipationsbestrebungen schlechthin, was ihm sowohl Anfeindung als auch Anerkennung einbrachte. Es ist wohl kaum als Zufall anzusehen, daß während des ganzes Jahres, als Hirschfelds Fortsetzungsserie in der »Freundschaft« erschien, die Zeitschrift seitens der Zensurbehörden völlig unbehelligt blieb. Beschlagnahmt unter der lex Heinze wurden dann sogleich die nächsten beiden Hefte, was ja auch vor dem Beginn von Hirschfelds Serie vorgekommen war. Es sieht so aus, als galt Hirschfeld als Garant der bürgerlichen Wohlanständigkeit in dieser schwulen Zeitschrift zumindest den Behörden gegenüber. Soviel zur Anerkennung. Anfeindungen kamen nicht nur von außerhalb, sondern auch gelegentlich aus den Reihen bewegter Schwuler. So entblödete sich Friedrich Radszuweit nicht, Mitgliedern des Bundes für Menschenrechte mit sofortigem Ausschluß zu drohen, falls er sie bei der Lektüre der »Freundschaft« ertappte. Auch zum gedruckten Widerspruch reizte Hirschfelds »Freundschaft«-Serie. So wollte René Stelter mit allen »Unklarheiten, Beschönigungen und Verschleierungen« — derer er Hirschfeld implizit beschuldigte — Schluß machen, indem er Ende 1922 eine Gegendarstellung unter dem Titel »Rückblick und Ausblick auf die Bewegung, die Organisationen, die führenden Persönlichkeiten« lieferte (»Uranos«, Jg. 2, S. 162ff.). Ebenso als eine korrigierende Entgegnung auf Hirschfelds Werk zu verstehen ist eine kurze Monographie aus der Feder Ferdinand Karsch-Haacks, »Die deutsche Bewegung zur Aufhebung des §175 R.St.G.B.« (1924).

Diese kritischen bis verbissen-sektiererischen Repliken auf Hirschfelds Memoiren richteten jedoch sich selbst, und sie waren sowieso keineswegs repräsentativ für die zeitgenössische Rezeption. Im Gegenteil: bestärkt und ermutigt fühlte sich anscheindend die große Mehrheit der damaligen Leser durch Hirschfelds weitgehende Aussparung der Differenzen innerhalb der Schwulenbewegung, durch seine alles andere als tiefschürfende Behandlung solcher Rückschläge wie der Eulenburgkrise, durch seine optimistische und menschenfreundliche Grundhaltung. Hirschfelds Auffassung von schwuler

Solidarität ging so weit, daß er wohl nie etwas Negatives über irgendeinen Homosexuellen äußerte, weder in diesem Werk noch sonstwo, sei es schriftlich oder mündlich. Später sollte er sogar noch Toleranz gegenüber schwulen Nazis zeigen. Der Widersacher stand stets jenseits, in der Gestalt des bigotten Heterosexuellen; der Homosexuelle dagegen war das bedauerliche, letztlich unschuldige Opfer einer unaufgeklärten Gesellschaft, die es zu verändern galt. Für damalige Leser wurde dieses Identifikationsangebot noch verstärkt, indem es wohl kaum ein zweites Werk in Hirschfelds Gesamtschaffen gibt, das sich so unumwunden als Lebenshilfe ausgibt. Trost spendend, Rat erteilend, Zuversicht aussprechend — hier präsentiert sich Hirschfeld als bewährte mütterlich-seelsorgerische Führergestalt.

Wöchentliche Zeitungsbeiträge zu schreiben, war etwas, das Hirschfeld schon als Kind kennengelernt hatte: Sein Vater verfaßte nämlich jede Woche eine Übersicht der politischen Ereignisse für die »Kolberger Zeitung für Pommern«, und der junge Magnus durfte dann diese wichtigen Manuskripte zum Drucker tragen. Doch gab es auch weitere Vorbilder für die lockere und gefällige Schreibweise, die er — nach deutlich abzulesenden Anfangsschwierigkeiten — eigens für diese Fortsetzungsserie entwickelte. Man denke an Wilhelm Bölsches überaus erfolgreiche naturwissenschaftliche »Plaudereien«, die in volkstümlicher Weise über die unaufhaltsam voranschreitende darwinistische Lösung der Welträtsel aufklären wollten. Mit Bölsche teilte Hirschfeld sowohl den gemächlichen Plauderton wie auch eine dem heutigen Leser eher naiv anmutende Wissenschaftsgläubigkeit. Der wilhelminische Bildungsbürger Hirschfeld zeigt sich vollends in den immer wieder eingestreuten Klassikerzitaten und in der Sentenzhaftigkeit vieler Formulierungen. Andrerseits hat Hirschfelds Vorliebe für besonders prägnante Anekdoten — »Schulbeispiele« aus seiner langjährigen Praxis in einschlägigen Kreisen — zugleich etwas von medizinischer Kasuistik und von neutestamentlicher Parabel. In ihrem moralischen Ernst gleichen seine wöchentlichen Beiträge den freidenkerischen Sonntagspredigten eines Wilhelm Ostwald, die Hirschfeld als langjähriges Mitglied des Monistenbundes gekannt haben dürfte. Absicht und Erscheinungsweise von Hirschfelds Fortsetzungsserie weisen somit eine erstaunliche Parallele zu den bekannten moralischen Wochenschriften des 18. Jahrhunderts auf. Hatten diese eine außerordentlich wichtige Rolle bei der Formierung eines Selbstverständnisses des deutschen Bürgertums gespielt, so ist auch Hirschfelds Erinnerungsbildern ein identitätsstiftendes Moment bei der Entstehung einer selbstbewußten schwulen Minderheit in der Weimarer Republik und womöglich auch noch heute nicht abzusprechen.

Magnus Hirschfeld auf seiner Weltreise in den 30er Jahren *Foto: Lotte Jacobi*

Die Fortsetzung des Hirschfeldschen Lebenswerks, die Befreiung der Homosexuellen, unter den veränderten Bedingungen unserer Zeit zu unterstützen, ist das Hauptanliegen des Verlags rosa Winkel. Unser Programm, das schöne Literatur, Humor, Ratgeber und wissenschaftliche Werke enthält, beschäftigt sich mit den Themen: Homoerotik, Uranismus, Schwulsein, Homosexualität, lesbische Liebe. Unser Gesamtverzeichnis schicken wir Ihnen gern kostenlos zu.